NATIONAL GEOGRAPHIC TRAVELER

PERU

NATIONAL GEOGRAPHIC TRAVELER

PERU

Rob Rachowiecki
Fotos von Vance Jacobs

INHALT

Seiten 2–3: Im Hochland der Anden
Links: Ein kleines Mädchen mit seinem Alpaka in der Nähe von Chivay

RÜCKSICHTSVOLL REISEN

Umsichtige Urlauber brechen voller Neugierde auf und kehren reich an Erfahrungen nach Hause zurück. Wer dabei rücksichtsvoll reist, kann seinen Teil zum Schutz der Tierwelt, zur Bewahrung historischer Stätten und zur Bereicherung der Kultur vor Ort beitragen. Und er wird selbst reich beschenkt mit unvergesslichen Erlebnissen.

Möchten nicht auch Sie verantwortungsbewusst und rücksichtsvoll reisen? Dann sollten Sie folgende Hinweise beachten:

- Vergessen Sie nie, dass Ihre Anwesenheit einen Einfluss auf die Orte ausübt, die Sie besuchen.
- Verwenden Sie Ihre Zeit und Ihr Geld nur auf eine Weise, die dazu beiträgt, den ursprünglichen Charakter eines Ortes zu bewahren.
- Entwickeln Sie ein Gespür für die ganz besondere Natur und das kulturelle Erbe Ihres Urlaubslandes
- Respektieren Sie die heimischen Bräuche und Traditionen.
- Zeigen Sie den Einheimischen ruhig, wie sehr Sie das, was den besonderen Reiz ihres Landes ausmacht, zu schätzen wissen: die Natur und die Landschaft, Musik, typische Gerichte, historische Dörfer oder Bauwerke.
- Scheuen Sie sich nicht, mit Ihrem Geldbeutel Einfluss zu nehmen: Unterstützen Sie möglichst solche Einrichtungen oder Personen, die sich um die Bewahrung des Typischen und Althergebrachten bemühen. Entscheiden Sie sich für Läden, Restaurants, Gaststätten oder Reiseanbieter, denen offensichtlich an der Bewahrung ihrer Heimat gelegen ist.
- Wer auf diese Weise reist, hat mehr von seinem Urlaub, und er kann sicher sein, dass er seinen Teil zum Erhalt und zur Verbesserung eines Ortes oder einer Landschaft beigetragen hat.

Diese Art des Reisens gilt als zeitgemäße Form eines sanften, auf Nachhaltigkeit bedachten Tourismus; National Geographic verwendet dafür auch den Begriff des „Geo-Tourismus". Gemeint ist damit ein Tourismus, der den Charakter eines Ortes – seine Umwelt, seine Kultur, seine natürliche Schönheit und das Wohlergehen seiner Bewohner – nicht aus den Augen verliert. Weitere Informationen zum Thema gibt es im National Geographic's Center for Sustainable Destinations unter www.nationalgeographic.com/travel/sustainable.

NATIONAL GEOGRAPHIC TRAVELER

PERU

ÜBER DEN AUTOR & DEN FOTOGRAFEN

Der Brite **Rob Rachowiecki** hat für seine Reiseführer schon mehrere Auszeichnungen erhalten; seine Einblicke in die Abläufe der Natur verdankt er nicht zuletzt seinem Studium der Ökologie. Rachowiecki, Mitglied der Society of American Travel Writers, kam 1982 zum ersten Mal nach Peru; seither ist er immer wieder in diesem so abwechslungsreichen und reizvollen Land unterwegs. Rachowiecki hat bereits mehrere Bücher über Peru geschrieben; außerdem leitet er dort höchstpersönlich Outdoor-Exkursionen, zum Beispiel Bergwanderungen in den Anden oder Bootsfahrten auf dem oberen Amazonas. Falls er nicht gerade unterwegs ist, lebt er mittlerweile im Südwesten der USA.

Vance Jacobs wurde für seine Fotografien, die schon in Museen und Galerien auf der ganzen Welt zu sehen waren, mehrfach mit Preisen ausgezeichnet. Vance lebt in San Francisco, seine Aufträge führen ihn aber immer wieder ins Ausland. Einen Überblick über seine Arbeiten erhält man auch unter *www.vancejacobs.com*.

Einige Teile der Kapitel „Geschichte & Kultur" und „Amazonien" hat **Joe Yogerst** verfasst. Yogerst lebt in Kalifornien und hat bereits an einer ganzen Reihe von National Geographic-Büchern über Südamerika mitgearbeitet.

Die Reise planen

Perus landschaftliche und klimatische Vielfalt ist beneidenswert: Von kargen Wüsten, die bis an die Pazifikküste reichen, geht es über triefnasse Regenwälder im Amazonasgebiet und den höchstgelegenen schiffbaren See bis zum höchsten tropischen Berg der Welt. Und inmitten all der Berge, Wälder und Wüsten liegen die Zeugnisse uralter Kulturen verborgen.

Möglichkeiten in Hülle und Fülle

Reisende haben bei der Fülle an Angeboten wirklich die Qual der Wahl. Die Ruinenstadt Machu Picchu nicht zu besichtigen, ist eigentlich ein Unding, aber es gibt einfach so viel zu tun, dass manchen Urlaubern ganz einfach die Zeit für einen Abstecher zum berühmtesten archäologischen Highlight fehlt. Wer Tiere beobachten möchte, quartiert sich am besten in einer Lodge mitten im Regenwald ein und hält nach Tukanen, Schildkröten und Tapiren Ausschau. Und der Wissbegierige belegt einfach einen Spanisch-, einen Quechua- oder einen traditionellen Handarbeitskurs. Outdoorfreaks können die höchsten Gipfel erklimmen und an windumtosten Stränden surfen. Touristen jeder Altersklasse lernen hier, heißblütigen Salsa zu tanzen oder eine feurige Salsa zuzubereiten. Perus Küche ist einfach großartig und bahnt sich langsam, aber sicher ihren Weg an die Weltspitze. Natürlich muss man nicht unbedingt dasselbe machen wie alle anderen, aber was die meisten tun, ist oft nicht so ganz verkehrt.

Eine Woche auf Tour

Wer zum ersten Mal in Peru ist und nur eine Woche Zeit hat, kann Highlights wie Cusco, Machu Picchu und das südliche Amazonasgebiet durchaus in sieben Tagen besichtigen. Alle internationalen Flüge aus Europa landen in Lima, deshalb ist es sinnvoll, von dort aus zu planen. Oft ist der Bus das beste Verkehrsmittel; die Busse fahren oft genug und sind einigermaßen pünktlich. Hier ein Routenvorschlag: Wer frühmorgens mit dem Flugzeug ankommt, kann noch am **1. Tag** nach Cusco weiterfliegen. Vorsicht wegen der Höhenluft

Keramik aus einer Galerie im Barrio Santa Ana in Ayacucho

(3326 m): Ruhen Sie sich erst einmal aus und meiden Sie Anstrengungen. Cusco wurde auf dem Fundament einer früheren Inka-Siedlung erbaut und ist für seine Kolonialbauten berühmt. Cuscos Bevölkerung spiegelt die des Landes wider: Die meisten Einwohner stammen zumindest entfernt von den Ureinwohnern ab und haben wenigstens ein Tröpfchen spanisches Konquistadorenblut in den Adern. Besorgen Sie sich am ersten Nachmittag ein *boleto turístico*, das für die Besichtigung der meisten Sehenswürdigkeiten unerlässlich ist. (Man bekommt es in den meisten Reisebüros.) Spazieren Sie über die Plaza de Armas, statten Sie der Kathedrale einen Besuch ab und schauen Sie auf jeden Fall im Museo Inka vorbei. Am **2. Tag** geht es dann per pedes, mit Bus oder Taxi zu einigen archäologischen Stätten in und um Cusco. Besonders empfehlenswert sind Sacsayhuamán und wahlweise Pisac oder Ollantaytambo. Wer sonntags oder donnerstags in Pisac weil, sollte unbedingt ein wenig Zeit auf dem traditionellen Bauern- und Handwerkermarkt verbringen.

Nehmen Sie am **3. Tag** den Zug nach Aguas Calientes (siehe S. 139); dort können Sie übernachten und sich für einen Besuch des nahe gelegenen Machu Picchu (im Morgengrauen) rüsten. Am **4. Tag** steht dann die berühmte Kultstätte auf dem Programm. Die frühere Inkastadt wurde im 15. Jahrhundert auf einem Bergrücken mitten im nebligen Bergregenwald erbaut und war bis zu ihrer Wiederentdeckung 1911 vollkommen in Vergessenheit geraten. Nachmittags fährt der Zug zurück nach Cusco, wo Sie auch übernachten.

Am folgenden Morgen nehmen Sie den Flieger nach Puerto Maldonado im südlichen Amazonasgebiet, wo Sie den **5. und 6. Tag** verbringen können. Mehrere Lodges bieten Unterkünfte an und ermöglichen einen Einblick in die üppige Flora und Fauna des Regenwaldes. Am **7. Tag** geht es dann mit dem Flugzeug zurück nach Lima.

Wer zwei Nächte im Regenwald nicht so verlockend findet, kann am **5. Tag** von Cusco zu einer Busfahrt (6 Std.) nach Puno am Titicaca-See aufbrechen und den **6. Tag** auf einer ganztägigen Ausflugsfahrt zu den be-

NICHT VERSÄUMEN:

Einen Sonnenaufgang in Machu Picchu 150

In einer Dschungel-Lodge mehr über die wilde Tierwelt am Amazonas erfahren 242

Wandern in der Cordillera Blanca 182

Am Titicaca-See bei einer Familie zu Gast sein 117

Cuscos kopfsteingepflasterte Gassen durchstreifen 122

Die Nazca-Linien überfliegen 91

Auf den Märkten Kunst, Handarbeiten und exotische Früchte erstehen 140, 171, 214

Bei einer Fiesta mitfeiern 22

Limas Weltklasse-Restaurants testen – und auf den Hochebenen vielleicht Meerschweinchen kosten 24

Bei Trujillo und Chiclayo Archäologie hautnah miterleben 200

Trinkwasser

Leitungswasser ist nirgendwo in Peru zum Trinken geeignet. Filtriertes Wasser in kleinen (600 ml) oder großen (2,5 l) Flaschen bekommt man aber überall. Die kleine Flasche kostet ca. 0,35 US$, die große 1,20 US$. Wenn Sie stilles Wasser möchten, fragen Sie nach *agua sin gas*, für Wasser mit Kohlensäure nach *agua con gas*. Viele Hotels haben gekühlte Wasserspender, an denen man die eigene Wasserflasche kostenlos auffüllen kann. Die Restaurants verwenden in der Regel Eiswürfel aus filtriertem Wasser.

wohnten Inseln verbringen. Am **7. Tag** steigen Sie dann im nahe gelegenen Juliaca ins Flugzeug zurück nach Lima.

Wenn mehr Zeit bleibt

Auch die zweite Woche bietet zahllose Attraktionen, seien es nun die Artenvielfalt des Regenwaldes am Amazonas, der herrliche Titicacasee oder die über 5000 Jahre alten Stätten, die nicht von den Inka erbaut wurden.

Nach einem Abstecher zum Amazonas können Sie zwei Tage am Titicaca-See verbringen und am **7. und 8. Tag** seine vielen Inseln erkunden. Am **9. Tag** fahren Sie mit dem Bus innerhalb von sechs Stunden von Puno an der Westseite des Sees über die karge Hochebene nach Arequipa. Schlendern Sie dort durch das koloniale Stadtzentrum und besichtigen Sie am **10. Tag** weitere wichtige Sehenswürdigkeiten der Stadt, besonders das Monasterio de Santa Catalina und das Museo Santuarios Andinos. Mit dem Flugzeug geht es am **11. Tag** zurück nach Lima, wo Sie in den Flieger Richtung Norden nach Trujillo

Wanderer auf dem Inka-Pfad nach Machu Picchu

Outdoor-Aktivitäten

Outdoor-Freaks können unzählige strahlend weiße Schneegipfel umwandern oder erklettern, auf der längsten linksdrehenden Welle der Welt surfen, mit einem Gleitschirm aufregend nah an Limas Hochhäusern entlangstreichen, mit dem Mountainbike knapp drei Kilometer nahezu senkrecht in die Tiefe hinabsausen oder an einer Wildwasserfahrt von den Anden bis zum Amazonas teilnehmen. Im ganzen Land kann man wunderbar Vögel und wilde Tiere beobachten, nirgends jedoch so gut wie im Amazonasbecken. Zu den seltener praktizierten Sportarten zählen Reiten, Kajakfahren und das ungewöhnliche Sand-Boarding (wie Snowboarden, nur auf einer Sanddüne).

umsteigen. Den **12. Tag** nutzen Sie für einen Ausflug zum Weltkulturerbe Chan Chan und zum Huaca de la Luna – dem Tempel des Mondes. Am **13. Tag** fahren Sie mit dem Bus in drei Stunden nach Chiclayo, das als Ausgangspunkt für einen Besuch im Museo Tumbas Reales de Sipán dient, dem besten Museum im Norden Perus. Und lassen sie anschließend Sipán nicht aus: Das 1700 Jahre alte Grab des Herren von Sipán gilt als die reichste Grabstätte ganz Amerikas. Am **14. Tag** fliegen Sie von Chiclayo zurück nach Lima.

Wer Trujillo und die Nordküste lieber auslassen möchte, kann von Arequipa aus per Bus an der Küste entlang zurück nach Lima fahren. Ein Zwischenstopp lohnt sich in der hoch gelegenen südlichen Wüste, wo Sie einen Rundflug über die berühmten prähistorischen Nas-ca-Linien buchen können. Wegen ihrer enormen Größe sind die Scharrbilder am besten vom Flugzeug aus zu erkennen. Sie können auch in Pisco eine Pause einlegen, um auf einer Bootstour die Seelöwen und die Vogelkolonien auf den Islas Ballestas zu betrachten.

Das war noch nicht alles

Im nördlichen Hochland können Sie die über tausend Jahre alte Festung Kuéla besichtigen. Sie ist schwer zu erreichen, da die Chachapoya, die „Wolkenkrieger", die Anlage mitten im abgelegenen Nebelwald errichtet haben. Alternativ lohnt sich ein Besuch der Stadt Caral an der Nordküste, wo sich die peruanische Kultur fast 5000 Jahre weit zurückverfolgen lässt.

Oder Sie vergnügen sich bei einer der zahlreichen Outdoor-Aktivitäten: beim Bergsteigen, Wildwasserfahren, Surfen, Wandern oder beim Beobachten von Vögeln. ■

Dünne Luft in Cusco

Die meisten Reisenden haben – von Kopfschmerzen vielleicht abgesehen – keine größeren Probleme damit, sich an die Höhenlage von Cusco zu gewöhnen. Wer schon vorher weiß, dass er beim Akklimatisieren Probleme bekommt, sollte vom Flughafen Cusco direkt zum „Heiligen Tal" Urubamba (2870 m) weiterfahren. Diese Stadt bietet mehrere gute Hotels und ist eine ideale Basis für Ausflüge (z. B. nach Machu Picchu). Als Alternative bietet sich Ollantaytambo (2800 m) an.

Geschichte & Kultur

Bei Sonnenuntergang gehen in der Innenstadt von Lima die Lichter an

Peru heute

Peru – ein Land mit vielen Gesichtern – widersetzt sich jeder schlichten Beschreibung. Da gibt es die großen modernen Städte, aber auch die uralten Traditionen in den Andendörfern. Ausgedehnte Wüsten weichen üppigem Regenwald, sodass man angesichts dieser Vielfalt an Landschaftsformen mitunter glaubt, man reise durch ganz verschiedene Länder.

Die Fußgänger- und Einkaufsmeile an der Jirón de la Unión erstreckt sich über mehrere Blocks

Der Name mag sich ja im Laufe der Jahrhunderte geändert haben: Die Inka nannten ihr Königreich Tawantinsuyu oder „Land der vier Weltgegenden", während die Spanier ihre neue Kolonie ursprünglich als Nueva Castilla bezeichneten. Und die Hauptstadt des Landes lag einst in den Bergen und hieß Cusco, bevor die Regierung an die Küste nach Lima wechselte. Doch die europäischen Kolonialherren, die einheimischen Befreier und die regionalen Verantwortlichen, die Peru 500 Jahre lang regierten, haben das Land nach seinen Grenzen im Wesentlichen unversehrt erhalten. Der größte Teil des heutigen peruanischen Staatsgebietes wurde seit dem 15. Jahrhundert, als das Inkareich den Gipfel seiner Macht erreichte, von einer Zentralregierung gelenkt; somit ist Peru der älteste Nationalstaat auf dem amerikanischen Kontinent.

Wenn man das in Betracht zieht, verwundert es nicht, dass vieles, was als typisch südamerikanisch gilt, eigentlich peruanisch war: die Kartoffel etwa, die vermutlich aus den Hochebenen um den Titicacasee stammt. Dort wuchs sie wild, bis die nomadischen Völker Perus sesshaft wurden und die heute beliebteste Knolle der Welt kultivierten. Vor etwa 6000 Jahren domestizierten die gleichen Völker Lamas und Alpakas und entwickelten sich damit aus Jägern und Sammlern zu Viehhirten.

Auch typisch südamerikanische Bilder und Klänge haben ihren Ursprung in Peru. Die einprägsame Musik, die auf panflötenähnlichen Instrumenten wie der *zampoña* gespielt wird und heute in Clubs und an Straßenecken der ganzen Welt erklingt, lässt sich bis zu den frühen Kulturen in den peruanischen Anden zurückverfolgen. Und neben der Christusstatue in Rio de Janeiro in Brasilien fällt Millionen Menschen weltweit nur ein Bild ein, wenn es um Südamerika geht: das wolkenverhangene Machu Picchu in den Anden.

Mit seinen vielfältigen Landschaften vom Regenwald über Wüsten, Berge, Gletscher, und Sümpfe und bis hin zu Stränden wird Peru dem Ruf eines Landes extremer Kontraste mehr als gerecht. Selbst seine Städte lassen deutliche Unterschiede erkennen: Im kolonialen Trujillo führt man die spanischen Traditionen des Stierkampfs und der Reiterei fort, und die Plaza de Armas bleibt das Zentrum des städtischen Lebens. Im stillen, verschlossenen Arequipa spielt sich vieles hinter hohen weißen Mauern und verschlossenen Türen ab, während Cusco hoch oben in den Bergen voller Energie steckt, die es seinem bunten Völkergemisch verdankt. Und Lima, das es von der Einwohnerzahl her mit London oder Paris aufnehmen kann, ist einfach riesig, vielgestaltig und überrascht mit seiner Raffinesse.

Ein Land, viele Völker

Mit einer Bevölkerung von etwa 28 Millionen steht Peru an vierter Stelle in Südamerika. Etwa 45 Prozent aller Peruaner sind indigen, einen höheren Prozentsatz weist in der westlichen Hemisphäre nur Bolivien auf. Der Rest setzt sich aus Mestizen (37 Prozent) und

Eine junge Bewohnerin der Insel Taquile im Titicacasee

Menschen europäischer Herkunft (15 Prozent) zusammen. Daneben gibt es kleine Gruppen mit afrikanischer und asiatischer Herkunft.

In der indigenen Bevölkerung Perus sind die Sprecher von Quechua in der Mehrheit; sie führen ihre Ursprünge auf die Inka und andere Völker zurück, die zur Zeit der spanischen Eroberung in den Anden lebten. Mehr als drei Millionen Peruaner, meist im zentralen und nördlichen Andengebiet, geben Quechua als ihre Muttersprache an. Infolge der Abwanderung vom Land in die städtischen Zentren Perus umfasst diese Statistik auch zunehmend Menschen in den Küstenstädten des Landes. Etwa eine halbe Million Peruaner im Gebiet um den Titicacasee und entlang der bolivianischen Grenze sprechen Aymará, eine weitere alte Andensprache.

Dutzende von Indio-Gruppen leben im Amazonasbecken, darunter die Aguarana, Machiguenga, Shipibo, Urarina und Yagua. Außer ihrer eigenen Sprache besitzen viele dieser Regenwaldbewohner auch spezielle Traditionen und Bräuche, die von der präkolumbischen bzw. präiberischen Kultur des Hochlands und der Küsten geprägt sind. Diese Gruppen, die teilweise nur einige tausend Menschen zählen, pflegen unterschiedlich intensive Kontakte zur Außenwelt. Manche von ihnen sind recht gut in die Bevölkerung der Urwaldstädte wie Iquitos und Puerto Maldonado integriert, andere führen ein nomadisches Leben und pflegen kaum Kontakte nach außen.

Seit den Tagen Pizarros beherrschen die Peruaner spanischer Abstammung Politik und Wirtschaft des Landes. Auch wenn die indigene und die Mestizenbevölkerung im vergangenen Jahrzehnt große Fortschritte erzielt hat – einschließlich der Wahl von Alejandro Toledo, dem ersten indigenen Präsidenten im Jahr 2001 –, bleibt die europäische Dominanz ungebrochen, vermutlich noch für lange Zeit.

Von allen Städten Perus besitzt Lima den höchsten europäischen Bevölkerungsanteil, vor allem in den reichen Küstenbezirken wie Miraflores, San Isidro und Barranco. Auch andere große Städte wie Arequipa im Süden und Trujillo im Norden sind stark europäisch geprägt. Doch Peruaner europäischer Herkunft leben nicht nur in den städtischen Zentren des Landes. Vielmehr findet man über das Land verstreut Siedlungen von Europäern – vor allem von Deutschen, Italienern, Franzosen und Briten –, die in den letzten 150 Jahren nach Peru eingewandert sind. So abwegig dies auch klingen mag: Traditionen wie die alpine Bauweise oder das Tragen von Lederhosen sind in kleinen Städten wie Pozuzo ganz lebendig geblieben, einem Ort, der in den 1850er Jahren in der Pasco-Region der Anden von Siedlern aus Österreich und Deutschland gegründet wurde.

Afro-Peruaner, die meist in den Küstenstädten nördlich und südlich von Lima zu finden sind, machen etwa drei Prozent der Bevölkerung aus. Sie kamen zunächst als Diener der Konquistadoren aus Afrika, später als Sklaven, gekauft und nach Peru verschifft, um in den Bergwerken und der Landwirtschaft zu arbeiten. Der Sklavenhandel endete erst in den 1850er Jahren. Zu den bekannteren schwarzen Gemeinden gehören der Hafen Callao bei Lima und die südliche Küstenstadt Chincha, die für die hier entstandene afro-peruanische Musik berühmt ist. Etliche prominente Peruaner können auf afrikanische Wurzeln verweisen, darunter der Heilige aus dem 17. Jahrhundert, San Martìn de Porres, der international bekannte Fußballer Teófilo Cubillas (geb. 1949), der seine Karriere 1985 in den USA beendete, und die Sängerin Susana Baca (geb. 1944), die schon einen Grammy gewonnen hat.

Peru besitzt außerdem den größten asiatischen Bevölkerungsanteil aller lateinamerikanischen Länder, denn hier leben etwa fünf Prozent Abkömmlinge japanischer und chinesischer Einwanderer. Wie überall in Amerika kamen viele Asiaten im 19. Jahrhundert auch nach Peru, um auf den Plantagen und in den Minen zu arbeiten. Im Laufe der Zeit hatten

Einflüsse in der Architektur

Viele begabte peruanische Architekten haben in den letzten Jahren international von sich reden gemacht, doch einflussreichste Architekt in Peru war gar kein Peruaner. In den 1870er und 1880er Jahren arbeitete der Franzose Gustave Eiffel (1832 bis 1923), der vor allem für seine Stahlkonstruktionen mit künstlicher Wirkung bekannt wurde, häufig für Auftraggeber in Südamerika. Ein volles Jahrzehnt, bevor der nach ihm benannte Turm in Paris für seinen Weltruhm sorgte, konstruierte Eiffel in Amazonien und Atacama Stahlbrücken, Gebäude und Brunnen; viele seiner Brunnen stehen noch heute auf den wichtigsten Plazas von Tacna und Moquegua. In Iquitos findet man ein weiteres charakteristisches Werk von Eiffel, die zweistöckige Casa de Fierro (Eisenhaus), einst Wohnstätte eines Kautschukbarons. Am stärksten prägte Eiffel die Wüstenstadt Arequipa, wo er die Bolívar-Brücke (in der Nähe des Bahnhofs) und das Dach des Mercado San Camilo entwarf.

Die Seeleute von morgen in einem kleinen Fischerhafen bei Pisco

sie langsam, aber stetig Erfolg in der Wirtschaft, im Bildungswesen, in der Kunst und sogar in der Politik. 1990 wurde der in Lima geborene Alberto Fujimori zum Präsidenten gewählt. Der Sohn japanischer Einwanderer war der erste Staatschef ostasiatischer Abstammung in einem lateinamerikanischen Land.

Etwa 90 Prozent der Peruaner betrachten sich als römisch-katholisch, obwohl sich der Katholizismus, wie er in den Anden praktiziert wird, wegen seiner Nähe zum Schamanismus und einheimischen Traditionen stark von der Religion der europäisch-peruanischen Küstenbewohner unterscheidet. Eine wachsende Zahl ausländischer Missionare – vor allem Mormonen, Adventisten und Evangelikale – spielt eine wichtige Rolle in der bunten relgiösen Mischung des Altiplano und des Amazonas-Regenwaldes, wo viele Stämme noch animistischen Traditionen anhängen.

Von der Plantagenwirtschaft zum modernen Kapitalismus

Wie viele in Entwicklung befindliche Länder hat das moderne Peru ein zweistufiges Wirtschaftssystem, das sowohl im 19. als auch im 21. Jahrhundert fußt. Die Reichen und in zunehmendem Maße auch die Mittelklasse leben weitgehend so wie vergleichbare Schichten in anderen lateinamerikanischen Ländern. Sie wohnen in Einfamilienhäusern oder Stadtwohnungen, fahren ein Auto, schicken ihre Kinder auf Privatschulen und arbeiten im Büro oder besitzen vielleicht sogar eine eigene Firma. Sie sehen sich amerikanische Filme an, tragen europäische Mode und finden sich gut im Internet zurecht. Andere Landsleute dagegen leben noch immer in armen ländlichen Siedlungen oder in elenden Baracken am Rande der Großstädte; sie arbeiten auf dem Feld oder in Fabriken und ihre Kinder erhalten fast keine Schulbildung. Sie können sich vielleicht noch einen einfachen Fernsehapparat oder ein Radio leisten, aber Computer kommen überhaupt nicht in Betracht.

In der Kolonialzeit stützte sich Perus Wirtschaft ausschließlich auf Plantagen (vor allem mit Zucker und Baumwolle) und die Ausbeutung der Minen, ein Trend, der sich noch lange nach der Unabhängigkeit fortsetzte. Trotz einiger Ansätze zur Industrialisierung am Ende des 19. Jahrhunderts schaffte das Land den Sprung in die moderne Wirtschaft und Industrie erst in den 1990er Jahren.

500 Jahre, nachdem die Konquistadoren die Inka um ihre Schätze brachten, sind Erze immer noch wichtigstes Exportgut und Hauptdevisenbringer. Kupfer, Silber, Gold, Eisen, Zink, Molybdän und Blei machen die Hälfte aller peruanischen Exporte aus und bringen der Wirtschaft jährlich etwa vier Milliarden Dollar ein. Die größten und erfolgreichsten Minen liegen in der südlichen Wüste und in den zentralen Anden, in Orten wie Cerro Verde bei Arequipa und Antamina bei Huascarán, wo riesige Bergwerke tief in die Erde zu den Erzlagern hinabreichen. Auch Erdöl spielt eine Rolle unter den Bodenschätzen.

500 Jahre, nachdem die Konquistadoren die Inka um ihre Schätze brachten, sind Erze immer noch wichtigstes Exportgut und Hauptdevisenbringer.

Als wichtige Zutaten in Perus Wirtschaftsmixtur sorgen Landwirtschaft und Fischerei nicht nur für die Ernährung der Bevölkerung, sondern liefern auch wertvolle Exportgüter. Traditionelle Güter wie Baumwolle und Zucker haben in den letzten 20 Jahren zwar an Bedeutung verloren, aber andere landwirtschaftliche Produkte kamen neu hinzu, vor allem Kaffee, Obst und Gemüse. Zur breiten Produktpalette, die Peru heute ins Ausland versen-

ERLEBNIS: Machu Picchu Plus

IIm Juni 2007 beschloss die National Geographic Society, gemeinsam mit Regierungsbehörden und anderen Gruppen in Peru eine neue Art von Erlebnisreisen zu fördern, den sanften Tourismus. In Dutzenden von Versammlungen äußerten mehr als 2000 Peruaner ihre Ansichten über Besuche im Heiligen Tal und auf dem Gebiet um Machu Picchu. Ihre Empfehlungen zielen darauf ab, anstelle typischer Touristenbesuche eher Einführungen in die Kultur und Natur der Region zu fördern und dabei auch Rücksicht auf das Wohlergehen der lokalen Bevölkerung und den Charakter des Gebietes zu nehmen.

Informationen dazu finden Sie auch im Internet *(www.nationalgeographic.com/travel/sustainable/)*. Bewundern Sie also einfach einmal einen terrassierten Berghang mit einer geheimnisvollerweise unvollendeten Zitadelle. Unternehmen Sie eine Tour durch einen Kartoffelpark in sechs Hochlanddörfern, um die Vielfalt der Knolle zu bestaunen. Legen Sie dann eine Rast im nahe gelegenen Pisaq ein, wo aus einem Gemeindeofen Empanadas serviert werden, gefüllt mit ... Kartoffeln. Relaxen Sie oberhalb von Calca in den wiederhergestellten Thermalbädern.

Hören Sie in Chinchero der Weberin Nilda Callañaupa zu, die erklärt, weshalb sie nur Wolle verarbeitet, die mit Naturfarben gefärbt ist. Und sehen Sie sich, natürlich, Machu Picchu an.

det, zählen Mangos, Spargel, Augenbohnen, Artischocken, Tomaten und Zwiebeln. Wichtigste Abnehmer sind die übrigen südamerikanischen Länder, doch seit dem Handelsabkommen zwischen den USA und Peru 2006 kaufen auch die Vereinigten Staaten deutlich mehr peruanische Erzeugnisse.

Trotz des Wachstums in jüngster Zeit verblasst der Anteil der Landwirtschaft in Peru im Vergleich zum florierenden Tourismus. Der amerikanische Archäologe Hiram Bingham rief 1911 unwissentlich Perus Tourismusindustrie ins Leben, als er Machu Picchu wiederentdeckte. Seither gehört eine „Wallfahrt" zur alten Stadt auf dem Berggipfel zum Pflichtprogramm jeder großen Südamerikareise. Die geheimnisvollen Nazca-Linien wurden ein weiteres Lieblingsziel internationaler Reisender, vor allem nachdem 1968 Erich von Dänikens Buch „Erinnerungen an die Zukunft" erschienen war, das die mysteriösen Kunstwerke in der Wüste prähistorischen außerirdischen Besuchern zuschreibt. In den 1970er Jahren

Der peruanische Präsident Alán García Pérez

wählten dann begeisterte Rucksacktouristen aus aller Welt den Inca Trail, den Wanderweg durch die zentralen Anden, zu einem ihrer Lieblingswege.

Seinen Höhepunkt erreichte der Fremdenverkehr in Peru allerdings erst gegen Ende des 20. Jahrhunderts, als die Vielfalt der Sehenswürdigkeiten eine große Zahl Touristen anzog, die ohne eine Grenze zu passieren den Amazonas, die Anden und alte Ruinen bewundern wollten. Zur gleichen Zeit verbesserten das Entstehen von Boutique-Hotels und Regenwald-Lodges, neue Inlandsflugverbindungen und ein neuer Luxuszug durch die Anden die touristische Infrastruktur des Landes. Für Wachstum bleibt aber immer noch viel Raum. Eine Anzahl der schönsten Sehenswürdigkeiten Perus – der Cañón del Colca und die dort lebenden Kondore, die alten Lehmziegelstädte im Norden, die Gletscher von Huascará, der Titicacasee und viele der schönsten Parks im Amazonasgebiet – liegen noch immer abseits der gängigen Touristenpfade.

Nachdem Peru jahrhundertelang am Rand des internationalen Geschehens stand, ist es dem Land endlich gelungen, an Einfluss zu gewinnen.

Perus Ansehen in der Welt

Nachdem Peru jahrhundertelang am Rand des internationalen Geschehens stand, ist es dem Land endlich gelungen, in verschiedenen Bereichen an Einfluss zu gewinnen.

Seit den frühen 1990er Jahren haben drei starke Präsidenten – Alberto Fujimori, Alejandro Toledo und Alan García Pérez – Peru aus seiner traditionellen Isolation herausgeführt und dem Land zu größerer Anerkennung verholfen. Perus bekanntester Diplomat, Javier Pérez de Cuéllar (geb. 1920), war von 1982 bis 1992 UNO-Generalsekretär und spielte in den Verhandlungen über die internationalen Konflikte um die Falkland-Inseln, Namibia und Mittelamerika eine Schlüsselrolle.

In der Welt des Sports ist der in Lima geborene Juan Varga einer von mehr als einem Dutzend Fußballern, die bei europäischen Top-Clubs wie dem Hamburger SV in der Bundesliga oder Atalanta Bergamo in der italienischen Serie A spielen. Mehrere Weltklasse-Tennisspieler entstammen dem renommierten Club de Tenis Las Terrazas in Miraflores, so auch der French-Open-Champion im Doppel von 2008, Luis Horna.

Peruaner brachten sogar in Sportarten, die in ihrem Land sehr selten ausgeübt werden, Spitzenleistungen. Edgar Prado, einer der wenigen Jockeys, die schon mehr als 6000 Rennen gewonnen haben, ritt beim Kentucky Derby den legendären Barbato zum Sieg und gewann zweimal die Belmont Stakes. Zu den Megastars des Surfens gehört die aus Lima stammende Sofía Mulánovich, die erste Südamerikanerin, die im Surfen einen Weltmeistertitel errang, die Nummer eins in der Weltrangliste wurde oder Aufnahme in die internationale Surfing Hall of Fame fand. ■

Prächtige Feste in Peru

Bei einem Festkalender, in dem sich reichlich religiöse Feiertage, Erntefeste und das Begehen historischer Anlässe sammeln, könnte man fast darauf wetten, dass an jedem beliebigen Tag irgendwo im Land irgendein Fest stattfindet. Die wichtigsten römisch-katholischen Feiertage, die besonders ausgiebig gefeiert werden, mischen spanische und einheimische Traditionen zu einem einzigartigen peruanischen Brauchtum.

Tänzer in traditioneller Tracht auf der Straße vor der Companía de Jesús in Cusco

Kirchliche Feste

Angeregt durch andere lateinamerikanische Länder, feiert auch Peru den **Karneval** immer prächtiger und ausgelassener und mit Umzügen und Partys in fast jedem Städtchen. Dazu gehört auch etwas, das man sonst selten findet: Schabernack mit Wasser. Im ganzen Land füllen vergnügte Peruaner Eimer mit Wasser und warten damit auf ahnungslose Passanten. Außerdem tragen sie fröhliche Kämpfe mit Spritzpistolen in den Straßen aus und werfen wassergefüllte Ballons auf vorbeifahrende Autos. Wenn Ihr Besuch in die Wochen vor Ostern fällt, machen Sie sich darauf gefasst, unversehens patschnass zu werden.

Die letzte Woche vor Ostern, die Karwoche, heißt **Semana Santa**. Sie wird zwar im ganzen Land begangen, doch besonders feierlich in den Andenstädten Cusco, Huaraz, Tarma, Puno und vor allem Ayacucho, wo Musik, Märkte, Pferderennen und der Lauf von Stieren die kirchlichen Rituale begleiten. In Cusco gehört zur Semana Santa die **Fiesta del Señor de los Temblores**, eine farbenprächtige Prozession am Ostermontag mit Feuerwerk, die dem Herrn der Erdbeben gewidmet ist. Dieser Brauch geht auf das Jahr 1650 zurück, als die Stadt bei einem großen Erdbeben verschont blieb – bei den Feierlichkeiten ergeben katholische und Inka-Bräuche eine eigenartige Mischung.

Vom 31. Oktober bis einschließlich 2. November vermischen sich beim Día de los Muertos (Tag der Toten) Religiöses und Weltliches zu einem farbigen neuen Ganzen. Wie andere Lateinamerikaner gehen auch die Peruaner in Scharen zu den Friedhöfen, um am Grab ihrer lieben Verstorbenen zu essen, zu trinken, zu singen und manchmal auch zu schlafen. In zunehmendem Maße werden in Lima mittlerweile auch Halloween-Kostüme amerikanischer Machart beliebt. Der 31. Oktober ist auch der offizielle Tag der **Canción Criolla,** der kreolischen Musik; in afroperuanischen Gemeinden finden dann Konzerte und Aufführungen statt.

Wenn Sie Peru zur Weihnachtszeit besuchen, sollten Sie Cusco nicht auslassen, wo am 24. Dezember auf der Plaza de Armas der größte Kunsthandwerksmarkt des Landes stattfindet. Der Markt, der **Santuranticuy** („Heilige zu verkaufen") genannt wird, ist spezialisiert auf geschnitzte Krippenfiguren. Daneben gibt es natürlich auch noch viele andere Handwerkserzeugnisse. In den Anden werden zu Weihnachten spezielle Weihnachtsgetränke angeboten – heiße Schokolade und ein starkes Heißgetränk auf Rumbasis namens *ponche*.

Die Peruaner feiern ihre eigene **heilige Rosa von Lima**, den ersten Menschen der westlichen Hemisphäre, der heiliggesprochen wurde, am 30. August. Die 1586 als Isabel Flores de Oliva geborene Dominikanerin war für ihre außerordentliche Frömmigkeit (bis hin zur Selbstgeißelung) bekannt und beeindruckte jedermann durch aufopferungsvollen Einsatz für die Armen. Ihr Feiertag ist vor allem in ihrer Heimatstadt Lima und den umgebenden Dörfern ein wichtiges Ereignis. Lima, Arequipa und Junín begehen diesen Tag mit Messen und Prozessionen.

Inka-Feste

Am anderen Ende des Spektrums peruanischer Feiertage liegen die alten Inka-Feste wie **Inti Raymi**, das zur Wintersonnenwende stattfindet. Das Fest ist dem Sonnengott gewidmet und präsentiert in den Ruinen von Sacsayhuamán, am Stadtrand von Cusco, Folkloredarbietungen und komplizierte Umzüge mit Tausenden von Teilnehmern in der Tracht der Inka.

Ein weiteres Fest, das in die Landesgeschichte weist, **Qoyllur Rit'i**, findet Ende Mai oder Anfang Juni statt; dann machen sich bis zu 10 000 Pilger auf den Weg ins entlegene Tal von Sinakara bei Cusco, um Christus ebenso wie den Berggöttern *(apus)* die Ehre zu erweisen. Hochlanddörfer senden Tanz- und Musikgruppen dorthin. Der Name beruht auf einer Legende, wonach ein heiliger Schneestern im nahen Berg Colquepunku liegen soll; einer der Höhepunkte des Festes ist eine Morgenwanderung, um heiliges Eis von den Gletschern des Berges zu holen.

ERLEBNIS: Wintersonnenwende in Iquitos

Das San Juan Festival in Iquitos, alljährlich die größte Festlichkeit in der Stadt, wird zu Ehren Johannes des Täufers begangen; er ist Schutzpatron des Amazonasbeckens. Die Feierlichkeiten, die sich zur Zeit der Wintersonnenwende (23. bis 25. Juni) über drei Tage hinziehen, beginnen mit dem rituellen Eintauchen in den Amazonas, das die Seele reinigt und den Körper von der Urwaldhitze abkühlt. Traditionsgemäß ist jeder, der zu dieser Zeit im Fluss badet, für den Rest des Jahres mit Gesundheit und Glück gesegnet.

Besucher dürfen sich dem Bad und dem darauffolgenden Fest mit Musik, Tanz und Festmahl gern anschließen. Bringen Sie also Badesachen und Appetit mit! Typisches „Urwaldessen" ist groß in Mode, vor allem *juanes* – würzige Reisbällchen mit Huhn oder Fisch, in ein dunkelgrünes Blatt gepackt und mit Yucca-Frites serviert. Auch wenn das San Juan Festival auf christlicher Tradition basiert, verleihen ihm Events wie Schlangentänze, Kettensägen-Vorführungen und Bikini-Wettbewerbe einen sehr modernen Touch.

Essen & Trinken

Bei einer so ereignisreichen Geschichte und günstigen natürlichen Voraussetzungen, die den Anbau von Pflanzen aller Art zulassen, ist es eigentlich kein Wunder, dass Peru stolz sein darf auf eine der köstlichsten und abwechslungsreichsten Küchen Lateinamerikas.

Nach den alten Inka-Mythen sandte das höchste Wesen Viracocha seine Söhne zur Erde, um die Menschen im Anbau von Feldfrüchten zu unterweisen. Seit jener Zeit litt Peru niemals Mangel. Von *cuy* (Meerschweinchen) oder *ceviche* (marinierte rohe Meeresfrüchte) bis zum Pisco-Sour-Cocktail und leuchtend gelber Inca Kola findet man vieles, was hier auf den Tisch kommt, nur in Peru. Doch peruanische Speisekarten enthalten natürlich auch vertraute Lebensmittel, vor allem Kartoffeln, Mais und Chilischoten, die allesamt im wörtlichen wie im übertragenen Sinn ihre Wurzeln in den Anden haben.

Grundnahrungsmittel

In Peru wachsen vermutlich mehr als 5000 verschiedene Sorten der Kartoffel, einer Pflanze, die aus dem Hochland um den Titicacasee stammt. Es gibt große und kleine Kartoffeln und Knollen in verschiedenen Farben (braun, beige, rot, lila, gelb), und sie werden ganz unterschiedlich serviert, gebacken, als Kartoffelbrei und natürlich als Pommes frites. Peruaner essen Kartoffeln selten pur; sie bedecken sie lieber mit Käse, Chili, Knoblauch, Spiegeleiern oder Limettensaft.

Viele Lokale in Lima haben sich auf Fisch und Meeresfrüchte spezialisiert, etwa das riesige Costa Verde, das so groß ist wie ein Flugzeughangar und im Guinness-Buch den Rekord für das größte Büfett der Welt hält.

Genauso allgegenwärtig ist der Mais, der vermutlich aus Mexiko oder Mittelamerika stammt, aber seit mehreren tausend Jahren in den Anden kultiviert wird. Heute ist er eines der schmackhaften Grundnahrungsmittel der peruanischen Küche und wichtig für die Zubereitung von Tamales. Den kompletten Maiskolben genießt man gegrillt, aber auch mit Butter und Käse überzogen. Viele Peruaner knabbern gern die gebratenen Maiskörner *(canchas)*, oder sie geben sie zur *ceviche*. Mais ist die Hauptzutat für *chicha*, ein leicht alkoholisches Getränk, dass die indigenen Völker der Anden trinken.

So isst man heute

Im Mittelpunkt einer peruanischen Mahlzeit steht meist Fleisch oder Fisch. Gegrilltes Meerschweinchen mag auf Europäer befremdlich wirken, doch zum Glück gibt es ja genügend Gerichte mit Hühner-, Rind- oder Schweinefleisch. Eines der populärsten ist *lomo saltado,* köstliches kurzgebratenes Rindfleisch mit Knoblauch, Zwiebeln, Chilis und Kartoffeln. Sehr beliebt sind auch *pollo asado* (Brathuhn) und *lechón* (gebratenes Schweinefleisch). Da es in Peru weniger Rinder gibt als in anderen südamerikanischen Ländern, erreichen peruanische Steaks nicht ganz die Qualität wie in Argentinien.

Anders sieht es mit Fisch und Meeresfrüchten aus. Der Humboldtstrom schafft einen der reichsten Fischgründe des Pazifiks. Zur Ausbeute gehören Thunfisch und Seebarsch *(corvina),* Hummer und Krebse, Austern, Muscheln und Tintenfische; all dies wird gebacken, gegrillt, gebraten, pochiert oder für einen Ceviche-Meeresfrüchte-Cocktail verwendet. Viele Lokale in

Nichts ist schöner als eine Mahlzeit im Freien – wie hier in Arequipa

Lima haben sich auf Fisch und Meeresfrüchte spezialisiert, etwa das riesige Costa Verde, das so groß ist wie ein Flugzeughangar und im Guinness-Buch den Rekord für das größte Büfett der Welt hält (478 Gerichte). Die peruanische Vorliebe für Fisch erstreckt sich sogar bis in die Anden und an den Amazonas, wo Forelle und Arapaima auf den Tisch kommen.

Der größte Teil der peruanischen Trauben wird im oasenähnlichen Ica-Tal in der südlichen Wüste geerntet und zu Wein verarbeitet. Mehr als 60 Weinbaubetriebe im Tal öffnen ihre Keller auch Besuchern, doch sollte man selbst in etablierten Betrieben wie El Catador und Vista Alegre kein Ambiente wie im Napa Valley erwarten. Weinbau wird hier schon seit Jahrhunderten betrieben, aber längst nicht auf einem Niveau wie in Argentinien oder Chile. Trotzdem lohnen die regionalen Weine die Verkostung. Die Weißen sind schwer und süß, ähnlich einem weißen Portwein, während die Roten trocken und ein klein wenig bitter schmecken. Einige peruanische Winzer destillieren ihren Wein auch zu Pisco, einen klaren Tresterschnaps, der entweder pur getrunken werden kann oder im Cocktail Pisco Sour zum Einsatz kommt. Pisco Sour ist Perus Nationalcocktail.

Regionale & nationale Lieblingsgerichte

Jede größere Region in Peru hat ihre eigenen Spezialitäten. Zu den Lieblingsgerichten des Nordens zählen *pato a la naranja en almíbar* (mit Honig glasierte Ente in Orangensauce) und *cabrito al horno* (gebratene Ziege). Zu den Spezialitäten in Arequipa und der südlichen Wüste gehören *ocopa arequipeña* (gekochte Kartoffelscheiben mit einer etwas scharfen Käsesauce) und *rocoto relleno* (gefüllte Paprikaschote). Bergstädte wie Ayacucho und Huancayo sind bekannt für ihre herzhaften Eintöpfe und die phantasievollen Gerichte mit Innereien wie *mollejitas* (Hühnerinnereien) und *anticuchos* (Rinderherzen). *Cuy* gibt es fast nur in den Anden, wo man durchaus schon einmal am Straßenrand beobachten kann, wie Meerschweinchen am Spieß gebraten werden.

Die asiatischen Einwanderer habe das kulinarische Erbe Perus noch zusätzlich bereichert. In jeder Stadt sind *chifas* ein vertrauter Anblick, Restaurants, die chinesisches Essen servieren, das oft mit traditionellen lateinamerikanischen Zutaten und Methoden zubereitet wird. Allein in Lima gibt es wohl mehr als

Kulinarischer Sprachführer

Ají: Chilischoten, die für viele peruanische Gerichte verwendet werden; sie reichen von mild bis superscharf
Alfajores: Dessertgebäck, mit Honig oder süßem Milchkaramell gefüllt
Anticuchos: gegrillte Rinderherzen, in Chilisauce mariniert
Ceviche: roher Fisch oder rohe Meeresfrüchte, in Limettensaft und Chili mariniert, mit Zwiebeln und kalten Kartoffeln serviert
Charqui: getrocknetes Fleisch, oft Alpaka oder Rind, manchmal Lama
Chicharrón: gebratenes Schweinefleisch
Chifa: chinesisches Essen oder Restaurant
Chupe: traditionelle Suppe oder Eintopf
Corvina: Weißer Seebarsch
Cuy: Meerschweinchen
Lechón: gebratenes Schweinefleisch
Lomo saltado: sautiertes Rindfleisch, vermischt mit Kartoffeln, Zwiebeln und/oder Chili
Mate de coca: Tee aus Kokablättern, in den Anden als Mittel gegen die Höhenkrankheit verwendet
Pachamanca (Tontopf): traditionelles Eintopfgericht in den Anden, aus Fleisch, Gemüse und Gewürzen, unter der Erde gekocht
Pisco: Tresterschnaps
Pulpo: Oktopus, an der peruanischen Küste sehr beliebt
Salsa criolla: scharfe Sauce aus Chili, Zwiebeln, Koriandergrün und dem Saft von Limetten
Seco de cabrito: Ziegeneintopf
Tamal (*tamales*): Bananenblätter, gefüllt mit gebackenem Maisteig und einer Reihe anderer Zutaten wie Rindfleisch, Hühnchen oder Käse

Fisch, die Hauptzutat von *ceviche*, gibt es reichlich auf dem Mercado Central in Lima

6000 Chifas, von denen die meisten in einer Chinatown um die Calle Capón in der Altstadt liegen. Gebratener Reis und Wantan-Suppe sind Gemeingut, in den Chifas gibt es aber auch Kombinationen wie *chi jau cuy* (Meerschweinchen auf chinesische Art). Da Peruaner rohen Fisch lieben, begeistern sie sich auch für Sushi.

Ceviche – roher, marinierter Fisch, der mit kalten Kartoffeln und Maiskolben serviert wird – ist zweifellos das bekannteste peruanische Gericht. Der Fisch „kocht" in der Marinade aus Limetten und Pfeffer. Ceviche, an der Küste oft mittags verzehrt, wird meist aus Seefisch wie *lenguado* (Scholle) oder *corvina* (Weißer Seebarsch) zubereitet. Im Hochland ist Forelle beliebt, und am Amazonas werden verschiedene Süßwasserfische zubereitet, vor allem der Arapaima (auch *paiche* genannt).

Auch auf das vielfältige Angebot an Getränken kann Peru stolz sein. Inca Kola kam 1935 auf den Markt; es basiert angeblich auf einem alten Getränk, das mit den Blättern des Zitronenbusches aromatisiert wird. Obwohl ausländische Softdrinks auch in Peru auf dem Vormarsch sind, blieb die süße gelbe Erfrischung bis heute das beliebteste nichtalkoholische Getränk im Lande. Auch peruanisches Bier hat seine treuen Anhänger, und in Cusco und Arequipa streitet man sich darum, welches Bier besser schmeckt – Cusqueña oder Arequipeña. ■

ERLEBNIS:
Kochen lernen in Peru

Der South American Explorers Club (siehe S. 72) bietet seinen Mitgliedern Kochkurse zur peruanischen Küche an; wenn Plätze frei sind, können auch Nichtmitglieder daran teilnehmen. Incas del Peru *(Giraldez 652, Huancayo, Tel. 064/223303, E-Mail: incasdelperu@gmail.com, www.incasdelperu.com)* **arrangiert eine ganze Anzahl verschiedener Kurse, von Spanisch- bis hin zu Kochkursen. In den USA angesiedelt ist Pica Peru Culinary Vacations** *(Tel 303/513-8878, www.peruculinaryvacations.com)*; **dort werden Touren organisiert, die Reisende durch ganz Peru führen, damit sie die Küche des Landes kennenlernen.**

Natur & Landschaft

Als geographischer Mittelpunkt Südamerikas besitzt Peru ein Stück von fast jedem Ökosystem, das auf dem Kontinent vorhanden ist. Zwischen den hohen Anden und dem Amazonas-Regenwald, der Atacama-Wüste und dem rätselhaften Altiplano findet man ein reiches Mosaik an Landschaften, klimatischen Bedingungen und eine vielfältige Tier- und Pflanzenwelt.

Peru, das Land zwischen Pazifik und Amazonasbecken, ist das drittgrößte Land in Südamerika (nach Brasilien und Argentinien) und das sechstgrößte der westlichen Hemisphäre. Mit 1,3Millionen Quadratkilometern Fläche ist es fast viermal so groß wie Deutschland. Mehr als 70 Prozent der 28 Millionen Peruaner leben in Städten, sodass ein großer Teil des Landes buchstäblich unbewohnt bleibt.

Seit Generationen unterteilen Peruaner ihr Land in vier geographische Großregionen: *sierra* (Anden), *selva* (Amazonasbecken), *altiplano* (Hochebenen) und *costa* (der wüstenähnliche Strich entlang der Küste).

Quelccaya-Eiskappe

Die größte vergletscherte Region in den gesamten Tropen – die Quelccaya-Eiskappe – liegt im südlichen Zentralperu. Die Eiskappe in der Cordillera Oriental, etwa 160 Kilometer östlich von Cusco, bedeckt etwa 44 Quadratkilometer. Allerdings ist sie im vergangenen Jahrzehnt beträchtlich geschrumpft, vermutlich aufgrund der globalen Erwärmung. Eine Eisklippe (55 m) markiert den Rand von Quelccaya; die horizontalen Streifen zeugen von einer jahrhundertelangen Ansammlung von Schnee und Eis. Der Qori-Kalis-Gletscher wächst aus der Eiskappe; sein Schmelzwasser fließt in eine erbsengrüne Gletscherlagune.

Anden & Altiplano

Die längste Bergkette, der südamerikanische Teil der Kordilleren, die Anden, sind die bemerkenswerteste Landschaft des Landes und eine Wiege der peruanischen Kultur. Das Gebirge, ein klassisches Beispiel für die Auswirkungen der Plattentektonik, entstand vor etwa vier Millionen Jahren, als die Nazca-Platte sich unter die Südamerika-Platte schob und die Erdkruste sehr hoch nach oben drückte.

Nördlich von Lima ragt der Huascarán in der Cordillera Blanca 6768 Meter hoch auf, ein von ewigem Schnee bedeckter Gipfel, der den Ehrentitel als höchster tropischer Berg der Welt trägt. In dieser Bergkette gibt es die ungewöhnlichen und in ihrer Existenz bedrohten tropischen Gletscher. Schmelzwasser dieser Gletscher hat Hunderte von Gletscherseen und Lagunen am Fuß der Cordillera Blanca geschaffen.

Wegen seiner Lage in einer der aktivsten geologischen Zonen der Erde wird Peru häufig von schweren Erdbeben heimgesucht. Ein Beben der Stärke 7,7 traf Nordperu 1970 und tötete rund 70 000 Menschen. 2007 zerstörte ein Beben der Stärke 8,0 Paracas, Pisco und andere Küstenstädte südlich von Lima. Im Gegensatz zu manchen anderen Andenländern besitzt Peru jedoch nur relativ wenige aktive Vulkane. Misti, mit 5822 Metern der höchste, brach 1784 zum letzten Mal aus.

Stranddünen an der Nordküste

Im südlichen Peru weichen die Anden dem Altiplano, einer Hochebene von ganz eigener Schönheit. Mit ihrer Höhenlage von etwa 3300 Metern besitzt diese Region ein besonderes Klima und eine spezielle salzverträgliche Pflanzendecke. Zwar herrscht strahlend blauer Himmel vor, doch es ist trocken und windig, und die Temperaturen können selbst im Hochsommer unter den Gefrierpunkt fallen. Eine spärliche Vegetation aus niedrigen Gräsern und Büschen bedeckt weithin den Boden.

Der 8288 Quadratkilometer große Titicacasee, den Peru sich mit Bolivien teilt, ist der Rest eines riesigen Sees, der einst die ganze Region bedeckt haben soll. Er ist der größte See Südamerikas und das höchstgelegene auf kommerzielle Weise schiffbare Gewässer der Welt; Dampfer und Fähren verkehren zwischen der peruanischen Stadt Puno und den Häfen an der bolivianischen Küste.

Küstenebene & Wüste

Die peruanische Küste zwischen Ecuador und Chile misst rund 2400 Kilometer. Die trockene, karge und absolut unwirtliche Küstenebene ist zwischen 16 und 160 Kilometer breit. Genau genommen handelt es sich lediglich um einen Ausläufer der Atacama-Wüste, doch in Peru trägt dieser trockene Landstrich zwischen Bergen und Meer einen eigenen Namen: Sechura-Wüste. Viele Reisende lassen sie links liegen, doch die phantastische Wüste enthält ganze Wälder von Kandelaberkakteen, gewaltige Sanddünen, die ins Meer abfallen, die eigenartige Lomas-Formation mit Moosen, Flechten und Farnen, die dem Küstennebel die nötige Feuchtigkeit entnehmen, und Flächen mit einstigem Meeresboden, in dem Fossilien von prähistorischen Haien und Walen schlummern.

Fischer im Amazonasbecken, unterhalb von Iquitos

ERLEBNIS: Besteigung des Misti und anderer Berge

Die besten Klettergebiete liegen nördlich von Huaraz, doch sollten Sie auch das Gebiet um Arequipa im Süden nicht auslassen. Lockerer vulkanischer Boden macht den Aufstieg zum Gipfel des Misti beschwerlich, trotzdem ist er bei Bergsteigern am beliebtesten. Wenn Sie in den vergletscherten Gipfelbereich (5822 m) kommen, brauchen Sie einen Eispickel und möglicherweise Steigeisen.

Mit 6425 Metern ist der **Coropuna** der höchste Berg im südlichen Peru und der viertägige Trek hinauf zum Gipfel erfordert eine gewisse Erfahrung im Bergsteigen. Die Bergführer am Coropuna verlangen, dass Sie Ihr Können erst am 6075 Meter hohen **Chachani** unter Beweis stellen. Weitere Berge in der Gegend sind **Ubinas** (5672 m), einer der einfachsten, **Mismi** (5597 m), wo der Amazonas entspringt, und **Solimana** (6117 m), der schwieriger zu besteigen ist.

Peru ist zwar perfekt für Anfänger im Bergsteigen, doch wegen der großen Höhen, der steilen Straßen, schlechten Wege und der schnell wechselnden Wetterbedingungen sollten Kletterer diese Touren keinesfalls unterschätzen. Gute Ausrüstung ist wichtig, und da viele Routen nicht deutlich gekennzeichnet sind, empfiehlt sich ein Bergführer. Letzterer kostet ab 80 $ pro Person, je nach Berg, Gruppengröße und sonstigen Dienstleistungen (siehe Reiseinformationen, S. 307).

Dutzende von Flüssen – darunter Rímac, Chili und Moche – bringen das Wasser der Schneeschmelze von den Anden in die Küstenebene und schaffen damit fruchtbare Nischen, die zur Entwicklung der frühesten Kulturen in Peru beitrugen. Nur im äußersten Norden findet man Mangroven und tropischen Trockenwald, ein Lebensraum für viele endemische Vogelarten.

Die unbewohnten Inseln vor der Küste Perus sind klein, aber reich an Tieren; so gibt es hier zahllose Seevögel und Seelöwen. Etwa 160 Kilometer vor der Küste endet der Kontinentalschelf abrupt im 8065 Meter tiefen Atacamagraben.

Flüsse bringen das Wasser der Schneeschmelze von den Anden in die Küstenebene und schaffen damit fruchtbare Nischen, die zur Entwicklung der frühesten Kulturen in Peru beitrugen.

Das Amazonasbecken

Die weitgehend unbewohnte peruanische *selva*, das Amazonasgebiet, ähnelt den Regenwaldgebieten in Brasilien und Ecuador. Amazonien nimmt etwa ein Drittel der peruanischen Fläche ein. Die Region fällt von den kühlen Regenwäldern an der Ostseite der Anden zu den heißen tief gelegenen Ebenen um Iquitos im Nordosten hin ab.

Obwohl die Selva meist als einheitliche Region behandelt wird, besteht sie eigentlich aus zwei Teilen. In Peru ist das südliche Amazonien trockener; bestimmt wird es durch die Ausläufer der Anden und große Waldgebiete, die fast nie überflutet sind. Heute bedrohen verschiedene Gefahren – Holzeinschlag, Bergbau, Erdöl- und Erdgasförderung, Jagd, Plantagenbau und die zunehmende Besiedlung – das Überleben der Tiere und Fortbestehen des Amazonas-Regenwaldes in Peru. Weiträumige Schutzgebiete wie der Parque Nacional Manú und die Reserva Nacional Pacaya-Samiria helfen, zumindest große Teile dieses nationalen Erbes zu bewahren.

El Niño: Das Weihnachtsgeheimnis

Eines der Naturphänomene, über das weltweit am meisten diskutiert wird, ist El Niño, eine periodische Störung der Klima- und Wasserbedingungen im tropischen östlichen Pazifik. Peruanische Fischer bemerkten diese Veränderung im 19. Jahrhundert; sie stellten fest, dass eine warme Strömung vom Äquator nach Süden zog und den wesentlich kälteren Humboldtstrom abschwächte. Da dies immer um die Weihnachtszeit geschah, nannten sie die geheimnisvolle Strömung El Niño, das Christkind.

In den 1980er Jahren entdeckten Wissenschaftler, dass diese periodische Veränderung das gesamte Klima rund um das pazifische Becken beeinflusst, dass sie heftigen Regen in Peru und den südlichen USA und Dürren in Australien und Indonesien verursacht. El Niño kann jedes Jahr eintreten oder in viel größeren Abständen, doch niemand hat bis jetzt eine Regel zur Vorhersage entdeckt, falls es denn überhaupt eine gibt. Unbekannt ist auch, weshalb das Phänomen überhaupt auftritt.

Klima

Perus Klima ist so vielfältig wie seine Landschaften; es wird bestimmt durch Höhenlage und Meeresströmungen. An ein und demselben Tag herrscht an der Pazifikküste perfektes Wetter, in den Anden gibt es Frost und Schnee und im Amazonasgebiet sintflutartige Regenfälle. Deshalb ist das Kofferpacken für eine Perureise auch so schwierig.

Der berühmte Humboldtstrom streicht von der Antarktis her an der Küste Südamerikas entlang und bringt der Küste kühlere Luft und kaltes Wasser, das reiche Fischgründe birgt. Außerdem trägt er zur Entstehung der Dunst- oder Nebelschicht (*garúa*) bei, die normalerweise im Winter (Mai–Nov.) an der Küste auftaucht. Alle paar Jahrzehnte erscheint hier auch die legendäre El-Niño-Strömung (siehe oben). Dann löst sich zwar der gefürchtete Nebel, und Regen fällt auf die Küstenwüste, doch die Ankunft von El Niño geht oft mit Sturzfluten und Erdrutschen einher.

Der Breitengrad ist im peruanischen Hochland nicht ohne Bedeutung für das Wetter, doch in den Anden und auf dem Altiplano ist die Höhenlage noch wichtiger. Blauer Himmel und eine phantastische Sicht gehören zur Trockenzeit (Mai–Okt.) in der Sierra; daher ist diese Zeit die Hauptreisesaison. Im Amazonasgebiet verhält es sich ungefähr ähnlich, doch Hitze und dunstige Feuchtigkeit gehören dort ganzjährig dazu, und es kann jederzeit zu heftigen Regengüssen kommen.

Tiere, Pflanzen & Naturschutz

Kein anderes Land in Südamerika besitzt eine solche Vielfalt an Tieren – Arten, die im Dschungel, auf den Bergen, in der Wüste oder an der Küste heimisch sind. Die Zahlen sind erstaunlich: rund 1800 verschiedene Vogelarten, mehr als 400 Säugetierarten und mehr als 600 Arten von Reptilien und Amphibien (die Hälfte davon Frösche). Und ihre Populationen sind oft größer als anderswo auf der Welt.

Zu den typischen Tieren der Sierra gehören der riesige Kondor, das Lama, der Brillenbär und der Puma, die allesamt im Parque Nacional Huascarán in den zentralen Anden vorkommen. Ein weiterer Bewohner dieser Region ist der äußerst seltene Nordandenhirsch (Huemul). Der Cañón del Colca im Süden ist zwar eher bei Outdoor-Sportlern und für seine herrliche Landschaft bekannt, aber man bekommt dort auch Kondore zu Gesicht, vor allem an einem Aussichtspunkt namens Cruz del Condor.

An der Küste findet man eine ganz andere Tierwelt vor – Tiere, die hierher kommen, weil der Humboldtstrom ihnen einen reich gedeckten Tisch bietet. In die Nahrungsgründe kommen Meereswale, Delphine, Wasserschildkröten, Hammerhaie und Mantarochen.

An Dutzenden von Küstenplätzen lassen sich Meeresvögel und -säuger beobachten, am besten jedoch in der Reserva Nacional de Paracas bei Pisco, einem vielseitigen Schutzgebiet, das Strände und Buchten, Küstengebirge und sonnengedörrte Wüste umfasst. Die Vogelwelt ist hier verblüffend: Tausende von Kormoranen, Tölpeln, Seeschwalben, Sturmvögeln, Möwen und anderen Seevögeln bestimmen das Bild; Pelikanschwärme steigen vom Strand auf, und Flamingos stelzen vorsichtig durch die sandigen Lagunen hinter der Küste. Auch Reiher und eigenartige kleine gefiederte Wesen wie die in Erdbauen lebende Kanincheneule fühlen sich hier wohl. Südamerikanische Seebären und Seelöwen beanspruchen viele der Felsen und Inseln an der Küste für sich, vor allem den Mirador de Lobos. Seeotter, Sechurafüchse und Humboldtpinguine gehören ebenfalls zur Tierwelt von Paracas.

Wie zu erwarten ist der Regenwald am Amazonas die bedeutendste Naturlandschaft des Landes. Der Wald bedeckt etwa 40 Prozent Südamerikas und enthält schätzungsweise 20 Prozent des gesamten Süßwassers der Erde. Das Amazonasbecken gehört zu den Flächen mit der weltweit größten Artenvielfalt. Perus Anteil an Amazonien macht etwa ein Sechstel aus.

La Isla de los Monos, die Insel der Affen, liegt etwa eine Stunde von Iquitos entfernt im Amazonas

Von Jaguar und Anakonda an der Spitze der Nahrungskette bis hin zu den zwei Millionen Insektenarten beherbergt das Amazonasbecken eine unglaubliche Vielfalt an Lebewesen. Allein in Peru gibt es mehr als 20 verschiedene Affenarten, darunter äußerst seltene wie den Roten Uakari und das Zwergseidenäffchen. Süßwasserdelfine, Amazonas-Manatis, Kaimane und die berüchtigten (aber meist harmlosen) Piranhas bevölkern die Gewässer. Etwa 120 endemische Vogelarten wurden bislang in Peru bestimmt, die meisten davon im Amazonasgebiet. Und von Buschmeistern und Korallenottern bis zu den gefürchteten Lanzenottern gibt es viele Schlangen, deren Gift den Tod bringt.

Perus wichtigstes Regenwald-Schutzgebiet – und vielleicht das beste am gesamten Amazonas – ist der große Parque Nacional Manú. Die Reserva Nacional Pacaya-Samiria, eine weitere Schatzkammer der Natur, gilt als größter geschützter überfluteter Wald überhaupt. Der auf einer Schwemmlandebene zwischen Río Marañón und Río Ucayali befindliche Park steht oft die Hälfte des Jahres unter Wasser. ■

Peru damals

Peru besitzt unter allen Ländern Südamerikas die größte Anzahl an historischen Stätten. Dazu gehört nicht nur die berühmte „verlorene Stadt der Inka", sondern auch eine Ansammlung von Städten, Festungen, Türmen, Pyramiden, Grabmalen und Tempeln, die mehr als 4000 Jahre vor der Inkazeit errichtet wurden.

Die frühesten Völker

Man hört zwar gelegentlich, die Region sei schon Tausende von Jahren früher besiedelt worden, doch die ältesten Zeugnisse menschlichen Lebens in Peru finden sich in den Höhlen von Pikimachay bei Ayacucho. Dort haben Archäologen Pfeilspitzen aus Knochen aus der Zeit um 12 000 v. Chr. entdeckt. Wie anderswo in der Neuen Welt waren die Menschen, die sie fertigten, nomadische Jäger und Sammler.

Zwischen 7000 und 4000 v. Chr. wurden diese Nomaden sesshaft. Sie lernten, wie man Bohnen, Kürbisse, Kartoffeln, Chilis und Mais kultiviert. Einfache landwirtschaftliche Arbeiten wie Unkrautjäten und Bewässern hielten sie dauerhaft in einer bestimmten Gegend fest. Darüber hinaus hielten sie Lamas, Alpakas und Meerschweinchen. Fischen und Muschelsammeln wurden wichtige Tätigkeiten, und schon bald begannen sie mit dem Anbau von Baumwolle.

In dieser Zeit, die heute als vorkeramische Periode bezeichnet wird, konnten die Menschen noch nicht mit Ton umgehen; sie brieten ihr Mahl direkt im offenen Feuer oder auf heißen Steinen. Um 2900 v. Chr. errichteten organisierte Gruppen Begräbnisstätten und einfache Lehmziegelpyramiden wie jene, die jüngst an der Nordküste bei Caral ausgegraben wurden. Caral gilt heute als älteste Stadt ganz Amerikas.

In der formativen Periode (2000–1000 v. Chr.) begann man in Peru erstmals Ton zu brennen, anfangs sehr einfache Töpfe, doch schon bald verzierte und kolorierte Gefäße. Die Menschen verbesserten ihre Bewässerungssysteme, legten an Hängen Terrassen für den Feldbau an und errichteten immer umfangreichere rituelle Stätten an der Küste. Eine der bedeutendsten, Sechín, geht auf die Zeit um 1600 v. Chr. zurück.

Ausbreitung der Kulturen

Ab 1000 n. Chr. kam es zu einer raschen Entwicklung zahlreicher peruanischer Kulturen; sie hinterließen kompakte Bauten und aufwendig gestaltete Töpferarbeiten und Textilien. Die erste dieser Kulturen war die der Chavín (etwa 1000–300 v. Chr.); zu ihrem großartigen Tempel in den Anden, Chavín de Huántar, gehören weitläufige unterirdische Gänge. Die Kunst und die Religion der Chavín hatten einen beträchtlichen Einfluss auf die folgenden Kulturen; die Chavín schmückten viele ihrer Tempel an der peruanischen Küste mit typischen Katzenreliefs. Sie dekorierten Tempel und Gefäße aber auch mit Darstellungen von Göttern, die teils Mensch, teils Tier waren. Da mitunter Tiere abgebildet wurden, die nur im Amazonas-Tiefland leben, vermuten Historiker, dass zumindest ein Teil des Chavín-Volkes ursprünglich aus dem Regenwald an die Küste gezogen war.

Metallarbeiten (vor allem mit Gold, Silber und Kupfer) und Verbesserungen bei der Keramik- und Textilherstellung ließen den Handel attraktiv werden: Kleider, Gefäße und

Machu Picchu ist die bekannteste archäologische Stätte Amerikas

andere Dinge von der Küste gelangten in die Anden und sogar bis ins Amazonasbecken hinein. Der Handel trug zur Ausbreitung der Chavín-Religion bei und einte zum ersten Mal unterschiedliche geographische Zonen. In den nächsten tausend Jahren tauchten dann verschiedene Kulturen gleichzeitig auf und verdrängten allmählich die Chavín.

Die Paracas-Kultur an der Südküste stellte nach Ansicht vieler Fachleute die feinsten Webarbeiten der vorkolumbischen Zeit her, darunter ein Stück mit rekordverdächtigen 160 Fäden pro Zentimeter. Die Nazca-Kultur schuf die rätselhaften Nazca-Linien auf dem Boden der Küstenwüste und schmückte bereits mehrfarbige Töpferarbeiten mit Abbildungen von Nahrungsmitteln und menschlichen Alltagstätigkeiten.

An der Nordküste errichteten unterdessen Angehörige der Mochica-Kultur massive Tempelhügel und Pyramiden, und zwar in der Nähe der heutigen Städte Trujillo und Chiclayo. An der berühmtesten Stätte, Sipán, fanden Archäologen 1987 ein außergewöhnlich reich bestücktes Grab, wohl die wertvollste Begräbnisstätte, die je in Amerika entdeckt wurde. Die Moche bearbeiteten Metall und Keramik mit außergewöhnlich feinen Techniken, und ihre Töpferarbeiten gelten als die besten des alten Amerikas.

Um 600 n. Chr. entstanden zwei wichtige Hochlandkulturen. Die frommen Tiahuanaco errichteten bedeutende Tempel in der Gegend um den Titicacasee und legten ausgedehnte Handelswege an, während die kriegerische Wari-Kultur mit ihrer Hauptstadt im Gebiet von Ayacucho vor allem die zentralen Anden und die Nordküste als ihre Einflusssphäre betrachtete. Im Gegensatz zu ihren relativ friedlichen Vorgängern führten die Wari Eroberungskriege gegen benachbarte Völker; der Zusammenbruch der Mochica-Kultur geht auf ihr Konto.

Um 1000 n. Chr. schwand der Einfluss der Wari, verschiedene Kleinstaaten übernahmen ihr Territorium. Am bekanntesten ist das Küstenkönigreich der Chimu in der Gegend um Trujillo; mit Chan Chan hinterließ es die größte Lehmziegelstadt der Welt. Weiter nördlich ging aus den Überresten der Mochica-Kultur die Sicán-Gesellschaft bei Chiclayo hervor, die bereits Pyramiden baute, während im Süden bei Lima das Volk der Chancay hervorragende Tuche webte. Im Hochland errichtete die Chachapoya-Kultur die gewaltige Festung von Kuélap. Noch höher oben bauten die Colla die eigentümlichen Grabtürme von Sillustani nahe am Ufer des Titicacasees.

Rückblickend ist zu erkennen, dass die vielen kleinen und regional verstreuten Völker wie geschaffen waren für die Übernahme durch einen aggressiveren Gegner. Diese Rolle

Kurze Landesgeschichte

20 000–7000 v. Chr.	Frühe Völker
7000–4000 v. Chr.	Nomaden & Siedler
1000–300 v. Chr.	Chavín-Kultur
300 v. Chr.–200 n. Chr.	Paracas-Kultur, Südküste
200 v. Chr.–600 n. Chr.	Nazca-Kultur, Küstenwüste
100 v. Chr.–850 n. Chr.	Moche, nördliche Küstenebenen
600–1100 n. Chr.	Tiahuanaco- & Wari-Kultur
750–1375	Sicán-Kultur, nördliche Küstengebiete
800–1547	Chachapoyas-Kultur
1000–ca. 1400	Chancay-Kultur, zentrale Küste; Colla-Kultur, Ufer des Titicacasees
900–1470	Chimu-Kultur, Gebiet um Trujillo
1200–1533	Inka-Kultur, vom heutigen Chile bis Ecuador, Hauptstadt in Cusco
1533–1821	Spanische Herrschaft
Seit 1821	Unabhängiges Peru

fiel einem kleinen Stamm im Gebiet von Cusco zu, den Inka. Am Ende ihrer Eroberungszüge besaßen die Inka das größte Königreich, das die Neue Welt je gesehen hat.

Das Reich der Inka

Die Inka führen ihre Ursprünge auf die Zeit um 1200 n. Chr. zurück, als Manco Capac (regierte 1200–1230) Cusco *(in der Quechua-Sprache: Q'osqo)* gründete und erster Inka (Quechua-Wort für „König" und schließlich die Bezeichnung für das ganze Volk) wurde. Mehr als zwei Jahrhunderte lang herrschten die Inka über das Gebiet von Cusco, schlugen nur gelegentlich eine Schlacht gegen ihren Hauptfeind, die Chanka, und vergrößerten ganz allmählich ihr Reich.

Das Gleichgewicht der Kräfte verschob sich 1438 auf dramatische Weise, als eine Übermacht der Chanka Cusco angriff. Der achte Inka, Viracocha (regierte 1410–1438), zog sich zurück, doch sein dritter Sohn, Yupanqui, setzte den verzweifelten Kampf gegen die Chanka fort; der Legende nach erhoben sich selbst Steine, um an seiner Seite zu kämpfen. Nach dem völlig unerwarteten Sieg änderte Yupanqui seinen Namen in Pachacutec („Weltveränderer"); er bestieg den Inka-Thron (regierte 1438–1471) und begann, andere Andenvölker zu unterwerfen. Nebenbei überwachte er auch noch einige der wichtigsten Inka-Baustellen in Cusco.

Als Pachacutec 1471 starb, hatte er den größten Teil der peruanischen Anden erobert, in den Kämpfen unterstützt von seinem Sohn Túpac, der die Expansionspolitik seines Vaters als zehnter Inka (regierte 1471–1493) fortsetzte. Unter seiner Herrschaft erstreckte sich das Inka-Reich von Nord-Ecuador bis Nord-Chile und Bolivien sowie von der Pazifikküste bis ins Amazonas-Tiefland.

Die Inka brauchten damals kaum ein halbes Jahrhundert, um das mächtigste Reich der Neuen Welt zu formen. Doch sie waren nicht nur kriegerisch, sondern auch großzügig. Völker, die sich willig unterwarfen, wurden gut behandelt und ins ausgeklügelte Inka-Sozialsystem integriert. Die siegreichen Eroberer verbreiteten ihren Sonnenkult und die Quechua-Sprache bis in die entferntesten Winkel des Reiches.

Die Verwaltung der Inka strukturierte das Land anhand des Dezimalsystems und hielt damit die soziale und wirtschaftliche Kontrolle über das riesige Gebiet aufrecht. Zehn Arbeiter hatten einen Anführer, zehn Anführer hatten ihren eigenen Vorgesetzten, und so ging es weiter in die Tausende und Zehntausende. Etwa 32 000 neu gebaute Straßenkilometer führten durch das Reich, für eine reibungslose Kommunikation sorgte ein System von Läufern. Die Inka gaben sich bei Gütern

Manco Capac auf einem Gemälde der Kolonialzeit

wie Nahrungsmitteln und Kleidung sehr viel Mühe mit der Verwaltung und verwendeten Knotenschnüre, *quipus* genannt, für die Buchhaltung.

Von Bürgern wurde erwartet, dass sie hart arbeiteten, doch sie erhielten dafür angemessene Nahrung und Kleidung. Auch mussten sie in regelmäßigen Abständen gut organisierte Feierlichkeiten besuchen, bei denen reichlich Essen und *chicha* (Maisbier) auf rituelle Weise konsumiert wurden.

Huayna Capac (regierte 1493–1525) verstärkte den Einfluss des Reiches auf Ecuador und eroberte noch Teile von Chile und Argentinien hinzu. Als er an den Pocken starb, einer Krankheit, die die Europäer nach Südamerika eingeschleppt hatten, wurde das Inka-Reich unter seinen beiden Söhnen aufgeteilt: Atahualpa (1502–1533) erhielt den Norden und Huáscar (1503–1532) den Süden.

Der darauffolgende blutige Bürgerkrieg schwächte das Reich beträchtlich – ausgerechnet in jener Zeit, als Eindringlinge aus dem Norden auftauchten.

Die Legende von der Gründung Cuscos

Eine populäre peruanische Legende besagt, dass Manco Capac, der erste Inka, aus dem Titicacasee auftauchte und der Sonnengott Inti ihm einen goldenen Stab anvertraute. Noch heute findet am Puno-Tag (5. November) eine Zeremonie statt, bei der Manco Capac auf einem Floß eintrifft. Begleitet von seiner Schwester-Frau Mama Ocllo und seinen Brüdern machte er sich auf die Suche nach dem *q'osqo* (Nabel der Welt), wo die Erde den goldenen Stab aufnehmen würde. An der Stelle, an der dies endlich geschah, in einem Tal hoch oben in den Anden, gründete Manco die Stadt Cusco als Hauptstadt der Inka-Kultur.

Eroberung

Es ist schwierig, sich auszumalen, was die Inka bei der überraschenden Ankunft der Spanier 1532 gedacht haben müssen über diese fremdartige Invasionsarmee, die nicht nur anders aussah und sich anders verhielt als alles, was sie je zuvor gesehen hatten, sondern die auch noch mit fürchterlichen Waffen von unvorstellbarer Zerstörungskraft ausgerüstet war.

Bei seiner dritten Fahrt in die Neue Welt wagte sich Francisco Pizarro (ca. 1471–1541) an der Westküste Südamerikas entlang und führte seinen kleinen, aber hochmotivierten Trupp von Konquistadoren ins heutige Nordperu. Sie zogen dort zunächst ins Landesinnere und kamen nach Cajamarca, wo sie eine Audienz bei Atahualpa arrangierten, der erst kurz zuvor, nach dem Bürgerkrieg gegen seinen Bruder Huáscar, zum obersten Führer des Inka-Reiches aufgestiegen war.

Atahualpa sah keinen Grund, die Spanier zu fürchten; sie hatten sich nie zuvor feindselig gezeigt, und schließlich war er der Herrscher des größten Reiches – und Befehlshaber der größten Armee –, die es in Südamerika je gegeben hatte. Doch sein übergroßes Vertrauen spielte Pizarro geradewegs in die Hände. Die Spanier lockten die Inka in einen Hinterhalt, nahmen Atahualpa als Geisel und erklärten, den Herrscher erst gegen ein ein riesiges Lösegeld freizulassen. Doch da Pizarro einen Gegenangriff der Inka fürchtete, wenn Atahualpa freikäme, ordnete er die Hinrichtung des freigekauften Königs an. (Diese Begebenheiten hat der deutsche Schriftsteller Jakob Wassermann zu einer berühmten Erzählung verarbeitet: „Das Gold von Caxamalca".)

Die Spanier hatten kaum Schwierigkeiten, den Rest von Peru zu unterwerfen, und marschierten in Richtung Süden gen Cusco, wo sie einen Marionettenkaiser einsetzten.

Doch die Gier plagte sie. Nach heftigen internen Streitigkeiten wurde Pizarro schließlich 1541 von eigenen Leuten ermordet. Zu dieser Zeit hatten die Spanier in Lima bereits ihre

„Die Hinrichtung des Inka" (um 1891) zeigt den Tod Atahualpas 1533

neue Hauptstadt errichtet (1535), bewusst an der Küste, wo das Klima milder war als hoch oben in den Anden. Die neue Stadt verfügte über verlässliche Süßwasserquellen und einen schönen natürlichen Hafen, der den Kontakt zu den spanischen Stützpunkten in Panama erleichterte. Nur wenige Jahrzehnte nach ihrer Gründung wurde die florierende Hafenstadt zum Sitz des spanischen Vizekönigs und zur wichtigsten europäischen Siedlung in ganz Südamerika.

Im Landesinneren ging der turbulente Kampf zwischen den europäischen Eindringlingen und den indigenen Gruppen noch ein Jahrhundert lang weiter. Wer von der Inka-Elite noch am Leben war, floh in den Urwald auf der Ostseite der Anden. Dort entstand das neue militärische und religiöse Zentrum Vilcabamba. Der Rebellenstaat hielt bis in die 1570er Jahre stand – bis der gnadenlose Vizekönig Francisco Toledo eine Armee aussandte, um den Rückzugsort auf dem Berg einzunehmen. Der Rebellenführer Túpac Amaru und seine Generäle flohen in den Urwald am Amazonas, wurden aber schließlich 1572 gefangen genommen und hingerichtet. Moderne Historiker sehen in diesem Ereignis das eigentliche Ende des Inka-Reiches.

Kolonialismus

Gegen Ende des 16. Jahrhunderts galt Peru als echtes Juwel – ein Land, das von europäischen Herren regiert wurde, die unermessliche Reichtümer heim ins Mutterland sandten. Wie anderswo in der Neuen Welt waren auch hier die beiden tragenden Säulen der spanischen Herrschaft: *encomienda* und *reducciones*.

Im Rahmen der *encomienda*-Politik wurden die Konquistadoren mit Land belohnt – und sie herrschten gleichzeitig treuhänderisch über die Menschen, denen dieses Land eigentlich gehört hatte. Als Belohnung für die Sicherung des Friedens und die Bekehrung der Inka zum Christentum durften die *encomenderos* ihren indigenen Pächtern Steuern auferlegen und sie zur Arbeit zwingen. Daraus entwickelte sich rasch ein brutales Feudalsystem, in dem die Einheimischen kaum mehr als Sklaven waren.

Um den Missbrauch der *encomienda* einzudämmen, schuf die Krone ein ganz anderes System namens *reducciones*, eine Zwangsumsiedlung der einheimischen Bevölkerung in neu gegründete Städte im europäischen Stil. So gerieten die indigenen Völker unter den Schutz der örtlichen katholischen Kirche, doch waren Übergriffe trotzdem nicht ausgeschlossen. Schätzungen zufolge mussten damals mehr als eine Million indigener Peruaner das Land ihrer Vorfahren verlassen. Weitere Millionen starben an Krankheiten, die die Konquistadoren eingeschleppt hatten. Deshalb begannen die Spanier Sklaven aus Afrika zu importieren, um das schwindende Reservoir an Arbeitskräften aufzufüllen.

Ende des 17. Jahrhunderts beherrschte die erste in Peru geborene Generation von Spaniern (Kreolen) und Mestizen Lima und die übrigen Städte der Ebene. Wie andere Eliten Amerikas waren sie von den auf persönliche Freiheit gerichteten Ideen der europäischen Aufklärung beeinflusst. Die erfolgreiche Rebellion der britischen Kolonien in Amerika und die Revolution, die in Frankreich die ausbeuterische Monarchie stürzte, bereiteten den Boden für einen ähnlichen politischen Aufstand in Peru.

Unabhängigkeit

Der Funke sprang in Spaniens Kolonien in der Neuen Welt 1808 über, als Napoleon in Spanien einfiel. Nachdem Peru und die übrigen Kolonien sich drei Jahrhunderte lang einer

Die peruanische Flagge

Nachdem Peru sich 1821 von Spanien gelöst hatte, entwarf der Freiheitsheld José de San Martín die neue Flagge des Landes. Obwohl das koloniale Banner in Neuspanien und im Vizekönigreich Peru die gleichen Farben trug, wählte er Rot und Weiß – angeblich, weil er bei der Landung in Paracas 1819 Flamingos erblickte. Tatsächlich ist Peru eine der wenigen lateinamerikanischen Nationen, die das koloniale Farbschema nach der Unabhängigkeit übernahmen. Das Nationalwappen im Zentrum der Flagge geht ebenfalls auf die Kolonialzeit zurück, vor allem die Goldmünzen, die aus dem Füllhorn quellen. Weitere Symbole sind das *Vikunja* der Anden und der Chinarindenbaum aus Amazonien.

höheren Autorität auf der anderen Seite des Globus gebeugt hatten, standen sie mit einem Mal politisch und wirtschaftlich auf eigenen Füßen.

Ein peruanischer Nationalismus hatte sich allmählich entwickelt und zur Gründung einer Unabhängigkeitsbewegung geführt, die Kontakt zu ähnlichen Bewegungen in Argentinien, Chile und Kolumbien hielt. In Lima waren allerdings auch die Royalisten noch recht einflussreich. Peru erlangte seine Freiheit daher erst, als Rebellenarmeen aus dem restlichen Südamerika einmarschiert waren. Nachdem José de San Martín (1778–1850) seine Heimat Argentinien und Chile der spanischen Herrschaft entrissen hatte, ging er mit seinem Heer 1819 in Paracas an Land und eröffnete den peruanischen Unabhängigkeitskrieg. Zwei Jahre später, nachdem er Lima ohne einen einzigen Schuss eingenommen hatte, erklärte San Martín Perus Unabhängigkeit.

Der Bürgerkrieg zog sich noch zwei weitere Jahre hin. Erst als Simón Bolívar (1783 bis 1830) und Antonio Sucre (1795–1830) eine weitere Befreiungsarmee aus Kolumbien nach Süden führten, war die spanische Niederlage besiegelt. Die letzte Schlacht fand im Dezember 1824 bei Ayachucho statt. Trotz ihrer Niederlage weigerten die Spanier sich, die Unabhängigkeit Perus anzuerkennen.

Die rot-weiße peruanische Flagge wurde 1825 offiziell eingeführt

Bolívar nutzte das Machtvakuum nach dem Ende der spanischen Herrschaft und erhob sich zum Präsidenten. Er gliederte Peru seinem Großkolumbien ein (dazu gehörten außerdem noch Kolumbien, Venezuela, Ecuador und Bolivien). Nach mehreren Jahren einer diktatorischer Herrschaft musste der berühmte Freiheitsheld ins Exil gehen. Sein Amt übernahm General Andrés de Santa Cruz (1792–1865), der erste in einer langen Reihe militärischer Befehlshaber und Juntas, die mehr als ein Jahrhundert lang die peruanische Regierungsgewalt innehatten. Genau wie im restlichen Lateinamerika kamen die sogenannten Caudillos manchmal durch eine Wahl, aber wesentlich häufiger durch einen Staatsstreich an die Macht.

Gelegentlich war ein erträglicher Regierungschefs darunter, etwa General Ramón Castilla (1797–1867), der zwischen 1845 und 1862 viermal zum Präsidenten gewählt wurde. Castilla führte nicht nur eine neue Verfassung ein, sondern befreite auch die Sklaven und schaffte die letzten Reste des *encomienda*-Systems ab. Unter Castilla erlebte Peru eine Phase wirtschaftlichen Wachstums; der Export von Zucker, Baumwolle und Guano-Dünger brachte den Staat in einen ungeahnten Aufschwung.

Ein weiterer Rohstoff, die Salpeterlager in der Atacama-Wüste, führten zum Salpeterkrieg (1879–1883), den Peru und das verbündete Bolivien gegen die haushoch überlegenen Militärmacht Chile auszufechten hatten. Die Chilenen, zu Land und auf dem Meer siegreich, annektierten einen Teil von Südperu sowie den gesamten Küstenstreifen Boliviens und besetzten zwei Jahre lang sogar Lima. Der Krieg endete mit dem Vertrag von Ancón, doch seither herrscht eine gewisse Animosität zwischen Peru und Chile. Erst 1929 erhielt Peru die Provinz Tacna zurück.

Der lange Krieg trieb Peru in den Ruin. Britische Finanzinvestoren übernahmen die 50 Millionen Dollar Auslandsschulden des Landes und dafür die Kontrolle über das Transportwesen und die Bodenschätze des Landes. Die in London beheimatete Peruvian Corp. betrieb die Eisenbahnen und die Fähren auf den Seen und kontrollierte die Guano-Industrie. Mit einem Militärdiktator in Lima und einer Wirtschaft, die in der Hand von Ausländern lag, konnte man in Peru zu Beginn des 20. Jahrhunderts eigentlich keinerlei Fortschritt seit den Tagen der spanischen Kolonialherrschaft erkennen.

Hiram Bingham in Peru bei seiner Expedition von 1914/15

Das 20. Jahrhundert

Trotz seiner langen Geschichte und trotz aller Reichtümer war Peru Anfang des 20. Jahrhunderts einer der rückständigsten unabhängigen Staaten der Welt. In weiten Teilen Lateinamerikas herrschten damals zwar Militärjuntas, aber auch sie konnten die Erfolge der kapitalistischen Wirtschaft nicht verhindern. Doch während Argentinien, Brasilien, Venezuela und Chile bis Mitte des 20. Jahrhunderts regelrecht aufblühten, steckte Peru tief in einer wirtschaftlichen und politischen Stagnation.

US-amerikanische Investoren traten nach und nach an die Stelle der Briten, bloß saß noch immer ein starker Mann im Präsidentenpalast, und die gesamte Wirtschaft des Landes lag in den Händen einiger weniger Reicher. Der Zuckerbaron Augusto Leguía (1863 bis 1932), der 1908 zum Präsidenten gewählt wurde, war einer der übelsten Tyrannen. In seiner Amtszeit hatte die große Mehrheit der Peruaner – vor allem die indigene Bevölkerung – kaum eine Chance, aus ärmlichsten Verhältnissen aufzusteigen. Und Peru war international vollkommen isoliert, ein einsames und vergessenes Land.

Leguía wurde 1930 endlich abgesetzt, gerade als die Große Depression hereinbrach und jegliche Hoffnung des Landes zunichtemachte, sich am eigenen Schopf aus dem Sumpf zu ziehen. Revolten der indigenen Bevölkerung, Arbeiterunruhen in den Städten, ein Bauernaufstand im Norden, der von der Militärjunta blutig niedergeschlagen wurde, verschlimmerten die Lage nur noch.

Immerhin blühte in der ersten Hälfte des 20. Jahrhunderts in Peru die Archäologie. Als der Yale-Professor Hiram Bingham (1875–1956) 1911 die „verlorene" Stadt Machu Picchu entdeckte, löste er damit eine wahre Flut an Forschungsarbeiten aus. Mitte der 1920er Jahre nahm Alfred Kroeber (1876–1960) eine erste Vermessung der Pyramiden von Túcume vor, und andere Archäologen entdeckten 1927 die Nazca-Linien. Vier Jahre später wurde vom Flugzeug aus die Große Mauer bei Chimbote gesichtet, und der peruanische Archäologe Julio C. Tello (1880–1947) fand 1937 die alte Stadt Sechín Alto.

Im Zweiten Weltkrieg stand Peru zwar abseits, weil es sich keiner der Seiten verbunden fühlte, doch Auswirkungen waren im neutralen Staat trotzdem spürbar. Die US-amerikanische Regierung subventionierte den Bau der Panamericana entlang der Westküste Südamerikas, um Truppen und Nachschub befördern zu können. Viele peruanische Straßen erhielten damals zum ersten Mal einen Highway-Anschluss.

Immerhin blühte in der ersten Hälfte des 20. Jahrhunderts in Peru die Archäologie.

Der 1963 zum Präsidenten gewählte Fernando Belaúnde (1912–2002) setzte weitreichende soziale und wirtschaftliche Reformen durch, etwa die Auflösung der Haciendas, die seit der Kolonialzeit das ländliche Peru im Griff hielten. Obwohl Belaúnde fünf Jahre später abgesetzt wurde, führte die Militärjunta seinen Reformkurs fort. Seit 1980, als Belaúnde aus dem Exil zurückkehrte und ein zweites Mal Präsident wurde, blieben endlich alle gewählten zivilen Präsidenten im Amt, Peru entwickelte sich zu einer stabilen Demokratie.

Doch die politische Stabilität führte nicht automatisch zu allgemeinem Wohlstand. Die chronische Armut auf dem Land, noch verstärkt durch Naturkatastrophen wie das schwere Erdbeben von 1970, löste erneut politische Unruhen aus.

Während der 1980er Jahre bedrängten linke Gruppen wie das Movimiento Revolutionario Túpac Amaru (MRTA) und der Sendero Luminoso (Leuchtender Pfad) die Zentralregierung und die Wirtschaft des Landes. Ihre Botschaft des Klassenkampfes stieß besonders bei der indigenen Mehrheit auf offene Ohren. Mehr als 25 000 Zivilisten kamen während der Jahre des Terrors auf beiden Seiten ums Leben.

Als Alberto Fujimori (geb. 1938) 1990 zum Präsidenten gewählt wurde, begann die Regierung, aktiver gegen die Rebellen vorzugehen, bis beide Guerillagruppen an Bedeutung einbüßten. Fujimori modernisierte die Wirtschaft und holte dringend nötige ausländische Investitionen ins Land, bevor er 2000 ins Exil geschickt wurde, weil man ihm Verstöße gegen die Menschenrechte und Korruption vorwarf. 2009 verurteilte ihn ein peruanisches Gericht wegen des Einsatzes von Todesschwadronen zu 25 Jahren Haft. Mit knapper Mehrheit kam 2001 Alejandro Toledo (geb. 1946) ins Präsidentenamt, seit Atahualpa der erste Ureinwohner an der Spitze de Staates. Toledo erwarb sich während seiner Amtszeit wegen seines diplomatischen Geschicks und seiner Wirtschaftskenntnisse hohes Ansehen. 2006 gewann Alan García Pérez, der dieses Amt schon von 1985 bis 1990 bekleidet hatte, zum zweiten Mal die Präsidentschaftswahlen. ■

Kunst & Kultur

Die Kunstgeschichte Perus reicht zwar bis zu den alten Kulturen der Anden und der Küstenebenen zurück, doch die Künstler von heute sind keineswegs in der Vergangenheit steckengeblieben. Von den europäischen Traditionen ebenso inspiriert wie von den allerneuesten Trends, schufen peruanische Maler, Schriftsteller, Filmemacher und Musiker eine eigenständige peruanische Kulturszene, die sich allmählich internationale Beachtung verschafft.

Kunst

Die Formenvielfalt der peruanischen Kunst reicht von den Töpfer- und Webarbeiten der Ureinwohner bis hin zu Malerei und Bildhauerei im europäischen Stil. Die Kultur der Chavín, die von 1200 bis 400 v. Chr. in den nördlichen Anden blühte, zählt zu den frühesten und einflussreichsten Kulturen. Ihre sehr abstrakten Darstellungen des Menschen und die geometrischen Motive übten einen starken Einfluss auf europäische Künstler des 20. Jahrhunderts aus, vor allem auf Pablo Picasso, der einmal erklärt hat: „Von allen alten Kulturen, die ich bewundere, erstaunen mich die Chavín am meisten." Auch die Moche in den nördlichen Wüstentälern schufen zwischen 100 v. Chr. und 850 n. Chr. eine unglaubliche Vielfalt an Keramiken, oft mit menschlichen Formen. Bekannt wurden besonders die erotischen Darstellungen, daneben waren die Moche aber auch geschickte Metallhandwerker und Weber, wie die königlichen Gräber in Sipán gezeigt haben.

Nach der spanischen Eroberung verbanden sich indigene und europäische Kunsttraditionen zu einem einzigartigen peruanischen Stil, der Escuela Cusqueña.

Die Inka waren zwar sehr fleißig und auch in der Baukunst ziemlich begabt, doch sie waren nicht unbedingt kreative Künstler und vertrauten vor allem auf Techniken und Motive, die sie von den unterworfenen Völkern übernommen hatten. Durch die Inka haben wir daher Einblicke in viele ältere Traditionen (und kennen auf diese Weise etwa die reich verzierten Griffe und halbrunden Klingen an den Zeremonialmessern der Tumi).

Nach der spanischen Eroberung verbanden sich indigene und europäische Kunsttraditionen zu einem einzigartigen peruanischen Stil, der Cusco-Schule oder Escuela Cusqueña, der ersten einheimischen Kunstbewegung in der Neuen Welt nach der Ankunft der Europäer. Die Themen der Cusqueña-Kunst sind vorwiegend europäisch und katholisch geprägt, doch die Darstellung ist stark von den Traditionen der Anden beeinflusst, erkennbar etwa am Fehlen der Perspektive, an außergewöhnlich leuchtenden Farben und dem Auftauchen einheimischer Flora und Fauna.

Die Meisterwerke der Cusqueña-Kunst in der Kathedrale von Cusco verdeutlichen dieses Verschmelzen von iberischer Kunst und Inka-Traditionen. Zwischen den katholischen Heiligen, die in die riesigen Eingangstüren geschnitzt sind, findet sich ein Pumakopf. Und wer sich *Das letzte Abendmahl* von Marcos Zapata (1710–1773) genau ansieht, wird feststellen, dass Jesus und seinen Jüngern *cuy* serviert wird.

Die Kunst des Webens spielt in Peru eine große Rolle

Die Zeit nach der Erlangung der Unabhängigkeit litt unter einem gewissen Mangel an künstlerischer Kreativität. Die katholische Kirche förderte die Maler und Bildhauer weiterhin, doch die religiösen Künstler des 19. Jahrhunderts vertrauten meist auf alte barocke Traditionen und wagten keine Experimente. Neue europäische Bewegungen wie die Romantik fanden immerhin Eingang in die weltliche Kunst. Ignacio Merino (1817–1876), der allgemein als größter peruanischer Maler jener Epoche gilt, ist berühmt für seine Bilder über das Leben des Christoph Kolumbus.

Die Wende zur Moderne vollzog die peruanische Kunst 1919 mit der Gründung der Nationalen Akademie der Künste in Lima. Während der folgenden 50 Jahre erlernten dort viele der führenden Künstler des Landes ihr Handwerk, oder sie unterrichteten: etwa Carlos Quizpez Asin (1900–1983), dessen Werk vom Kubismus bis zum Magischen Realismus reicht, der Porträtmaler Daniel Hernández Morrillo (1856–1932) und José Sabogal (1888–1956), dessen stimmungsvolle surrealistische Porträts die moderne Kunst der Ureinwohner inspirierte.

Eines der beachtlichsten Werk dieser Zeit, „*El primer nueva corónica y buen gobierno*", beschreibt die Unterdrückung der indigenen Völker und die Zerstörung der regionalen Kultur.

Literatur

Spanische Berichte über die Entdeckung und Eroberung und Schilderungen des Alltagslebens standen während der Kolonialzeit im Vordergrund. Eines der beachtlichsten Werke dieser Zeit, „El primer nueva corónica y buen gobierno", beschreibt die Unterdrückung der indigenen Völker und die Zerstörung der regionalen Kultur durch korrupte koloniale Behörden in aller Ausführlichkeit. Felipe Guaman Poma de Ayala (ca. 1550–ca. 1616), ein peruanischer Ureinwohner, arbeitete 15 Jahre daran.

Zur Zeit der Unabhängigkeit im 19. Jahrhundert waren der europäische klassizistische Stil und die Romantik in Lima und anderen Städten groß in Mode. Der erste peruanische Dichter jedoch, der Weltruf erlangte, war Cesar Vallejo (1892–1938), ein Avantgarde-Literat, der ins europäische Exil gedrängt wurde. Der bekannteste Autor der Nachkriegsjahre war Julio Ramón Ribeyro (1929–1994); er würzte seine Geschichten aus dem peruanischen Alltagsleben mit viel Ironie und Humor. Ribeyro, Träger des Juan-Rulfo-Preises für lateinamerikanische und karibische Literatur, war ungeheuer produktiv. Einige seiner Werke wurden auch ins Deutsche übersetzt, so etwa „Im Tal von San Gabriel" (dt. 1973).

Ribeyro und andere Realisten ebneten Mario Vargas Llosa und anderen peruanischen Autoren den Weg, die mittlerweile Leser in aller Welt gefunden haben. Jaime Bayly (geb. 1965) ist der wohl bekannteste zeitgenössische Schriftsteller. Sein erster Roman, „No se lo digas a nadie" (1994, deutsch: „Sag es keinem"), und eine spätere Arbeit, „La mujer de mi hermano" (2002), wurden beide verfilmt.

Auch ausländische Autoren fanden in Peru ihre Themen. Hiram Bingham war der erste, als er nach seiner Entdeckung von Machu Picchu 1911 „Lost City of the Incas" („Die legendäre Entdeckungsreise im Land der Inka") schrieb. „The Condor and the Cows" von Christopher Isherwood, unmittelbar nach dem Zweiten Weltkrieg veröffentlicht, berichtet unterhaltsam und detailliert über Reisen durch Peru in den 1940er Jahren. Peter Mathiessens „At Play in the Fields of the Lord" ist vielleicht das beste Buch, das je über moderne Missionare am Amazonas geschrieben wurde – ein fiktiver (aber sehr realistischer Bericht) über die Herausforderungen, denen amerikanische Familien im Regenwald gegenüberstehen. „Die Prophezeiungen von Celestine", James Redfields New-Age-Bestseller, spielt zum größten Teil in Peru.

Film

In der Vergangenheit bekamen nur wenige Zuschauer außerhalb Perus die Gelegenheit, peruanische Filme zu sehen. Doch allmählich beginnt die kleine, aber dynamische Filmindustrie Perus die internationale Szene zu erobern – dank einer Generation junger sehr talentierter Regisseure, die vom Fernsehen her kommen und die Arbeit mit einfachen Mitteln gewöhnt sind.

Mario Vargas Llosa – eine lebende Legende

Mario Vargas Llosa, 1936 in der südlichen Stadt Arequipa geboren, zählt neben dem Kolumbianer Gabriel García Márquez und dem Mexikaner Carlos Fuentes zu den meistgelesenen Autoren der modernen hispanisch-amerikanischen Literatur. Da er in jüngster Zeit auch noch in die Politik übergewechselt ist, reicht sein Einfluss weit über die Kulturszene hinaus. Er ist wohl der weltweit bekannteste Peruaner.

Das politische Engagement folgte ganz natürlich aus seinem sehr realistischen Ansatz; seine Romane und Essays befassen sich häufig mit der Not der kleinen Leute und den Problemen und Mühen des Alltags. Vargas Llosa verbrachte seine prägenden Jahre in der nördlichen Küstenstadt Piuru, wo er zur Schule ging und danach als junger Journalist arbeitete.

„La ciudad y los perros" („Die Stadt und die Hunde"), sein erster Roman, erschien 1963 und wies bereits den Weg zu seinen künftigen Arbeiten. Sein 1965 erschienener Roman „La casa verde" („Das grüne Haus") wurde von den Kritikern gepriesen und brachte ihm auch finanziell einigen Erfolg.

Vargas Llosas Arbeiten waren immer sozialkritisch und politisch, doch erst in den 1980er Jahren betrat er als Mitbegründer des Movimiento Libertad die politische Bühne. Er unterlag 1990 bei den Präsidentschaftswahlen gegen Alberto Fujimori. In den letzten Jahren verbringt er seine Zeit in London und Lima.

Zu den frühen Klassikern des peruanischen Kinos gehören schwarz-weiße Stummfilme wie „Negocio al agua" (1913) und „Luis Pardo" (1927) – über den chilenischen Kapitän, der mithalf, die Männer von Ernest Shackletons Südpol-Expedition zu retten. Doch obwohl die Studios in Lima auch in den folgenden Jahren Filme produzierten, gab es erst in den 1960er Jahren den ersten bedeutenden peruanischen Regisseur. Armando Robles Godoy (geb. 1923) aus New York kam mit zehn Jahren nach Peru und wurde zum bedeutendsten Filmemacher des Landes. Seit „Ganarás el pan" (1964) schuf Godoy viele Filmen, die im In- und Ausland Erfolg hatten. Seine Geschichten handeln oft vom täglichen Kampf ganz normaler Menschen, in der Stadt ebenso wie auf dem Land. „La muralla verde" kam 1970 in die Kinos und schildert den Versuch, sich im Amazonas-Regenwald niederzulassen; dieser Film wurde zu seinem größten internationalen Erfolg. Ein anderer führender Regisseur, Francisco José Lombardi (geb. 1947), wurde durch seine Adaptationen peruanischer Romane bekannt, darunter „No se lo digas a nadie" (1998) von Jaime Bayly und „Pantaleón y las visitadores" (1999) von Mario Vargas Llosa. 1991 erhielt Lombardi einen Goya (Spaniens Oscar) für „Caídos del cielo" („Der Himmel über Lima").

Die Kathedrale von Arequipa liegt an der Plaza de Armas

Im 21. Jahrhundert gibt es bereits eine ganze Reihe neuer Filmemacher wie Claudia Llosa, die 2006 den magischen Realismus von „Madeinusa" in einen internationalen Achtungserfolg verwandelte; der Film handelt vom Aufeinandertreffen städtischer Weltgewandheit und ländlicher Tradition. Peru hat auch Disney-ähnliche Zeichentrickfilme hervorgebracht, etwa „Piratas en el Callao" (2005) über einen jungen Peruaner im 17. Jahrhundert, der auf See vor dem Hafen von Lima Piraten bekämpft.

Architektur

Als Geburtsort so vieler alter Kulturen war Peru auch in architektonischer Hinsicht bedeutsam. Aus den Materialien, die als Werkstoffe zur Hand waren – Lehmziegel (Adobe) an der Küste und Stein in den Anden – schufen die frühen Baumeister Perus beeindruckende Städte und Gebäude. Die Witterung hat den alten Adobe-Bauten an der Küste zugesetzt, doch hier und da gibt es noch einige eindrucksvolle Überreste. Zur großen Metropole von Túcume gehören 26 Pyramiden, darunter die hoch aufragende Huaca Larga, einer der größten Lehmziegelbauten in Peru und auf der ganzen Welt. Die Zeremonialstadt erhebt sich neben der Panamericana und wurde von den Sicán zwischen 800 und 1200 n. Chr. errichtet. So imposant Túcume auch ist, blieben doch nur wenige der alten Bauten erhalten. Chan Chan erging es besser; dort schmücken geometrische Muster, Tierfiguren und Friese die Adobemauern verschiedener Paläste und Tempel, die vor fast tausend Jahren gebaut wurden. Chan Chan, am Rand von Trujillo gelegen, gehörte zur Chimu-Kultur und entstand zwischen 1100 und 1470.

Die Inka schrieben ihre Architekturgeschichte in Stein, einem Werkstoff, der nicht so anpassungsfähig ist wie Lehmziegel, dafür aber sehr viel haltbarer. Das Hauptwerk der Inka-Architektur und -Ingenieurskunst, die heilige Stadt Machu Picchu hoch in den Bergen, besitzt Steinterrassen, Tempel und sogar ein Observatorium. Doch sie ist bei weitem nicht das einzige Inka-Meisterwerk. Noch stärker beeindruckt das Mauerwerk der alten Festung von Sacsayhuamán bei Cusco, wo die Mauern fast einem Puzzle gleichen, bei dem Steine verschiedener Form und Größe zu glatten Fassaden und abgerundeten Ecken ineinandergepasst wurden.

In Cusco gäbe es heute sicherlich noch mehr Inka-Bauten, wenn die Konquistadoren nicht so eifrig Inka-Steine für ihre eigenen Gebäude „geborgt" hätten. Das ist bedauerlich, andererseits entstanden auf diese Weise faszinierende spanische Werke. Die Kathedrale von Cusco, an der im 16. und 17. Jahrhundert gearbeitet wurde, mischt Gotik-, Renaissance- und Barockelemente. In der Oasenstadt Arequipa, wo maurische Einfüsse die Kolonialarchitektur prägen, erheben sich Gebäude mit Ziegelbögen und weiß verputzten Kuppeln, wie das Monasterio de Santa Catalina und die Kirche Santo Domingo.

Im frühen 19. Jahrhundert dominierte ein europäisch inspirierter klassizistischer Stil die Architektur von Peru. Später baute man in einem heimischen neokolonialen Stil Gebäude wie den Palacio Municipal (Rathaus), Palacio de Gobierno (Präsidentenpalast) und Palacio Arzobispal (erzbischöfliche Residenz) um die Plaza de Armas in Lima. Trujillo rühmt sich einiger der schönsten Beispiele der klassizistischen Architektur; dazu zählt die zartblaue Casa Urquiaga, wo einst Simón Bolívar wohnte.

Die postmodernen Architekturwunder Perus beschränken sich meist auf die Hauptstadt Lima. Einer der aufregendsten Bauten der Stadt, Tanatorio-Kapelle und -Krematorium auf dem Friedhof Jardín de la Paz, ein erstaunlicher Entwurf aus Glas und Beton, erinnert an die Arbeiten des legendären amerikanischen Architekten Louis Kahn.

Der Peruaner Bernardo Fort-Brescia (geb. 1951), Mitbegründer des innovativen Architekturbüros Arquitectonica in Miami, schuf einige der auffälligsten Bauten von Lima. Die Zentrale des Banco de Crédito, konzipiert als abstrakte Version des traditionellen, um einen Patio angelegten Kolonialhauses, besitzt im gläsernen Atrium sogar Inka-Ruinen. Fort-Brescia war auch am Bau des Lima Marriott Hotel in Miraflores beteiligt, das einer riesigen Grünglas-Arche mit Blick aufs Meer gleicht.

Die besten Kunstmuseen von Peru

Peru kann sich einer Reihe unglaublicher Kunstsammlungen rühmen; dazu zählen die Schätze im neuen **Museo Tumbas Reales de Sipán** in Lambayeque (siehe S. 211, 214). Limas **Museo Rafael Larco Herrera** (siehe S. 72) in einem Palast der spanischen Kolonialzeit aus dem 18. Jahrhundert besitzt vielleicht die beste Sammlung präkolumbischer Kunst im ganzen Land; die Spannweite reicht von Goldschmiedearbeiten bis hin zu erotischen Keramiken. Anders als in vielen Museen bekommen Besucher hier auch die Stücke aus dem Magazin zu sehen.

Die Nonnen in Cuscos **Convento de Santa Catalina** (siehe S. 127) besitzen eine großartige Sammlung von Gemälden und Skulpturen der Escuela Cusqueña. Weitere Beispiele finden sich im nahe gelegenen **Museo de Arte Religioso** im alten Erzbischofspalast, wo auf einem sehenswerten Gemälde mit dem Martyrium des hl. Sebastian auch Inka-Zuschauer zu finden sind.

Das **Museo de Arte de Lima** (siehe S. 67) zeigt die vielseitigste Kunstsammlung Perus. Seine Gemälde und Bildhauerarbeiten reichen von der vorkolumbischen über die spanische Kolonialzeit bis in die Gegenwart.

Einst war das keilförmige 107 Meter hohe Edificio Chocavento, ein Bürohochhaus, das höchste Gebäude des Landes. Doch das 30-stöckige Westin Libertador Hotel im schicken Hauptstadtbezirk San Isidro wird 2010 mit 118 Metern den Rekord brechen.

Perus aufsehenerregendstes zeitgenössisches Gebäude liegt Hunderte von Kilometern nördlich der Hauptstadt. Inspiriert von den alten Moche-Pyramiden, glitzert die moderne, abstrakte Pyramide des Museo Tumbas Reales de Sipán in Lambayeque blutrot in der Wüstensonne.

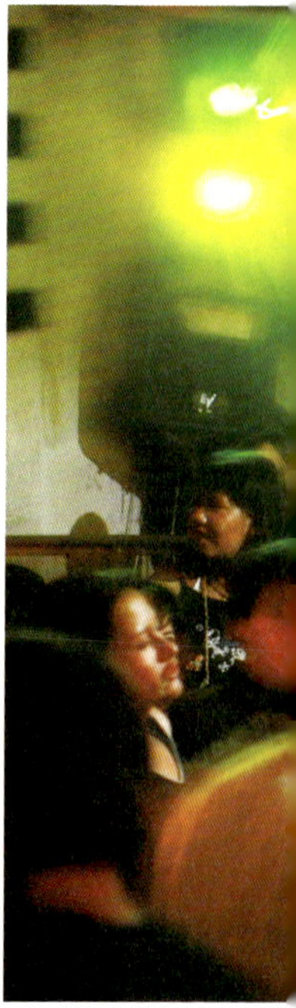

Musik

Keine andere Kunst steht besonders im Ausland so sehr für die Welt der Anden wie die peruanische Musik mit Flöten und Trommeln, die zusammen mit dem argentinischen Tango und der brasilianischen Samba zu den charakteristischsten Klängen von Südamerika zählt. Auch wenn niemand so genau weiß, wann diese Musik eigentlich entstanden ist, beweisen die in 2000 Jahre alten Gräbern gefundenen Flöten und Trommeln immerhin, dass die Klänge der Anden wohl zu den ältesten ununterbrochenen Musiktraditionen Amerikas, wenn nicht der ganzen Welt gehören.

Das typische Instrument ist die *zampoña* oder *siku*, eine ein- oder doppelreihige Panflöte. In neuerer Zeit rundet das *charango* (eine zehnsaitige Laute oder Mandoline, die aus einem Gürteltierpanzer gefertigt wird) die Gruppe von Instrumenten ab. Dem unverkennbaren Klang von Flöte und Trommel bei traditionellen Dorffesten zu lauschen, ist ein unvergleichliches Erlebnis. Falls sich das nicht ergibt, bietet aber auch eine *peña* (Folkclub) Gelegenheit dazu.

Die Bewahrung der eigenen Musik war nicht immer einfach. Die indigene Musik musste der brutalen spanischen Eroberung und dem Eindringen der europäischen

Fünf herausragende Musiksammlungen

Afro-Peruvian Classics – The Soul of Black Peru (Luaka Bop) Eine außergewöhnliche Zusammenstellung von afro-peruanischer Musik mit Elementen der Andenmusik.

Mountain Music of Peru (2 CDs, Smithsonian Folkways) Huaynos, Folksongs aus den Anden, die auf zampoñas (Panflöten), quenas (Bambusflöten), Trommeln und anderen traditionellen Instrumenten gespielt werden.

Peru, Kingdom of the Sun: The Inca Heritage (Nonesuch Explorer) Live-Aufnahmen von Musikern aus dem Hochland.

Susana Baca (Luaka Bop) von Susana Baca. Die beste afro-peruanische Sängerin, die es heute gibt; sie geht oft auf Tournee.

The Rough Guide to Music of the Andes (World Music Network) Eine zeitgenössische Sammlung von Musik aus den Anden.

Im Dejavu in Arequipa treffen sich Einheimische und Besucher

Musik in den kirchlichen und weltlichen Raum standhalten. Auch neuere Musikrichtungen stellten eine Bedrohung dar. Doch irgendwie überlebte die Musik mit Flöte und Trommel, verbreitet von peruanischen Musikern, die ihre Tradition in die Clubs und an die Straßenecken aller großen Städte der Welt trugen. Populäre Songs wie „El Cóndor Pasa", 1913 vom peruanischen Komponisten Daniel Alomía Robles (1871–1942) geschrieben und später von so verschiedenen westlichen Künstlern wie Perry Como und Simon and Garfunkel interpretiert, trugen ebenfalls dazu bei, diesen typischen Anden-Stil der Folk Music am Leben zu erhalten.

Die koloniale spanische Folklore hat als *música criolla* überlebt; in ihr verschmelzen europäische, heimische und afrikanische Traditionen zu einer neuen, genuin peruanischen Musik. Die *música criolla*, die vorwiegend in den Küstenstädten entstand, besitzt einige deutlich unterscheidbare Spielvarianten, darunter den peruanischen Blues, genannt *landó*, und die schnelle *polquita*, deren Ursprünge in den Polkas der europäischen Einwanderer liegen. Perus kleine, aber einflussreiche afrikanische Bevölkerungsgruppe entwickelte ihre eigene Musikform, die sehr beliebte *música negra*. *Salsa* und andere lateinamerikanische Genres erfreuen sich in Peru ebenfalls großer Beliebtheit, es gibt aber auch eine moderne Rockszene, angeführt von der Gruppe Libido, die im eigenen Land und in Übersee auf eine große Fangemeinde zählen kann. ■

Die Hauptstadt bietet ein interessantes Nachtleben, klassische und moderne Kunst, Erholung und historische Stätten aus vorinkaischer Zeit

Lima & Umgebung

Lima liegt an der Küste

Lima & Umgebung

Fast ein Drittel der peruanischen Gesamtbevölkerung lebt in der riesigen, geschäftigen Hauptstadt Lima. Die lebhafte und historisch interessante Stadt besticht mit prächtiger Kolonialarchitektur, einer noch recht unbekannten, aber hochrangigen Küche, einem glitzernden Nachtleben, außergewöhnlichen Museen und archäologischen Stätten.

NICHT VERSÄUMEN

Ein Rundgang durch die kolonialzeitlichen Kreuzgänge und die unterirdischen Katakomben von San Francisco **64**

Im Museum der Inquisition mehr über die einzigartige Geschichte der Stadt erfahren **66**

Gleitschirmflieger bei ihrem Flug über das Einkaufszentrum Larcomar beobachten **69**

In einer *peña* die Nacht durchtanzen **70**

Keramiken im Museum Rafael Larco Herrera bestaunen **72**

Frischen *ceviche* probieren **73**

Im Museo de la Nación einen Einblick in die Archäologie erhalten **73**

Die Inka-Stätte Pachacamac vor den Toren Limas besichtigen **74**

Lima liegt nur 12 Grad südlich des Äquators, doch nur selten hat man das Gefühl, in den Tropen zu sein. Das liegt am kalten grauen Küstennebel, der über der Stadt liegt und von den Einheimischen *garúa* genannt wird: Er entsteht durch den Humboldtstrom, der von April bis Dezember kalte Wassermassen aus der Antarktis an Perus Küste entlang nach Norden führt. Die Höchsttemperatur liegt meist zwischen 18 und 25 °C. Nur zwischen Ende Dezember und März schiebt der wärmere Zentralpazifische Strom das kalte Wasser Richtung Süden. Dann verschwindet der Garúa, die Sonne kommt durch, und die Limeños strömen in Scharen ans Meer, um die wenigen schönen Wochen zu genießen.

Wie jede Großstadt kämpft auch Lima mit Überbevölkerung und Armut. Touristen bekommen das ganze Ausmaß des Elends nur selten zu sehen, da die ärmlichsten Wohngegenden in den Außenbezirken liegen. Millionen Menschen, darunter viele eingewanderte Arbeiter, drängen in

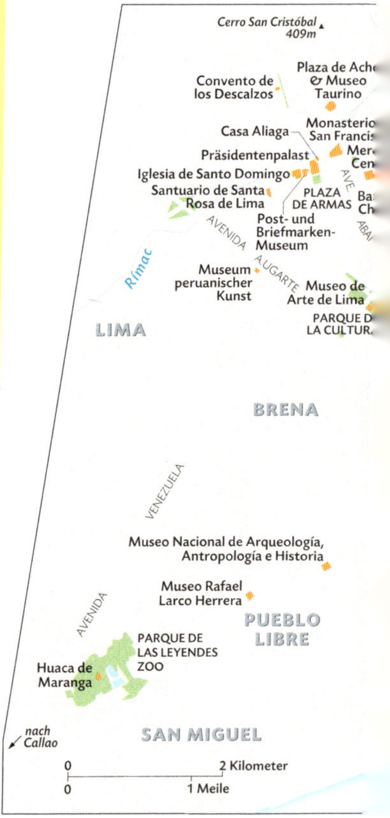

die *pueblos jóvenes* (junge Städte). In den ärmlich erbauten Wohnvierteln gibt es anfangs weder Elektrizität noch fließendes Wasser, die infrastrukturellen Verbesserungen erfolgen aber auch später nur sehr schleppend.

Und doch verbessert sich Limas Situation zusehends: Galt sie früher als trostlose graue Stadt, die Reisende so schnell wie möglich hinter sich lassen wollten, steht sie heute anderen peruanischen Städten in punkto Kultur, Küche und Nachtleben in nichts nach.

Heute genießen die meisten Reisenden ihren Aufenthalt in Limas Innenstadt, dem politischen Herzen der Nation mit seinen prächtigen Kolonialbauten und dem Präsidentenpalast: Das vornehme Miraflores lockt mit schicken Hotels, Restaurants und Parks am Meer, das Viertel Barranco mit einer lebendigen Kunstszene und einem abwechslungsreichen Nachtleben. San Isidro, ein nobles Wohngebiet und zugleich Perus exklusivstes Geschäftsviertel, ist Ziel vieler Geschäftsreisender und hochrangiger Reisegruppen.

Jeder Stadtteil hat seinen ganz eigenen Reiz; sie alle sind gut bewacht und wurden in den letzten zehn Jahren renoviert und rausgeputzt. Egal, wo man unterkommt: Für Abwechslung ist gesorgt und es gibt viele Möglichkeiten, dem hektischen Stadtverkehr zu entkommen. ■

Das Stadtzentrum

Die Geschichte der archäologischen Stätten, die verstreut um Lima liegen, reicht fast 2000 Jahre zurück; es mag sogar noch ältere gegeben haben, die durch die moderne Stadt zerstört wurden. Trotz oder gerade wegen ihrer Verbindung zur Vergangenheit blickt die Stadt Richtung Zukunft und bietet Besuchern eine Fülle erstklassiger Freizeitbeschäftigungen.

Das Kloster San Francisco im Herzen der kolonialen Altstadt

Lima

Karte S. 54

Besucher-information

Plaza de Armas Municipalid

iPerú

Aeropuerto Internacional Jorge Chávez

01/4211627

E-mail: iperulima@promperu.gob.pe

Geschichte

Die Inka errichteten ihre Hauptstadt hoch in den Anden in Cusco, doch den spanischen Seefahrern war die Lage in den Bergen höchst unangenehm. Deshalb gründete Francisco Pizarro am 5. Januar 1535 eine neue Stadt an der Küste mit dem wohlklingenden Namen *La Ciudad de Los Reyes* (Königsstadt). Die Stadt lag ideal, bot einen geschützten Hafen in Callao, eine weite Ebene und dank des Río Rímac eine ganzjährige Wasserversorgung. Pizarro konnte sich allerdings nur ein paar Jahre an seiner neuen Stadt erfreuen, denn schon 1541 wurde er ermordet. Sein Grab kann in der Kathedrale besucht werden (siehe S. 63).

1542 erklärten die Spanier Lima zur Hauptstadt des Vizekönigreichs Peru, das über die Hälfte des südamerikanischen Kontinents einnahm. Schon bald wurde Lima Spaniens führender Kolonialhafen in

INSIDERTIPP

Englisch ist hier nicht so verbreitet wie in Mexiko und den anderen Ländern Mittelamerikas. Es lohnt sich daher, vor der Reise ein paar Brocken Spanisch zu lernen und ein Wörterbuch oder einen Reiseführer mit umfassendem spanischem Wörterbuch mit auf die Reise zu nehmen.

JAMES DION
National Geographic Society

der Neuen Welt. Diesen Status behielt Lima bis zur Auflösung der Kolonien nach der peruanischen Unabhängigkeit Anfang des 19. Jahrhunderts. 1551 wurde eine Universität gegründet, 1569 folgte das spanische Inquisitionstribunal (heute ein Museum, siehe S. 66), das die Bedeutung der Königsstadt untermauerte. Ihren heutigen Namen erhielt Lima im späten 16. Jahrhundert – es ist eine Anlehnung an das Quechua-Wort rímac („Sprecher").

Der berüchtigte britische Seefahrer Sir Francis Drake griff 1579 den zwölf Kilometer vom Zentrum entfernt liegenden Hafen Callao an – sein Raubzug war nur einer von vielen Angriffen durch Piraten auf Perus Häfen im 16. Jahrhundert. Zur Abwehr errichtete Lima einen Schutzwall, dessen Überreste heute noch im Parque de la Muralla (siehe S. 62) zu sehen sind.

Nach dem großen Erdbeben 1746: 1687 richtete ein Erdbeben erheblichen Schaden in Lima an, ein wesentlich größeres Beben zerstörte 1746 aber fast die ganze Stadt – Zehntausende verloren beim nachfolgenden Tsunami, der den Hafen von Callao überrollte, ihr Leben. Die meisten der heutigen Gebäude stammen deshalb aus der Zeit nach 1746; das Kloster San Francisco (siehe S. 64f) ist eines der wenigen Bauwerke, die dem verheerenden Beben standhielten.

Busse in Lima

Lima hat keinen zentralen Busbahnhof für die Langstreckenbusse. Einige Busunternehmen unterhalten deshalb eigene Busbahnhöfe oder Bushaltestellen in der Nähe des Stadtzentrums. Manche Unternehmen haben gleich mehrere Stellen, wo der gewünschte Bus abfährt.

Kurze Strecken innerhalb der Stadt werden von *combis* und *micros* (Kleinbussen) unterschiedlicher Linien bedient. Die Buslinien haben keine Nummern, hinter der Windschutzscheibe sind aber die wichtigsten Straßen der Strecke aufgelistet. Die meisten Touristen nehmen Busse, die von Limas Innenstadt über San Isidro nach Miraflores fahren – in der Regel über die Avenida Garcilaso de la Vega (alias Wilson) und die Avenida Arequipa. Fahrgäste können an jeder Straßenecke in den Bus *($)* ein- und aussteigen *(„Baja!")*. Das Verkehrssystem mag verwirrend erscheinen, die Busfahrer und Einheimischen helfen in der Regel aber gerne weiter.

Derzeit ist ein neues Bussystem namens Metropolitano in Planung, der zentrale Busbahnhof liegt dann an der Plaza Grau *(Av. 9 de Diciembre & Paseo de la República)*.

Direkt nach dem Erdbeben wurden viele prächtige Gebäude der Stadt mit Hilfe afrikanischer und einheimischer Sklaven rekonstruiert.

Obwohl Lima Spaniens führendes Handelszentrum in der Neuen Welt blieb, schwand die Bedeutung der Stadt mit der Entstehung weiterer Vizekönigreiche in Buenos Aires und Bogotá. Während der Unabhängigkeitskriege blieb Lima bis in die 1820er Jahre eine königstreue Hochburg. Die Bevölkerung litt unter den jahrelangen Schlachten zwischen den Streitkräften, die der spanischen Krone treu ergeben waren, und jenen, die für Freiheit und Selbstverwaltung kämpften.

Nach der Unabhängigkeit:

Nach der Unabhängigkeit genoss Lima ein paar Jahrzehnte den neuen Wohlstand, den es unter anderem Perus Guano-Industrie (siehe S. 83) verdankte. Die erste Zugstrecke des Kontinents wurde 1854 in Betrieb genommen, sie verband Lima mit Callao. Kurz darauf verkehrten auch Züge zwischen Lima und Miraflores, damals ein Küstenstädtchen und beliebtes Erholungsziel, das durch Felder von der Hauptstadt getrennt war. Die Jahrzehnte des Wachstums und Erfolgs gipfelten 1872 in der Internationalen Ausstellung von Lima.

Der Salpeterkrieg (auch Pazifischer Krieg) zwischen Peru und Bolivien gegen Chile verwüstete Lima. Die Chilenen gewannen und fielen in Lima ein, vertrieben die peruanische Regierung und plünderten während ihrer zweijährigen Belagerungszeit die Kirchen, Bibliotheken und Wohnhäuser der Stadt. Erst nach dem Friedensvertrag kam Lima allmählich wieder auf die Beine.

Die Volkszählung 1919 belegt, dass Lima im frühen 20. Jahrhundert immer noch eine kleine Stadt mit lediglich 173 000 Einwohnern war. Durch den ständigen Zustrom der armen Bevölkerung aus dem peruanischen Hochland, die in der Stadt auf ein besseres Leben hofften, stieg die Einwohnerzahl kurze Zeit später aber drastisch an. In nur zwei Jahrzehnten verdreifachte sich

Publikumssport

Wie im übrigen Südamerika ist auch in Lima *fútbol* (Fußball) der wichtigste Publikumssport. Es gibt mehrere Teams, darunter Universitario („La U") und Alianza Lima. Jedes Jahr gibt es zwei Spielzeiten, die *Apertura* (Eröffnungsphase) von Februar bis Juli und die *Clausura* (Schlussphase) von August bis Dezember. Das Hauptstadion Estadio Nacional liegt im Süden des Stadtzentrums zwischen dem Paseo de la República und den Calles Jose Díaz und Madre de Dios. Tickets gibt es in den Wong-Supermärkten.

Limas zweiter Publikumsliebling, der Stierkampf, beginnt Ende Oktober und dauert bis Anfang Dezember. Internationale Matadore treten in der Arena namens Plaza de Acho im Norden von Limas Innenstadt auf (siehe S. 65f).

Auch der Pferderennsport hat seine Freunde. Perus Jockey Club *(www.jcp.org.pe)* veranstaltet von Donnerstag- bis Sonntagnachmittag Pferderennen im Hipódromo de Monterrico *(Av. Javier Prado am Jockey Plaza, Tel. 01/6103000)*. Wer seinen Pass vorzeigt, darf auf die Mitgliedertribüne.

Wachablösung am Präsidentenpalast auf der Plaza de Armas

Limas Einwohnerzahl: Schon sechs Millionen Menschen lebten um 1980 in den Hüttensiedlungen außerhalb der Stadt. Sie fuhren zum Arbeiten in die Stadt, wo sie als *ambulantes* (Straßenverkäufer) von Schnürsenkeln bis Sonnenbrillen so gut wie alles verkauften, um irgendwie über die Runden zu kommen.

Während dieser Zeit herrschte in der Hauptstadt große Armut – inkompetente Politiker und der Bürgerkrieg mit der Guerillabewegung *Sendero Luminoso* (siehe S. 165) stürzten die Wirtschaft ins Chaos. Regelmäßig gab es in der Stadt Bombenanschläge und Stromausfall; Kleinkriminelle trieben in den Straßen ihr Unwesen. 1986 verhängte die Stadtregierung über mehrere Monate hinweg eine Ausgangssperre zwischen 1 und 5 Uhr. 1992 wurde schließlich der führende Kopf des Leuchtenden Pfades, Abimael Guzmán, gefasst. Unter der rigiden Führung von Präsident Alberto Fujimori (1990 bis 2000) kehrte in den 1990er Jahren schließlich wieder Ordnung ein, allerdings auf Kosten zahlreicher Menschenrechtsverletzungen.

1995 startete Limas Bürgermeister Alberto Andrade Carmona eine ehrgeizige Kampagne zur Instandsetzung des kolonialen Stadtzentrums, Vertreibung der ambulantes und Erhöhung der Sicherheit mit Hilfe einer Sicherheitstruppe namens *Serenazgo* (abgeleitet von *serenar*, beruhigen). Städtische Arbeiter schrubbten die Straßen, strichen die Häuser und setzten die prächtigen, aber stark beschädigten Balkone aus der Kolonialzeit instand. Heute ist das Stadtzentrum wesentlich ansehnlicher und sicherer, wenn auch immer noch laut und überfüllt.

Plaza de Armas

Der Platz bildet das Herz der Stadt und entstand 1535 im Zuge der Stadtgründung. In seiner Mitte

(Fortsetzung S. 63)

Palacio de Gobierno

- Karte S. 61
- Plaza de Armas
- 01/3113930 oder 01/3113908

Kathedrale

- Karte S. 61
- Plaza de Armas
- 01/4279647
- So geschl.
- $$

Ein Spaziergang durch das Stadtzentrum

Der Spaziergang führt zu den schönsten Ecken der Altstadt und zu vielen Sehenswürdigkeiten, darunter prächtigen Kirchen, historischen Plätzen und Kolonialarchitektur.

Von San Isidro oder Miraflores geht es mit einem *micro* Richtung Norden (siehe Busse in Lima, S. 57). Sie fahren über die Avenida Arequipa zum **Parque de la Cultura** (dem ehemaligen Parque de la Exposición), der an der Ecke Garcilaso de la Vega (der nördlichen Verlängerung der Av. Arequipa) und 28 de Julio liegt. Im großen Park befinden sich Spazierwege, ein japanischer Garten, ein Amphitheater und das **Museo de Arte de Lima** ❶ (siehe S. 67). Knapp 100 Meter östlich des Museums stößt man auf die Plaza Grau, momentan noch eine riesige Baustelle. Hier entsteht Limas erster Metropolitano-Busbahnhof.

NICHT VERSÄUMEN

Museo de Arte de Lima • Museo del Banco Central de Reserva • Iglesia de San Pedro • Plaza de Armas • Monasterio de San Francisco

Mitten auf der Plaza San Martín steht eine Reiterstatue des Freiheitskämpfers José de San Martín

Nach 200 Metern auf dem Paseo de la República ist das **Museo de Arte Italiano** ❷ (Paseo de la República 250, Tel. 01/4239932, geschl. Sa–So, $) erreicht. Es wurde 1921 zum hundertjährigen Jubiläum der Unabhängigkeit Perus von ortsansässigen Italienern gestiftet. Das Museum hat eine neoklassizistische Fassade mit Mosaiken und besitzt eine Sammlung europäischer Gemälde und Skulpturen sowie neuzeitliche peruanische Kunstwerke.

Weiter geht's Richtung Norden über den breiten Paseo de la República, vorbei am riesigen Hotel Sheraton zur Linken und dem eleganten Palacio de Justicia zur Rechten bis zur T-Kreuzung mit der Avenida Roosevelt. Hier biegt man links und direkt wieder rechts auf die Jirón Belén ab und folgt ihr zwei Blocks lang gen Norden bis zur **Plaza San Martín** ❸. Dort steht seine Reiterstatue aus massiver Bronze. Davor befindet sich eine Statue der „Madre Patría", die in Spanien mit der Vorgabe in Auftrag gegeben wurde, ihr eine *corona de llamas* (Flammenkrone) aufzusetzen. Der Künstler setzte ihr ein kleines Lama auf den Kopf. Nordöstlich der Plaza de Armas verläuft die Fußgängerzone Jirón de la Unión, die

von Gebäuden aus dem 19. und frühen 20. Jahrhundert gesäumt wird. In den Häusern befinden sich einfallslose Läden, aber die Straße verläuft in der Nähe einiger der ältesten Kirchen von Lima: Die **Iglesia La Merced** 4 (Tel. 01/4278199) an der Straßenkreuzung mit der Jirón Miró Quesada stammt aus Limas Gründerzeit. Die heutige Kirche wurde durch Erdbeben und Brände zerstört und mehrmals neu errichtet. Der Großteil

- Karte S. 54
- Museo de Arte de Lima
- 2 Stunden (ohne Pause)
- 5 km
- Museo de la Inquisición

stammt aus dem 18. Jahrhundert. Auf der Jirón Huancavelica geht es nun in nordwestlicher Richtung, vorbei an heruntergekommenen Balkonen aus der Kolonialzeit, zur Kreuzung mit der Avenida Tacna. Dort steht die **Iglesia Las Nazarenas** 5 (Tel. 01/4235718) aus dem 18. Jahrhundert. Sie wurde um ein Wandgemälde der Kreuzigung errichtet, das das Erdbeben von 1746 überstanden hatte. Die Kirche markiert den Startpunkt der inbrünstigen und unvorstellbar überlaufenen Prozession zu Ehren des Herrn der Wunder am 18. und 19. Oktober.

Nun geht es nach Nordosten auf die Avenida Tacna, auf der man bis zur Jirón Ica läuft. Hier befinden sich ein paar Druckereien. Wenn man rechts abbiegt, kommt man an der kolonialen **Casa de la Rivao** (Jr. Ica 426) vorbei, die derzeit wegen Restaurierung geschlossen ist. Die beeindruckende nicaraguanische Zedernholztür und

Auf der Plaza de Armas lässt es sich wunderbar entspannen und Leute beobachten

die spanischen Wandfliesen sind aber trotzdem sehenswert. Die **Iglesia San Agustín** (Jrs. Ica & Camaná, Tel. 01/4277548) besticht mit ihrer Fassade aus dem 18. Jahrhundert, die von der Bildhauerfamilie Churriguera errichtet wurde und zu den schönsten in Lima zählt.

Nach der Überquerung der Jirón de la Unión wird die Ica zur Jirón Ucayali. Ihr folgt man bis zum **Museo del Banco Central de Reserva** 6 (Jrs. Ucayali & Lampa, Tel. 01/613-2000, Nebenstelle -2655, Mo geschl., http://museobcr.perucultural.org.pe). Nach Vorlage des Reisepasses kann die liebevoll in Szene gesetzte Ausstellung mit präkolumbischen Keramiken, Goldobjekten und peruanischer Kunst von der Unabhängigkeit bis heute besichtigt werden.

Weiter geht's Richtung Südosten, rechts vorbei am **Palacio Torre Tagle** (Jr. Ucayali 363). In dem 1735 errichteten Gebäude befindet sich heute das Außenministerium. Es ist nicht für Besucher zugänglich, von der Straße aus lassen sich aber die prächtigen geschnitzten Mahagonibalkone im maurischen Stil bewundern. Die üppig ausgestattete Jesuitenkirche **Iglesia de San Pedro** 7 (Jrs. Azángaro 451 & Ucayali; Tel. 01/4283017) aus dem 17. Jahrhundert besitzt insgesamt 14 mit Gold verzierte Altäre, die zurzeit restauriert werden; die Kunsthandwerker lassen sich bei der Arbeit zusehen. Der Altar ganz hinten rechts beherbergt mehrere Dutzend sorgfältig angeordneter Behältnisse, in denen die sterblichen Überreste diverser Heiliger ruhen. Einige wurden sogar von Rom hierher überführt. Nun geht es links in die Jirón Azángaro und zwei Straßen weiter nochmals links in die Jirón Huallaga, die zur **Plaza de Armas** 8 (siehe S. 59 und 63) leitet. Dort erheben sich die **Kathedrale** und der **Palacio de Gobierno**. Den Platz verlässt man über Carabaya rechts vom Palast und biegt nochmals rechts in die Ancash ab: Sie führt am selten benutzten **Bahnhof** vorbei zum **Monasterio de San Francisco** 9 (siehe S. 64f).

Hinter dem Kloster befindet sich der **Parque de la Muralla** 10 (Park der Mauern), der seinen Namen den Überresten der kolonialen Stadtmauer verdankt. Im Park am Río Rímac gibt es ein kleines Museum, das die Stadtgeschichte Limas beleuchtet, ein Restaurant, beschilderte Teile der alten Mauer, eine Reiterstatue von Francisco Pizarro, Kinderspielplätze und Grünflächen mit Bänken.

Der Park wird nun durch den Ostausgang verlassen, entlang der breiten und belebten Avenida Abancay geht es Richtung Süden bis zur **Plaza Bolívar:** Gegenüber befindet sich das **Museo de la Inquisición** 11 (siehe S. 66).

steht seine älteste Attraktion, der Bronzebrunnen von 1650.
Der **Palacio de Gobierno** an der Nordostseite des Platzes wurde von Pizarro in den 1530er Jahren als erstes Regierungsgebäude der Stadt errichtet und seitdem mehrmals durch Feuer und Naturkatastrophen zerstört. Der heutige Palast umfasst einen gesamten Häuserblock und wurde 1937 vollendet. Jeden Mittag lockt das Spektakel der Wachablösung eine kleine Menschenmenge herbei.

Am südöstlichen Ende des Platzes thront die **Kathedrale**. Sie wurde 1755 fertiggestellt und im Renaissance-Stil errichtet, nachdem die frühere Kirche beim Erdbeben 1746 zerstört worden war. Die Fassade und der Innenraum – mit filigran geschnitztem Chorgestühl, mit Silber beschlagenen Altären und religiösen Kunstwerken – wurden in den späten 1990er Jahren vollständig restauriert. Francisco Pizarros sterbliche Überreste, die Jahrhunderte lang in der Krypta ruhten, liegen heute in einer Kapelle rechts neben dem Hauptportal. Das Museum für religiöse Kunst im Inneren der Kathedrale wird derzeit renoviert. Am Eingang findet man immer einen kundigen Führer, der einem – gegen ein kleines Trinkgeld – alles erklärt. Die kunstvoll verzierten Balkone direkt links von der Kathedrale gehören zum Palast des Erzbischofs.

An der Nordwestseite des Platzes betreibt die **Municipalidad** (Rathaus) eine Touristeninformation. Hier fährt auch der Urbanito-Bus (Tel. 01/2423650, www.urbanito.com.pe, Abfahrt Fr–So 9 Uhr) zum **Cerro San Cristóbal,** einem 409 Meter hohen Hügel mit Blick über die Stadt. An den Hängen drängen sich Slums und Hüttensiedlungen, auf dem Gipfel steht ein riesiges, nachts beleuchtetes Kreuz. Der Bus bringt seine Fahrgäste bis ganz nach oben zu einem kleinen Museum mit Aussichtspunkt, von dem sich an klaren Sommertagen ein herrlicher Ausblick über die Küstenregion und Limas Vorstädte eröffnet.

Iglesia de Santo Domingo

Koloniales Lima

Einen Häuserblock von der Plaza entfernt steht die **Iglesia de Santo Domingo**. Gegründet wurde sie vom Dominikanermönch Vicente Valverde, der Pizarro bei seinem missionarischen Angriff auf den Inka-Herrscher Atahualpa in Cajamarca (siehe S. 38) unterstützte. Die Kirche wurde in den 1540er Jahren errichtet und seitdem immer wieder umgebaut, wobei

Iglesia de Santo Domingo

✉ Jrs. Camaná & Conde de Superunda

☎ 01/4276792 oder 01/4276793

$ $

Santuario de Santa Rosa de Lima

✉ Ave. Tacna & Jr. Conde de Superunda

☎ 01/4251279

🕒 So geschl.

Museo Postal y Filatelico
✉ Jr. Conde de Superunda 170
☏ 01/428793

Casa Aliaga
✉ Jr. Unión 224

Monasterio de San Francisco
✉ Jrs. Ancash & Lampa
☏ 01/4267377 oder 4271381
$ $

die Decke und der ältere der zwei Kreuzgänge aus dem frühen 17. Jahrhundert stammen. Die Limeños verehren die Kirche, weil sie die sterblichen Überreste dreier Nationalheiliger verwahrt: Santa Rosa de Lima (1586–1617), die erste katholische Heilige Amerikas, Martín de Porres (1579–1639) – Zunftpatron der Barbiere und einer der wenigen schwarzen Heiligen – und Juan Macias (1585–1645), ein Dominikaner-Missionar. Die Reliquienschreine befinden sich rechts vom Hauptaltar.

Einige Straßen weiter markiert das **Santuario de Santa Rosa de Lima** den Ort, an dem die heilige Rosa zur Welt kam und ihr kurzes Leben verbrachte. Sie war zwar eine pflichtbewusste Tochter, widersetzte sich aber den Heiratsplänen ihrer Eltern, um sich als Jungfrau in den Dienst Gottes zu stellen. In einem Zimmer ihres Hauses kümmerte sie sich um Obdachlose, alte Menschen, Kranke und Waisen. Aus Buße trug sie ein dornenbesetztes Stirnband als Sinnbild für Jesus Dornenkrone, schlief auf einem nackten Holzbrett und betete stundenlang, ohne zu schlafen. Ihr Todestag am 30. August ist in Lima ein wichtiger Feiertag.

Zwischen Santo Domingo und dem Palacio de Gobierno befindet sich ein Eingang zum Hauptpostamt. Das Gebäude (19. Jh.) beherbergt das kleine **Museo Postal y Filatelico** (Post- und Briefmarken-Museum) mit einer Briefmarkensammlung und einer Ausstellung zur Geschichte des peruanischen Postwesens. Auf der Rückseite des Präsidentenpalastes steht die **Casa Aliaga**, die älteste durchgängig bewohnte Privatvilla in Lima. Der relativ schlichte Schein der Fassade trügt: Innen ist das Haus mit kolonialen Kunst- und Einrichtungsgegenständen ausgestattet und verziert mit zeitgenössischen Fliesen und Schnitzwerk. Eine Besichtigung kann nur über eine Reiseagentur in Lima gebucht werden.

Zwei Straßen östlich der Plaza bewohnen etwa drei Dutzend Franziskanermönche eine der interessantesten Kirchen der Stadt, das **Monasterio de San Francisco**. Sie gehört zu Limas ältesten und durchgängig genutzten Kirchen und überstand das Erdbeben 1746 relativ unbeschadet. Das Gebäude wurde Mitte des 17. Jahrhunderts aus einer erdbebensicheren Bausubstanz namens *quincha* errichtet: Dicke Rohre, Schilfgras oder dünne Zweige wurden in Rahmen gelegt

Kartenkauf in Peru

South American Explorers (siehe SAE S. 72) führt viele Karten der beliebtesten touristischen Regionen des Landes. Topographische Karten bekommt man beim Instituto Geográfico Nacional *(Av. Aramburu 1190, Corpac, San Isidro, Tel. 01/4753030, www.ign.gob.pe, Sa nachmittag–So geschl.).* **Die Preise beginnen bei 12 US$.**

Bei Lima 2000 *(Av. Arequipa 2625, Lince, Tel. 01/4403486, E-Mail: informes@lima2000.com.pe, www.lima2000.com.pe)* **werden ausgezeichnete Stadtpläne von Lima, Cusco und Arequipa verkauft.**

und mit Schlamm und Mörtel bedeckt. Diese *Quincha*-Kirche ersetzte eine frühere Kirche aus Lehmziegeln und Holz. Zwei barocke Glockentürme erheben sich über einem gepflasterten Innenhof, in dessen Mitte ein Brunnen steht.

Zu den Highlights im Kircheninnern zählen die Katakomben, die bis zum Bersten mit Knochen gefüllt sind, und eine sehenswerte Bibliothek voll antiker Karten und Bücher (teilweise aus dem 16. Jh.). Der attraktive, von Pflanzen gesäumte Kreuzgang mit geschnitzten Holzdecken wird von Innenhöfen umgeben, deren Wände mit europäischen Fliesen verziert sind.

Während der Kolonialzeit wurden die Katakomben als Grabstätten genutzt, weil Lima bis zum frühen 19. Jahrhundert keinen Friedhof besaß. Die Adligen und Reichen wurden unter der Kirche oder in den Nischen der Seitenkapellen bestattet, während die Mehrzahl der Normalsterblichen in große, mit Lauge gefüllte Gruben in den Katakomben geworfen wurden. Aus diesen Massengräbern haben Archäologen 250 000 Knochen ausgegraben, die jetzt – recht morbide anmutend – nach Knochentyp sortiert sind: Oberschenkelknochen stapeln sich in einer Grube, Schädel in einer anderen, und in einigen Höhlen wurden die Knochen zu Mustern angeordnet.

Die Katakomben, die Bibliothek, der Kreuzgang und die umfassende Sammlung religiöser Kunst können nur im Rahmen einer Führung besichtigt werden (mehrsprachig; mehrmals täglich, 45 Min.). Die Führung beginnt am Eingang und ist im bescheidenen Eintrittspreis enthalten. Die Kirche selbst kann kostenlos besichtigt werden.

Das Viertel Rímac

Der Río Rímac verläuft nördlich vom Palacio de Gobierno und dem Monasterio de San Francisco und bildet die natürliche Grenze des frühkolonialen Lima. Einmal abgesehen vom Cerro San Cristóbal (siehe S. 63) befinden sich zwei lohnenswerte Sehenswürdigkeiten auf der anderen Seite des Flusses im Stadtteil Rímac. Da es ein sehr armes Viertel ist, sollte man besser ein Taxi dorthin nehmen.

Türklopfer am Monasterio de San Francisco

Das **Convento de los Descalzos** wurde nach den barfüßigen Franziskanermönchen (*frailes descalzos*) benannt, die es im späten 16. Jahrhundert gründeten. Im Kloster sind mehrere Hundert Kolonialgemälde der Cusqueño-, Quiteño- und Limeño-Schule zu

Convento de los Descalzos
✉ Manco Capac 202
☏ 01/4810441
🕒 Di geschl.
$ $

Museo Taurino
✉ Jr. Hualgayoc 332
☏ 01/4823360
🕒 Sa–So geschl.
$ $

Museo de la Inquisición
Ave. Junín 548
01/3117801
www.congreso.gob.pe/museo.htm

bewundern. Für einige Besucher ist die Küche mit Apparaturen zur Weinherstellung aus dem 17. Jahrhundert aber interessanter. Außerdem können ein Krankenzimmer, die Apotheke, das Refektorium und die Mönchszellen besichtigt werden. Im Eintrittspreis ist eine Führung enthalten.

Limas Stierkampfsaison dauert nur kurz, die Limeños sind aber stolz auf diese Tradition. In der frühen Kolonialzeit fand der Kampf auf der Plaza de Armas statt, heute ist die **Plaza de Acho** in Rímac der

INSIDERTIPP

Wer den Nebelfängern in Limas *lomas* bei der Arbeit zusehen möchte, wendet sich an José Landázuri (E-Mail: alandazuri@sostierra.net).

KAI TIEDEMANN
National Geographic-Stipendiat

Austragungsort: Sie ist die älteste Stierkampfarena Amerikas. An die Arena grenzt das **Museo Taurino** mit den Kostümen, Erinnerungsgegenständen und Kunstwerken leidenschaftlicher Stierkampfanhänger wie Goya und Picasso.

Plaza Bolívar

Wenn man zurück über den Río Rímac gegangen ist und der Avenida Abancay bis zur Kreuzung der Avenidas Abancay und Junín folgt, kommt man zur **Plaza Bolívar**. Sie wurde nach dem venezolanischen Befreiungskämpfer und sechstem Präsident Perus (1824–1826) benannt. Auf der Rückseite des Platzes befindet sich Perus Kongressgebäude – auf dem Campus der Universidad de San Marcos. Sie ist die älteste Universität Amerikas und eine Gründung der Dominikaner im 16. Jahrhundert. Heute hat die Universität mehrere Fakultäten, die über die Stadt verteilt liegen.

Auf der Südostseite des Platzes steht das **Museo de la Inquisición,** in dem die Geschichte der spanischen Inquisition in Amerika veranschaulicht wird. Im Eintritt ist eine kostenlose Führung inbegriffen, auf der diese finstere Epoche ganz offensichtlich verharmlost werden soll. So wird darauf hingewiesen, dass von den 1400 Inquisitionen, die in Lima stattfanden, nur 32 mit einer Todesstrafe endeten.

Der **Mercado Central** war früher der wichtigste Lebensmittelmarkt der Stadt – auch heute herrscht hier noch ein geschäftiges Treiben. Er liegt drei Straßen von der Plaza Bolívar entfernt an der Straßenkreuzung Ucayali und Ayacucho. Hier bekommen Besucher einen ersten Eindruck vom typischen peruanischen Großmarkt mit kleinen Ständen, auf denen sich Haushaltsgegenstände, frischer Fisch und Kartoffeln türmen.

Neben dem Markt liegt Limas kleines, aber unverkennbares **Barrio Chino** (Chinatown) mit vielen ausgezeichneten chinesischen Restaurants und Geschäften. Der Torbogen Ucayali in Andahuaylas, auch bekannt als **Portada China** (Chinesisches Portal), markiert den Eingang zum Viertel. Mitte des 19. Jahrhunderts kamen die ersten chinesischen Einwanderer nach Peru. Sie arbeiteten zunächst in der

Landwirtschaft, später beim Eisenbahnbau. Ihre Nachkommen bilden die größte chinesische Gemeinde Südamerikas, ihr Einfluss auf die peruanische Küche ist beachtlich. In jeder peruanischen Stadt gibt es ein *chifa* (China-Restaurant); die authentischsten finden sich in Lima.

Parque de la Cultura

Zum **Museo de Arte de Lima** (MALI), dem wichtigsten Kunstmuseum der Hauptstadt, geht man durch den Parkeingang bei der 9 de Diciembre. Das schöne Gebäude stammt von Gustave Eiffel (siehe S. 17). 1872 wurde der *Palacio de Bellas Artes* (Palast der Schönen Künste) zur Ausstellung von Lima fertiggestellt. Seitdem diente das Gebäude abwechselnd als Krankenhaus, Geschichtsmuseum und Sitz des Ministeriums für öffentliche Arbeiten. 1961 wurde hier Limas Kunstmuseum eröffnet. Im Museum sind Objekte von der präkolumbischen Zeit bis zur Gegenwart ausgestellt, darunter Kolonialmöbel, Kleidung und Silberwaren, antike Keramiken und Textilien unterschiedlicher Kulturen sowie Gemälde aus dem 16. Jahrhundert bis zur heutigen Zeit. Die Hinweisschilder sind Englisch beschriftet, Führungen sind möglich.

Das **Museo de la Cultura Peruana** (Museum der peruanischen Kultur) besitzt die bedeutendsten Werke populärer Kunst und Kunsthandwerke aus allen Regionen Perus. Zu sehen sind sowohl zeitgenössische als auch traditionelle Exponate, darunter hochwertige Kunsthandwerke und präkolumbische Artefakte, die den historischen Hintergrund des heutigen Kunsthandwerks beleuchten. Wer will, kann an einer kostenlosen Führung auf Spanisch teilnehmen. ■

Museo de Arte de Lima

- Paseo de Colón 125
- 01/4234732
- Mi geschl.
- $$ (Zusätzlicher Eintritt bei Sonderausstellungen)

Limas Chinatown ist die größte in ganz Südamerika

Museo de la Cultura Peruana

- Ave. Alfonso Ugarte 650
- 01/4235892
- So–Mo geschl.
- $

http://museodelacultura.perucultural.org.pe

Limas Vororte

Limas Vororte umfassen mehr als 50 Distrikte, die kontinuierlich wachsen und eine ziemliche Herausforderung an den Orientierungssinn jedes Besuchers darstellen. Die Vorstadtbezirke sind reich an Sehenswürdigkeiten, besonders an Museen, Parks und archäologischen Stätten. Die meisten Besucher essen, schlafen, shoppen und feiern in den schickeren Vororten Miraflores, Barranco und San Isidro, viele der kulturellen Highlights liegen aber weiter außerhalb.

Surfer am Playa Punta Roquita in Miraflores

Miraflores

Karte S. 54

Besucherinformation Perú

Módulo 10, Plaza Principal

01/4459400

E-mail: iperularcomar@promperu.gob.pe

Am unkompliziertesten bewegt man sich mit dem Taxi von Ort zu Ort. Man kommt zwar auch mit Bussen überall hin, sollte aber Spanisch sprechen, einen guten Stadtplan dabei haben und viel Zeit mitbringen. Das Reisen mit den Einheimischen kann durchaus eine nette Erfahrung sein. Die Busverbindungen zu den einfacher erreichbaren Zielen sind hier aufgeführt.

Miraflores

In den 1930er Jahren diente Miraflores wohlhabenden Limeños in erster Linie als Strandrevier und Sommerfrische. Heutzutage ist von dem ländlichen Charakter des quirligen, modernen und angesagten Viertels nicht mehr viel übrig, es gibt aber ein paar schöne Parks. Am schönsten ist der **Parque Central**, eine dreieckige Grünfläche südlich von *El Óvalo*, dem Kreisverkehr am südlichen Ende der Avenida Arequipa. In dem überschaubaren Park steht eine Büste von John F. Kennedy, er wird deshalb auch Parque Kennedy genannt.

Im Parque Central finden an den meisten Abenden und am Wochenende Kunst- und Handwerksmärkte statt. Außerdem gibt es hier häufig wechselnde Kulturausstellungen. Kinder werden am Spielplatz ihre helle Freude haben, Erwachsene zieht es eher ins Amphitheater, in dem von Donnerstag- bis Sonntagabend peruanische Musiker die ganze Palette von traditioneller Musik über Salsa bis Rock zu Gehör bringen. An der Südostseite des Parks lohnt sich der Besuch der **Municipalidad** (Larco & Diez Canseco) wegen ihrer Kunstgalerie mit kostenlosen Wechselausstellungen.

Etwa 1,5 Kilometer südlich vom Parque Central liegt an der Avenida Larco der **Parque Salazar.** Dort eröffnet sich von den Klippen ein sagenhafter Blick auf den Pazifik. Ein Großteil des Parks wurde dem schicken **Larcomar** einverleibt, einer beliebten modernen Shopping Mall mit Meerblick, Multiplexkino, Restaurants und Geschäften.

Wer vom Parque Central der Avenida Benavides (von den Einheimischen Avenida Diagonal genannt) Richtung Südwesten folgt, oder von Larcomar einen knappen Kilometer entlang der Küste Richtung Nordwesten geht, gelangt zum **Parque del Amor** (Park der Liebe) mit seiner berühmten Statue „El Beso" (Der Kuss). Mit den farbenfrohen Mosaikwänden direkt am Meer ist dies die perfekte Kulisse für eine romantische Verabredung, einen Heiratsantrag oder ein Hochzeitsfoto.

Ein paar Minuten nördlich vom Parque del Amor liegt der **Parque Raimondi**, ein beliebter Startplatz für Gleitschirmflieger. Besucher können zwischen den Parks auf einer gepflasterten Strandpromenade (*Malecón*) entlangbummeln, der Strand selbst liegt allerdings ein gutes Stück weiter unten.

Museo Amano
✉ Ave. Retiro 160, Miraflores
☎ 01/4412902
🕒 Sa & So geschl.

ERLEBNIS:
Outdoor-Aktivitäten

Reiten: Bei Pachacamac, 30 Kilometer südlich von Lima, können Gäste auf peruanischen Paso-Pferden reiten. Anmeldungen nimmt Cabalgatas an *(Handy 01/9998706637, E-Mail: informes@cabalagatas.com.pe, www.cabalgatas.com.pe).*
Gleitschirmfliegen: Peru Fly *(Jr. Jorge Chávez 666, Miraflores, Tel. 01/4445004, E-Mail: max@perufly.com, www.perufly.com)* veranstaltet Kurse und Tandemflüge von den Klippen Malecón Cisneros in Miraflores. Auch in anderen Städten können Flüge organisiert werden.
Sporttauchen: Peru Divers *(Av. Santa Teresa 486, Chorrillos, Lima, Tel. 01/2516231, www.perudivers.com)* verkauft, vermietet und repariert Tauchausrüstung und veranstaltet PADI-Tauchkurse und Tauchausflüge. Alternative Anbieter sind Aqua Sport *(Av. Conquistadores 805, San Isidro, Tel. 01/2211548)* und Mundo Submarino *(Conquistadores 791, San Isidro, Tel. 01/4417604).*
Surfen: Eine Liste mit Stränden in Lima findet man unter *www.peruazul.com.* Die lokale Surflegende Wayo Whilar *(Tel. 01/2527324, E-Mail: aj.whilar@gmail.com, http://wsurfing.tripod.com)* gibt Unterrichtsstunden; auch sein Surf Shop *(Av. 28 de Julio 277, Barranco, Lima, Tel. 01/2476343)* lohnt einen Besuch. Der ehemalige Nationalchampion Magoo de la Rosa *(Handy 01/998101988, www.magoosurfperu.com)* unterrichtet ebenfalls.

Humboldtpinguine im Zoo von Lima

Museo Enrico Poli
Calle Lord Cochrane 466, Miraflores
01/4222437
$$$$$

Huaca Pucllana
8. Block der Calle Borgoña an der Ave. Tarapacá, Miraflores
01/4458695
Di geschl.
$$

http://pucllana.perucultural.org.pe

Museo Ricardo Palma
Calle General Suárez 189, Miraflores
01/4455836
Sa–So geschl.
$$

Das **Museo Amano** befindet sich in Privatbesitz und ermöglicht ein einzigartiges Museumserlebnis. Berühmt ist es für seine erlesene Keramiksammlung aus diversen Epochen, außerdem besitzt das Museum Perus beste Sammlung kunstvoll gewebter Chancay-Stoffe. Die relativ unbekannte Chancay-Kultur existierte mehrere hundert Jahre lang an der Küste nördlich von Lima noch vor den Inka. Die Sammlung kann nur im Rahmen einer Führung und nach vorheriger Anmeldung besichtigt werden. Die Führungen finden an den Wochentagen nachmittags statt und dauern genau eine Stunde.

Ganz in der Nähe liegt das **Museo Enrico Poli**, in dem ebenfalls eine Privatführung gebucht werden muss. Es besitzt die vermutlich erlesenste präkolumbische Sammlung Perus, insbesondere von Silberobjekten. Die Führungen finden ausschließlich auf Spanisch statt.

Ein kleines Stück weiter östlich liegen die Ruinen von **Huaca Pucllana,** einer Siedlung aus der Zeit von 200–700 n. Chr. Hier wird noch immer gegraben. Vor dem gleichnamigen schicken Restaurant befindet sich ein kleines Museum.

Zurück in der Nähe des Parque Central, ist das **Museo Ricardo Palma** im Haus des peruanischen Autors (1833–1919) untergebracht. Die Ausstellung widmet sich Palmas Leben und Werk, außerdem werden Stilmöbel der Epoche präsentiert.

Barranco

Südlich von Miraflores liegt der Küstenort Barranco. Schon seit 300 Jahren ist er bei den Limeños überaus beliebt, im 19. Jahrhundert machte er sich zusätzlich als Künstler- und Schriftstellerviertel einen Namen. Später wurde er zum Lieblingsziel der Schickeria, die dort ihre Ferienhäuser baute, von denen viele noch heute stehen. Heute ist

Barranco für seine Bars und Nachtclubs bekannt – sie säumen vor allem die Avenidas Pedro de Osma und Sánchez Carrión, die von der Plaza de Barranco abzweigen.

Aufgrund Barrancos Vergangenheit als ländliches Küstendorf ist die Straßenführung nicht klar gegliedert; so scheint es auf jedem Stadtplan andere Namen für die gleichen Straßen zu geben. Der Ortskern ist allerdings so klein und kompakt, dass man auch dann, wenn man sich verläuft, nie mehr als ein paar Minuten zu Fuß von der Plaza (auch *parque* genannt) entfernt ist.

Barrancos berühmteste Sehenswürdigkeit ist die eher unspektakuläre *Puente de Suspiros* (Seufzerbrücke), eine Fußgängerbrücke aus Holz, die einige Straßen westlich der Plaza verläuft. Am Wochenende wachsen zwischen Plaza und Brücke jede Menge Imbissstände aus dem Boden, an denen sich vor allem abends hungrige Kneipengänger stärken.

Spannender und ganz in der Nähe der südwestlichen Ecke der Plaza gelegen ist das **Museo de la Electricidad** mit einer kleinen Ausstellung zur Entwicklung der Elektrizität in Lima.

Auf der anderen Straßenseite fährt der restaurierte Elektrozug ab, der Barranco mit Miraflores und Lima verband. Heute beschränkt sich seine Route auf ein paar wenige Straßen, Zugliebhaber erhalten im Museum Fahrkarten.

Ebenfalls einen Abstecher wert ist das **Museo Pedro de Osma** in einem gut erhaltenen Herrenhaus aus dem 19. Jahrhundert. Seine exzellente Sammlung umfasst koloniale Kunst, Möbel, Skulpturen und Tafelsilber. Im Eintrittspreis ist eine Führung auf Spanisch enthalten. Das Museum hat keine festen Öffnungszeiten, man sollte vorab telefonisch einen Termin vereinbaren.

San Isidro & Der Norden

San Isidros interessanteste Sehenswürdigkeit ist die **Huaca Huallamarca**, eine Maranga-Pyramide, die 200 n. Chr. erbaut und noch von den Inka genutzt wurde. Das Bauwerk wurde zwischenzeitlich instandgesetzt und ist in der Gegend unter dem Namen *Pan de Azúcar* (Zuckerhut) bekannt. Vor Ort befindet sich ein kleines Museum mit Masken und Haushaltsgegenständen, die hier ausgegraben wurden.

Eine Viertelstunde Fußmarsch führt zum hübschen ruhigen Park **El Olívar** (in der Nähe der Avenida La República) mit einem alten Olivenbaumwäldchen. Der Park selbst stammt aus der frühen Kolonialzeit.

Weiter nördlich, in Pueblo Libre, kommen Liebhaber peruanischer

INSIDERTIPP

Verpassen Sie nicht die Salsa-Bands in Miraflores im Club Cohiba *(Av. Ejercito)* und Son de Cuba *(Calle de las Pizas)*. In La Victoria spielen zwar ebenfalls gute Bands, aber nachts ist es dort nicht ganz ungefährlich.

KAI TIEDEMANN
National Geographic-Stipendiat

Museo de la Electricidad

Ave. Pedro de Osma 105, Barranco
01/4776577
Mo geschl.
$

http://museoelectri.perucultural.org.pe

Museo Pedro de Osma

Ave. Pedro de Osma 423, Barranco
01/4670063 oder 01/4670141
Mo geschl.
$$

Huaca Huallamarca

Ave. Nicolás de Rivera 201, San Isidro
01/2224124
Mo geschl.
$

Museo Rafael Larco Herrera

Ave. Bolívar 1515, Pueblo Libre

01/4611312

$$$$

www.museolarco.org

Museo Nacional de Arqueología, Antropología e Historia

Plaza Bolívar, Pueblo Libre

01/4635070

Mo geschl.

$$

http://museonacional.perucultural.org.pe

Parque de las Leyendas Zoo

bei Cuadra 24, Ave. de la Marina, San Miguel

01/4644264 oder 01/4514282

Mo geschl.

$$

Keramik im **Privatmuseum Rafael Larco Herrera** auf ihre Kosten. Von Miraflores fahren einige Buslinien mit dem Ziel „Todo Bolivar" über die Arequipa am Museum vorbei. Es ist in einer Villa aus dem 18. Jahrhundert untergebracht, die über einem Gebäude aus dem 7. Jahrhundert errichtet wurde.

Im Museum gibt es eine kleine interessante Sammlung ausgezeichneter Stoffe und Goldschmiedeobjekte, der Schwerpunkt liegt aber auf den Keramiken.

10 000 Exemplare besitzt das Museum. Ein eigener Raum widmet sich erotischen Töpferwaren, auf denen die einfallsreichen Sexualpraktiken der alten Peruaner eindrucksvoll dargestellt werden.

Etwa 15 Fußminuten läuft man Richtung Südosten zum **Museo Nacional de Arqueología, Antropología e Historia.** Es handelt sich um zwei miteinander verbundene Museen, die im kolonialen Wohnsitz ehemaliger peruanischer Vizekönige untergebracht sind. Auch die Freiheitskämpfer José de San Martín und Simón Bolívar haben hier gewohnt, ihre Zimmer können besichtigt werden. Die Museen zeigen eine bunte Mischung, angefangen bei 14 000 Jahre alten Objekten aus der Steinzeit bis zur Kunst des 19. Jahrhunderts. Einige der archäologischen Stücke wurden in den 1990er Jahren ins Museo de la Nación (siehe S. 74) überführt, die heutige Sammlung ist aber immer noch umfangreich und eindrucksvoll. Höhepunkte der Ausstellung sind die Raimondi-Stele (siehe S. 195) und die Teil-Rekonstruktion des Fundortes Chavín de Huántar. Hinter dem Museum befindet sich in Pueblo Libre der Zoo **Parque de las Leyendas.** Er ist in drei Areale unterteilt, die wichtige Ökozonen Perus repräsentieren: Küste, Hochland und Regenwald.

Wer durch das Zoogelände bummelt, stößt auch auf die **Huaca de Maranga**, eine vorinkaische Stätte, die 200 n. Chr. erstmals bewohnt wurde. Einige Kilometer westlich des Zoos liegt Callao; hier befinden sich Limas Hafen und

South American Explorers (SAE)

Die Organisation SAE (www.saexplorers.org) wurde 1977 in Lima gegründet und versorgt Urlauber mit Informationen und wertvollen Tipps. Auch Freiwilligenarbeit kann über SAE organisiert werden, außerdem bietet die Organisation Karten und Reiseführer zu günstigen Preisen, Reiseberichte, eine Bibliothek, eine Büchertauschbörse, eine Gepäckaufbewahrung (auch über längere Zeiträume), eine Quartalszeitschrift, günstige Angebote in Hotels und anderen Unterkünften, Kulturveranstaltungen, Internetterminals sowie kostenlosen Kaffee und Tee in den Clubhäusern in Lima, Cusco, Quito und Buenos Aires. Der Jahresbeitrag beläuft sich auf 60 US$ pro Person oder 90 US$ pro Paar.

Lima: Calle Piura 135, Miraflores, Tel. 01/4453306

Cusco: Choquechaca 188, Office 4, San Blas, Tel. 084/245484

Quito: Jorge Washington 311 y L Plaza, Mariscal Sucre, Tel. 02/2225228

Buenos Aires: Estados Unidos 577, Capital Federal, Tel. 011/4307 9625

U.S. Headquarters: 126 Indian Creek Rd., Ithaca, NY 14850, Tel. 800/274-0568

Die Seufzerbrücke im Vorort Barranco

Flughafen. Lohnenswert ist der Besuch der **Festung Real Felipe**, die 1747 am Hafen erbaut wurde und den Eingang zur Halbinsel La Punta markiert. Ursprünglich diente sie der Abwehr von Piraten; während der Freiheitskämpfe leisteten die königstreuen Soldaten darin letzten Widerstand. Heute hat hier das Militärmuseum seinen Sitz. Unter Führung eines Spanisch sprechenden Soldaten können die Verliese und Wachtürme besichtigt werden.

Südöstliche Bezirke

Perus nationales Geschichtsmuseum, das **Museo de la Nación** südöstlich von Limas Innenstadt, bietet den besten Überblick über die archäologischen Aktivitäten im Land. Das Museum liegt an der Avenida Javier Prado Este; hier kommen häufig micros vorbei.

INSIDERTIPP

In Barranco gibt es eine *Cevicheria* namens Canta Rana, die übersät ist mit *Fútbol*-Souvenirs aus der Zeit des Eigentümers als Spieler der argentinischen Mannschaft – ein Besuch lohnt sich vor allem für Fußballfans.

DOUGLAS W. YU
National Geographic-Stipendiat

Im Museum bekommt man viel für sein Geld geboten: Mehr als 3000 Jahre peruanischer Geschichte werden im Museum dokumentiert, die Ausstellungsstücke verteilen sich über mehrere Ebenen und sind auf Spanisch und Englisch be-

Fortaleza Real Felipe
✉ Plaza Independencia, Callao
☎ 01/4290532
$ $$

Museo de la Nación
✉ Ave. Javier Prado Este 2465, San Borja
☎ 01/4769878
🕒 Mo geschl.
$ $$

Museo Oro de Perú
✉ Ave. Alonso de Molina 1100, Monterrico
☎ 01/3451292
$ $$$$

schrieben. Neben Keramiken, Textilien und Metallwerkzeugen sind hier maßstabsgetreue Modelle vieler wichtiger archäologischer Stätten Perus zu sehen. Ein faszinierende, aber traurige Ausstellung namens „*Yuyanapaq*" (Quechua für „erinnern") widmet sich dem Bürgerkrieg mit dem Sendero Luminoso in 1980er Jahren (siehe S. 165), bei dem etwa 80 000 Menschen, vorwiegend *campesinos* (Bauern), von Terroristen und dem peruanischen Militär getötet wurden. Am Eingang kann man nach einer Führung fragen.

Südlich des Hipódromo de Monterrico (Pferderennbahn) liegt das **Museo Oro de Perú** mit einer Privatsammlung. Im Untergeschoss befindet sich hinter einer Panzertür und über mehrere Räume verteilt eine prächtige Sammlung von Goldornamenten verschiedener präkolumbischer Kulturen. Bei einer Untersuchung 2001 kam ans Licht, dass viele der Goldstücke in Wirklichkeit geschickte Fälschungen sind. Seitdem wurde jedes Einzelne der Exponate entweder als authentisch ausgewiesen oder entfernt. Ein Besuch des Museums lohnt sich aber in jedem Fall: Mehr Gold bekommen man sonst nirgendwo in Peru zu sehen.

Einen Stock höher lockt die angeblich weltweit größte Sammlung von **Handfeuerwaffen**. Antike Donnerbüchsen, Musketen aus der Kolonialzeit sowie Pistolen und Gewehre aus dem 19. Jahrhundert bilden den Großteil der Sammlung. Ein deutscher Audioguide kann ausgeliehen werden. Es lohnt sich übrigens, noch ein wenig Zeit auf dem Museumsgelände zu verbringen: Es gibt ein Café und einige schicke Souvenirläden.

Mit dem Taxi fahren

Die Taxis werden auf der Straße herangewunken. Wer kein Spanisch spricht, sollte die Adresse aufschreiben und dem Taxifahrer zeigen.

Eine kurze Fahrt kostet zwischen 1 und 2 US$, Fahrten von einem Viertel zum anderen zwischen 2 und 4 US$, bis zum Flughafen sind es 8–12 US$ (Die Fahrer erwarten kein Trinkgeld). Wer per Telefon ein Taxi bestellt, zahlt feste Tarife, die fast doppelt so hoch sind wie die der Taxis, die spontan bestiegen werden. Am teuersten sind die Remise-Taxis: Die schicken Schlitten warten vor den besseren Hotels der Stadt.

Für die Fahrt vom Flughafen – rund 15 Kilometer bis in fast alle Gegenden – verlangen die offiziellen Taxis mit einem Schalter am Ausgang der Ankunftshalle zwischen 15 und 25 US$; wer sich eines sucht, bezahlt weniger (siehe auch S. 268, 270f).

Südlich von Lima

Südöstlich von Lima führt die Panamericana Sur an **Pachacamac** vorbei, der wichtigsten und interessantesten archäologischen Stätte in der Gegend von Lima. Ihren Anfang nahm die Siedlung etwa 200 n. Chr. und erreichte während der Sari-Kultur (600–1100 n. Chr.) ihren Höhepunkt. Archäologen glauben, dass sie ursprünglich als

Wallfahrtsort diente. Die Inka erweiterten die Stätte um ihre eigenen Bauwerke, von denen der *Palacio de las Mamacuñas* (Tempel der auserwählten Frauen) besonders hervorsticht.

Heute befindet sich hier ein Museum, das eine Übersichtskarte

Die besten Strände zum Surfen – und im Sommer zum Schwimmen – liegen südlich von Lima. In Punta Hermosa (siehe Outdoor-Aktivitäten S. 69) gibt es Surfmöglichkeiten und einige Unterkünfte.

Das farbenfrohe Fischerdorf **Pucusana** liegt 64 Kilometer von

Pachacamac

✉ Km 31 de Antigua Panamericana Sur, Lurín

☎ 01/4300168

$ $

http://pachacamac.perucultural.org.pe

In Pachacamac bei Lima gibt es Gebäude aus der Inka- und der vorinkaischen Zeit.

verkauft. Bequeme Schuhe sind unerlässlich, da man mehrere Stunden zu Fuß auf dem Gelände unterwegs ist. Pachacamac ist ein lohnenswerter Tagesausflug: Man hat einen herrlichen Ausblick aufs Meer, auch ein Café findet sich vor Ort. Die Fahrt kann über eine Reiseagentur gebucht werden, alternativ steigt man im Zentrum von Lima an der Ecke Jr. Ayacucho und Avenida Grau in einen Minibus mit Ziel „Pachacamac". Unbedingt dem Fahrer sagen, dass man bei „*las ruinas de Pachacamac*" aussteigen will, sonst landet man im nächsten Ort.

Lima entfernt und bietet einfache, aber passable Unterkünfte. Die kleine Stadt **Cañete** liegt 145 Kilometer südlich davon, dort wo die Autobahn 22 ins Landesinnere zum Dorf **Lunahuaná** abzweigt.

Hier befindet sich auch die Einstiegsstelle für Wildwasserfahrten auf dem Río Lunahuaná, das nötige Equipment kann in der Nähe ausgeliehen werden. Río Cañete Expeditions (Km 33, Cañete-Lunuhuaná, Tel. 01/2841271, www.riocanete.com.pe) vermittelt darüber hinaus Campingplätze in der Gegend. ■

Eine Region mit vielen Tieren, köstlichen Weinsorten, einem großen Angebot an Freizeitaktivitäten – und einigen noch immer ungelösten Rätseln der Menschheit

Südliches Tiefland

Die mysteriösen Nazca-Linien wurden von der vorinkaischen Nazca-Kultur geschaffen

Südliches Tiefland

Die Panamericana Sur ist 1330 Kilometer lang und führt von Lima bis zur chilenischen Grenze. Sie bildet das Rückgrat des südlichen Tieflandes und verläuft zunächst entlang der ariden Küste und dann weiter im Landesinneren, vorbei an uralten Oasen. Hier ändert die Landschaft schlagartig ihren Charakter – das üppige Grün weicht plötzlich der staubbedeckten Öde der südlichen Wüsten.

Von Bord der in Paracas gestarteten Boote lässt sich die Tierwelt der Küste gut beobachten

Der kalte, von der Antarktis nordwärts fließende Humboldtstrom macht das Schwimmen im Meer fast unmöglich. Durch die Strömung werden jedoch zahlreiche Nährstoffe vom Meeresboden aufgewühlt, die vielen Tieren entlang der Küste Nahrung bieten (siehe S. 82f).

Die Panamericana ist das Tor nach Arequipa, Cusco und zum Titicacasee und trägt auch den wenig schmeichelhaften Spitznamen „Gringo Trail". Mehrmals am Tag befahren Busse die Straße, entsprechend leicht fällt das Weiterreisen. Wer von Lima nach Cusco fliegt, wird eine ganz ungewöhnliche Region des Landes verpassen, die zu den trockensten Wüste der Welt zählt: Gewaltige Sanddünen rollen langsam dorthin, wohin sie der Wind verfrachtet, und bieten ideale Bedingungen für die nationale Sportart Sandboarding – sozusagen die peruanische Variante des Snowboardens.

Die alten Kulturen des südlichen Tieflandes lebten meist weiter im Landesinneren, wo ihnen Wasser zur Verfügung stand – die Flussoasen sind schon seit vorinkaischer Zeiten bekannt. Nur wenige Flüsse aus den westlichen Anden erreichen überhaupt das Meer. Der Küstenstreifen ist sehr schmal, doch trotz der kurzen Entfernung zwischen Bergen und Meer werden die meisten Flüsse auf dem Weg zum Pazifik von der ausgedörrten Erde aufgesogen. Einige Flüsse fließen unterirdisch, diese Wasser führenden Schichten nutzen die Bewohner seit Menschengedenken zur Bewässerung.

Keine archäologische Ausgrabungsstätte in der Region kann sich mit der Größe und Einzigartigkeit der Nazca-Linien messen. Sie wurden vor rund 2000 Jahren in einem Zeitraum von einigen hundert Jahren von Mitgliedern der Nazca-Kultur geschaffen. Diese schoben dafür die an der Oberfläche liegenden dunklen Steine beiseite und legten die hellere, gipsartige Erde darunter frei. Viele „Linien" zeigen geometrische Muster, die sich über viele Quadratmeter Wüste erstrecken. Andere bilden fußballfeldgroße Darstellungen von Vögeln, Tieren und Insekten, die nur aus der Luft richtig zu erkennen sind. Reiseveranstalter vor Ort organisieren deshalb auch Flüge über diese Linien. Allein schon wegen dieses Erlebnisses lohnt sich ein Ausflug in den dünn besiedelten Teil Perus.

NICHT VERPASSEN

- Seevogel- und Seelöwen-Kolonien auf den Islas Ballestas **81**
- Wein- und Pisco-Verkostung in einer Bodega bei Ica **86**
- Sandboarden auf Wüstendünen **87**
- Ein Ausflug zu den gerade freigelegten Pyramiden von Cahuachi **88**
- Die Wüstenfriedhöfe mit Jahrhunderte alten Skeletten **89**
- Die traditionelle Flechtwerkarchitektur und die Kopfsteinpflastergassen von Moquegua **90**
- Ein unvergesslicher Flug über die mysteriösen Nazca-Linien **91**

Die wichtigste Stadt der südlichen Tiefebene – Ica – war einst die Hauptstadt der Nazca. Heute liegt sie inmitten des größten Weinbaugebietes Perus. Aus den Reben der ertragreichen Weinberge, die durch die Bewässerungskanäle des Río Ica das nötige Nass erhalten, werden einige der besten Weinsorten Perus gekeltert und der klare Traubenschnaps Pisco gebrannt. Der seit Anfang des 17. Jahrhunderts in dieser Gegend erzeugte Pisco ist, etwa als Pisco sour, das Nationalgetränk des Landes und ganzer Stolz der Peruaner. Reisende sollten den kleinen Weinkellereien in der Nähe der Stadt sowie einigen der zahlreichen Pisco-Brennereien von Ica einen Besuch abstatten. ■

Paracas & Islas Ballestas

Die Hafenstadt Pisco, die größte Stadt der Region, liegt sieben Kilometer westlich der Panamericana und 235 Kilometer südlich von Lima. 2007 wurde die Stadt durch ein Erdbeben zerstört, erst allmählich kommen die Touristen zurück.

Die Belén-Kirche auf Piscos Plaza Belén nach dem Erdbeben von 2007

Pisco

Karte S. 78

Pisco ist die Quechua-Bezeichnung für „Vogel" und stammt aus der Inka-Zeit, als große Vogelkolonien die Region bevölkerten. Die nahe gelegene Bahía de Paracas, die von der gleichnamigen Halbinsel geschützt wird, zählt zu den besten Naturhäfen entlang der Südküste.

Im 19. Jahrhundert wurden Wein und Brandy aus Ica über Pisco verschifft. Der Brandy mit seinem unverkennbar scharfen, rauchigen Geschmack und der leicht zähflüssigen Konsistenz wurde erst als „Schnaps aus Pisco" und später als „Pisco" weltberühmt.

Eine zunehmende Verschlammung zwang die Behörden 1969, den Hafen komplett zu schließen und ihn durch den Hafen Puerto San Martín weiter im Süden zu ersetzen. Dort wird heute vor allem Fischmehl umgeschlagen.

Alles, was nach dem Erdbeben von der Kathedrale auf der Plaza de Armas stehen geblieben ist, sind zwei Säulen, die einst das Hauptportal trugen.

Von der Plaza de Armas fahren *combis* zur 12 Kilometer entfernt liegenden Halbinsel Paracas und zum Fischerhafen **El Chaco** (auch

Das Erdbeben 2007

Das südliche Tiefland liegt auf dem sogenannten Ring of Fire, der den Pazifik umgibt. Die Absenkung der Nazca-Platte unter der südamerikanischen Platte verursacht fast täglich kleinere und alle paar Jahre große Erdbeben.

Am 15. August 2007 zerstörte ein Erdbeben der Stärke 8 die Südküste Perus. Das Epizentrum lag 145 Kilometer südöstlich von Lima etwa 40 Kilometer vor der Küste und traf vor allem das Departemento Ica. Über 550 Menschen starben, es gab rund 2000 Verletzte und fast 100 000 zerstörte Gebäude. Am schlimmsten traf es die Stadt Pisco. Dort stürzte die Kathedrale (19. Jh.) ein und tötete über 100 Gläubige in der Kirche. Die meisten Gebäude wurden so stark beschädigt, dass sie abgerissen werden mussten. In Ica fiel der Turm der Kirche Señor de Luren in sich zusammen. Auch viele andere Gebäude waren nicht mehr zu retten. Die afro-peruanische Stadt Chincha wurde weitgehend zerstört. Die Panamericana musste gesperrt werden, wodurch die Region vom Rest des Landes abgeschnitten war.

Das Erdbeben 2007 war das schlimmste, das Peru seit vielen Jahren erlebt hatte. Unmittelbar nach der Katastrophe boten viele internationale Hilfsorganisationen ihre Unterstützung an. Jetzt ist die Südküste erneut in der Lage, Touristen zu empfangen. Die Einheimischen wünschen sich, dass die Menschen wieder hierher kommen und die Sehenswürdigkeiten der Region genießen.

INSIDERTIPP

Wer einen Ausflug in das Schutzgebiet Paracas machen möchte, setzt sich am besten mit Explomar Peru in Verbindung. Die Agentur organisiert Pauschaltouren für verschiedene Interessensgruppen (u.a. auch Taucher). Sehr unterhaltsam sind die Dünenbuggies!

CELIA CACERES
National Geographic-Stipendiatin

Paracas genannt). Seit dem Erdbeben 2007 hat sich die Anzahl der kleinen, einfachen Hotels am Wasser in El Chaco erhöht. Einige sind neu und einige ersetzen die alten Hotels. Auf alle Fälle ist es ratsam, tagsüber nicht durch einsame Straßen zu stromern und nachts ein Taxi zu nehmen.

Halbtagsausflüge zu den **Islas Ballestas** können im Hafen von El Chaco gebucht werden und sind wirklich lohnenswert: Das von Seevögeln und Seelöwen veranstaltete Schauspiel kann sich durchaus mit dem auf den Galápagos-Inseln messen. Jeden Vormittag, wenn das Meer ruhig ist, fahren Schnellboote zu den Inseln. Die Eilande dürfen nicht betreten werden, die Boote halten aber vor den Stränden und Felsen, auf denen sich Seelöwen und Vogelkolonien tummeln (siehe S. 82f).

Während der Fahrt kann man große Quallen, zahlreiche Delphine oder sogar Wale sehen, besonders in den Sommermonaten (Jan. bis März). Vogelliebhaber können Sturmvögel und Sturmtaucher bei ihrem Flug durch die Wellen beob-

(Fortsetzung auf S. 84)

Islas Ballestas
Karte S. 79

Explomar Peru
E-mail: Explomar peru@gmail.com

Die Tierwelt der Wüstenküste

Perus Küste besteht hauptsächlich aus Wüste mit einigen kleinen Oasen. Der aus der Antarktis kommende und die Pazifikküste entlangfließende Perustrom ist sehr nährstoffreich und sorgt in einer scheinbar unwirtlichen Gegend für einen unglaublichen Nahrungsüberfluss. Im Wasser leben große Mengen an winzigem Plankton, Basis einer Nahrungskette für Fische (besonders Sardellen), Tintenfische, Seevögel und Meeressäuger. Die Islas Ballestas sind der beste Ort, um dieses Naturschauspiel zu beobachten.

Auf dem Weg zu den Ballestas-Inseln kann man vom Boot aus Nahaufnahmen der Seelöwen machen

Vögel

Zehn Millionen Seevögel bevölkern die aride Küste, ihre Zahl sinkt nur in den ungewöhnlich warmen El-Niño-Jahren, in denen auch die Zahl an Plankton und Fischen abnimmt.

Der schwarze Guanay-Kormoran mit weißem Hals, Brust und Bauch, gelbem Schnabel und Füßen und einem auffälligen roten Fleck an den Augen ist die am häufigsten anzutreffende Vogelart und Hauptlieferant des kommerziell genutzten Guano. Die Vögel werden 74 Zentimeter groß, leben aber trotz ihrer Größe in Kolonien von 15 Vögeln pro Quadratmeter.

Beinahe genauso groß ist der Vogel mit dem liebenswerten Namen Guanotölpel (auch: Perutölpel), er ist der zweitgrößte Lieferant von Guano. Tölpel, die dunkle Flügel und schwarze Gesichtsmasken haben, steigen in Scharen auf und tanzen in der Luft Ballett, ehe sie sich wieder nach unten stürzen und nach Fischschwärmen tauchen. Auch peruanische Pelikane stürzen sich von oben auf ihre Beute. Die zwei Meter langen und im V-förmigen Formationsflug fliegenden Tiere sind ein außergewöhnlicher Anblick.

Viele Besucher lieben den **Humboldt-Pinguin,** die einzige Pinguinart in Peru, die das ganze Jahr über auf den Ballestas anzutreffen ist. Die 72 Zentimeter langen Gesellen sind ausdauernde und gewandte Schwimmer: Sie können zwei Minuten lang unter Wasser bleiben und bis zu 80 Meter tief tauchen.

Der attraktivste Küstenvogel, die 39 Zentimeter lange **Inkaseeschwalbe**, hat blaugraues Gefieder, gelbe Augenlappen und einen auffallend weißen Federbart an den Flügeln. Beine und Schnabel sind hellrot.

Auch der Kondor macht sich gelegentlich auf den Weg zur Küste. Mit einer Flügelspannweite von drei Metern ist er nicht zu übersehen, wenn er auf der Suche nach Nahrung die Strände entlang gleitet. Auch der rosafarbene **Chileflamingo** ist ein Vogel des Hochlandes, der hin und wieder die Küstenregion aufsucht, meistens von Juni bis August.

Guanotölpel gehören zu den Guano produzierenden Vögeln der Inseln.

Säugetiere

Große Kolonien Südlicher Seelöwen bevölkern die Ballestas-Inseln. Die größeren Kolonien bestehen hauptsächlich aus Weibchen, die bis zu zwei Meter lang und 150 Kilogramm schwer werden. Die männlichen Tiere haben eine kurze, rostfarbene Mähne, sind doppelt so schwer und rund 70 Zentimeter länger als die Weibchen. Seelöwen werden oft illegal gejagt und konkurrieren mit den einheimischen Fischern um die Mahlzeit.

Kleinere Kolonien des seltener vorkommenden Südlichen Seebären, der sich vom Seelöwen durch eine eher spitze als breite Schnauze unterscheidet und heiser, nicht bellend klingende als bellende Rufe ausstößt, sind an der Südküste überall anzutreffen. Delphine und Große Tümmler schwimmen häufig neben den Schiffen her.

Guano-Gold

Die dicken, weißen, übelriechenden Schichten des Guano (Seevogelkot) finden sich überall auf den Inseln und Felsen Perus. Guano leitet sich vom Quechua-Wort Huanu (Dünger) ab und wird seit vorinkaischen Zeiten als natürlicher, nitrathaltiger Dünger genutzt. Das sonnige Klima trägt dazu bei, dass die Nitrate eingebrannt werden, der Mangel an Regen sorgt wiederum dafür, dass der Kot nicht weggespült wird. Im 19. Jahrhundert zählte der peruanische Guano zum besten weltweit. 1850 war es mit nahezu einer Million Tonnen pro Jahr der Hauptexportartikel des Landes. Anfang des 20. Jahrhundert waren die Guano-Vorräte dann fast völlig erschöpft. Daher rief die peruanische Regierung 1908 die Guano-Verwaltung ins Leben, die sich um den Rohstoff kümmern sollte. Heute wird auf rund 30 Inseln und Kaps Guano geerntet. Hauptsächlich für den heimischen Markt bestimmt, wird Guano auf traditionelle Weise per Hand mit Eimern und Schaufeln entfernt. Während der Erntesaison, also ungefähr alle sieben Jahre, wohnen die Arbeiter in Zelten auf den Inseln. Wenn sie wieder gehen, sind die Inseln menschenleer, und es bleiben Millionen von Seevögeln zurück.

Museo J. C. Tello
✉ Reserva Nacional de Paracas
☎ 056/234383
$ $$

achten. Die Boote fahren auch an einem 128 Meter hohen kronleuchterartigen Gebilde (El Candelabro) vorbei, das in die nördliche Flanke der Halbinsel Paracas gescharrt wurde. Weshalb es gerade hier geschaffen wurde, ist noch ein Geheimnis. Nach Meinung der Forscher stammt es aus präkolumbischer Zeit. Da die Boote offen sind, empfiehlt sich eine leichte Jacke gegen Wind und Gischt, ein breitkrempiger Hut schützt vor Vogelexkrementen. Die Boote haben Schwimmwesten an Bord, aber keine Toiletten. Zweisprachige Führer helfen bei der Vogelbestimmung.

Es empfiehlt sich, den morgendlichen Ausflug zu den Islas Ballestas mit einem Nachmittagsausflug zur **Península de Paracas** ($, begrenzte Anzahl an Touren) zu kombinieren. Die Halbinsel liegt südöstlich der Ballestas-Inseln und gehört zu dem nationalen Schutzgebiet Reserva Nacional de Paracas, das die Artenvielfalt entlang der Küste und über hundert kleine archäologische Stätten schützt. Für interessierte Besucher: Das **Museo J. C. Tello**, benannt nach dem peruanischen Archäologen, der einige der bedeutendsten Grabkammern der Gegend entdeckte, befindet sich am Eingang des Schutzgebietes und erklärt einzelne Ausgrabungen. Das bescheidene Museum, das beim Erdbeben 2007 beschädigt wurde, hat wieder geöffnet.

Plaza San Martín in Pisco

Das Erdbeben beschädigte bzw. zerstörte auch die zur Halbinsel führenden Straßen und den Zugang zu den Stränden. Ebenfalls zerstört wurde der berühmte Felsbogen La Catedral.

Die Inkastätte Tambo Colorado ($$) liegt 48 Kilometer von Pisco entfernt im Landesinneren an

Paracas-Kultur

Paracas, die Quechua-Bezeichnung für „Sandstürme", ist der treffende Name für eine Kultur, die seit über 2000 Jahren unter dem Treibsand der Küste begraben liegt. 1925 entdeckte der peruanische Archäologe Julio C. Tello (1880–1947) in der großen Nekropole Paracas (300 v. Chr.–200 n. Chr.) 400 Mumien sowie einige der feinsten antiken Stoffe, die jemals gefunden wurden. Die gewebten Baumwoll- und Wollstoffe waren oft reich mit sich wiederholenden Tiermustern bestickt. Tello fand in der Nekropole auch Schädel, die Zeugnis ablegten für zwei faszinierende Gepflogenheiten, für die die Paracas-Kultur bekannt ist: Die Schädelöffnung und die Deformierung. Die weichen Schädel kleiner Kinder wurden von Adligen zwischen Holzbretter gequetscht und deformiert. Die Schmalschädel galten als edel. Junge Krieger wiesen oft Schläge auf den Kopf auf, was eine Schwellung zur Folge hatte. Der Druck wurde durch Trepanation (chirurgisches Öffnen) des Schädels gemildert. Beispiele beider Praktiken sind im Museo Regional de Ica (s. S. 87) zu sehen.

Die Nekropole liegt in der Nähe des Museo J.C. Tello (siehe S. 84), heute ist hier aber kaum noch etwas davon zu sehen. In den örtlichen Museen sind die schönsten Stoffe ausgestellt, die vor Ort gefunden wurden. Das Museo de la Nación (siehe S. 73) in Lima zeigt Kunstwerke.

der asphaltierten Straße nach Ayacucho. In Tambo Colorado, einem weitläufigen Verwaltungs- und Kommunikationszentrum, das früher das Pisco-Tal beherrschte, stehen noch viele Adobe-Mauern, von denen einige Spuren der rötlichen Farbe aufweisen, die dem Ort einst seinen Namen gab. Wer Genaueres über die Stätte erfahren möchte, sollte sich in Pisco einen ortskundigen Führer nehmen.

Chincha, das durch das Erdbeben von 2007ebenfalls schwer beschädigt wurde, liegt 32 Kilometer nördlich von Pisco in der Nähe der Panamericana. Hier leben die meisten Afro-Peruaner des Landes. Der Bezirk El Carmen, 13 Kilometer südöstlich der Stadt, zieht moderne junge Limeños an, die zu den Festen La Virgen del Carmen de Chincha (27. Dez.), Verano Negro (Ende Feb.) kommen und an Nationalfeiertagen Volkstänze aufführen.

Die **Hacienda San José** östlich von Chincha wurde im 17. Jahrhundert errichtet. Die Hacienda wurde 2007 beschädigt, aber das Restaurant mit seiner afro-peruanischen Musik und Tanzaufführungen hat am Wochenende geöffnet. Zur Hacienda gehören auch eine Kapelle, ein Museum und 40 Zimmer. ■

Die Halbinsel Paracas gehört zu einem nationalen Schutzgebiet, das sich zur Aufgabe gemacht hat, die Artenvielfalt an der Küste zu schützen. Außerdem gibt es dort über hundert archäologische Ausgrabungsstätten.

Hacienda San José

✉ Panamericana Sur Km 203, El Carmen, Chincha

☎ 056/837017

$ $$$

www.haciendasanjose.com.pe

Im Landesinneren

Auf dem Weg in die Provinzhauptstadt Ica und die aufstrebende kleine Stadt Nazca führt die Panamericana südlich von Pisco durch eine scheinbar unwirtliche Wüstenlandschaft ins Landesinnere. Sie fällt danach steil zur Küste ab und führt durch Fischerdörfer und Küstenstädte, bevor sie in Richtung Arequipa und dem südlichen Hochland wieder landeinwärts durch die Stadt Moquegua sowie die südlichste Stadt Perus, das historische Tacna, verläuft.

Die Sanddünen von Pozo Santo an der Straße nach Ica

Ica

Karte S. 78

Icas Weinregion

Auf dem Weg zum Tal des Rio Ica ändert sich die Wüstenlandschaft schlagartig: Wasser wird von einem Grundwasserleiter 80 Meter unter der Stadt durch Bewässerungskanäle gepumpt. So können die Bauern Spargel für den Export anpflanzen. Daneben werden Baumwolle, Paprika und Weintrauben angebaut, die Basis für Icas boomende Wein- und Pisco-Produktion.

Icas Kirche **El Señor de Luren** (Calles Cutervo & Ayacucho) ist die Heimat des Schutzpatrons der Stadt und zieht deshalb seit über hundert Jahren Pilger an. Leider fiel der hohe, konisch zulaufende Kirchturm dem Erdbeben zum Opfer. Auch viele andere Gebäude wurden beschädigt oder zerstört, darunter einige Kolonialbauten nahe der Plaza de Armas.

In dem kleinen **Museo Regional de Ica** wird die prähistorische Geschichte der Region dokumentiert. Zu den Ausstellungsstücken gehören Schädel, die durch Bohren, Sägen oder Feilen geöffnet wurden. Einige Schädel wurden dreimal operiert, anhand der Knochenheilung konnten Wissenschaftler feststellen, dass die Patienten die primitiven Operationsmethoden tatsächlich überlebt hatten. Ebenfalls ausgestellt sind gestreckte Kinderschädel (siehe Paracas-Kultur S. 85).

Zur Sammlung gehören auch Mumien aus vorinkaischer Zeit. Trophäenschädel, Töpferwaren aus verschiedenen Kulturen und die fein gewebten Textilien der Paracas werden ebenfalls gezeigt.

Nur fünf Kilometer von Ica entfernt liegt die verschlafene Oase **Huacachina.** Die von Palmen gesäumte Lagune wird von turmhohen Sanddünen umrahmt. Die meisten Besucher nutzen den ruhigen Ort als Standort für die Erkundung von Ica und den Bodegas der Umgebung. Die Hotels vor Ort organisieren Ausflüge ins Umland. Direkt vom Hotel aus fahren Jeeps in die Dünen. Unbedingt Sandboards mitnehmen.

Die Dünen und Felder mit Meeresfossilien westlich von Ica und Huacachina beweisen eindeutig, dass dieses Gebiet früher einmal unter Wasser lag. Hinter den Dünen liegen einige der einsamsten Strände der Region; sie bilden zugleich die südliche Begrenzung des Naturschutzgebiets Paracas. Geländewagen fahren in die Wildnis, unterwegs werden Stopps zum Sandboarden, der Suche nach Fossilien, Angeln und Campen an der Küste eingelegt.

Desert Adventures *(Tel. 056/228458, E-mail: info@desertadventure.net, www.desertadventure.net)* in Huacachina organisiert ein- oder mehrtägige Ausflüge. Einer der Fischer am Ort zeigt, wie man mit der Hand frischen Fisch für das typische Gericht Ceviche (marinierter Fisch) fängt. Der erfahrene Fremdenführer Roberto Penny Cabrera *(Calle Bolívar 178, Plaza de Armas, Tel 056/23737, E-Mail: icadeserttrip@yahoo.es, www.icadeserttrip.com)* organisiert Ausflüge zu Ausgrabungsstätten und hilft bei der Suche nach Fossilien.

Nazca

Östlich von Ica führt die Panamericana an den Nazca-Linien vorbei nach Süden durch das Orangen-Anbaugebiet **Palpa**. Nazca liegt 141 Kilometer südöstlich von Ica auf 590 Meter über dem Meeres-

Museo Regional de Ica

✉ Jirón Ayabaca Cuadra 8

☎ 056/234383

$ $$

ERLEBNIS:

Weinherstellung und -verkostung

Weinliebhaber sollten während der *Vendimia* (Weinernte) nach Ica fahren: Das zweiwöchige Weinfest findet jedes Jahr Anfang März statt. Dann gibt es farbenfrohe Umzüge und Schönheitswettbewerbe, traditionelle Tänze und peruanische *caballos de paso*. Man kann Kunstgewerbeartikel kaufen und einheimische Erzeugnisse probieren. Die Wein- und Piscohersteller ermuntern jeden – von der frisch gekürten Schönheitskönigin bis hin zu Reisenden aus aller Welt –, beim Stampfen der frisch geernteten Weintrauben mitzuhelfen. Unbedingt im Voraus ein Hotel buchen!

Zahlreiche Hotels und Reisebüros *($$$$$)* organisieren Ausflüge zu kleinen, familienbetriebenen Bodegas mit Weinverkostung. Im Preis ist eine Besichtigung der großen lokalen Weingüter enthalten, die die berühmten Weinsorten Ocucaje, Tacama und Vista Alegre keltern. Danach geht es zu den netten Bodegas in der Stadt. *(Ocucaje und Tacama sind derzeit wegen Erdbebenschäden geschlossen, am besten vor Ort die aktuelle Situation erfragen.)*

Nasca
Karte S. 78

Museo Arqueológico Antonini
Avenida de la Cultura 600, Nasca
056/523444
$$
E-mail: cahuachi@terra.com.pe
http://digilander.libero.it/MDAntonini

Planetarium Maria Reiche
Hotel Nazca Lines, Plaza Bolognesi, Nasca
056/522293
$$

spiegel. Die Stadt ist dadurch nicht vom *garua* (Küstennebel) betroffen und der Himmel das ganze Jahr über klar und sonnig. Die meisten Besucher kommen wegen der Linien hierher, aber ganz in der Nähe gibt es noch einige weitere interessante Sehenswürdigkeiten.

Über der Stadt erhebt sich der **Cerro Blanco**, ein 2078 Meter hoher Berg und zugleich die größte Sanddüne der Welt. Obwohl es viel schwieriger ist, auf dem Cerro Blanco als in den Huacachina-Dünen auf dem Sandboard hinabzugleiten, ist es dennoch machbar. In den Hotels kann man Ausflüge sowie Flüge über die Nazca-Linien buchen.

Wer mehr über die Nazca-Kultur erfahren möchte, sollte das kleine, erlesene Privatmuseum **Museo Arqueológico Antonini** besuchen. Zur Sammlung gehören Töpferwaren, Mumien, gut erhaltene Panflöten und Textilien.

Das **Planetarium Maria Reiche** zeigt eine 45-minütige englische Vorführung, die die astronomische Bedeutung der Nazca-Linien erklärt. Jeden Abend um 19 Uhr werden die Bilder der Ritzfiguren auf die kuppelförmige Decke projiziert. Nach der Präsentation können die Besucher durch das Teleskop schauen.

Die große Ausgrabungsstätte **Cahuachi**, 24 Kilometer westlich von Nazca, umfasst rund 34 Pyramiden, die über eine 24 Quadratkilometer große Fläche verstreut liegen. Die höchste misst 38 Meter. Wer den schönen Ausblick auf diese beeindruckende Pyramide (sie kann nicht betreten werden) genießen möchte, folgt dem Pfad, der zum Teil auf der linken Seite nach oben führt.

Wahrscheinlich benutzten die Nazca Cahuachi (200 v. Chr.–50 n. Chr.) für zeremonielle und religiöse Zwecke. In der Nähe der Pyramidenspitzen entdeckten Archäologen einige Gräber, deren Beigaben ins Antonini-Museum in Nazca überführt wurden.

Die Aqädukte von **Cantalloc** (*$$*) liegen 7 Kilometer östlich von Nazca und sind ein faszinierendes

Nazca-Kultur

Das Volk der Nazca (200 v. Chr.– 600 n. Chr.) erlebte seine Blütezeit an der zentralen Südküste einige Jahrhunderte nach dem Untergang der Paracas. Im Gegensatz zu ihren Zeitgenossen, den Moches, ließen die Nazca außer Geheimnissen nicht viel zurück. Zu den größten Rätseln zählen die Nazca-Linien, die in den flachen Wüstenboden gekratzten rätselhaften Zeichnungen.
Die Herstellung der Linien war ziemlich einfach: Die Nazca schoben die kleinen dunklen Steine auf der Wüstenoberfläche beiseite und legten so die darunter liegende hellere Erde frei, mit der sie große Spiralen, Glyphen und Tierformen, die sie nur aus der Luft sehen konnten, konstruierten. Bis heute ist den Gelehrten nicht klar, wie sie in Gebieten, die größer als ein Fußballfeld waren, den Überblick behielten und wie es ihnen gelingen konnte, über mehrere Kilometer hinweg Linien zu zeichnen, die vollkommen gerade und exakt miteinander verbunden sind.

Die deutsche Mathematikerin Maria Reiche (1903–98) verbrachte über 50 Jahre damit, die Linien zu analysieren und kam zu dem Ergebnis, dass die Nazca die Linien wie einen astronomischen Kalender benutzten.

Beispiel für den 1500 Jahre alten Erfindungsreichtum der Nazca. Die über 30 unterirdisch verlaufenden und miteinander verbundenen gemauerten Kanäle werden von einer Quelle und unterirdisch fließendem Wasser gespeist. Sie sind teilweise noch heute in Gebrauch und über 20 große, spiralförmige

INSIDERTIPP

Lohnenswert ist ein Besuch der San-Fernando-Bucht und der Reserva de San Fernando 60 Kilometer südlich von Nazca: Die Bucht zählt zu den besten Orten an der Küste, um Tiere zu beobachten.

CELIA CACERES
National Geographic-Stipendiatin

und begehbare Brunnen zugänglich. Heute nutzen die Bauern die Brunnen zur Reinigung der Kanäle, die Nazca hingegen benutzten sie wahrscheinlich für ihre Begräbnisrituale. Die Ausflüge und Eintrittsgebühren *($$)* umfassen auch kleinere, weniger gut erhaltene Stätten.

Die meisten Reisenden besuchen anschließend den **Cementerio de Chauchilla** *($)* 30 Kilometer südlich von Nazca: Vor 20 Jahren wurden Knochen und Schädel aus Nazca-Gräbern gefunden, die überall in der Wüste verstreut lagen. Dieser Zustand war das Werk von Grabräubern. Bei Chauchilla rekonstruierten Archäologen einige Grabstätten. In einem Museum sind drei Mumien ausgestellt.

Weitere sehenswerte Orte im Landesinneren

Von Nazca aus sollte man einen Ausflug in die **Reserva Nacional Pampas Galeras** organisieren. Das Naturschutzgebiet in den Bergen liegt zwar nicht im südlichen Tiefland, aber nur 89 Kilometer von Nazca entfernt. Es ist am besten über die Asphaltstraße nach Cusco erreichbar. Das Schutzgebiet für die vom Aussterben bedrohten Vikunjas (siehe S. 104f) ist im Juni Schauplatz des alljährlichen Zusammentriebs der Tiere: Chaccu de Vikunjas. Die Tiere werden dann innerhalb von drei Tagen geschoren und wieder in die Freiheit entlassen. Eine Reihe von Veranstaltern bietet die Möglichkeit, mit dem Mountainbike einen Teil der abschüssigen Strecke oder sogar die ganze Strecke nach Nazca herunterzufahren.

Der präkolumbische Hafen **Puerto Inca** belieferte früher die Inka in Cusco mit Seefisch. Die Stätte und ein Teil der Straße sind in gutem Zustand und können zehn Kilometer nordwestlich des Fischerdorfes Chala über eine drei Kilometer lange Seitenstraße bei KM 603 erreicht werden. Die nach Süden verlaufende Panamericana fällt steil zur Küste ab und führt ins 170 Kilometer von Nazca entfernte **Chala**.

Die Panamericana folgt der Küste in südöstlicher Richtung, vorbei an **Camaná**, das 220 Kilometer südöstlich von Chala erreicht ist. Ganz in der Nähe gibt es einfache Hotels und einen Strand. Dann steigt die Straße wieder an und führt 150 Kilometer durchs Landesinnere bis zur Abzweigung **Repartición**. Hier muss man sich entscheiden, ob man 48 Kilometer in nordöstliche Rich-

Santuario Nacional Lagunas de Mejía
054/835001
$

Moquegua
Karte S. 78

Museo Contisuyo
Jr. Tacna 294
053/463521
$
http://bruceowen.com/contisuyo/Museoe.html

tung nach Arequipa hinauffährt und von dort aus 80 Kilometer nach Südwesten bis zur Hafenstadt Mollendo weiterreist, oder ob man der Panamericana nach Moquegua folgt (153 km).

Mollendo, einst der Haupthafen von Arequipa, ist den größten Teil des Jahres über ein beschaulicher Ort. In den heißen Sommermonaten (Jan.–März) wimmelt es hier jedoch von Arequipeños. Hübsch sind die altmodischen Holzhäuser an den steilen Straßen, die zum Meer hinunterführen.

Die Dünen in Pozo Santo sind wie geschaffen für Abfahrten

La Casa Tradicional Moqueguana
Ave. Ayacucho 540, Moquegua
So nachmittag geschl.
Spende

Instituto Nacional de Cultura
Ave. Ayacucho 540, Moquegua
Sa–So geschl.

Eine asphaltierte Straße Richtung Südosten führt ins 16 Kilometer von Mollendo entfernte **Santuario Nacional Lagunas de Mejía**. Das Vogelschutzgebiet, zu dem die Mündung des Río Tambo und das umliegende Buschland an der Küste sowie die Seen gehören, beherbergt 200 verschiedene Vogelarten. Zum Schutzgebiet gehören ein Besucherzentrum, acht Kilometer Pfade und mehrere Aussichtspunkte.

Moquegua

Moquegua, was auf Quechua „stiller Ort" heißt, ist die staubige Hauptstadt des gleichnamigen Departemento. Sie liegt im trockensten Gebiet des Landes. Die Stadt lebt von der Landwirtschaft, die erst der Río Moquegua möglich macht. Zu den wichtigsten Produkten zählen Weintrauben und feiner Pisco, aber auch Avocados, Mais, Weizen, Kartoffeln und Obst.

Auf der **Plaza de Armas** mit einem Gustave Eiffel (siehe S. 17) gewidmeten Springbrunnen stehen einige bemerkenswerte Gebäude. Das **Museo Contisuyo** liegt hinter der Iglesia Santa Catalina de Alejandria. Bis sie 1868 durch ein Erdbeben zerstört wurde, war sie die Hauptkirche von Moquegua. Das Museum zeigt Werkzeuge vom Steinzeitalter bis zur Inkazeit und Exponate zur Ortsgeschichte und zu den Kolonialgebäuden.

La Casa Tradicional Moqueguana auf der gegenüberliegenden Seite ist stolz auf seinen Holzbalkon aus dem 18. Jahrhundert. Derzeit entsteht an dieser Stelle ein Museum. Im gleichen Block befindet sich auch das teilweise restaurierte Gefängnis aus dem 18. Jahrhundert, in dem das Instituto Nacional de Cultura mit einer Sammlung von einheimischen Dokumenten und Kunstobjekten untergebracht ist. Die **Post** (Ave. Ayacucho 560, So. geschl.) liegt ebenfalls in einem Gebäude aus dem 18. Jahrhundert. Einige Gebäude weisen die typisch steilen Moqueguana-Dächer auf.

Die **Catedral de Santo Domingo**, früher einmal ein Kloster, wurde nach der Zerstörung der Iglesia

Santa Catalina die Hauptkathedrale der Stadt. Ein Altar ehrt die angeblich dort ruhenden Gebeine von Santa Fortunata. Behauptungen der Einheimischen zufolge war sie eine Heilige, die um 300 v. Chr. den Märtyrertod erlitt, in Rom begraben, dann 1798 exhumiert und nach Moquegua gebracht wurde.

An den von der Plaza de Armas abgehenden Avenidas Moquegua und Ayacucho stehen noch einige Kolonialgebäude, die alle unterschiedlich gut restauriert wurden. Zahlreiche Mauern wurden aus *Quincha* (Bambus und Lehm) geformt. Das Material ist zwar weitestgehend erdbebenresistent, aufgrund der Witterungseinflüsse jedoch trotzdem nur bedingt lange haltbar. Die steilen Giebeldächer sind abgerundet, der Stil wird *mojinete* genannt. Wer selbst gemachten Pisco probieren möchte, sollte in die **Bodega Villegas** *(Ave. Ayacucho 1370, So. geschl.)* gehen.

Eine spektakuläre, aber ziemlich verlassene 300 Kilometer lange Asphaltstraße führt von Moquegua nach Desaguadero an der peruanisch-bolivianischen Grenze beim Titicacasee.

Sehenswert ist das auf dem Weg liegende Cerro Baúl, eine ehemalige Wari-Stadt (s. Wari-Kultur S. 168) in der Nähe des Dorfes Torata, 24 Kilometer östlich von Moquegua. In Moquegua kann man Ausflüge zur Ausgrabungsstätte sowie Taxis organisieren.

ERLEBNIS: Flug über die Nazca-Linien

Ein 12 Meter hoher Aussichtssturm nördlich von Nazca bietet einen perspektivischen Blick auf drei der Figuren, die beeindruckendsten Formen sind jedoch nur aus der Luft zu erkennen. So kam es auch zur Theorie, dass die Nazca aus Schilf und Baumwolle Heißluftballons herstellten, damit auch sie den Affen mit dem spiralförmigen Schwanz, den Kolibiri im Flug, den Wal und die Spinne sehen konnten.

In den Hotels in Nazca kann man einen 30-minütigen Rundflug ($$$$$) buchen, der vom Flughafen in Nazca startet. Ab Ica oder Lima werden auch längere Flüge angeboten. Die meisten Flüge starten vormittags, um nicht in die heimtückischen Nachmittagswinde zu geraten. Die Flugzeuge legen sich scharf in die Kurve, daher sollten Passagiere, die unter Reiseübelkeit leiden, vor dem Flug nichts essen.

Tacna

Tacna, die südlichste Stadt Perus, liegt 48 Kilometer von der chilenischen Grenze entfernt und wurde nach dem Salpeterkrieg 1880–1929 von Chile besetzt. Auf der Plaza de Armas steht ein großer, eleganter Bogen, der den Kriegshelden gewidmet ist, sowie ein von Eiffel konstruierter Brunnen. Eiffel hat auch die Kathedrale geplant.

In einem der ältesten noch erhaltenen Gebäude von Tacna, der **Casa de Zela** aus dem frühen 19. Jahrhundert, wohnte Francisco Antonio de Zela (1768–1819), der der Stadt 1811 den Anstoß zur Unabhängigkeit gab. In der Casa ist jetzt ein archäologisches Museum untergebracht. Das kleine **Museo Histórico** *(Calle Apurimac 202, Tel. 052/411171, Sa–So geschl.; $)* zeigt eine Ausstellung über den Salpeterkrieg von 1879 bis 1883. Im **Museo Ferroviario** sind Schienenfahrzeuge und Sammlerstücke ausgestellt. ■

Catedral de Santo Domingo
6. Block der Ave. Ayacucho, Moquegua
053/462011

Tacna
Karte S. 78

Casa de Zela
Calle Zela 542, Tacna
So geschl.

Museo Ferroviario
Calle Gregorio Albarracin & Ave. 2 de Mayo, Tacna
Sa–So geschl.
$

Die Region lockt mit tiefen Schluchten, erhabenen Bergen, einem majestätischen See sowie einer hübschen Kolonialstadt im Zentrum des Hochlandes

Südliches Hochland

Der Misti überragt Arequipa

Südliches Hochland

Die Peruaner erzählen jedem, das südliche Hochland sei einzigartig auf der Welt. Und tatsächlich bietet diese wilde, weitläufige Region jede Menge spektakuläre Naturlandschaften und sogar eine der schönsten Städte des Landes. Noch bis vor kurzem war es mühsam, die Gegend zu bereisen. Heute führt eine wichtige Schnellstraße hierher, aber dennoch hat sich das südliche Hochland etwas von seiner Eigenständigkeit bewahrt.

Bewohner der Isla de los Uros im Titicacasee

Nur wenige wissen, dass hier zwei der tiefsten Schluchten der Welt liegen: der Cañon del Colca und der Cañon de Cotahuasi. Ob jemand den spektakulären Blick von oben in die Tiefe auf sich wirken lässt oder zu den tosenden Gewässern hinuntersteigt – ein grandioses Abenteuer ist garantiert. In der Region sind die Kondore zu Hause, die größten flugfähigen Vögel der Welt, aber auch viele andere wie Flamingos, Kolibris und Ibisse – Vogelarten, die eigentlich mit den Tropen in Verbindung gebracht werden, sich jedoch hervorragend an das Leben in großer Höhe angepasst haben. Im Naturreservat Salinas y Aguada Blanca kann man sogar einen Blick auf das seltene Vikunja werfen, die schönste Kamelart des Gebirges.

Das herrliche Arequipa mit seiner Mischung aus hübschen Kolonialgebäuden und moderner Kultur ist die größte Kolonialstadt der Welt, die aus Vulkangestein erbaut wurde. Die immer noch aktiven Vulkane rund um die Stadt geben Zeugnis von uralten Opferriten – in Form von jungen Inkafrauen, deren Körper Jahrhunderte lang auf den Gipfeln im Eis gefroren lagen. Die erst vor kurzem von Archäologen entdeckten mumifizierten Mädchen werden inzwischen im Museo Santuarios Andinos in Arequipa gezeigt.

Die Gipfel der Region – Coropuna, Misti, Mismi, Solimana und viele andere – wurden von den Inka in Sandalen erklommen und locken heute Bergsteiger aus aller Welt an. Sie wollen einige der höchsten, technisch aber nicht so schwierigen Gipfel der Welt besteigen. Jeder mit ausreichend Kondition und in Begleitung eines erfahrenen Führers hat hier die Möglichkeit, in eindrucksvoller Höhe auf einem Sechstausender zu stehen.

Der Titicacasee (Lago Titicaca) liegt 3812 Meter hoch und ist der höchste schiffbare See der Welt. Darüber hinaus ist er auch der größte See Südamerikas. Die Grenze zwischen Peru und Bolivien verläuft mitten durch den See.

Zu den schönsten Naturschauspielen zählen die Sonnenaufgänge und Sonnenuntergänge über dem See, die sich am besten von einer der vielen Inseln erleben lassen. Einige Inseln sind von Menschen bewohnt, deren Lebensweise sich in den vergangenen Jahrhunderten kaum verändert hat. Erst in letzter Zeit haben die autark lebenden Hochlandbewohner ihre Türen für Reisende geöffnet, die gern eine Nacht oder auch länger an diesem herrlichen See verbringen möchten. ■

NICHT VERPASSEN

Juanita, eine 500 Jahre alte, mumifizierte Inka-Dame **100**

Die Kreuzgänge der alten kolonialen Klöster und Konvente von Arequipa **100**

Traditionelle Fiestas mit viel Volksmusik, Trachten & Tanz **103**

Kondore, die im Aufwind des Cañon del Colca durch die Lüfte schweben **107**

Die *Yavari*, das älteste Segelschiff auf dem Titicacasee **113**

Die Gastfreundschaft der Einheimischen am Titicacasee und seinen Inseln **117**

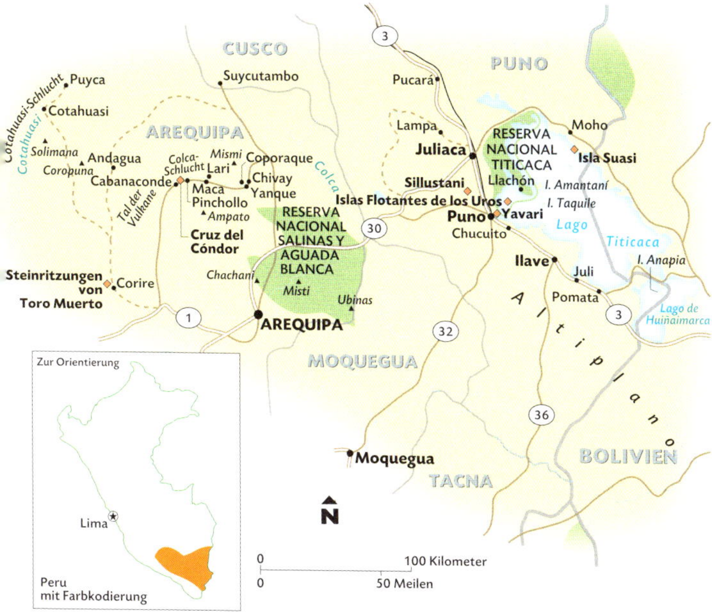

Arequipa

Arequipa liegt in einem fruchtbaren Tal der westlichen Anden und wird von Vulkangipfeln beherrscht, die bis zu 6096 Meter in den Himmel ragen. Die Kolonialstadt selbst liegt auf 2380 Metern Höhe und bietet ein angenehmes Klima – hier herrscht das ganze Jahr über Frühling mit wenig Regen und viel Sonne. Viele der Gebäude wurden aus hellem Tuffstein – *sillar* – errichtet, der in der Sonne wie Perlmutt schimmert. Ihm verdankt Arequipa auch seinen Beinamen *La Ciudad Blanca* – die weiße Stadt.

Die Plaza de Armas in Arequipa

Arequipa

Karte S. 95 und 99

Besucher-information Perú

Plaza de Armas, Portal de la Municipalidad 110

054/223265

E-mail: iperuarequipa@promperu.gob.pe

„Ari, quepay"

Einer Legende zufolge reicht der Name der Stadt ins 14. Jahrhundert zurück, als der vierte Inka Mayta Capac in diese Region reiste. Seine Soldaten, die vom Klima und dem fruchtbaren Boden begeistert waren, fragten ihn, ob sie hier bleiben könnten, und bekamen von Mayta Capac auf Quechua die positive Antwort: „*Ari, quepay* – ja, bleibt."

Die Spanier gründeten Arequipa am 15. August 1540 ein zweites Mal – an Mariä Himmelfahrt. Die heilige Jungfrau ist deshalb auch die Schutzpatronin der Stadt, die Einwohner begehen den Feiertag mit Prozessionen und ausgelassenen Festen.

Die Spanier errichteten ihre Häuser zunächst aus Adobe, stellten jedoch bald fest, dass sich der *sillar* besser zum Bauen und für

Steinmetzarbeiten eignete. Im Jahr 1600 wurde der Großteil der Stadt von einem schweren Erdbeben zerstört. Um künftig solche Schäden zu vermeiden, entwickelten die Einheimischen einen besonderen Architekturstil, der sich durch gedrungene, massive Häuser charakterisiert. Seit 1600 wird Arequipa regelmäßig von Erdbeben erschüttert, zuletzt 2001. Schäden erlitten vor allem die Vorstädte, die niedrigen Kolonialgebäude blieben größtenteils verschont.

INSIDERTIPP

Beeindrucken Sie Ihre Freunde mit einem „*¡Provecho!*", wie die Peruaner umgangssprachlich „Guten Appetit!" wünschen, bevor sie sich ein Ceviche schmecken lassen.

SARAH SHAW
National Geographic-Mitarbeiterin

Als stolze Unterstützerin des Unabhängigkeitskriegs Anfang der 1820er-Jahre hatte Arequipa mit dem übrigen Peru wenig Kontakt, bis es 1870 durch eine Eisenbahnlinie mit der Küstenstadt Mollendo verbunden wurde. Arequipa entwickelte sich zum Handelszentrum Südperus. Mit rund 760 000 Einwohnern gilt Arequipa heute als die zweitwichtigste Stadt des Landes.

Das koloniale Zentrum

Die meisten der berühmten Kolonialgebäude der Stadt liegen in Laufweite der herrlichen **Plaza de Armas**, den viele für den elegantesten Platz des Landes halten. Die Palmen, Blumengärten und Bänke an diesem weißen Platz gruppieren sich um einen Brunnen in der Mitte. Die Nordseite nimmt die Kathedrale ein, an den anderen Seiten verlaufen beschauliche Arkaden aus Sillargestein. Über der Kathedrale ragt der Berg Chachani mit seinem Gletscher auf, rechts davon lockt der Misti mit seinem perfekten Kegel die Bergsteiger.

Die lange Geschichte der **Kathedrale** nahm 1544 ihren Anfang, als die Stadtverwaltung deren Bau in Auftrag gab. Eine Reihe von Erdbeben, Bränden und Vulkanausbrüchen fügten der Kirche immer wieder Schäden zu, bis sie schließlich ein Feuer sie gänzlich vernichtete. Die heutige klassizistische Kathedrale wurde 1844 errichtet und nach einem verheerenden Erdbeben 1868 erneut aufgebaut. Beim Beben 2001 wurde einer der Türme

(Fortsetzung auf S. 100)

ERLEBNIS:
Aktivurlaub

Das südliche Hochland bietet Aktiven eine Fülle von Gelegenheiten zum Bergsteigen, Trekken, Raften und Mountainbiken. Die dazu erforderliche Ausrüstung lässt sich in Arequipa leihen. Allerdings empfiehlt es sich, die eigenen gut eingelaufenen Wanderstiefel mitzubringen. Topografische Karten der Gegend verkaufen **South American Explorers** in Lima (siehe S. 72) und Cusco, das **Instituto Geográfico Nacional** (siehe S. 64) in Lima sowie **Colca Trek** in Arequipa (siehe S. 307).

Catedral de Arequipa
Karte S. 99
Plaza de Armas
054/232635
www.arzobispadoarequipa.org

Spaziergang durch das koloniale Arequipa

Trotz mehrerer verheerender Erdbeben (zuletzt 2001) ist die Kolonialarchitektur von Arequipa die Hauptattraktion der Stadt. Massive Gebäude mit dicken, niedrigen Mauern aus vulkanischem Tuffstein haben die jahrhundertealten Bauwerke überdauern lassen, die seit den jüngsten Restaurationsarbeiten wieder in voller Pracht erstrahlen.

Goldaltar in der Iglesia de la Compañia

NICHT VERSÄUMEN

Museo Santuarios Andinos • Casa de Moral • Monasterio de Santa Catalina • Santa Teresa

Der Spaziergang beginnt an der Südostecke der von Palmen gesäumten **Plaza de Armas** (siehe S. 97). An der Kreuzung Calle Morán und Álvarez Thomas ragt die Jesuitenkirche **La Compañia** ❶ auf (17. Jh.; siehe S. 100). Sehenswert sind vor allem der Altar und die Seitenkapellen.

Ein paar Schritte gen Osten haben sich die **Kreuzgänge** der Kirche ihr religiöses Flair bewahrt, obwohl in den Geschäften Wollsachen aus Alpaka verkauft werden. Zwei Blocks auf der Morán weiter ist **Santo Domingo** ❷ *(Tel. 054/213511)* erreicht: Die Kirche (16. Jh.) wurde mehrfach von Erdbeben zerstört und mehrmals wieder aufgebaut. Zurück geht es auf gleichem Weg. An der lebhaften Calle Palacio Viejo biegt man rechts ab.

An der ersten Kreuzung geht es links in die Calle Alvarez Thomas und dann einen Block weiter, bis man rechts in die Calle Consuelo abbiegt. Die Fassade der **Casa Arango** *(Calle Consuelo zw. Calles Alvarez Thomas & La Merced, nicht öffentlich zugängl.)* aus dem 17. Jahrhundert beeindruckt jeden Architekturliebhaber.

Bei La Merced biegt man links ab und spaziert zur **Iglesia de la Merced** ❸ *(La Merced 303, Tel. 054/213233)*. Die Arbeiten an der zweitältesten Kirche Arequipas begannen 1551.

Nun geht es auf La Merced den gleichen Weg zurück über die Consuelo, um der **Casa Goyeneche** ❹ *(La Merced 201, Tel. 054/211101 oder 054/212251, Sa/So geschl.)* einen Besuch abzustatten. In diesem Herrschaftshaus aus dem 16. Jahrhundert befindet sich seit 1970 die Banco Central de Reserva. Das Gebäude verfügt über großzügige Höfe, an denen Räume mit kolonialer und republikanischer Kunst sowie zeitgenössischem Mobiliar liegen. Die Familie Goyeneche (1784–1872) war ganz wesentlich am Wiederaufbau der Kathedrale von Arequipa beteiligt.

Über La Merced bummelt man nun gen Norden am **Museo Santuarios Andinos** ❺ (siehe S. 100) vorbei und überquert die Plaza de Armas, um die **Catedral de Arequipa** ❻ (siehe S. 97 & 100) zu besichtigen. Von der Nordostecke der Plaza geht es zur **Casa Tristán del Pozo** (auch: Casa Ricketts; *San Francisco 108, Tel. 054/211000, So geschl.*). In den Kolonialhöfen und Räumen aus dem 18. Jahrhundert herrscht reges Treiben.

Nach dem Überqueren der Straße biegt man in die schmale Fußgängerzone Pasaje Catedral ein, die viele hochkarätige Geschäfte bietet. An der Calle Santa Catalina geht es rechts zur **La Casona Chávez de la Rosa** *(Calle Santa Catalina 101 & Calle San Augustín 104)*. Das Kolonialgebäude zeigt Kunstausstellungen.

Nun bummelt man über die Calle San Augustín einen Block gen Westen, bis links die Fassade (18. Jh.) der Kirche **San Augustín** ins Blickfeld rückt. Rechts geht es in die Calle Bolívar, auf der der Spaziergang Richtung Norden fortgesetzt wird. Dann geht es auf der Calle Moral wieder rechts, um dort der **Casa de Moral** 7 (siehe S. 102) einen Besuch abzustatten: Sie ist das interessanteste Kolonialgebäude von Arequipa. Der Moral folgt man gen Osten bis zur Calle Santa Catalina, dann biegt man links ab und läuft einen Block weiter bis zur Hauptattraktion, dem **Monasterio de Santa Catalina** 8 (siehe S. 100f).

Auf der Santa Catalina geht es nun Richtung Norden, bis die Calle Zela erreicht ist, in die man einbiegt. Einen Block später ist die Kirche **San Francisco** 9 (siehe S. 101) mit einem Museum erreicht. Auf der Zela folgt nach dreieinhalb Blocks (Richtung Osten) die Kirche **Santa Teresa** 10 (siehe S. 101) mit ihrem Museum.

Siehe auch Karte S. 95
La Compañía
2,8 km
1 ¼ Stunden
Santa Teresa

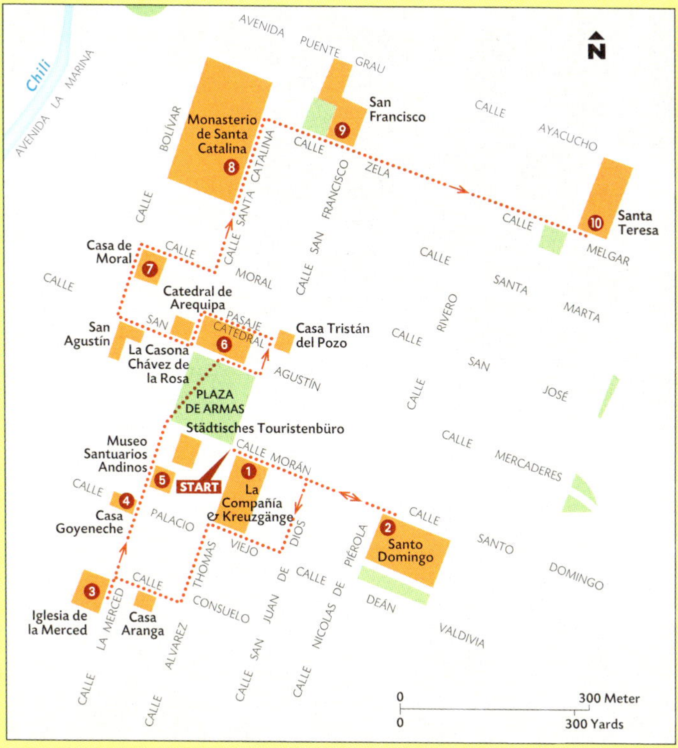

La Compañía
Karte S. 99
Calles Morán & Alvarez Thomas
054/212141

Museo Santuarios Andinos
Karte S. 99
Calle La Merced 110
054/215013
So früh geschl.
$$ (Führer nicht inklusive)

www.ucsm.edu.pe/santury

zerstört, inzwischen jedoch wieder rekonstruiert.

Die Kathedrale mit ihren charakteristischen hohen Gewölben gibt sich innen international: Der Altar ist aus italienischem Marmor, der Leuchter kommen aus Spanien, die riesige, reich geschmückte Kanzel wurde in Frankreich gefertigt, und die Orgel – eine der größten des Kontinents – ist ein Geschenk Belgiens. Die Kathedrale gehört zu den 70 Basiliken weltweit, die die gelb-weiße Fahne des Vatikans hissen dürfen. Die Flagge befindet sich links vom Hauptaltar in der Nähe der Nische, die der Schwester Ana de los Angeles

Juanita im Museo Santuarios Andinos

(1604–86) geweiht ist. Die von Papst Johannes Paul II. 1985 heilig gesprochene Ana lebte bis zu ihrem Tod im Kloster Santa Catalina.

Die 1654 errichtete Jesuitenkirche **La Compañia** ragt an der Südostecke des Platzes auf. Ihre Fassade wurde 1698 ergänzt und gilt in Peru als eines der schönsten Beispiele für den kunstvollen lateinamerikanischen Barockstil, den Churriguerismus. Nicht versäumen sollte man den Hauptaltar der Kirche sowie diverse Seitenkapellen, die alle mit Blattgold bedeckt sind, oder auch die einzigartige **San-Ignacio-Kapelle** ($): Sie befindet sich links vom Hauptaltar und präsentiert eine mehrfarbige Kuppel mit Wandmalereien: Tropische Pflanzen und Tiere wechseln sich mit Engeln und Kriegern ab.

Inka-Mumien

Wer sich gerade in der Nähe des Platzes aufhält, sollte unbedingt an einer Führung durch das **Museo Santuarios Andinos** teilnehmen. Die Führung beginnt mit einem Film von NATIONAL GEOGRAPHIC (20 Min.). Er handelt von der Entdeckung der Inka-Kinder 1995, die auf dem 6310 Meter hohen Gletschergipfel des Ampato geopfert und begraben wurden. Weiter geht es mit Kleidung und Artefakten der Inka, einer Beschreibung des Fundortes sowie einer respektvollen Präsentation der berühmtesten Mumie Juanita, die in einer Kühlvitrine sorgsam konserviert ist. *(Von Jan.–April wird Juanita durch die weniger gut erhaltene Sarita ersetzt.)*

Religiöse Heiligtümer

Das berühmteste Sakralgebäude aus der Kolonialzeit ist das **Monasterio de Santa Catalina**. Das Kloster wurde 1580 von María de Guzmán gegründet, einer wohlhabenden Witwe, die ihre Reichtümer der Kirche spendete und Nonne wurde. In dem Gebäude lebten in seiner Blütezeit bis zu 200 Dominikanerschwestern samt ihren Bediensteten. Nachdem die Nonnen das Gelübde abgelegt hatten, in Abgeschiedenheit zu leben, verließen sie das Kloster nie mehr. Mit der Zeit entwickelte sich dadurch eine Art „Stadt in der Stadt". 1970 wurde das Kloster der Öffentlichkeit zugänglich gemacht und ermöglicht nun einen faszinierenden Blick auf die frühe sakrale Architektur und Malerei, auf Mobiliar und den damaligen Lebensstil. Am besten nimmt man sich einen der mehrsprachigen Führer oder geht auf eigene Faust durch das leuchtend bunte Gassengewirr, das zu Kreuzgängen und Zellen, Küchen und Wäschereien, Kapellen und Schulzimmern führt.

Rund 30 Nonnen leben hier heute noch in einem privaten Teil des Gebäudes; sie stellen Seife und Gebäck her, die im Andenkenladen sowie im Café verkauft werden.

Die Ziegelsäulen und Bögen der nahe gelegenen Kirche **San Francisco** bilden einen starken Gegensatz zu dem weißen Tuffstein. Innen sind über dem Altar 25 Bildtafeln mit bunt gemalten Bibelszenen zu sehen. Risse in der Kuppel erinnern an die Erdbeben. Ein wunderschöner Prozessionswagen der Stadtpatronin befindet sich hinten links in der Kirche. Direkt neben der Kirche können im **Museo de San Francisco** Kreuzgänge, sakrale Kunst und eine Bibliothek aus der Kolonialzeit besichtigt werden.

Santa Teresa wurde 1710 als Karmeliterkonvent gegründet und 2005 als Museum eröffnet. Die Exponate sind auf Spanisch und Englisch gut erklärt. Eine einleitende Ausstellung erklärt die Entwicklung der Malerei der Region sowie die Techniken, die beim Schnitzen von Figuren oder bei der Auflage von Blattgold zur Anwendung kamen.

Zu den Höhepunkten zählt die herrliche Monstranz, die von Meistern aus Arequipa in den 1730er-Jahren mit Diamanten und anderen Edelsteinen, darunter einem großen Smaragd, gefertigt wurde. Nicht versäumen sollte man die außergewöhnliche Krippe aus dem 18. Jahrhundert, die sich zu einem

Busse in Arequipa

Die meisten Langstreckenbusse fahren entweder am Terrapuerto *(Ave. Arturo Ibánez s/n, Tel. 054/348810)* oder am größeren Terminal Terrestre *(Ave. Cáceres & Calle Arturo Ibánez, Tel. 054/427798)* ab. Er liegt rund drei Kilometer vom Stadtzentrum entfernt.

Die längste Direktverbindung geht nach Lima *(14–18 Std., $$$–$$$$$)*. Andere wichtige Destinationen sind Tacna *(5–6 Std., $–$$$)*, Puno *(5–6 Std., $–$$$)*, Cusco *(10–12 Std., $$$$–$$$$$)* und Chivay *(3–4 Std., $)*.

Busse nach Cabanaconde, Corire, Andagua und zu anderen Dörfern beim Cañon del Colca hinter Chivay verkehren ein- oder zweimal am Tag.

Kleinere Unternehmen wie Andalucia *(Tel. 054/428607)*, Reyna *(Tel. 054/430612)*, Transportes Colca *(Tel. 054/426357)*, Turismo Milagros *(Tel. 054/298090)*, Transportes Trebol *(Tel. 054/425936)* und Transportes Alex *(Tel. 054/424605)* bedienen die Umgebung von Arequipa.

Monasterio de Santa Catalina

Karte S. 99
Calle Santa Catalina 301
054/229798
Mo & Do geschl.
$$$

www.santacatalina.org.p

San Francisco

Karte S. 99
Calles Zela & San Francisco

Museo de San Francisco

Calle Zela 103
054/223048
So geschl.
$

Santa Teresa

Karte S. 99
Calle Melgar 303
054/281188
So nachm. geschl.
$

www.museocarmelitas.com

Casa de Moral

Karte S. 99
Calle Moral 318
So geschl.
$

Convento de la Recoleta

Calle Recoleta 117
054/270966
So geschl.
$

zwei Meter großen Diorama erweitert. Es zeigt kunstvoll geschnitzte Reliefs mit bekannten Bibelszenen. Und auf jeden Fall sollte man zu Misti, dem peruanischen Nackthund (siehe S. 208) der Nonne, *„hola"* sagen.

Drei Blocks südwestlich des Klosters steht die **Casa de Moral**. Sie wurde 1733 erbaut und ist nach einem 200 Jahre alten Maulbeerbaum im größten Patio benannt. In dem am besten erhaltenen Kolonialhaus der Stadt ist ein barocker Eingang mit in den Türsturz geschnitzten Cantuta-Blüten (Nationalblume Perus) zu sehen. Das Erdbeben 1868 zerstörte das Dach, ließ die Wände jedoch unbeschadet. In diesem Zustand blieb das Gebäude bis 1948, als es der englische Konsul Arthur Williams kaufte und restaurierte.

Heute ist das Anwesen im Besitz der Banco de Crédito, die es als Museum für Kolonialarchitektur nutzt. Zu den Exponaten gehören zeitgenössische Möbel aus Peru sowie importiertes Mobiliar, Teppiche aus Alpakawolle, Gemälde der Kunstschule Cusco, Landkarten aus dem 18. Jahrhundert sowie Wechselausstellungen, in denen die Arbeiten einheimischer Künstler gezeigt werden.

Außerhalb des Zentrums

Mehrere interessante Kolonialstätten standen damals in der *campiña* (Land), heute liegen hier die Vororte Arequipas. Alle sind von Arequipa aus mit dem Taxi *($–$$)* oder per Kleinbus *(combi, $)* zu erreichen.

Der 1648 gegründete **Convento de la Recoleta** liegt am Westufer des Río Chili. Im Lauf der Jahrhunderte wurde die Franziskanerkirche zwar mehrmals erweitert, doch die vier Kreuzgänge sind so schön und beschaulich wie eh und je und ganz im Kolonialstil errichtet. Aus jüngeren Jahren stammt die sagenhafte Bibliothek mit über 20 000 Bänden; das älteste Buch wurde 1494 gedruckt. Büchernarren können der Bibliothek in Begleitung eines Mönchs oder Führers *(Trinkgeld)* einen kurzen Besuch abstatten. Das Museum präsentiert eine abwechslungsreiche Sammlung an Objekten, darunter sakrale Kunst, präkolumbische Mumien und Masken sowie faszinierende Artefakte aus dem Amazonasgebiet, die von den Franziskanern bei ihren missionarischen Beutezügen zusammengetragen wurden.

Rund 1,6 Kilometer nordwestlich des Stadtzentrums liegt auf der anderen Seite der Puente Grau (Grau-Brücke) das Viertel **Yanahuara**. Den zentralen Platz ziert ein Mirador mit diversen Bögen aus Tuffstein, die den Misti und Teile

INSIDERTIPP

Informationen über alles, was mit den Inka zu tun hat, bietet das Buch: *„The Ice Maiden: Inca Mummies, Mountain Gods and Sacred Sites in the Andes"* von Dr. Johan Reinhard

JAMES DION/ANA TINSLER
National Geographic Society Center for Sustainable Destinations

der Stadt einrahmen – ein perfektes Fotomotiv.

Ebenfalls am Platz erhebt sich die **Iglesia San Juan Batista** mit einer Fassade aus dem späten Churriguerismus. Ein Seitenaltar ist der Virgen de Chapi geweiht. An ihrem Festtag, dem 1. Mai, wird ihr Bildnis durch die Stadt getragen. Der Besuch des Platzes lässt sich gut mit einem Mittagessen im Sol de Mayo (siehe Reiseinformationen S. 282) kombinieren; das Lokal liegt nur fünf Blocks entfernt.

Besteigung des Misti

Auch wenn die Bergwelt rund um Arequipa selbst für unerfahrene Bergsteiger lohnenswerte Ziele bietet, so sollte man die Höhenmeter, steilen Pfade und die schnell umschlagenden Wetterbedingungen doch sehr ernst nehmen. Eine gute Ausrüstung ist wichtig; da viele Routen nicht eindeutig gekennzeichnet sind, empfiehlt sich das Engagement eines ortskundigen Bergführers. Geführte Bergtouren sind ab 80 US$ möglich – je nach Berg, Gruppengröße, Dienstleistungen sowie Transport.

Aufgrund der lockeren Vulkanerde gestaltet sich der Aufstieg auf den Misti (5822 m) recht anstrengend, ist aber dennoch sehr beliebt. Weitere Gipfel rund um Arequipa sind der Coropuna (6425), der höchste Berg Südperus, und der Mismi (5597 m), an dem der Amazonas entspringt. ■

El Molina de Sabandía

$ $

ERLEBNIS: Fiestas im südlichen Hochland

Viele dieser Feste werden in ganz Peru begangen, doch die Bewohner am Cañon del Colca und Titicacasee feiern besonders ausgelassen.

Tierra Santa *(3. Do im Jan.)* Isla Amantaní

Día de San Sebastián *(20. Jan.)* Pinchollo

Virgen de la Candelaria *(Lichtmess; 2. Feb.)* In Puno versammeln sich Hunderte von Musikern und Tänzern in Tracht auf der Straße

Semana Santa *(Karwoche; März/April)* Große Prozession bei Kerzenschein am Karfreitag durch die dunklen Straßen von Puno; Fiesta auf der Isla (Insel) Taquile

Día de San Juan *(7.–8. März)* Umzüge in Puno

Las Cruces *(Fest der Kreuze; 2.–4. Mai)* Musik und Tanz auf Taquile

Día de San Antonio *(13. Juni)* Yanque und Maca

Día de Santiago *(25. Juli)* Wird auf Taquile, in Lampa und Coporaque gefeiert

Virgen de la Asunta *(Schutzpatronin von Chivay; 15. Aug.)* Fest, das eine Woche lang gefeiert wird.

Día de Puno *(Puno-Tag; 5. Nov.)* Wird jährlich in Erinnerung an das legendäre Auftauchen von Inka Manco Capac aus dem Titicacasee gefeiert

Inmaculada Concepción *(Unbefleckte Empfängnis; 8. Dez.)* Volkstänze, darunter der *witite*, werden fünf Tage lang in Chivay und Yanque aufgeführt

Inka-Terrassen charakterisieren den Stadtrand von **Sabandía**; es war früher ein eigenständiges Dorf, ist heute jedoch eine Vorstadt von Arequipa (ca. 8 km südöstlich). In jedem Fall lohnt ein Besuch der Mühle aus dem 18. Jahrhundert: **El Molino de Sabandía** kann auf Wunsch sogar in Betrieb besichtigt werden. Das dazugehörige Restaurant öffnet nur am Wochenende.

Südamerikanische Kamele

Die vier ausschließlich in Südamerika vorkommenden Kamelarten (aus der gleichen Familie wie ihre altweltlichen Höckerverwandten) finden sich in großer Zahl im Hochland von Peru – mehr als irgendwo sonst in den Anden. Zwei davon, Lamas und Alpakas, wurden domestiziert, während die Vikunjas und Guanakos in freier Wildbahn leben.

Lamas unterscheiden sich durch ihre bananenförmigen Ohren von den Alpakas

Lamas

Das Lama *(Lama glama)* wurde rund um den Titicaca-See bereits vor über 6000 Jahren domestiziert. Es wiegt 114–182 Kilo und wird bis zu zwei Meter groß. Bis die Spanier mit ihrem Vieh und ihren Pferden ankamen, war es das größte domestizierte Tier auf dem südamerikanischen Kontinent. Die Lamas wurden früher bereits zum Transport von Waren verwendet und sind bis heute als Lasttiere im Einsatz – sie können bis zu 22,5 Kilo tragen. Zum Erstaunen der Inka versuchten die Europäer, auf den Tieren zu reiten. Die Lamas, durch das zusätzliche Gewicht irritiert, drehten den Kopf und spuckten den Reiter an, was sie sonst bei Rivalen tun.

Die indigene Bevölkerung Perus, die früher regelmäßig das feste Lamafleisch verzehrte, verwendete das Fell für Kleidung oder zur Herstellung von Zwirn und nutzte den getrockneten Dung als Brennstoff. Die Inka opferten Lamas dem Sonnengott Inti.

Alpakas

Die Alpakas *(Lama pacos)* wurden bald nach den Lamas domestiziert und wegen ihrer feinen Wolle gezüchtet. Alpaka-Vlies ist weicher als Schafwolle und weltweit gefragt. In Europa, Nordamerika und Australien gibt es mittlerweile Alpakafarmen. Rund 80 Prozent der weltweit geschätzten vier Millionen Alpakas leben im Hochland von Peru, wo sie für die *campesinos* (Bauern) einen wichtigen Wirtschaftsfaktor darstellen. Früher wurden die Tiere nur von armen Bauern verzehrt; das Fleisch hat sich aufgrund des hohen Proteingehalts, des wenigen Fetts und Cholesterins in letzter Zeit jedoch einen Platz in der in Mode gekommenen *Novoandina*, der neuen Andenküche, erobert.

Vikunjas & Guanakos

Die kleinste Kamelart Perus, das fragile, nervöse Vikunja *(Vicugna vicugna)*, hat die feinste Wolle. Mit seinem goldfarbenen Deckhaar und dem weißen Bauch ist es auch das schönste der vier Neuweltkamele. Seine Wolle wird während des *chaccus* (rituelles Zusammentreiben) Ende Mai oder Juni geschoren, anschließend wird das Tier wieder in der Wildnis entlassen. Zur Zeit der Inka trugen nur Adelige die luxuriöse Wolle. Nach der Eroberung durch die Spanier wurde die Wolle auf vielfältige Weise verwendet, die Anzahl der Tiere ging daraufhin massiv zurück.

INSIDERTIPP

Um den Trails möglichst wenig Schaden zuzufügen, empfiehlt sich die Nutzung eines Lamas. Die Füße der Tiere haben lederartige Polster, sodass keine Hufeisen erforderlich sind.

ROB RACHOWIECKI
National Geographic-Autor

Gegen Mitte des 20. Jahrhunderts war das Vikunja vom Aussterben bedroht. Deswegen wurden in Reservaten wie **Pampas Galeras** (siehe S. 89) oberhalb von Nazca sowie in **Salinas y Aguada Blanca** (siehe S. 107) in der Nähe von Arequipa Programme zu seinem Schutz ins Leben gerufen. 1995 hatte sich die Anzahl der Tiere erholt, das Scheren wurde wieder gestattet.

Das Guanako *(Lama guanicoe)* ist in Ecuador und Kolumbien bereits ausgestorben, auch in Peru ist es selten geworden. Größere Populationen finden sich noch in Bolivien und Chile. Die Wolle des Guanako ist für die Herstellung von Bekleidung nicht fein genug. Da jedoch das Fleisch essbar ist, wurde der kleine Bestand in Peru durch die Jagd weiter dezimiert.

ERLEBNIS:

Alpaka-Touren

Colca Explorer *(Calle Jerusalén 212, Arequipa, Tel. 054/202587, E-Mail: indo@colca-explorer.com, www.colca-explorer.com)* bietet Touren an, bei denen die Teilnehmer alles über die Aufzucht von Alpakas und über die Geschichte der Alpaka-Textilindustrie in Peru erfahren. Das in der Colca Lodge stationierte Unternehmen bietet Teilnehmern auch häufig die Möglichkeit, Alpakas zu füttern oder sogar zu scheren.

Das Lama ernährt sich von einheimischen Pflanzen und Gräsern und kann sogar unter kargen Bedingungen gut existieren

Schluchten & Vulkane

Wegen der schneebedeckten Berge, der zahlreichen aktiven Vulkane und zwei der tiefsten Schluchten der Welt ist es relativ schwierig, in der spektakulären Landschaft um Arequipa Schnellstraßen zu bauen. Wer diese wilde, abgelegene Gegend besucht, muss sich also auf unbefestigte Straßen einstellen, die in der Regenzeit (Jan.–April) schnell zu Morast werden. Dafür erwartet den unerschrockenen Reisenden jedoch eine herrliche Landschaft.

Im südlichen Hochland von Peru sind die Wände des Cañon del Colca terrassiert

Colca Canyon
Karte S. 95

Der Ausflug in den Cañon del Colca (Colca-Schlucht) beginnt in Chivay, 160 Kilometer nördlich von Arequipa. Zur Talsohle der Schlucht geht es von 3630 Metern bei Chivay auf knapp unter 1800 Meter bei der Puente Colgado hinab. Die zu überquerende Hängebrücke liegt unterhalb des Dorfes Cabanaconde westlich von Chivay.

Auch wenn der obere Teil der Schlucht schlecht erfasst ist, haben Wissenschaftler die Tiefe des Cañon del Colca mit 3191 Metern berechnet: Er ist damit wesentlich tiefer als der Grand Canyon.

In der Schlucht selbst führen Fußwege durch eine wüstenartige Szenerie an Kakteen und Oasen mit Palmen vorbei. Am oberen Cañon kreuzen Autobrücken den Río Colca, und zwar zwischen Yanque und Coporaque und zwischen Lari und Maca.

Menschheitsgeschichte

Vor rund 2000 Jahren bewohnten die Völker Collagua und Cabana die Region Colca. Ihre modernen Nachfahren, die eine Art Aymará sprechen, leben noch immer hier und arbeiten in der Landwirtschaft

INSIDERTIPP

Fragen Sie, bevor Sie von jemandem ein Foto machen. Sie können ein paar Münzen anbieten; Ihre Großzügigkeit wird geschätzt. Wenn Einheimische Ihre Bitte ablehnen, sollten Sie aus Respekt vor ihnen auf eine Aufnahme verzichten.

JAMES DION
National Geographic Society Center for Sustainable Destinations

nach jahrhundertealten Methoden. Die Frauen tragen bestickte Röcke und mit Pailletten geschmückte Blusen. Cabana-Frauen setzen mit bunten Pailletten versehene Filzhüte auf, während die Collagua runde, flache Strohhüte mit Bändern bevorzugen.

Am 8. Dezember zur Fiesta de la Immaculada Concepción (Fest der unbefleckten Empfängnis) wird in Chivay der alte *witite*-Tanz vorgeführt. Die in Frauengewändern verkleideten Männer stolzieren herum und mischen sich unter die Mädchen.

Kondor-Beobachtung

Viele Besucher, die einen Blick auf den Kondor werfen wollen, fahren in die Region von Colca, um hier die Riesenvögel in nächster Nähe durch die Lüfte gleiten zu sehen. Die beliebteste Stelle ist **Cruz del Cóndor** (siehe S. 108), 30 Kilometer westlich von Chivay am Südrand der Schlucht. Die günstigste Beobachtungszeit ist 9 Uhr in der Trockenzeit (Mai–Dez.), wenn über dem Rand der Schlucht Thermik entsteht. Die Trockenzeit ist auch am günstigsten, um auf dem Weg nach Chivay im Altiplano Flamingo zu beobachten.

Trekken im Cañon del Colca

Die typische Tour in die Schlucht beginnt an der Schnellstraße 30 unweit von Arequipa und führt zur **Reserva Nacional Salinas y Aguada Blanca**, einem Naturschutzgebiet, das für seine Vikunjas und Vulkane – darunter den Misti, Chachani und Ubinas – berühmt ist. Die Route zweigt von der Schnellstraße ab, dann geht es über eine Piste bis auf 4800 Meter hinauf.

Die Piste führt in Serpentinen vom Naturreservat nach **Chivay**, einem recht unspektakulären Dorf mit preiswerten Hotels zum Übernachten. Chivay lässt sich auch problemlos mit dem öffentlichen Bus von Arequipa aus erreichen (siehe Busse S. 101). Der Busbahnhof von Chivay liegt fünf Gehminuten südlich des Platzes und bietet tägliche Verbindungen nach Cabanaconde und – eher selten – zu einigen weiteren Zielen.

Vom Markt an der Nordseite des Hauptplatzes kann man zu Fuß zu den Thermalquellen von **La Calera** (*$$*) laufen oder alternativ den Minibus (*$*) nehmen. Sie liegen vier Kilometer nordöstlich vom Stadtzentrum und sind für ihre Heilkraft bekannt. Das Wasser wird in saubere Becken geleitet. Die nicht gerade billige **Colca Lodge** in der Nähe des kleinen Dorfes Co-

Reserva Nacional Salinas y Aguada Blanca

Karte S. 95

www.inrena.gob.pe/areasprotegidas/rnsalinas/main.html

Museo Yanque
Plaza
Mo geschl.
$

poraque bietet die besten Thermalbecken des Landes *(Feb.–März geschl., $$$$)*. **Coporaque** liegt nur gut zehn Kilometer westlich von Chivay an der Nordseite des Cañon, hier steht die älteste Kirche der Region. Das Angebot an Dienstleistungen ist eher gering (siehe S. 282f).

Die Dörfer von Colca

Die meisten Touren zum Cañon del Colca führen von Chivay auf einer unbefestigten Straße an der Südseite der Schlucht durch eine ausgedehnte Terrassenlandschaft an winzigen Dörfern vorbei. Am bekanntesten ist **Yanque**, acht Kilometer westlich von Chivay. Am Platz ragt eine Kirche aus dem 18. Jahrhundert auf, in der Nähe präsentiert das informative **Museo Yanque** Exponate zum Thema Landleben gestern und heute. Vom Platz sind es zu Fuß 2,4 Kilometer zu den heißen Quellen *($)*.

Die Piste führt weiter durch das Dorf *Maca*. Obwohl die Kirche durch Vulkanausbrüche und Erdbeben zwischen 1979 und 1991 fast zerstört wurde, hat man Santa Ana im churrigueresken Stil wieder restauriert. Nach dem Dorf **Pinchollo** – mit einer sehr spartanischen Herberge, der Kirche San Sebastián (17. Jh.) und einer Fiesta im Januar – ist **Cruz del Cóndor** erreicht, wo die meisten Ausflüge enden. Es gibt dort keine Infrastruktur, während der Trockenzeit versammeln sich hier dennoch allmorgendlich viele Leute in der Hoffnung, einen Blick auf die Kondore werfen zu können. Mit etwas Glück kommen die Neuweltgeier relativ nahe heran.

Der Río Colca fließt 1200 Meter unter dem Aussichtspunkt, der schneebedeckte **Volcán Mismi** ragt 20 Kilometer nördlich auf. 2000 entdeckten Mitglieder eines Expeditionsteams von National Geographic, dass am Mismi die am weitesten entfernte Quelle des Amazonas liegt. Von einer Felsklippe in der Nähe des Gipfels fließt Gletscherwasser in die Wasser-

ERLEBNIS: Durch den Cañon del Colca

Es ist zwar durchaus möglich, den Cañon del Colca im Rahmen eines Tagesausflugs von Arequipa aus zu besichtigen, doch empfehlen sich mindestens zwei Tage, die meisten sind inzwischen in der Regel sogar drei Tage unterwegs. Bei längeren Touren wird auch in der Schlucht selbst gewandert. Wer auf eigene Faust unterwegs ist, besteigt in Arequipa einen der öffentlichen Busse.

Eine zweitägige Standardtour kostet je nach Unterkunft 35–75 US$ pro Person; Transport und ein englischsprachiger Führer sind inbegriffen, die meisten Mahlzeiten und Eintrittsgebühren *($$$$ für boleto turístico/Touristenticket)* kommen extra hinzu. Zweitagestouren (1. Klasse) beinhalten die oben genannten Leistungen plus eine luxuriösere Unterkunft, Mahlzeiten und Eintrittsgebühren; der Preis summiert sich auf bis zu 300 US$ pro Person. Auf Luxustouren wird in den noblen Las Casitas del Colca im Cañon übernachtet – gut 1000 US$ sind dafür zu berappen. Es gibt in Arequipa Dutzende von Veranstaltern, auch die Hotels der Region organisieren Fahrten (siehe Reiseinformationen S. 307). In jedem Fall sollte man sich erkundigen, was für den jeweiligen Preis geboten wird.

Auf der Suche nach einem Kondor am Rand des Cañon del Colca

scheide des Amazonas, der Atlantik ist nach 6275 Kilometern erreicht.

Das Dorf **Cabanaconde** liegt 18 Kilometer unterhalb von Cruz del Cóndor und dient als Ausgangsort für Trekkingtouren in den Cañon del Colca (siehe unten).

Nach dem Überqueren der Schlucht kommen die Bergsteiger durch das **Tal der Vulkane (Valle de los Vulcanos)** mit mehr als 80 Aschekegeln an einer einzigen Verwerfungslinie. Der höchste Berg Südperus ist der 6425 Meter hohe **Coropuna**. Busse von Arequipa nach Andagua (10–12 Std., $$$$) fahren täglich durch das 64 Kilometer lange Tal.

Drei Stunden von Arequipa entfernt fungiert das Dorf **Corire** als Zugang zu den **Steinritzungen von Toro Muerto**, dem größten Petroglyphenfeld der Welt. Die Steinritzungen stammen etwa aus der Zeit um 1100 und nehmen fünf Quadratkilometer ein. Wer den Frühbus in Arequipa nimmt, kann den Ausflug an einem Tag machen. Sonst schließt man sich einer Tour von Arequipa aus an oder übernachtet im einfachen Hostal Willy *(Ave. Progreso, 2 Blocks von der Plaza entfernt, Tel. 054/472046, $$$)* in Corire. Von dort geht man zu Fuß oder nimmt ein Taxi *($$$ Hin- und Rückfahrt inkl. Wartezeit)*.

Fünftägige Trekkingtour

Der Cañon del Colca bietet sich hervorragend für verschiedene Wanderungen an – das Spektrum reicht von einem gemütlichen Spaziergang (2 Std.) bis zu anspruchsvollen Tekkingtouren über mehrere Tage. In jedem Fall sollte man genügend Wasser mitnehmen.

Eine gute Landkarte wird im Informationszentrum von Arequipa oder im South American Explorer Club (siehe S. 72 oder Karten S. 64) verkauft.

Die klassische fünftägige Trekkingtour führt von Cabanaconde am Südrand der Schlucht über den Fluss und über einen 5100 Meter hohen Pass nach Andagua.

Ein Kondor kreist über dem Cañon del Colca

Man verlässt **Cabanaconde** (3287 m) mit einigen einfachen Herbergen und Maultierverleih über den Hauptpfad, der an der Westseite der Plaza beginnt (Einheimische nach dem Weg nach Choco fragen). Zunächst geht es auf dem Pfad bergab, nach 45 Minuten muss ein (oft ausgetrocknetes) Flussbett überquert werden. Durch mit Steinmauern begrenzte Felder führt der Weg weiter, bis nach 45 Minuten weiter unten eine neue Straße auftaucht. Der Straße folgt man für 1,6 Kilometer, bis sie sich bergab schlängelt. Vor diesen Serpentinen muss man den Weg Richtung Westen finden. Die Route verläuft meistens Richtung Westen, wobei sich Pfad und Straße abwechseln. Fünf oder sechs Stunden von Cabanaconde entfernt ist die **Puente Colgado** (1800 m) erreicht, eine Hängebrücke der Inka über den Río Colca. Unter dieser Brücke kann gezeltet werden.

Am zweiten Tag dauert es an die 3,5 Stunden, bis das Dörfchen **Choco** (2473 m) weiter oben erreicht ist; dort gibt es viel Wasser und Möglichkeiten zu schlafen und zu campen. Von hier zieht sich der Trail in Richtung Norden am Río Chalza entlang, wobei der Fluss mehrmals überquert wird. Nach fünf oder sechs Stunden Aufstieg ist **Miña** (3600 m) erreicht; die Dorfbewohner wissen, wo man zelten kann. Man kann hier auch für den Aufstieg am nächsten Tag einen Packesel mieten *($$$$$ für den arriero / Treiber, $$$ pro Maultier)*.

Nordwestlich der Plaza steigt der mit Treppen versehene Weg kurz an, um dann zum Fluss hinunterzuführen. Nun geht es zehn Minuten am Wasser entlang, dann steigt man im Süden nach einem Feld und Gatter auf. Weiter geht es bis zu einem oben abgeflachten Kamm, der drei Stunden ab dem Aufbruch in Miña erreicht wird. Vom 4500 Meter hohen Kamm geht es Richtung Norden fast eine Stunde zum **Río Achacota** (4400 m) hinunter. Nun wandert man in Richtung Nordwesten (also vom Fluss weg), wobei man auf der Südwestseite des Achacota-Tals bleibt. Nach zwei oder drei Stunden geht es Richtung Westen bergauf, dann verläuft der Weg eine Weile eben weiter, um dann steil über Geröll zum **Paso Cerani** hinaufzuführen. Er ist vier Stunden nach dem Aufstieg vom Río Achacota erreicht, mit einer Höhe von 5100 Metern ist er zugleich der höchste Punkt der Wanderung. An der Westseite des Passes wandert man auf einem rutschigen Pfad zu einem Teich an der linken Talseite hinunter. Der steile Abstieg hinter dem Teich ist durch Steinhaufen markiert; gen Nordwesten geht es

Cotahuasi ist mit einem Höhenunterschied von 3345 Metern eine der tiefsten Schluchten der Welt.

zum **Río-Cerani-Tal** (4550 m), zwei Stunden vom Pass entfernt. Hier wird gezeltet.

Am vierten Tag folgt man dem Weg 1,5 Stunden in westlicher Richtung bis zu einem Sattel auf 4670 Meter Höhe. Richtung Norden steigt man anschließend auf einem schlecht erkennbaren Pfad zur **Quebrada Ayaviri** ab und wandert dann gen Südwesten zu den Weiden bei **Umapallca** (90 Min.). Der Weg führt nun weiter bergab durch Puna. Auf 3800 Metern geht es an einem großen Kreuz vorbei, es ist etwa 1,5 Stunden nach dem Loslaufen in Umapallca erreicht. Man kann nun schon einen Blick auf die Stadt **Chacas** (3055 m) werfen, die über Serpentinen und zwischen Kakteen hindurch zwei Stunden nach dem Kreuz erreicht wird. Hier besteht die Möglichkeit, zu zelten oder in einem der Häuser am Platz *($)* zu übernachten.

Von Chacas verläuft eine unbefestigte Straße gen Westen nach **Andagua** (3587 m). Auf dieser Straße geht es nun sieben Stunden weiter. Die Route führt ein Stück nördlich am Valle de los Volcanos (Tal der Vulkane) vorbei. Der schneebedeckte Coropuna rückt ins Blickfeld, sobald man sich der Stadt nähert. Busse verkehren täglich um 16 und 18 Uhr von Andagua nach Arequipa.

Cañon del Cotahuasi

Der Cañon del Cotahuasi (Cotahuasi-Schlucht; *10 Std. mit dem Bus, $$$*) im Nordwesten von Corire ist abgelegener und wird deshalb kaum besucht. Mit 3345 Metern ist diese Schlucht eine der tiefsten der Welt. Wer das Abenteuer sucht, findet es hier: Von Cotahuasi fahren Minibusse in die Dörfer der Umgebung, wo es Thermalquellen, eher unbekannte archäologische Stätten und steile Wanderwege gibt.

Amazonas Explorer *(Ave. Callasuyo 910, Urb. Miravalle, Cusco, Tel. 084/252846, E-Mail: Info@amazonas-explorer.com, www.amazonas-explorer.com)* bietet Rafting-Expeditionen auf dem Fluss an. Da an diversen Tagen Stromschnellen der Kategorie IV und V bewältigt werden müssen, eignen sich diese Expeditionen nur für Leute mit Erfahrung. ■

Titicacasee & Altiplano

Der Lago Titicaca – der höchste schiffbare See der Welt – liegt auf dem Altiplano und begeistert mit einer Leuchtkraft, wie sie nirgendwo sonst in Peru zu finden ist. Die fast schon surreale Helligkeit beruht auf der enormen Höhe und der offenen Landschaft. Wegen der Höhe ist es auch ratsam, sich zunächst in niedrigeren Lagen wie Arequipa oder Cusco zu akklimatisieren. Wer mit dem Flugzeug von Lima anreist, sollte mindestens einen Ruhetag einlegen.

Der Titicacasee ist der höchste schiffbare See der Welt und zugleich der größte See Südamerikas

Juliaca

Karte S. 95

Besucher-information

Juliaca Airport, 2 km westlich der Stadt

051/328974 oder 051/322905

Die Attraktionen des Titicaca-Sees sowie die lebhaften, bunten Fiestas der Region versprechen einen einzigartigen unbekannten Blickwinkel auf Peru. Auch wenn ein ausgelassenes Tanzvergnügen auf einer Höhe von fast 4000 Metern anfangs gewagt erscheint, sollte niemand zögern, sich zu den Einheimischen zu gesellen, wenn sie mit Begeisterung durch sämtliche Städte und Dörfer des Hochlands tanzen.

Orte rund um den Titicacasee

Die größte Stadt der Region (in der sich auch der einzige Flughafen befindet) ist **Juliaca**, ein wichtiges Handelszentrum und ein bedeutender Verkehrsknotenpunkt. Da der Ort nur wenige interessante Sehenswürdigkeiten bietet, fahren die meisten gleich weiter zu der am See gelegenen Stadt Puno (44 km). *Colectivos* und Minibusse verkehren von der Plaza Bolognesi häufig nach Puno (1 Std., $). Nach Cusco, Arequipa und Lima bestehen von Juliaca aus Flugverbindungen.

Als Tagesausflug bietet sich die Kolonialstadt **Lampa** *(50 Min., $)*, 32 Kilometer weiter nordwestlich an; sie ist über eine Piste zu erreichen. Minibusse fahren in Juliaca in der Avenida 2 de Mayo in der Nähe des Marktes ab. Lampa ist als *La Ciudad Rosada* (rosa Stadt) bekannt, da viele Gebäude rosa gestrichen sind. Die **Iglesia de la Inmaculada** wacht über die Stadt.

Die schöne Kirche aus dem 17. Jahrhundert ist aus lokalem Flussgestein gebaut und wirkt wie aus dem Märchenbuch. Innen beeindrucken die geschnitzte Kanzel, die gut erhaltenen Kunstwerke aus der Kolonialzeit und die weitläufigen Katakomben. Falls die Kirche geschlossen ist, kann man in der Municipalidad (Rathaus) am Hauptplatz jemanden bitten, sie aufzusperren.

Ein weiterer schöner Tagesausflug führt nach **Pucará**, 64 Kilometer nordwestlich von Juliaca an der Schnellstraße 3. Busse (1 Std., $) fahren am zwölften Block der San Martín ab. Der Ort ist berühmt für seine rustikalen Töpferwaren, vor allem die irdenen *toritos* (kleine Stiere). Sie werden im Hochland auf dem Dachfirst angebracht und sollen Glück bringen.

Das **Museo Lítico** bietet eine schöne Ausstellung von Steinstelen und Monolithen, die zu anthropomorphen Formen gestaltet wurden. Viele stammen von der 2000 Jahre alten Tiahuanco-Kultur. Einige der Stelen wurden in der **archäologischen Stätte** in Pucará gefunden: Sie liegt 1,6 Kilometer oberhalb der Stadt und ist über die gleiche Straße erreichbar wie das Museum. Hinter dem Museum ragt eine hübsche Kolonialkirche auf.

Puno

Puno ist die Hauptstadt des gleichnamigen *departamentos* und das bedeutendste Touristenzentrum der Region. Der Ort liegt in einer Bucht am westlichen Ende des Titicaca-Sees. Der Reiz dieser eigentlich

Museo Lítico

1 Block vom Plaza Pucará entfernt

$

Puno

Karte S. 95

Besucher-information Perú

Plaza de Armas, Calle Lima 549

051/365088

www.regionpuno.gob.pe

E-mail: iperupuno@gob.pe

Yavari – das älteste Schiff auf dem Titicacasee

1861 gab die peruanische Regierung den Bau zweier Schiffe in Auftrag: Die *Yavari* und die *Yapura* sollten auf dem Titicaca-See fahren. Die Schiffe wurden in Einzelteilen in Großbritannien gebaut und zerlegt nach Chile verschifft. Nach ihrem Transport mit Maultieren über die Anden wurden sie in Puno wieder zusammengebaut.

Am 25. Dezember 1870 stach die *Yavari* in See und war das erste Schiff aus Stahl, das auf dem See fahren sollte.

Es wurde zuerst mit Kohle, dann, als die Kohle ausging, mit Lamadung betrieben, bis es schließlich 1914 auf Diesel umgestellt wurde.

Die *Yavari* wurde bis 1970 als Passagier- und Frachtschiff genutzt, dann an Land gezogen und vergessen.

Der britische Perufanatiker Meriel Larken veröffentlichte 1982 die phantastische Geschichte der *Yavari*. Larkin war entschlossen, die *Yavari* zu retten. 1999 stach das Schiff nach jahrelangen Restaurationsarbeiten von Puno aus wieder in See – samt originalem Dieselmotor.

Inzwischen liegt die *Yavari* im Sonesta Posada del Inca Hotel (siehe S. 283f) vor Anker und kann täglich besichtigt werden (*Tel. 051/369329, www.yavari.org, Geldspende*). Kapitän Carlos Saavedra – ein peruanischer Marinekapitän im Ruhestand – und seine Crew erzählen Interessantes (auf Englisch) auch über die Geschichte anderer Schiffe auf dem See. Es ist geplant, die *Yavari* zukünftig für Ausflugsfahrten mit Übernachtung an Bord einzusetzen.

La Casa del Corregidor
Deustua 576, Puno
051/351921
www.casadelcorregidor.pe

Museo Carlos Dreyer
Conde de Lemos 289, Puno
So geschl.
$$ (45-min. Führung inkl.)

kalten Stadt besteht in der phantastischen Aussicht über den See und den vielen Touristen, die ständig hier eintreffen. Sehenswert ist der Besuch der spartanischen **Kathedrale** an der Plaza de Armas; die Barockfassade wurde 1757 vollendet. Einen Block entfernt birgt die **Casa del Corregidor** aus dem 17. Jahrhundert heute eine Bibliothek, Café, Reisebüro und Kulturzentrum, in dem es alte Fotos von Puno und Kunstausstellungen zu sehen gibt. Gleich um die Ecke präsentiert das **Museo Carlos Dreyer** eine gute Sammlung von Artefakten sowie Kolonialkunst.

An der Ecke des Platzes sind im Informationsbüro von iPeru kostenlose Stadtpläne und touristisches Infomaterial erhältlich. In der **Calle Lima**, einer Fußgängerzone, die sich über drei Blocks zwischen der Plaza und dem Parque Pino erstreckt, finden sich viele der gehobenen Restaurants von Puno sowie Reisebüros. Zwei Block jenseits des Parque Pino erklärt das **Museo de la Coca y Costumbres** anhand von vielen Exponaten, wie in Peru Koka verwendet wird. In Videos lernt man die Tänze der Region kennen; zu den Exponaten gehören auch Festtagstrachten, die man sogar anprobieren darf!

INSIDERTIPP

Wer die herrlichen schwimmenden Inseln im Titicacasee besucht, sollte sich auf einen seltsamen Geruch gefasst machen, der von den verrottenden Blättern ausgeht.

ANA TINSLER
National Geographic Society Center for Sustainable Destinations

ERLEBNIS:

Mit dem Kajak über den Titicacasee

Von April bis November besteht die Möglichkeit, ein Kajak für ein oder zwei Personen zu mieten und in Rahmen einer geführten Exkursion am Ufer des Sees entlang zu paddeln. Die Touren (ab zwei Personen) werden täglich angeboten und dauern zwei bis fünf Stunden. Als Alternative gibt es Ausflüge mit Übernachtung: Fahrt über den See zu den Inseln, zelten oder auch Übernachtung im Hotel, Schwimmwesten und Thermokleidung werden gestellt. Die Ausflüge beginnen in Llanchón, einem winzigen Dorf auf der Halbinsel Capachica (die nördliche Halbinsel der Bahía de Puno). Informationen bei **Titikayak** *(Jr. Bolognesi 334, Puno, Tel. 051/367747, www.titikayak.com; E-Mail: postmast@titikayak.com)* oder bei **Valentín Quispe** *(Llachón, Tel. 051/951821392)*, der Aufenthalte bei einer einheimischen Familie organisiert.

Sillustani

Die bedeutendste archäologische Stätte der Gegend sind die ***chullpas* (Grabtürme)** von Sillustani *($$)*: Sie liegen 34 Kilometer nordwestlich von Puno und lassen sich am besten im Rahmen eines organisierten Ausflugs (siehe S. 307; *$$$–$$$$*) oder mit dem Taxi *($$$$$ Hin- und Rückfahrt inkl. Wartezeit)* besichtigen. Die Chullpas wurden von dem Aymará sprechenden Colla-Volk, das das Gebiet vor und während der Expansion der Inka um 1400 beherrschte, errichtet. Die Stätte befindet sich am Lago Umayo, der für seine Fülle an Wasservögeln bekannt ist.

Die zylindrischen Türme sind bis zu 12 Meter hoch und aus behauenen Steinblöcken gefertigt, die sich perfekt ineinander fügen. Jeder weist einen kleinen, nach Osten ausgerichteten Eingang auf, durch den die Besucher ins Innere spähen können. In den Chullpas hat man einst die sterblichen Reste von Familien der Region aufbewahrt; die Mitglieder wurden mit Essen, Kleidung und anderen Habseligkeiten bestattet.

Vom Terminal Zonal in Puno verkehren regelmäßig Busse über die Schnellstraße 3 zu den kleinen Orten am See im Südosten der Stadt. **Chucuito**, 19 Kilometer südlich von Puno, liegt inmitten malerischer Berge und bietet gleich zwei Kolonialkirchen: **La Asunción** unweit der Plaza und **Santo Domingo** *(unterschiedl. Öffnungszeiten)* im Osten der Stadt. **Inca Uyo** *($)*, landläufig als Templo de la Fertilidad (Fruchtbarkeitstempel) bezeichnet, ist eigentlich weniger ein Tempel als ein alter Versammlungspunkt im Freien für Frauen. Das Areal ist voller riesiger Steinphalli. Einheimische Führer wissen Unterhaltsames zu berichten. Inca Uyo befindet sich in der Nähe der Kirche Santo Domingo.

Südöstlich von Puno

Die Schnellstraße führt nun landeinwärts zur Handelsstadt Ilave, bis sie bei **Juli**, 80 Kilometer südöstlich von Puno, wieder den See erreicht. Juli bringt es auf gleich vier Kolonialkirchen auf engstem Raum. Am besten erhalten ist **San Pedro** am Hauptplatz. **Pomata** folgt 24 Kilometer südöstlich von Juli, seine Kirche **Santiago** auf dem Berg ist schon bei der Einfahrt in die Stadt zu sehen. Der Sandsteinbau mit transparenten Alabasterfenstern und einem kunstvollen Innenraum ist die interessanteste Kirche am Südostufer des Sees.

Inseln im Titicacasee

Am besten nimmt man morgens am Pier in Puno ein öffentliches Boot, um zu den über den See verstreut liegenden Inseln überzuset-

Busse & Züge ab Puno

Vom Terminal Terrestre *(Primero de Mayo s/n, Tel. 051/364733)* **in Puno verkehren häufig Busse nach Cusco** *(7 Std., $$$)*, **Arequipa** *(6 Std., $)*, **Lima** *(18–22 Std., $$$$$)* **und Tacna** *(10 Std., $)*. **In die umliegenden Städte fahren Busse vom Terminal Zonal** *(Ave. Simón Bolívar s/n)*.

Inka Express *(Jr. Tacna 346, Tel. 051/365654, www.inkaexpress.com)* **betreibt Busse nach Cusco** *(10 Std., $$$$$)* **mit Englisch sprechender Begleitung, unterwegs wird einige Male angehalten.**

Von November bis März fährt montags, mittwochs und samstags um 8 Uhr ein Zug nach Cusco, zwischen August und Oktober auch freitags *(La Torre 224, Tel. 051/369179, www.perurail.com, 10 Std., $$$$$)*. **Nach Arequipa bestehen derzeit keine Zugverbindungen mehr.**

Museo de la Coca y Costumbres

✉ Jr. Deza 301, Puno

☎ 051/365087

$ $

www.museodelacoca.com

Die Bewohner der schwimmenden Islas de los Uros im Titicacasee benutzten noch Boote aus Totora-Schilf

zen. Bezahlen sollte man ausschließlich beim Kapitän, Wasser und Sonnencreme sollten nicht im Gepäck fehlen. Der Fahrpreis liegt je nach Fahrtziel zwischen 3 und 8 US$. Tagestouren kosten ab 10 US$, nachts um die 20 US$. Die Inseln erheben eine kleine Eintrittsgebühr.

Islas de los Uros: Die *islas flotantes* (schwimmenden Inseln) liegen fünf Kilometer von Puno entfernt. Die Uros flohen vor den Colla und Inka und verwendeten Totora-Schilf (siehe S. 207), um sich ihre eigenen Inseln und Behausungen zu bauen. Heute bewohnen sie Dutzende von schwimmenden Inseln und leben vom Fischfang und Tourismus.

Die Inseln sind autark; es gibt dort Grundschulen und Läden mit Waren für den täglichen Bedarf, für alles andere müssen die Bewohner aufs Festland fahren. Einige der Inseln können von Touristen besucht werden. Dort gibt es kleine Türme mit Blick über den See, Totora-Boote für Spritztouren übers Wasser und mehr Andenkenläden als einem lieb ist. Für alles ist eine kleine Gebühr zu entrichten, auch für das Fotografieren.

Isla Taquile: An die 2000 Menschen leben auf Taquile, das 35 Kilometer – oder etwa drei Bootsstunden – von Puno entfernt liegt. Die 5,5 Kilometer lange Insel ist für ihre Web- und Strickwaren bekannt, außerdem finden sich oben in den Hügeln archäologische Stätten. Der Blick über den See auf die schneebedeckte Cordillera Real von Bolivien ist schlichtweg atemberaubend. Es gibt hier keine Straßen oder Fahrzeuge und nur gelegentlich Strom. Wer in den oberen Teil

Aymará

Rund eine Million Menschen in Peru und Bolivien sprechen Aymará, nach Spanisch und Quechua die am häufigsten gesprochene Sprache des Landes. Die Sprecher sind die Nachfahren der Einheimischen, die sich im 15. Jahrhundert nach der Eroberung durch die Inka weigerten, sich Quechua aufzwingen zu lassen. Selbst nach dem Eintreffen der Spanier erlebte das Aymará noch eine Blütezeit und blieb im Hochland die Erstsprache – besonders am Cañon del Colca und am Titicacasee. Die Bewohner von Isla Taquile und Isla Amantaní sprechen Quechua, werden jedoch von den Aymará-Sprechern auf dem Festland zahlenmäßig weit übertroffen.

ERLEBNIS: Inselaufenthalt bei einer Familie

Besonders in der Hochsaison (Juni–Aug.) werden die Inseln Taquile und Amantaní von Tagesausflüglern schier überrollt. Wer den Menschenmassen entgehen will, sollte übernachten und die Gelegenheit nutzen, die Einheimischen näher kennenzulernen. Auf den Inseln angekommen, werden die Besucher von einem Inselbewohner in Empfang genommen und eine günstige Unterkunft bei einer Familie organisiert. Wer auf Amantaní bleibt, sollte sich nicht wundern, wenn der Gastgeber seine Gäste zum Tanzen ausführt und sie ermuntert, sogar eine Tracht anzuziehen.

Die Privatzimmer auf den Inseln sind sehr einfach, aber sauber; es gibt ausreichend Decken, die meisten werden aber wohl lieber im eigenen Schlafsack schlafen wollen. Strom gibt es kaum oder gar nicht, die Toiletten sind meist außerhalb des Hauses. Wasser zum Waschen wird in Kübeln gebracht und nur auf Wunsch gewärmt.
In kleineren Lokalen wird ein Mittagessen geboten, man sollte jedoch versuchen, das Frühstück und Abendessen mit der Gastfamilie oder anderen Einheimischen einzunehmen. Sie bringen einfache Mahlzeiten auf den Tisch –Kartoffeln, Reis, Eier oder Fisch und Tee.
Wer lieber an einer Tour teilnehmen möchte, kann über ein Reisebüro den Transport mit dem Boot, die Unterkunft auf der Insel und einen Führer buchen (siehe S. 307).

Es empfiehlt sich zu fragen, welche Leistungen im Preis enthalten sind.

Auf Taquile wie auch auf Amantaní wurden kürzlich kleine Gästehäuser eröffnet – samt angenehmen Zimmern mit Bad und einem Restaurant (Preise ab 20 pro Person mit Frühstück und Abendessen). Auf Taquile ist es das TikaWasi Guesthouse, auf Amantaní die Kantuta Lodge *(Tel. 051/951636172 oder 951022231, nach Segundio Cari fragen, E-Mail: amantani_Qhotmail.com, www.punored.com/titicaca/amantani/img/english.html)*.

der Insel will (wo die meisten Leute wohnen), sollte sich auf 500 Treppen einstellen. Beim Bummel über die Insel sieht man Männer, die Wolle spinnen oder rote Wollkappen stricken. Sie tragen schwarze wadenlange Hosen, hübsche Westen und Kappen; die Frauen üppige Röcke und schön bestickte Blusen.

Weitere Inseln: Isla Amataní, 3,5 Bootsstunden von Puno entfernt, ist nicht so touristisch wie Taquile. Die 4000 Menschen dort leben von der Landwirtschaft, vom Fischfang und vom Verkauf der Korbwaren, die auf der Insel hergestellt werden. Die archäologischen Ruinen auf den beiden Gipfeln, **Pachata** (Vater Erde) und **Patchamama** (Mutter Erde), sind einen Besuch wert.

Hübsche Gärten, eine spannende Flora und Fauna, Wanderwege und ein luxuriöses kleines Hotel (siehe Reiseinformationen S. 284) machen die winzige **Isla Suasi** unweit der Stadt Moho am Nordufer zum idealen Ausgangspunkt. Es empfiehlt sich eine organisierte Tour, bei der auch andere Inseln mit einem Führer besucht werden.

Bis zur **Isla Anapia** im Südosten des Titicaca-Sees schaffen es nur wenige. Touristen können im Rahmen eines Programms länger bleiben und mit den Einheimischen arbeiten. All Way Travels (siehe S. 307) organisiert auf Wunsch mehrtägige Aufenthalte. ■

Drei Ikonen Perus: Cuscos Kolonialgebäude, die Märkte des Heiligen Tals und die Geheimnisse von Machu Picchu

Region Cusco

Der zentrale Platz und das Wohnviertel von Machu Picchu

Die Region Cusco

Die alte Inka-Hauptstadt Cusco war früher das Herz des größten präkolumbischen Reiches der Neuen Welt. Heute ist sie der größte Anziehungspunkt für Südamerikatouristen, die tatsächlich an keinem anderen Ort auf dem Kontinent eine vergleichbare Konzentration von unglaublicher Landschaft, eleganter Kolonialarchitektur, beeindruckenden Monumenten und nicht zuletzt freundlichen Einheimischen finden.

Ein Familienbetrieb verkauft nordöstlich von Cuscos Plaza handgewebte Decken und Hüte

Cuscos vielfältige Attraktionen ziehen Gäste aus allen Ecken der Welt an – von Rucksacktouristen mit wenig Geld bis hin zu wohlhabenden Reisenden, die sich bei Kunst und Wein vergnügen möchten, von Reisegruppen, die von einer zur anderen Sehenswürdigkeit spazieren, bis hin zu ausdauernden Wanderern auf der Suche nach den weniger bekannten Wundern des Hinterlandes.

Kaum ein Besucher wird das unverwechselbare Bild von Machu Picchu vergessen, jener ausschließlich mit den Händen erbauten Steinstadt, die dann anschließend für rund 400 Jahre in Vergessenheit geriet. Sie liegt auf der Spitze eines Sattels in den südöstlichen Anden, unterhalb eines unglaublich steilen, mit Regenwald bedeckten Berges, der die Stadt häufig in Nebel hüllt. Machu Picchu ist ohne Zweifel die malerischste archäologische Stätte Perus, die ihre Geheimnisse auch heute nur widerstrebend preisgibt.

Obwohl die Inka Cusco erbauten, blieb von ihrer Stadt nur wenig erhalten. Die meisten Gebäude wurden von den Spaniern im 16. Jahrhundert abgerissen und die Steine anschließend für neue Kolonialbauten – vor allem Kirchen – verwendet. Den gut organisierten Restaurationsarbeiten ist es zu verdanken, dass viele Kolonialgebäude trotz der verheerenden Erdbeben, die Cusco 1650 und 1950 und etwas weniger schwer 1986 heimsuchten, auch heute noch bewundert werden können.

Besucher mit einem Interesse an Geschichte oder Archäologie finden in Cusco und Umgebung genug Orte, um sich mehrere Wochen in der Region aufzuhalten. Viele der zumeist auf die Inka zurückgehenden Stätten liegen im Tal des Río Urubamba, das eine so hohe Dichte an bedeutenden historischen Stätten aufweist, dass es den Beinamen El Valle Sagrado (Heiliges Tal) erhalten hat. Besucher sehen aber nicht nur Zeug-

NICHT VERPASSEN

Kunstsammlung von Weltrang im Museo de Arte Precolombino in San Blas **130**

Sacsayhuamán – die größte Inka-Stätte in der Nähe Cuscos **136**

Städte, Märkte und antike Monumente im Heiligen Tal **140**

Pisac, wo wunderbar geformte Terrassen sich um einen Tempel auf einer Bergspitze gruppieren **141**

Ein Besuch der präkolumbischen Salzwerke von Salineras, die immer noch von ortsansässigen Familien betrieben werden **145**

Ollantaytambo, eine Inka-Stätte und ein modernes Dorf, das sich im Verlauf der Jahrhunderte nur wenig verändert hat **146**

Machu Picchu – die berühmteste archäologische Stätte ganz Südamerikas **152**

Eine unvergessliche Wanderung über den Inka-Pfad **154**

nisse der Jahrhunderte, sondern auch die Wunder und Schwierigkeiten des modernen Landlebens in den Anden. *Campesinos* in traditionellen Hemden, Ponchos und Hüten bearbeiten ihre Felder noch mit der Hand und tragen ihre Erzeugnisse auf die farbenfrohen Märkte in Pisac, Chinchero und anderen Städten der Region.

Wie überall in Peru arbeiten die Menschen im Hochland hart. Sie feiern aber auch ausgiebig, vor allem bei ihren häufigen *fiestas*. Beim Inti Raymi (Sonnenfest) meint man, die gesamte Bevölkerung Cuscos sei gekommen, um den tanzenden und singenden Prozessionen zuzuschauen, die der Statue des ersten Inka folgen, während sie von der Qoricancha über die Plaza de Armas nach Sacsayhuamán getragen wird. Dieses Fest zieht Reisende aus aller Welt an und ist leider etwas kommerziell geworden. Am anderen Ende des Spektrums befindet sich Q'ollyoriti. Zu diesem auf den vergletscherten Flanken des mächtigen Ausangate abgehaltenen Fest gehört eine schwierige Nachtwanderung oberhalb der Schneegrenze. Das Heilige Tal bietet die Gelegenheit für Aktionen unter freiem Himmel, darunter die Wanderung entlang des Inka-Pfads, dem Camino Inca. ■

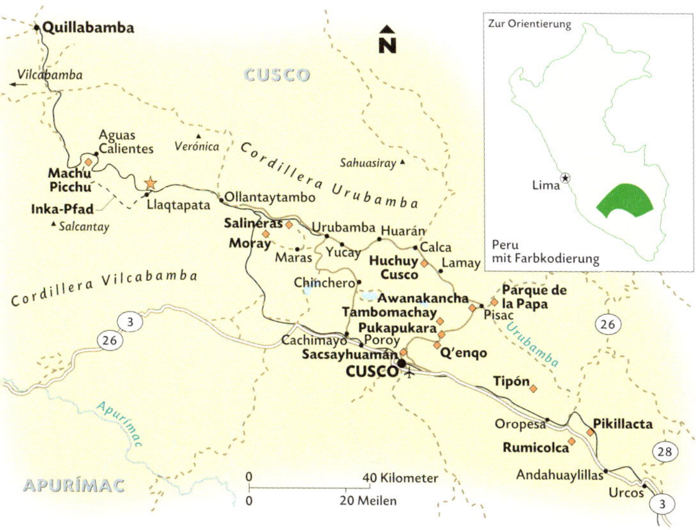

Cusco

Cusco wurde etwa um 1200 vom legendären ersten Inka Manco Capac gegründet und ist die am längsten bewohnte Stadt Südamerikas. Sie diente jahrhundertelang als spirituelles und administratives Zentrum des größten Reichs des Kontinents. Heute ist nur noch wenig davon zu sehen. Dennoch ist das moderne Cusco nach wie vor ein lohnendes Ziel.

Eine Kopfsteinpflasterstraße im Viertel San Blas

Der Inka-Mythologie zufolge befahl der Sonnengott Manco Capac, das Zentrum der Welt zu finden. Manco Capac reiste weit umher, bis er eines Tages einen Platz fand, der schöner war als alle anderen bislang gesehenen. Er stieß eine lange, goldene Stange in die Erde, die sich als tief und fruchtbar erwies. Zufrieden nannte er den Ort *Q'osqo*, das Quechua-Wort für „Nabel der Welt". In den folgenden Jahrhunderten errichteten Generationen von Inka in der Stadt zahlreiche prächtige Paläste und Tempel.

Als die Spanier kamen, standen sie vor Tempeln – vor allem dem symbolhaft verehrten Qoricancha (siehe S. 134f) –, die mit wertvollen Metallen bedeckt und mit Gold geschmückt waren. Als allerdings Francisco Pizzaro am 8. November 1533 eintraf, hatten die Inka jedoch bereits einen großen Teil dieser Schätze fortgeschafft, weil sie – vergeblich – versucht hatten, den gefangen gesetzten Inka Atahualpa auszulösen.

Pizarro installierte Atahualpas Halbbruder Manco als Marionette, der bis 1536 mitspielte. Dann aber belagerte er mit einer Armee aus 100 000 Männern die Spanier von den Wällen Sacsayhuamáns aus. Manco und seine Männer schossen mit brennenden Pfeilen auf die mit Stroh gedeckten Dächer der Spanier. Fast wäre es ihnen auch gelun-

INSIDERTIPP

Man sollte den Bus von Lima nach Cusco meiden, da die Strecke drei fast 4000 Meter hohe Pässe überquert. Diese Höhenunterschiede sind beim Fliegen deutlich einfacher zu ertragen.

KAI TIEDEMANN
National Geographic-Stipendiat

gen, die Spanier aus Cusco zu vertreiben, wenn nicht die spanische Kavallerie einen Ausfall gemacht, nach Sacsayhuamán geritten wäre und dort die Inka aufgerieben hätte. Manco musste sich zurückziehen und floh zunächst in die nahe gelegene Stadt Calca, anschließend nach Ollantaytambo und schließlich in den Regenwald von Vilcabamba.

Nach ihrem Triumph rissen die Spanier einen großen Teil Cuscos ab und nutzen die Steine, um auf den Fundamenten der Inka ihre eigene Stadt zu errichten. Da Lima die Hauptstadt der spanischen Eroberer wurde, fiel Cusco auf den Status eines kolonialen Städtchens zurück. 1780 versuchten die Inka unter Führung des selbst ernannten Inka Túpac Amaru II. erfolglos, die Stadt zurückzuerobern.

Gegen Ende des 19. Jahrhunderts legte der Ausbau des Eisenbahnnetzes, das Cusco nun mit Quillabamba im Regenwald und über Juliaca und Arequipa auch mit der Küste verband, die Grundlagen für die rasanten Stadtentwicklungen des 20. Jahrhunderts. Die Wiederentdeckung der verlorenen

Cusco
Karte S. 121

Besucherinformation

Dircetur
Calle Mantas 117-A (südliche Ecke der Plaza de Armas)
084/222032
So geschl.

Instituto Nacional de Cultura (INC)
Calle San Bernardo s/n
084/236061
So geschl.

iPerú
Ave. El Sol 103, Office 102
084/237364

Boleto Turístico (BTC)

Das offizielle *Boleto Turístico del Cusco* (Cusco-Touristenticket) berechtigt zum Eintritt in 16 Attraktionen. Das zehn Tage gültige, nicht verlängerbare BTC deckt nur den jeweils einmaligen Eintritt ab. Es kostet gegenwärtig 47 US$, wobei es für Studenten mit dem Internationalen Studentenausweis ISIC eine Ermäßigung auf 24 US$ gibt. Wer nur einige der Sehenswürdigkeiten besichtigen möchte, kann auch ein BTC für einen Tag *($$$; nur bar, keine Studentenermäßigung)* kaufen. Das BTC Circuito 1 deckt Cusco sowie Tipón und Pikillaqta ab. Das BTC Circuito 2 gilt für Sacsayhuamán, Q'enqo, Pucapucara und Tambomachay, während das BTC Circuito 3 das Heilige Tal (Pisac, Ollantaytambo, Chinchero und Moray) abdeckt.

BTC-Tickets sind im Büro Boleto Turístico del Cusco *(Ave. Sol 103, Büro 102, Tel. 084/227037, E-Mail: info@boletoturisticocusco.gob.pe, www.boletoturisticocusco.com)* erhältlich. Reisebüros, das Fremdenverkehrsbüro und einige Websites verkaufen sie ebenfalls.

Im BTC ist der Eintritt zu mehreren wichtigen Sehenswürdigkeiten Cuscos **nicht mehr** enthalten. Darunter fallen die Kathedrale, die wichtigsten Kirchen, die Qoricancha sowie die beiden besten Museen der Stadt.

Ein CRA *(Circuito Religioso Arzobispal; www.cuscovirreinal.com)* hat Gültigkeit für vier der wichtigsten religiösen Sehenswürdigkeiten – die Kathedrale, die Iglesia de la Compañía, die Iglesia San Blas und den Palacio Arzobispal – und kostet 17 US$ (8,50 US$ für Studenten). Die einzelnen Orte können jeweils einzeln besichtigt werden, mit dem CRA spart man sich allerdings 30 Prozent. Es ist, ebenso wie die Einzeltickets, jeweils am Eingang erhältlich.

Flaggen & Wappen

Über Cuscos Plaza de Armas wehen zwei Fahnen. Das rot-weiß-rote Motiv der peruanischen Flagge geht auf die frühen Tage der Unabhängigkeit zurück. Der Überlieferung zufolge landete der Befreier José de San Martín an der Küste in der Nähe von Paracas und machte erst einmal ein Nickerchen am Strand. Als er aufwachte, sah er über sich einen Flamingoschwarm: Ihre ausgebreiteten roten Schwingen und blassen Körper inspirierten ihn zur Wahl der Nationalfarben.

Die zweite Fahne, das Regenbogenbanner von Tahuantinsuyo (der Name der Inka für die vier Ecken ihres Reichs), wurde 1978 zur offiziellen Flagge Cuscos erklärt.

Das 1540 vom spanischen König verliehene makabre Wappen Cuscos zeigt einen von acht Kondoren umgebenen Steinturm. Es verweist auf die Schlacht bei Sacsayhuamán 1536, als die Spanier so viele Tausend Inka-Krieger von Manco töteten, dass die unzähligen Leichen große Schwärme der Neuweltgeier anzog.

Stadt Machu Picchu sorgte für die Entstehung einer zunächst kleinen Tourismusindustrie, die sich inzwischen zur Haupteinnahmequelle der Stadt entwickelt hat.

Orientierung

Zur Zeit der Inka besaß Cusco einen großen zentralen Platz, der sich über die heutige **Plaza de Armas** und die nahe Plaza Regocijo erstreckte. Heute bildet die großzügige Plaza de Armas das Herz der Stadt, und es ist unmöglich, sich länger in Cusco aufzuhalten, ohne sie mehrmals zu überqueren. Beeindruckende koloniale Kirchen wie etwa die Kathedrale an der Nordostseite und La Compañía im Südosten beherrschen den Platz. Hinter den unter Säulengängen liegenden Bürgersteigen rund um die Plaza liegen Balkone, Restaurants, Geschäfte und Reisebüros. Die Behörden haben Werbeschilder aus dem Stadtzentrum verbannt, sodass die Plaza trotz der Besuchermassen ihr würdevolles koloniales Ambiente behalten hat.

Nordöstlich der Plaza de Armas liegt hinter der Kathedrale das Viertel **San Blas** mit einer wundervollen Kirche und zahlreichen Werkstätten und Galerien. Die beiden besten Museen Cuscos – das Museo Inka (siehe S. 128f) und das Museo Arte Precolombino (siehe S. 130f) – befinden sich in der Nähe, ebenso zahlreiche Hotels und eine gute Auswahl an Restaurants. Sie liegen beiderseits einiger der steilsten und schmalsten Straßen und Gassen der Stadt – perfekt für Lamas, aber schwierig für Autos. Auch Fußgänger haben es nicht einfach und sollten sich erst auf den Weg dorthin machen, wenn sie sich akklimatisiert haben.

Nordwestlich der Plaza de Armas finden sich in der Fußgängerzone Procuradores Treffs für Rucksacktouristen und Touristenfallen. Die Plateros mit einigen der beliebtesten Bars der Stadt verläuft parallel zur Procuradores und führt bis zur Hauptstraße nach Sacsayhuamán und den nahe gelegenen Ausgrabungsstätten.

Westlich und südlich der Plaza wird das Stadtgebiet flacher. An der schönen kleinen **Plaza Regocijo** liegen einige kleine Museen, nette

Hotels und die Municipalidad (Rathaus). Einen Block weiter folgt der zweitgrößte Platz der Stadt, die **Plaza San Francisco** mit einer großen, asketisch wirkenden Kirche. Noch weiter liegen der zentrale Markt San Pedro und der Bahnhof mit einer Zugverbindung nach Machu Picchu.

Die modernste Straße im Stadtzentrum, die **Avenida del Sol,** befindet sich unmittelbar südlich der Plaza de Armas. Eine lange Durchgangsstraße voller Banken und Geschäftshäuser führt an der Qoricancha, der Hauptpost und dem Bahnhof Puno vorbei. Sie endet am Ovalo Pachacutec, von dem aus eine Straße zum Busbahnhof oder zum Flughafen führt.

Die meisten Straßen in Cusco wechseln von Block zu Block ihren Namen. Überdies sind manche mit ihrem Namen in Quechua statt in Spanisch bezeichnet, was die Orientierung erschwert. Eine gute Karte ist deshalb unverzichtbar.

Kirchen an der Plaza de Armas

Der Bau der Renaissance-Kathedrale an diesem Platz begann 1550 und dauerte fast ein Jahrhundert. Die Kathedrale mit einem der eindrucksvollsten Innenräume aller peruanischen Kirchen wurde aus Blöcken erbaut, die einst Teil des Palastes von Inka Viracocha und von Sacsayhuamán waren. Links von der Kathedrale steht die **Iglesia de Jesús y María** (1733) und rechts die **Iglesia del Triunfo** (1536), Cuscos älteste Kirche. Da die Innenräume der drei Kirchen miteinander verbunden sind, können Besucher sie, ohne nach draußen zu gehen, besichtigen.

Wer an der Frühmesse teilnehmen möchte, betritt die Kathedrale durch ihre riesige Haupttür. Nach

Kathedrale
Plaza de Armas
$$$$

Die Kathedrale und die Iglesia de Jesús y María an Cuscos Plaza de Armas

Iglesia de La Compañía
✉ Südöstliche Seite, Plaza de Armas
$ $$ oder CRA

10 Uhr müssen Touristen durch die **Iglesia de Jesús y Maria** eintreten, wo Führer am Eingang für ein Trinkgeld eine Führung anbieten. Die Erbauer der Kirche bedeckten den opulenten Hauptaltar mit reichen Goldornamenten und die beiden gegenüber liegenden Altäre mit zahlreichen Spiegeln, um auch die indigene Bevölkerung in die Kirche zu locken.

Das älteste Gemälde in Cusco findet sich in der Nähe des Verbindungsbogens zwischen der Iglesia de Jesús y María und der Kathedrale. Es zeigt die während des Erdbebens 1650 mit einem Kruzifix umherziehenden Bürger. Die gemalte Anlage der Stadt ähnelt erkennbar dem heutigen Stadtplan. Das unter dem Namen **El Señor de los Temblores** (Herr der Erdbeben) bekannte Kruzifix hängt in einer Nische rechts von der Passage zwischen der Kathedrale und der Iglesia del Triunfo. Kerzenruß hat das Kruzifix über die Jahrhunderte hinweg geschwärzt.

An der äußeren rechten Wand der Kathedrale weist das berühmte Bild des letzten Abendmahls über dem Eingang der Sakristei unverwechselbare Spuren der lokalen Kultur auf. Jesus und den Aposteln werden Meerschweinchen serviert, Judas ähnelt auffallend Pizarro. Porträts von jedem Bischof Cuscos – von Pizarros Begleiter Vicente Valverde bis hin zum gegenwärtigen Amtsinhaber – dekorieren die Wände. Mehr als 400 Gemälde aus der Kunstschule von Cusco (siehe S. 131) schmücken den Rest der Kathedrale.

Der ursprüngliche Holzaltar ist an der Rückseite der Kathedrale zu finden. Vor ihm steht der derzeit für Gottesdienste genutzte Altar aus Silber (spätes 18. Jh.). Das hervorragend gearbeitete Chorgestühl in der Nähe ist mit geschnitzten Bildern von Dutzenden von Heiligen und Märtyrern geschmückt.

Wieder auf der Plaza de Armas lohnt ein Blick auf den linken Glockenturm der Kathedrale, der die größte Glocke Perus trägt. Sie wurde 1659 gegossen und wiegt 5,4 Tonnen. Erst nach drei Versuchen gelang ihr Guss. Beim dritten warf María Angola, eine in Cusco lebende Farbige, elf Kilogramm Gold in das geschmolzene Metall, deshalb trägt die Glocke heute den Namen La María Angola. Die Ureinwohner glauben, dass ein adliger Inka in den Wänden des Turms eingemauert ist und dass er – wenn der Turm jemals einstürzen sollte – fliehen und sein Volk befreien werde. Bislang hat der Turm aber die zahlreichen Erdbeben der Stadt unbeschadet überstanden.

INSIDERTIPP

Die Straßen Cuscos verströmen mehr Magie als jedes Museum. Wandern Sie einfach von der Plaza de Armas aus in alle Richtungen, vor allem aber nach oben Richtung Norden.

GREGORY DEYERMENJIAN
National Geographic-Stipendiat

Die Jesuiten erbauten 1571 die **Iglesia de La Compañía** an der Stelle des Palastes von Inka Huayna

ERLEBNIS: San Blas für Musiker

Jeder versteht die Sprache der Musik, sagen die Musiker und Handwerker von San Blas (siehe S. 129ff), von denen einige Instrumente bauen und andere Musikunterricht geben. Sie freuen sich auf den Besuch von Musikliebhabern in ihren Geschäften und Ateliers.

Der talentierte **Sabino Huaman** *(Hatunrumiyoc 451, Tel. 084/251486)* baut zehnsaitige *charangos* (Mandolinen ähnelnde Andeninstrumente), Gitarren, *zampoñas* (Panflöten), *quenas* (Holzflöten) und *cajones* (Trommelkisten). Er fertigt außerdem das einer Laute ähnelnde *marimacho*, den größeren Cousin des Charango: Es hat 16 Saiten und einen außergewöhnlich süßen Ton. Sabino bietet auch Unterricht für alle Instrumente an.

Professor **Jaime Arias Motta** *(E-Mail: jaimearias2@hotmail.com)* hat sich auf Blasinstrumente spezialisiert und lehrt Musik am **Instituto Superior de Música Leandro Alviña Miranda** *(Calle Tocuyeros 562, neben Cuesta San Blas)*. Seine in spanischer Sprache abgehaltenen Kurse führen die Studenten in die peruanische Volksmusik ein. Motta stellt außerdem Quenas und Zampoñas her und erteilt Privatunterricht.

Das winzige **Taki Andean Music Museum** *(Calle Hatunrumiyoc 487, Raum 5 hinten im Hof, Tel. 084/226897, So geschl., E-Mail: pinto.kike@gmail.com, www.takimuseum.org)* beherbergt die Privatsammlung traditioneller Instrumente des Musikers Kike Pinto mit einigen historischen Stücken. Das Museum verkauft CDs, Kassetten und Bücher. Pinto spricht Englisch und Deutsch und ist nachmittags gewöhnlich im Museum zu finden. Wer an einem Workshop oder einer Vorführung interessiert ist, sollte eine Gruppe von mindestens fünf Personen zusammenstellen und sich beim Museum anmelden.

Capac. Nach ihrer Zerstörung im Jahr 1650 erhielt die Kirche beim Wiederaufbau eine prachtvolle Barockfassade, die schöner als die der Kathedrale war. Der örtliche Bischof beschwerte sich darauf wortreich, dass die Kirche nun die Kathedrale überstrahlen würde. Als der Vatikan von diesem Streit erfuhr, stimmte Papst Paul III. dem Bischof zu. Sein Dekret erreichte Cusco allerdings so spät, dass der Bau von La Compañía nahezu abgeschlossen war und nicht mehr geändert werden konnte.

Die Jesuiten besaßen eine Sammlung an Ikonen und Kunstwerken, die sie aber bei ihrer Verbannung aus Peru im 18. Jahrhundert zum größten Teil mitnahmen. Zurück blieben zwei riesige Gemälde (17. Jh.), die heute in der Nähe des Haupteingangs von La Compañía hängen und die Hochzeit zwischen spanischen Männern und adligen Inkafrauen zeigen. Der opulent gestaltete Goldaltar der Kirche wird oft schön beleuchtet.

Loreto

Die enge Fußgängergasse Loreto verläuft parallel zur linken Seite von La Compañía und führt von der Plaza aus an einem 250 Meter breiten Block entlang nach Südosten. Dabei läuft man an der längsten unzerstörten Mauer der Inka-Kultur in Cusco entlang. Hinter dieser Mauer stand das *acllahuasi* („Haus der auserwählten Frauen"), die Residenz der hoch verehrten Frauen, die das Essen des Inka zubereiteten, seine Kleider webten, seine Kinder gebaren und an heiligen Zeremonien teilnahmen. Da diese Konkubinen abgeschieden lebten, nannten die Spanier sie irrtümlich „Jungfrauen der Sonne".

Museo y Convento de Santa Catalina

☒ Calle Santa Catalina Angosta & Arequipa

🕒 Wegen Renovierung geschl.

Museo Inka
Cuesta del Almirante & Calle Ataúd
084/237380
So geschl.
$$

1605 wurde ein Teil des *acllahuasi* zum Konvent **Santa Catalina,** eines noch heute aktiven Nonnenordens, umfunktioniert. Um Santa Catalina zu betreten, muss man zur Plaza de Armas zurückkehren und dann in die Calle Santa Catalina Ancha (an der äußeren östlichen Ecke der Plaza) einbiegen.

ERLEBNIS: Webkurse

Die beim Weben der Gürtel, Ponchos und Schals der Andenbevölkerung angewandten Techniken – eine von Perus wichtigsten kulturellen Traditionen – haben sich im Verlauf der letzten beiden Jahrtausende nur wenig geändert.

Das **Centro de Textiles Tradicionales del Cusco** *(Avenida del Sol 603, Tel. 084/228117, E-Mail: cttc@terra.com.pe, www.textilescusco.org)* ist eine außergewöhnliche Einrichtung, um mehr über diese lebendige Tradition zu lernen. Sein wunderschön gestaltetes Museum präsentiert die Geschichte, die Methoden, die Bedeutung und die geographischen Varianten der Webkunst. Aufschlussreiche Erklärungen erleichtern das Verstehen der Exponate. Gewöhnlich sind auch Weber zugegen, um praktische Demonstrationen zu geben. Besucher können im Museum an Kursen teilnehmen, die von Experten aus umliegenden Dörfern geleitet werden, oder einen Aufenthalt bei einer Familie im Dorf Chinchero arrangieren. Das Museum bietet erstklassige Stücke zum Verkauf an.

Das **Museo y Convento de Santa Catalina** besitzt eine exzellente Sammlung von Kunstwerken aus dem 17. und 18. Jahrhundert aus der Schule von Cusco. Die Werke sind nach Thema, Stil und Entstehungszeit geordnet. Es lohnt sich, einen der Führer am Eingang (einige sprechen Englisch; Trinkgeld) zu verpflichten, um etwas über die Geschichte dieser wichtigen Kunstschule zu erfahren. Die Sammlung umfasst außerdem Wandgemälde, Statuen, Möbel, Teppiche, Silberwaren, Bekleidungsstücke und Ähnliches. Das bekannteste Stück, eine große Holzkiste, offenbart kunstvoll modellierte religiöse Szenen, mit deren Hilfe die Missionare Geschichten aus der Bibel illustrierten.

Die schöne Kolonialkirche neben dem Konvent hat morgens für die Messe geöffnet. Die Nonnen nehmen in einem vergitterten Hinterraum an der Messe teil.

Museo Inka

Der Palacio Almirante (Admiralspalast) liegt einen Block nordöstlich der Plaza de Armas und beherbergt das Museo Inka. Das schöne Kolonialhaus, einst im Besitz von Almirante Francisco Aldrete Maldonado, wurde beim Erdbeben von 1650 schwer beschädigt und von Graf Pedro Peralta de los Ríos wieder aufgebaut. Sein Wappen schmückt den Eingang. Über der Eingangstür ist vor einem Eckfenster eine Säule in der Form einer nackten Frau zu sehen. Von innen sieht dieselbe Säule wie ein bärtiger Mann aus.

Im zentralen Hof des Museums geben Quechua-Frauen manchmal

Akklimatisierung

Wegen seiner Lage auf 3326 Metern Höhe sollten sich die Besucher von Cusco zunächst einmal akklimatisieren. Die meisten bemerken schon bald nach ihrer Ankunft die ersten Anzeichen der Höhenkrankheit: Das deutlichste Symptom ist Kurzatmigkeit, gegen die ein langsames Gehen hilft. Auch junge und fitte Menschen bleiben nicht verschont: Die Höhenkrankheit kann jeden treffen, die Menschen sind unterschiedlich anfällig für sie.

Die meisten Besucher kommen nach ein paar Stunden ganz gut mit den Symptomen – Kopfschmerzen, Appetitlosigkeit, Schlaflosigkeit, Schwindelgefühle, Dehydrierung, Übelkeit und ein aufgedunsenes Gesicht – zurecht. An den ersten ein oder zwei Tagen sollte man Anstrengungen vermeiden und viel trinken. Fast jedes Hotel bietet kostenlosen *maté de coca* (Cocablatt-Tee) an, der die Symptome lindern hilft. Wer diesen Tee nicht mag, sollte viel Wasser trinken. Um die Symptome von vornherein zu vermeiden, lassen sich manche Touristen von ihrem Arzt Diamox (Acetazolamid) verschreiben, ein Sulfonamid, das jedoch allergische Reaktionen verursachen kann.

Ein guter Weg, um die Symptome der Höhenkrankheit zu lindern, besteht darin, sich auf dem Weg nach Cusco zunächst auf einer niedrigeren Höhe zu akklimatisieren, etwa in Arequipa (2380 m). Alternativ kann man auch nach der Anreise von Lima nach Cusco aus zunächst hinunter nach Urubamba (2870 m) oder Ollantaytambo (2800 m) im Heiligen Tal reisen und später wieder nach Cusco hinauffahren.

Demonstrationen der traditionellen Webkunst und verkaufen ihre hochwertigen Produkte.

Um den Hof herum zeichnen einige Exponate die kulturelle Entwicklung der Region nach. Cuscos umfassendste Sammlung von Kunstwerken der Inka – darunter die größte Sammlung von *qeros* (hölzerne Trinkgefäße) – ist am Ende der breiten, von mythologischen Kreaturen bewachten Steintreppe zu bewundern. Zu den Höhepunkten zählen winzige türkisblaue Grabbeigaben aus der nahe gelegenen Ausgrabungsstätte Pikillacta (siehe S. 137), absichtlich deformierte und trepanierte (durchbohrte) Schädel sowie Mumien in einem rekonstruierten Grabmal. Textilien, Keramik, Gold, Metall und Schmuck sind ebenso zu sehen und in spanischer Sprache beschrieben. Auch die raffinierten Decken dieser ehemaligen Kolonialresidenz verdienen Aufmerksamkeit. Am Eingang kann man einen englischsprachigen Führer (Trinkgeld nicht vergessen) engagieren.

San Blas

Die meisten Reisenden kommen von der Plaza über die extrem steile Calle Triunfo an der rechten Seite der Iglesia del Triunfo in das attraktive Viertel San Blas. Nach einem Block verengt sich die Straße auf die Calle **Hatunrumiyoc** (Quechua-Wort für „große Steinstraße"), in der sich ein in die Mauer an der rechten Seite eingesetzter zwölfeckiger Stein befindet. Auf den dritten und steilsten Block, die Cuesta San Blas, trifft man schließlich an der Plaza San Blas, wo sich ein paar Handwerkergeschäfte befinden. An der Route liegen zahlreiche Touristenläden.

Die Gasse **Almirante** (auch Tucumán genannt) bietet eine andere Route hinauf nach San Blas. Sie beginnt an der Plaza de Armas und

Palacio Arzobispal

✉ Calle Hatunrumiyoc & Jr. Herrajes

$ $$ oder CRA

Iglesia San Blas
✉ Plaza San Blas
🕒 So. geschl.
$ $$ oder CRA

Museo de Arte Precolombino
✉ Plaza de las Nazarenas 231
☎ 084/233210
$ $$$

führt an der linken Seite der Kathedrale und am Museo Inka vorbei zur Plaza de las Nazarenas.

Der berühmte zwölfeckige Stein der Hatunrumiyoc ist in eine der am besten erhaltenen Mauern Cuscos aus der Inkazeit eingesetzt. Diese Mauer gehört heute zum **Palacio Arzobispal** (Erzbischöflicher Palast), der über dem im 15. Jahrhundert erbauten Palast des sechsten Inka Roca errichtet wurde. Beim Eintritt in den Erzbischöflichen Palast lohnt ein Blick auf die Türklopfer aus Messing. Sie sind viel zu hoch angebracht, aber von einem Reiter gut zu erreichen.

Die Sammlung religiöser Kunst umfasst Werke vor allem von Diego Quispe Tito (1611–81), einem von den Inka abstammenden Bewohner Cuscos, der ein Meister der sich damals entwickelnden Schule von Cusco wurde.

Das bemerkenswerte früh errichtete spanische Gebäude besitzt im maurischen Stil geschnitzte Türen und Zedernholzdecken.

Die **Iglesia San Blas,** eine kleine Adobekirche von 1562, ist eines der ersten außerhalb des Stadtzentrums gebauten Gotteshäuser. Nach dem Erdbeben 1650 wurde sie durch dickere Wände verstärkt und entwickelte sich langsam zu einem Depot für wichtige Kunstwerke. Im Inneren findet der Besucher einen barocken Blattgoldaltar und eine Kanzel, die zu den schönsten Beispielen der kolonialen Schnitzkunst zählt. Sie ist aus einem einzigen Zedernstamm gefertigt und mit Gesichtern, Früchten, Blumen, Ästen, Vögeln sowie einer Säule geschmückt, die an ihrer Spitze einen Schädel aufweist, dessen Identität unbekannt ist.

Eine Inkamauer an der Avenida Hatunrumiyoc

Eines von Perus führenden Museen, das **Museo de Arte Precolombino,** war ursprünglich eine auf Inkafundamenten erbaute Kirche. Die Familie Cabrera erwarb das Gebäude im 17. Jahrhundert. Es verfiel bis ins 20. Jahrhundert, wurde dann aber von der Banco Continental 1981 gekauft und restauriert. Das erst 2003 eröffnete Museum zeigt eine begrenzte Anzahl schöner Beispiele der Töpferkunst von Perus bedeutendsten Kulturen seit 1250.

Der Großteil der Ausstellungsstücke stammt aus dem Museo Rafael Larco Herrera (siehe S. 72) in Lima. Die Stücke werden hier eher als Kunstwerke denn als Ausgrabungsfunde präsentiert und vermitteln dem Besucher eine frische Perspektive auf die präkolumbische Kultur. Ein besonders schönes Paar von Mochica-Gefäßen zeigt auf subtile Weise die lebhaften Schnäbel und anmutigen Hälse von Kormoranen. Andere Galerien zeigen Muscheln, Gold- und Silberobjekte, *qeros*, Schnitzarbeiten und Kunst aus dem 16. und 17. Jahrhundert. Die Erläuterungen sind in spanischer, englischer und französischer Sprache verfasst. Die gesamte Sammlung wird durch sehr interessante gedruckte Kommentare über die Kunst der Ureinwohner von so herausragenden Künstlern wie dem Bildhauer Henry Moore (1898–1986) und dem berühmten französischen Maler Henri Matisse (1869–1954) ergänzt.

Im Museumshof weben und verkaufen Quechua-Frauen ihre Textilien in einem Laden des Zentrums für traditionelle Textilien (siehe S. 128). Das Museums-Café eignet sich ideal für eine kleine Zwischenmahlzeit.

Vor dem Museum ermöglicht die **Plaza de las Nazarenas** eine kleine Pause auf Bänken unter Schatten spendenden Bäumen. Der Platz ist benannt nach dem Convento de las Nazarenas, einer Zusammenkunft, die heute Teil des

Die Kunstschule von Cusco

Im 16. Jahrhundert machten die Spanier Perus einheimische Bevölkerung mit dem Konzept bemalter Leinwände bekannt. Die europäische Kunst, die sie einführten, war fast ausschließlich religiöser und belehrender Natur und sollte den Ureinwohnern das Christentum näher bringen. Die einheimischen Künstler, die die Malerei durch das Kopieren dieser Kunstwerke erlernten, fingen schon bald an, Ortskolorit wie eine das Jesuskind stillende Heilige Jungfrau, Papageien anstelle von Tauben in ihre eigenen Bilder zu integrieren und vor allem Rot-, Gelb- und Erdtönen zu verwenden. Diese Kombination aus europäischen Motiven und der Bildsprache der Anden charakterisiert die Kunstschule von Cusco.

Luxushotels El Monasterio ist und sich am Ort des Klosters San Antonio Abad befindet. Der Hof und die Barockkirche links vom Hotel können besichtigt werden.

Westlich der Plaza de Armas

Die zwischen 1657 und 1680 erbaute **Iglesia La Merced** ist für viele Cuscos drittwichtigste Kirche und liegt eineinhalb Blocks südwestlich der Plaza de Armas. Der Eingang zum Museum und zum Kloster befindet sich hinten in einem kleinen Hof an der linken Sei-

Iglesia La Merced
✉ Calle Mantas s/n
☎ 084/231821
🕒 So geschl.
$ $

Museo Histórico Regional
✉ Calles Garcilaso & Heladeros
$ $$ oder BTC

Traditionelle Tänze vor der Iglesia de la Compañía

Iglesia Santa Clara
✉ Calle Santa Clara s/n
🕒 Wegen Renovierung geschl.

te der Kirche. Zu den Höhepunkten zählen eine mit kostbaren Edelsteinen, darunter 1500 Diamanten, und 1600 Perlen besetzte Prozessionsmonstranz. Das aus massivem Gold gefertigte Stück wiegt 22 Kilogramm und ist 1,3 Meter hoch. Die Kirche besitzt 13 Altäre und birgt die Grabstätten Gonzalo Pizarros (ca. 1506–48), einem Halbbruder von Francisco Pizarro, und dessen Hauptmann Diego de Almagro (ca. 1475–1538).

Plaza Regocijo: In der Inkazeit umfasste Cuscos Hauptplatz sowohl die heutige Plaza de Armas als auch die kleinere Plaza Regocijo einen kurzen Block weiter südwestlich. Hier befindet sich das auch als Casa Garcilaso de la Vega bekannte **Museo Histórico Regional.** Einer der Chronisten des Lebens der Inka – Garcilaso de la Vega – wurde 1539 in Cusco als Sohn einer Inka-Prinzessin und eines spanischen Offiziers geboren. Das Museum bietet von allem etwas – von steinzeitlichen Pfeilspitzen bis hin zu Kolonialmöbeln –, leider fehlt es aber zumeist an Beschreibungen. Ein Führer (Trinkgeld) macht den Besuch deshalb besonders lohnend.

Ebenfalls an der Plaza Regocijo gelegen, präsentiert das **Museo de Arte Contemporaneo** innerhalb der Municipalidad eine kleine, interessante Ausstellung von Werken einheimischer und zuweilen auch internationaler Künstler.

Plaza San Francisco: Von dieser Plaza aus führt die Calle Garcilaso in südwestlicher Richtung zur großzügigen Plaza San Francisco und der **Iglesia San Francisco.** Die 1645 gegründete Kirche besitzt großartig geschnitztes Chorgestühl, eine Krypta mit menschlichen Überresten und eine große Sammlung kolonialzeitlicher Kunst, darunter ein neun mal zwölf Meter großes Gemälde, das viele für das größte ganz Südamerikas halten. Dieses von Juan Espinoza de los Monteros (er arbeitete 1638–69 in Cusco) gemalte Bild zeigt den Familienbaum von Franz von Asissi.

Die im 16. Jahrhundert erbaute **Iglesia Santa Clara,** einen halben Block westlich der Plaza San Francisco, ist außerhalb der Messe (6 bis 7 Uhr) nur selten geöffnet. Das frühe Aufstehen lohnt sich

INSIDERTIPP

Der zentrale Marktplatz öffnet eine Tür in die lebende Vergangenheit, es gibt hier alle nur vorstellbaren einheimischen Produkte inmitten einer zeitlosen Kakophonie aus Andenbewohnern und -waren.

GREGORY DEYERMENJIAN
National Geographic-Stipendiat

aber, um einen Blick auf den einzigartigen Innenraum zu werfen, der fast vollständig mit kleinen Spiegeln bedeckt ist.

Die Nonnen des angeschlossenen Klosters nehmen verborgen hinter einem Metallgitter hinten in der Kirche an der Messe teil.

Einen Block weiter südwestlich wird auf dem riesigen Markt San Pedro oder dem **Mercado Central** von Hühnerfüßen und Kokablättern bis hin zu Regenschirmen und Unterwäsche praktisch alles verkauft, was die Einheimischen so brauchen. Auch wenn es kein Souvenirmarkt ist: Taschendiebe sind trotzdem unterwegs.

Eines der faszinierendsten Museen der Stadt liegt zwei Blocks nordwestlich der Plaza San Francisco. Das **Museo de Arte de Niños Andinos** (Museum zur Kunst der Andenkinder) wird von der Aylluy Yupachay-Kulturgemeinschaft betrieben: Die 1991 gegründete Organisation kümmert sich um die Verbesserung der Bildung in den über30 extrem abgelegenen Bergdörfern im Distrikt Cusco. Die Einrichtung finanzierte u. a. Lehrerreisen in Dörfer, in denen Quechua-

Eine spektakuläre Show in Cusco

Schwindelerregende Akrobatik, Schauspieler über den Köpfen der Zuschauer, phantasievolle Kostüme, eine flotte Choreografie, aufregende Musik, rührende Geschichten – man könnte meinen, am Broadway oder in Londons West End zu sein. **Kusikay** *(Teatro Garcilaso, Unión 117, Tel. 084/243528, E-Mail: info@kusikay.com, www.kusikay.com, So–Mo geschl., $$$–$$$$)* hat ein altes Theater mit 500 Plätzen in eine Bühne für das 21. Jahrhundert verwandelt. Die aktuelle Produktion *Chaska* erzählt die Geschichte eines Andenmädchens, das ihr Dorf retten muss. Auf ihrer mythischen Reise wird sie von einem alten weisen Mann geführt, sie kommuniziert mit Göttern aus unterschiedlichen peruanischen Kulturen und erkennt ihre eigene adlige Herkunft.

Museo de Arte de Niños Andinos

✉ Calle Teatro 344
☎ 084/241416
🕒 Sa–So geschl.

www.aylluyupaychay.org

Museo de Arte Popular
Ave. del Sol 103, Untergeschoss
$$ oder BTC

Kinder niemals zuvor Kunst gesehen hatten. Die Kinder lernten auf diese Weise die Grundlagen der Arbeit mit Farbe und Pinsel und schufen anschließend eigene Bilder. Dabei brachten sie eine ganz individuelle, durch ihre Kultur geprägte Weltsicht zum Ausdruck. Ein kurzes Video erklärt die Lehrmethoden und die Zusammenarbeit mit den Dorfgemeinschaften. Das Projekt brachte Tausende Bilder hervor; die interessantesten werden nach Themen geordnet im Museum ausgestellt. Schilder in spanischer und englischer Sprache erklären die Werke. Die Ausstellung umfasst auch die persönliche Sammlung des Museumsleiters von 350 *ch'uspas*. So heißen die kleinen, gewobenen Taschen, in denen die Männer Kokablätter bei sich tragen.

Entlang der Avenida del Sol

Das **Museo de Arte Popular** im ersten Block der Avenida stellt interessante Werke von einigen der in San Blas arbeitenden Künstler aus, darunter Hilario Mendivils charakteristische langhalsige Statuen, mit Blattgold geschmückte Krippen

ERLEBNIS: Reisen mit Bus & Bahn

Überlandbusse fahren von dem großen **Terminal Terrestre** *(Ave. Vallejos Santoni cuadra 2, Tel. 084/224471)* ein paar Blocks neben der Avenida del Sol und 2,4 Kilometer südöstlich der Plaza de Armas ab. Am Busbahnhof finden sich Geldautomaten, Internet, eine Apotheke und Imbissstände. Von hier aus fahren Busse nach Lima *(20–22 Std.)*, Puerto Maldonado *(18–22 Std.)*, Ayacucho *(20–22 Std.)*, Arequipa *(9–11 Std.)*, Puno *(6–7 Std.)* und zu anderen Zielen.

Busse

Puno: Inka Express *(La Paz C-32, Urbanización El Ovalo Pachacutec, Tel. 084/247887, www.inkaexpress.com)* bietet komfortable Reisebusse *(10 Std., $$$$)* mit englischsprechenden Führern, hält an Ausgrabungsstätten auf der Strecke und serviert auch Mittagessen.

Calca via Pisac: Die Lokalbusse von Corredor Cuzco-Calcas *(Tullumayo 207, Tel. 084/229872)* fahren alle 15 Minuten *(45 Min.; $)*.

Urubamba: Busse von Transportes Urubamba *(Ave. Grau & Pavitos, Tel. 084/242349)* fahren über Chinchero alle 15 Minuten ab *(90 Min.; $)*. Einige fahren um 6.30, 12.30 und 16 Uhr nach **Maras**. Von Urubamba starten Gemeinschaftstaxis ab der Pavitos 567 über Chinchero, wenn genug Fahrgäste beisammen sind *($)*.

Ollantaytambo: Besucher sollten nach Urubamba fahren und dort umsteigen.

Urcos: Empresas ASTRAUC *(Ave. de la Cultura at Pasaje Carrasco, Tel. 084/231373)* betreibt Buslinien, die durch Tipón, Pikillacta und Andahuaylillas fahren und alle 30 Min. abfahren *(85 Min., $)*.

Ganz in der Nähe betreibt Empresa Laguna Azul *(Ave. de la Cultura 1206, Tel. 084/507677)* Gemeinschaftstaxis nach Urcos *($)* und fährt – in Abhängigkeit von der Wartezeit – für rund 30 US$ an den Sehenswürdigkeiten vorbei.

Züge

Cusco besitzt zwei getrennte Bahnhöfe. Die **Estación Wanchaq** *(Ave. Pachacutec in der Nähe der Ave. del Sol, Tel. 084/238722 oder 084/581414, www.perurail.com)* ist das Zentrum für den Fahrkartenverkauf und Ausgangspunkt der Züge nach Puno: Sie starten Mo, Mi & Sa *(in der Hochsaison auch Fr)* um 8 Uhr, wobei nur in der Ersten Klasse ein Mittagessen serviert wird *(10 Std.; $$$$$)*. Züge nach Aguas Calientes fahren von der **Estación San Pedro** mit dem Ziel Machu Picchu (siehe S. 139) ab.

von Antonio Olave und Santiago Rojas' Masken und Tänzer. Die Ausstellung umfasst ferner Fotografien von Cusco im frühen 20. Jahrhundert, darunter einige von Martín Chambi, der als „Vater der Fotografie Cuscos" bezeichnet wird.

Qoricancha: Jeder Cusco-Besucher sollte diese Inka-Stätte besuchen, die die Basis der **Iglesia Santo Domingo** bildet, und zwar von der Avenida del Sol aus. Die sechs Meter hohe Mauer der Qoricancha weist sanfte Rundungen auf – eine in der Architektur der Inka (die vor allem auf trapezförmigen und rechteckigen Formen beruhte) sehr seltene Erscheinung. Die außergewöhnliche Form lässt darauf schließen, dass das Gebäude damals wohl eine wichtige Funktion hatte.

Die einst mit Hunderten Platten aus massivem Gold und Silber geschmückte Qoricancha („goldener Hof") beherbergte Gärten mit Edelmetallen gefertigten Menschenstatuen. Leider ist von diesen Schätzen nichts erhalten geblieben: Die Konquistadoren schmolzen alles ein und ließen nur einige der Steinmauern stehen.

Nun geht die Straße Santo Domingo hinauf zum Seiteneingang der Kirche. Da nur wenige Stücke beschriftet sind, lohnt es sich, einen Führer ($) zu engagieren.

Im Eingang finden sich Fotografien aus der Zeit vor und nach dem Erdbeben 1950. Die Kirche wurde dabei schwer beschädigt, die Mauern der Inka überstanden aber (wie schon 1650, als die ursprüngliche Kirche einstürzte) selbst die schlimmsten Erdstöße. Im Inneren umgibt ein **Säulengang** einen leeren Hof mit einem achteckigen Taufbecken, das den spanischen Chronisten zufolge einst mit 55 Kilogramm Gold bedeckt war.

In einem Restaurant in Cusco

Rechts an einer Wand hängen aus der Kolonialzeit stammende Gemälde mit Szenen aus dem Leben des heiligen Dominik, die Mauer führt zu einem als **Mondtempel** bekannten Areal. Diese aus behauenen Steinen und Trapezformen errichteten Räume zählen zu den besten Beispielen für die Technik der Inka, Steine perfekt ineinander zu fügen. Hinter dem Tempel wird die Rückseite der von der Avenida del Sol aus zu sehenden Mauer sichtbar – sie bildet einen Teil des Mondtempels.

Gegenüber vom Mondtempel, auf der anderen Hofseite, bildet ein Ensemble weiterer schöner Inka-Räume den **Tempel des Blitzes, des Donners und des Regenbogens.** Jeder dieser drei Räume besitzt ein trapezförmiges Fenster, die

Iglesia Santo Domingo

✉ Calle Santo Domingo & Ave. del Sol
🕒 So vormittag geschl.
$ $$

Museo de Sitio del Qorincancha

$ $$ oder BTC

Centro Qosco de Arte Nativo

✉ Ave. del Sol 604
☎ 084/227901
$ $$ oder BTC

Monumento al Inca Pachacutec
✉ Óvalo Pachacutec
$ $$ oder BTC

so angeordnet sind, dass man von einer bestimmten Stelle aus durch alle drei Räume blicken kann. Im Erdgeschoss bilden kleine Kieselsteine den Bodenbelag. Abflüsse gehen auf die Straße hinaus, ihre Funktion ist allerdings unbekannt. Sie könnten bei Opferzeremonien (*chicha*) genutzt worden sein, um Regenwasser abzuleiten, oder als Sprachrohre.

Das **Monumento al Inca Pachacutec,** ein 22,4 Meter hoher Steinturm, steht im Kreisverkehr an der Avenida del Sol etwa 1,6 Kilometer von der Plaza de Armas entfernt: Eine 11,5 Meter hohe Bronzestatue des Inkaführers aus dem 15. Jahrhundert blickt oben auf dem Turm mit in die Luft gehaltenen Armen über die Stadt. Im Inneren des Turms befindet sich eine Ausstellung sowie eine Beobachtungsplattform.

Blick auf Cusco vom 250 Meter über der Stadt liegenden Sacsayhuamán

Weitere Stopps: Zurück auf der Straße vor Santa Domingo präsentiert das winzige, in einem Keller liegende **Museo de Sitio del Qoricancha** eine kleine Ausstellung aus Kunstwerken und Fotos. Um die Ausstellung verstehen zu können, muss man die Qoricancha allerdings vorher besucht haben.

Um 19 Uhr führt das Theater **Centro Qosco de Arte Nativo** lokale Tänze in Kostümen und zu traditioneller Musik auf.

Ausgrabungsstätten in der Nähe

Die vier Inka-Stätten, die am nächsten zu Cusco liegen – Sacsayhuamán, Q'enqo, Pukapukara und Tambomachay –, lassen sich leicht an einem Tag besichtigen. Für alle ist das BTC erforderlich. Die preiswerteste Methode besteht darin, morgens einen Bus nach Pisac zu nehmen, bei Tambomachay auszusteigen, dann zu Fuß nach Cusco zurückzukehren (9 km) und dabei unterwegs die anderen Stätten zu besuchen. Die meisten Touristen nehmen hierfür die Hauptstraße, es gibt in der Gegend aber auch noch längere Wanderwege. Alternativ nimmt man an geführten Touren teil oder mietet ein Taxi von Cusco aus *($$$ nach Tambomachay, $$$$$ für eine Halbtagestour)*.

Sacsayhuamán: Wer nur wenig Zeit hat, sollte auf jeden Fall Sacsayhuamán besuchen: Sie ist die größte und faszinierendste der Stätten rund um Cusco. Bereits akklimatisierte Reisende können zu dem etwa 250 Meter oberhalb der Stadt gelegenen Eingang wandern. Es gibt mehrere Routen: Eine führt über die Stufen der Straße Resbalosa zur Kirche San Cristóbal und biegt dann nach rechts auf die Hauptstraße zu einer Haarnadelkurve ab, wo weitere markierte Stufen nach Sacsayhuamán hinaufführen (ab dem Stadtzentrum 30–45 Min.). Die Alternative ist ein Taxi *($$)* über die längere Straße.

Auf Quechua bedeutet Sacsayhuamán „zufriedener Falke". So groß der Komplex auch wirkt: Es handelt sich nur noch um ein Fünftel der ursprünglichen Anlage. Seit Baubeginn Mitte des 15. Jahrhunderts arbeiteten hier Tausende einheimischer Arbeitskräfte und schnitten und schoben massive Felsblöcke an ihre vorgesehenen Positionen. In seiner Blütezeit könnte Sacsayhuamán durchaus die Wohnheimat von 10 000 Menschen gewesen sein.

Ein Jahrhundert später rissen die Spanier die Bauwerke ein und benutzten die Felsblöcke, um in Cusco Häuser, Kirchen und sonstige Gebäude zu errichten. Sie konnten die massiven Fundamente, die drei beeindruckende Stufen aus Zickzackmauern mit einer Gesamtlänge von 300 Metern bilden, allerdings nicht so leicht fortbewegen. Mit 22 Mauern dürfte diese zuck-

Tipón

Karte S. 121

$$$ oder BTC

Pikillacta

Karte S. 121

$$$ oder BTC

Inka- & Wari-Stätten südöstlich von Cusco

Die befestigte Schnellstraße 3 südöstlich von Cusco führt an mehreren lohnenden Sehenswürdigkeiten vorbei. Der Abzweig nach Tipón befindet sich etwa 21 Kilometer von der Stadt entfernt, von dort führt eine kurze Straße bergauf. Hier bewirtschaften die Einheimischen immer noch ein Dutzend großer, von den Inka angelegter Terrassen. Das Bewässerungssystem beginnt an einem Brunnen mit vier Auslässen und führt fast eineinhalb Kilometer durch einen Steinkanal mit mehreren Stufen.

Die Wari-Stadt **Pikillacta** liegt 30 Kilometer südöstlich von Cusco an der Nordseite der Schnellstraße. Bei dieser etwa um 1100 errichteten Siedlung handelt es sich um die einzige vorinkaischen Stätte in der gesamten Region. Die Steinarbeiten mögen grob sein, aber die schiere Größe der Stadt mit ihren langen, von sechs Meter hohen Mauern eingegrenzten Straßen ist immer noch beeindruckend. Unmittelbar gegenüber liegt **Rumicolca,** wo ein riesiges Inka-Tor über den Fundamenten eines Aquädukts der Wari den Eingang in das Tal von Cusco markiert.

Obwohl sie weder auf die Wari oder Inka zurückgeht, ist die jesuitische **Iglesia de San Pedro** im Dorf **Andahuaylillas,** 37 Kilometer von Cusco entfernt, wegen ihres überaus prächtigen Kirchenraums sehenswert. Ein Kustos hat den Schlüssel *($)*.

zackförmige Anlage der Verteidigung gedient haben: Ein Angreifer, der die Mauern überwinden wollte, hätte den Bewohnern immer eine offene Flanke geboten. Die Anlage ist dafür verantwortlich, dass Sacsayhuamán heute in erster Linie als eine Festung gesehen wird.

Einst standen drei große Türme auf den Wällen, von denen heute nur noch die Fundamente zu sehen sind. Einer von ihnen war rund und könnte als ein Wasserturm der Garnison gedient haben. Möglicherweise benutzten die Inka die anderen beiden Türme bei rituellen Zeremonien der Anbetung des Himmels, der Sonne, des Monds, der Sterne, des Donners und des Blitzes.

INSIDERTIPP

Bei nächtlicher Beleuchtung ist ein Besuch Sacsayhuamáns besonders schön, vor allem bei einem Picknick gemeinsam mit Inka-Geistern. Hinterher aber das Aufräumen nicht vergessen!

ADRIAN COAKLEY
National Geographic-Bildredakteur

Gegenüber von den Wällen erhebt sich auf der anderen Seite einer großen, flachen Fläche, die heute beim jährlichen Fest Inti Raymi genutzt wird, ein Hügel namens Rodadero. Spanischen Chroniken zufolge bedeckten einst Lagerhäuser, Hütten und andere Gebäude seine Seiten. Die behauene und polierte Bank oben auf dem Hügel ist unter dem Namen „Thron des Inka" bekannt. Das hier gelegene Planetarium Cusco (siehe S. 158) lohnt ebenfalls einen Besuch.

Q'enqo: Q'enqo – dessen Name von dem Quechua-Wort für „Zickzack" stammt – liegt auf der rechten Seite der Straße nach Pisac zwei Kilometer von Sacsayhuamán entfernt. Diese kleine Stätte ist ein großer Kalksteinfels, der mit in den Stein gehauenen Kanälen im Zickzackmuster bedeckt ist, die die Inka bei rituellen Opfern von Blut oder, was wahrscheinlicher ist, von Maisbier *(chicha)* genutzt haben könnten. Die Wände weisen in den Stein gehauene Tierbilder auf; das kleine Amphitheater kam bei feierlichen religiösen Ritualen zum Einsatz.

Pukapukara & Tambomachay: Der nach dem rosafarbenen Granit, aus dem seine Gebäude bestanden, benannte kleine Komplex Pukapukara („Rotes Fort") diente vermutlich als *tambo*, d. h. als Wachposten. Von hier oben (3700 m) hat man einen tollen Blick auf das Tal, in dem Cusco liegt. Pukapukara (vermutlich Mitte des 15. Jhs. erbaut) liegt rechts der Hauptstraße dort, wo der Bus nach Pisac seine Fahrgäste absetzt.

Gegenüber führt eine unbefestigte Straße 300 Meter nach **Tambomachay,** einem sich über drei Stufen erstreckenden Bauwerk über einer natürlichen Quelle, das auch „Bad des Inka" genannt wird.

Gegenüber der Kaskade steht ein kleiner Steinturm. Von oben haben Besucher einen schönen Blick auf Pukapukara. ■

ERLEBNIS: Mit dem Zug nach Aguas Calientes

Wer nicht gerade über den Inka-Pfad wandert, muss den Zug nach Aguas Calientes nehmen, um Machu Picchu zu erreichen. Diese Fahrt, ein integraler Bestandteil einer Besichtigung von Machu Picchu, kostet heute ein kleines Vermögen. Die Träger auf dem Inka-Pfad fahren mit einem deutlich billigeren lokalen Zug heim, den aber nur die Einwohner von Cusco benutzen dürfen.

Für fanatische Eisenbahnfreunde kommt nur die Fahrt von Cusco aus infrage. Nachdem er den Bahnhof San Pedro *(Ave. Cascaparo s/n & Santa Clara)* verlassen hat, fährt der Zug im Zickzackkurs und mit einem tollem Blick auf die Plaza aus der Stadt heraus. Etwa nach 45 Minuten passiert er den Bahnhof Poroy und später die große Düngemittelfabrik von **Cachimayo.** Anschließend rollt der Zug durch die Stadt **Izcuchaca** und über das hohe Anta-Plateau.

Der Zug wendet sich dann nach Norden und folgt dem schmalen Tal des **Río Pitumayo**, nach einer weiteren Achterbahnfahrt ist das **Tal des Río Urubamba** erreicht. Nach etwas mehr als zwei Stunden nach der Abfahrt aus Cusco biegt der Zug dann links nach **Ollantaytambo** ab. Auf der rechten Seite sind nun große Inka-Terrassen zu sehen.

Während des fünfminütigen Aufenthalts in Ollantaytambo bieten Souvenirhändler Waren an. Nach Abfahrt können die Fahrgäste einen kurzen Blick auf die Inka-Stätte hoch oben rechts erhaschen und später, ebenfalls rechts, die eisigen Hänge des **Verónica** (5750 m) bewundern. Der Río Urubamba fällt auf der linken Seite tief ab.

Nachdem die **Terrassen von** Llactapata jenseits des Flusses zu sehen sind, hält der „Backpacker-Zug" auf Anfrage bei KM 88 (siehe unten). Eine Fußgängerbrücke führt hier über den Fluss zum Anfang des Inka-Pfads. Dann ist bald Aguas Calientes erreicht.

Praktische Reisetipps

Reisende haben die Wahl zwischen drei Linien: Backpacker, Vistadome und Hiram Bingham (2. Klasse, 1. Klasse und Luxusklasse). Alle Linien sind komfortabel, der Vistadome bietet aber größere Fenster als der Backpacker-Zug. Außerdem werden hier ein kostenloser Snack und Softdrinks serviert. Die meisten Touristen nehmen deshalb den Vistadome, der Backpacker tut es aber durchaus auch.

Beide Züge fahren täglich in Cusco ab. Der Vistadome startet um 6.05 Uhr, Ankunft ist 9.52 Uhr (einfache Fahrt 71 US$). Der Backpacker-Zug startet um 6.50 Uhr und kommt um 10.51 Uhr an (einfache Fahrt 48 US$). Viele Züge fahren in **Ollantaytambo** los, wo sich die Hotels um den Transport ihrer Gäste zum und vom Bahnhof kümmern. Der Fahrpreis nach Machu Picchu hängt von der Abfahrtszeit ab – er ist höher für Fahrgäste, die einen Tagesausflug planen. In der Hochsaison gibt es täglich fünf Backpacker-Züge *(90 Min.; einfache Fahrt 31 bis 43 US$)* und elf Vistadome-Züge *(einfache Fahrt 43–60 US$)*. In der Nebensaison fahren täglich drei Backpacker- und acht Vistadome-Züge.

Eine der Lokomotiven auf der Ollantaytambo-Strecke

Die Luxusvariante, der Hiram Bingham, fährt von Montag bis Samstag um 9 Uhr in **Poroy** *(etwa 20 Autominuten von Cusco entfernt)* ab und erreicht Aguas Calientes um 12.25 Uhr, die Rückfahrt beginnt um 17.45 Uhr. Der Preis (588 US$) für die Rundfahrt umfasst den Transfer nach und den Eintritt für Machu Picchu, außerdem eine Führung, Mahlzeiten und Cocktails.

Da einige Reisende über den Inka-Pfad kommen, fahren gewöhnlich mehr Leute von Aguas Calientes aus zurück, als hingefahren sind. Es empfiehlt sich, die Rückfahrkarten im Voraus zu kaufen. Alle Fahrkarten müssen am Bahnhof Wanchaq, in einem Reisebüro oder online *(E-Mail: reservas@perurail.com, www.perurail.com)* gekauft werden.

El Valle Sagrado

El Valle Sagrado – das Heilige Tal – bezeichnet den kleinen Teil des Río Urubamba zwischen Pisac und Ollantaytambo. In dieser äußerst fruchtbaren Tallandschaft – in Cusco schlicht „das Tal" genannt –bauten die Inka wichtige zeremonielle und rituelle Stätten, großzügige landwirtschaftlich genutzte Terrassen und strategische *tambos* und Festungen. Heute bieten die kleinen Städte im Tal Unterkunftsmöglichkeiten und interessante Märkte.

Die Inka-Terrassen von Pisac gehören zu den besten in Peru

HINWEIS: Informationen darüber, wie man eine Geotourismus-Karte bekommt, und über das Reisen im Heiligen Tal sind auf der Website von Dircetur *www.dirceturcusco.gob.pe.* zu finden

Pisac

Karte S. 121

Pisac

Das 33 Kilometer nordöstlich von Cusco gelegene hübsche Dorf Pisac unweit des Ufers des Urubamba liegt auf 2972 Metern Höhe und ist das nächstgelegene Städtchen des Heiligen Tals.

Busse halten gewöhnlich an der Brücke über den Urubamba fünf Blocks südlich vom Hauptplatz, wo sonntags der berühmte Markt stattfindet. Ursprünglich trafen sich hier die umliegenden Bauern, um ihre Produkte zu verkaufen – heute wird hier vor allem ein großer Kunsthandwerksmarkt abgehalten. Doch nach wie vor gehen die Bauernfamilien in ihrer traditionellen Kleidung an der Westseite des Platzes ihren Geschäften nach.

Der Kunsthandwerksmarkt hat sich inzwischen auch in die Straßen in der Nähe der Plaza ausgeweitet. Touristen finden hier alle möglichen Hochland-Souvenirs. Handeln gehört dazu, am Ende gleichen die Preise denen in Cusco. Die Auswahl ist jedoch groß, und die Atmosphäre unter freiem Himmel schöner als auf Cuscos Märkten. An Dienstagen und Donnerstagen ist der Kunsthandwerksmarkt (jedoch nicht der Lebensmittelmarkt) fast so groß wie sonntags. In der Hauptsaison findet auch an den verbleibenden Tagen ein, wenn auch kleinerer, Markttag statt.

Sonntags wird in der Hauptkirche an der Nordseite des Platzes um 10 Uhr die Messe in Quechua gelesen. Sie endet mit einem prächtigen Auszug der Führer der umliegenden Dörfer aus der Kirche. Alle sind schön gekleidet und tragen versilberte Stäbe.

Die wichtigste Inka-Stätte von **Pisac** *($$$$$ oder BTC)* liegt etwa 300 Meter oberhalb des Dorfes. Der Aufstieg über den steilen, etwa vier Kilometer langen Fußweg, der an der Westseite (d. h. der linken Seite) der Hauptkirche anfängt, dauert etwa eineinhalb bis zwei Stunden. Man kann aber auch mit einem Taxi *($$)* die zehn Kilometer lange Straße nehmen. An Sonntagen mit vielen Touristen befahren auch *combis* die Route. Wer ein Taxi nimmt, sollte sich unbedingt am oberen der beiden Parkplätze absetzen lassen, von wo aus ein Fußpfad um den Hügel und oberhalb der großartig angelegten Terrassen zu einem Sattel führt *(10–15 Min.)*. Hier finden sich restaurierte Inka-Bäder mit fließendem Wasser.

Jenseits des Sattels und über ein enges Tal hinweg liegt eine durchlöcherte Felswand: Dies ist alles, was noch von alten Inkagräbern übrig ist, die schon vor langer Zeit von *huaqueros* (Grabräubern) geplündert wurden. Die Gräber sind für Ausländer nicht zugänglich.

Der Hauptweg biegt unterhalb einiger Gebäude, vermutlich die Häuser wichtiger Adliger und hoher Priester der Inka, nach links ab und führt dann etwa einen Kilometer weiter durch einen steinernen Türbogen, einen Tunnel und über Stufen – ein schönes Beispiel für die Ingenieurskunst der Inka. Dabei fallen die Terrassen die ganze Zeit über nach links ab, sodass man immer einen großartigen Blick hat. Der Pfad erreicht schließlich einen beeindruckenden Aussichtspunkt auf die schönen Steinmetzarbeiten der sich unterhalb erstreckenden Gebäude des Haupttempels.

Die Steinarbeiten in dem zentralen, wichtigsten Gebäude der Anlage sind genau so perfekt gemacht wie alle anderen im Inka-Reich. Im Zentrum der Stätte umschließt die runde Mauer einer astronomischen Beobachtungsstation ein behauenes steinernes Monument namens **Intihuatana** („der Ort, an dem die Sonne angebunden ist"). Die Inka nutzten es für die Beobachtung des Himmels. Es wurde im

Frisches Brot

Wer in Pisac Hunger bekommt, sollte von der Nordwestecke der Plaza aus die Calle Mariscal Castilla in Richtung Osten gehen. Am ersten Block finden sich auf der linken Seite große Adobe-Holzfeueröfen, bei denen köstliche flache Brötchen frisch und heiß aus dem Ofen verkauft werden. Im Adobe-Schloss im Miniaturformat in der Nähe leben Meerschweinchen *(cuyes)*.

Awanakancha
☎ 084/253611 oder 084/203287
www.awanakancha.com

16. Jahrhundert von den Spaniern schwer beschädigt und ist in letzter Zeit auch noch das Opfer skrupelloser Diebe geworden. Nichtsdestoweniger flößt die großartige Umgebung Besuchern immer noch Ehrfurcht ein.

Weit unterhalb dieses Punktes fließt der Río Urubamba. Er windet sich allerdings nicht sanft durch das Flachland des Tals, sondern fließt über weite Abschnitte ganz gerade. Die Inka zwängten den Fluss mit Hilfe von Steinkanälen in ein künstliches Bett, vergrößerten so die Anbaufläche für die Landwirtschaft und verhinderten gleichzeitig den Bodenabtrag.

Jenseits der zentralen Gebäude liegt ein rechteckiges rituelles Bad. Wer von hier aus nach Süden läuft, kommt zur Spitze des Fußpfades, der hinunter nach Pisac führt. Man kann sich aber auch nach links wenden und auf dem unteren Pfad durch die Terrassen zum unteren Parkplatz gehen, wo Taxi oder Bus warten. Es gibt hier keinen öffentlichen Nahverkehr. Die Fahrten werden privat organisiert.

Die Wunder der Tempel von Pisac – die fabelhaften Steinarbeiten, die alten Inkapfade und die faszinierenden Panoramen – sind ideal für Reisende mit viel Zeit. Besucher sollten zusätzlich zur reinen Reisezeit mindestens zwei Stunden für die Besichtigung einplanen. An Sonntagnachmittagen wird es hier recht voll – wer die Einsamkeit sucht, sollte schon frühmorgens an Ort und Stelle sein oder an den marktfreien Tagen kommen.

Awanakancha – ein Freizeitpark zum Thema Andenkamel – liegt an der Straße nach Pisac gute 23 Kilometer von Cusco entfernt im Distrikt Taray. Die gut konzipierte kostenlose Ausstellung zeigt unterschiedliche Züchtungen aller vier Neuweltkamele (siehe S. 104f), darunter das Suri-Alpaca mit

Quechua-Glossar

Perus zweite Amtssprache, Quechua, ist im Hochland, wo es viele Einheimische als Muttersprache angeben, weit verbreitet. Die Versuche von Besuchern, diese Sprache zu sprechen, amüsiert die Einheimischen, aber sie helfen Gästen gerne, zumindest ein paar Sätze zu erlernen. Man muss dabei unter anderem beachten, dass „ll" wie „j" im englischen ausgesprochen wird.

Wie geht es Ihnen? – *Allillanchu?*
Mir geht es gut. – *Allillanmi.*
Bitte – *Allichu*
Ja – *Ari*
Nein – *Manan*
Danke schön – *Yusulpayki*
Bitte schön – *Imamanta.*
Woher kommen Sie? – *Maymantan kanki?*
Wie heißen Sie? – *Iman sutiyki?*
Mein Name ist Peter. – *Petermi sutiy.* (Oder *Pedromi sutiy.*)
Wie viel? – *Hayk'an?*
Das ist zu viel. – *Nishun.*
Machen Sie mir bitte einen guten Preis. – *Allichu allin chaninta qoway.*
Wie viele Kinder haben Sie? – *Hayk'an wawayki?*
Ist dies Ihr Kind? – *Wawaykichu?*
Bis später! – *Ratukama!*
Los geht's! – *Haku!*

fast bis zum Boden reichender Wolle. Die Besucher erleben manchmal das Kämmen, Spinnen und Färben mit Naturfarben. Ein großer Laden bietet Wollwaren an.

Dörfer nördlich & westlich von Pisac

Nordwestlich von Pisac umfasst das Heilige Tal mehrere kleine Städte, die allesamt über eine befestigte Straße erreichbar sind. Die erste, **Calca,** liegt 18 Kilometer entfernt. Calca ist einer der größten Orte im Tal und die Heimat eines wichtigen täglich stattfindenden Lebensmittelmarktes. Rund um den Ort gibt es keine wichtigen Ausgrabungsstätten. Vor seinem Versuch, Cusco 1536 zurückzuerobern, richtete der Inka Manco hier sein Hauptquartier ein. Daher hat der Ort zwei Hauptplätze, typisch für die koloniale Stadtplanung der Inka.

Wegen des Marktes fahren die Busse von Cusco nach Pisac normalerweise auch weiter nach Calca. Wer von Pisac zurück nach Cusco fahren möchte, muss häufig mit einem Stehplatz vorlieb nehmen. Calca hat nur wenige Unterkünfte, es gibt aber ein vorzügliches Hotel in Huarán, sechs Kilometer weiter westlich (siehe S. 289f).

Wer Menschenmassen meiden möchte, sollte die nur selten besuchte Inka-Stätte **Huchuy Cusco** an der Südseite des Tals des Rio Urubamba besichtigen. Hier lässt sich vom Dorf Lamay aus, etwa auf halber Strecke zwischen Pisac und Calca, auf einem ausgeschilderten Pfad eine schöne dreistündige Wanderung unternehmen. Der Serpentinenpfad beginnt an der Brücke über den Urubamba in Lamay und überwindet 800 Höhenmeter. Ein längerer, weniger steiler Pfad beginnt in Calca. Das für seine Terrassen berühmte Huchuy Cusco besitzt mehrere Gebäude der Inka, darunter eine dreistöckige *kallanka* („große Halle") und ermöglicht wundervolle Blicke auf das Heilige Tal. INC (siehe S. 123) betreibt in der Nähe einen Campingplatz.

Etwa 19 Kilometer hinter Calca liegen im attraktiven Dorf **Yucay** mit einigen der besten Hotels des Heiligen Tals (siehe S. 289f) zwei Hauptplätze im Inka-Stil, außerdem noch einige Inka-Mauern. Die Gegend war lange für die Landwirtschaft von großer Bedeutung –

Calca
Karte S. 121

Huchuy Cusco
Karte S. 121

Yucay
Karte S. 121

Ein Kunsthandwerksmarkt in Ollantaytambo

Urubamba
Karte S. 121

Chinchero
Karte S. 121

Maras
Karte S. 121

noch heute nutzen die Bauern die von den Inka angelegten Terrassen auf der Nordseite des Dorfes.

Zwischen den beiden mit Bäumen bestandenen Plätzen steht die **Iglesia de Santiago**. Sie ist restauriert worden, die Öffnungszeiten sind aber unklar. Zu Weihnachten gibt es in Yucay ein farbenfrohes Fest mit Maskentänzern.

Ungefähr drei Kilometer hinter Yucay liegt an der Stelle, an der die befestigte Straße von Cusco über Chinchero die Talstraße trifft, in der Mitte des Heiligen Tals die Stadt **Urubamba.** Busse von Cusco nehmen entweder die Route über Pisac und Calca oder über Chinchero. Urubamba mit Seminarios Keramikwerkstatt (siehe S. 147), ist ein guter Knotenpunkt, um in Busse nach Cusco, Pisac, Chinchero und Ollantaytambo umzusteigen. Mototaxis *($)* bringen Reisende nach Yucay.

Chinchero & Moray: Etwa 29 Kilometer nordwestlich von Cusco passieren die Busse auf der befestigten Straße nach Urubamba das Kolonialstädtchen **Chinchero,** mit seiner Höhe (3772 m) buchstäblich einer der Höhepunkte des Heiligen Tals. Chinchero liegt wesentlich höher und abgelegener als Pisac und ist für seine Webkunst berühmt. Reisende können in Privatzimmern wohnen und das Weben lernen (siehe S. 128). Der sonntägliche Markt, bei dem die Einheimischen ihre Erzeugnisse anbieten, kann mit dem in Pisac mithalten. Dienstags und donnerstags finden kleinere Märkte statt.

Wer Chinchero an einem der Markttage besucht, sollte die Person, die den Eintritt kassiert oder das BTC entwertet, bitten, die **Kolonialkirche** der Stadt *($$$ oder BTC)* aufzuschließen. Dieses bis zur Decke mit floralen Wandgemälden geschmückte Gotteshaus steht auf massiven Inka-Mauern. Die Mauern besitzen zehn trapezförmige Nischen, die groß genug für einen aufrecht stehenden Menschen sind. Links liegen ausgedehnte Terrassen sowie hin und wieder zu Stufen oder Sitzen geformte Felsen.

Die Straße, die von Chinchero nach Urubamba hinunterführt, ermöglicht tolle Blicke auf die schneebedeckten Berge der Cordillera Vilcanota an der Nordseite des Heiligen Tals, unter ihnen der Nevado Sahuasiray, mit 5780 Metern der höchste Gipfel. An dieser Straße liegt auch eine Abzweigung zur kleinen Kolonialstadt **Maras.** Nur wenige Busse fahren hierher. Reisende nehmen in der Regel einen Bus von Cusco nach Urubamba und steigen dann an der Abzweigung nach Maras aus. Von hier aus sind es dann

INSIDERTIPP

Zu den sehenswerten, aber weniger stark besuchten Sehenswürdigkeiten im Tal gehören Moray, die Salzminen von Salineras, der Parque de la Papa in der Nähe von Pisac und die heißen Quellen oberhalb von Calca.

JAMES DION
National Geographic Society Center for Sustainable Destinations

noch vier Kilometer zu Fuß. Man kann aber auch an der Abzweigung auf ein Gemeinschaftstaxi oder ein *combi* warten.

Von Maras aus gelangen Reisende mit einem Taxi *($$$)* zum faszinierende **Moray** *($$$ oder BTC)*, sieben Kilometer entfernt an einer ausgeschilderten, unbefestigten Straße. Wer nicht besonders fit ist, sollte für den Fußweg bis zu zwei Stunden einkalkulieren, da es ständig auf und ab geht. Moray besitzt keine Inka-Festung oder -Tempel. Aber von hier aus sind drei riesige, runde oder ovale, **in Terrassen angelegte Gruben** zu sehen. Die größte ist etwa 36 Meter tief und 220 Meter lang. Alle drei stammen noch aus der Zeit vor dem Höhepunkt des Inkareichs, ihre Entstehungszeit ist jedoch nicht bekannt. Forscher, die die natürlichen Temperaturunterschiede zwischen der höchsten und der tiefsten Terrasse gemessen haben, sind zu dem Schluss gekommen, dass es sich um eine Art landwirtschaftliches Labor gehandelt haben könnte.

Salineras: Die Salzminen an der Südseite des Río Urubamba sind der faszinierendste Ort im Tal. Es gibt in Peru, und vielleicht auf der ganzen Welt, nichts Vergleichbares. Besucher können entweder vom Fluss aus zu den Minen aufsteigen oder von Maras aus absteigen. Die Kombination der Besichtigung von Salineras und Moray ist ein idealer Tagesausflug. Wer möchte, kann sich für diesen Ausflug in Cusco Mountainbikes leihen.

Der Anblick von über 5000 in der Sonne glitzernden Salzpfannen ist atemberaubend. Jede besteht aus einer rechteckigen Vertiefung im Boden, die etwa drei Meter breit und 30 Zentimeter tief ist. Eine natürliche Quelle füllt die Pfannen mit einem ununterbrochenen Strom warmen, extrem salzhaltigen Wassers. Diejenigen, die vor den Inka in dieser Region lebten, entwickelten ein effektives System, um das Wasser in die Pfannen zu leiten. Es besteht aus Hunderten enger Kanäle, die meisten von ihnen sind weniger als 30 Zentimeter breit. Indem sie die Kanäle mit Holzstücken oder Pflanzenbündeln abriegelten, konnten sie die Pfannen kontrolliert mit Salzwasser befüllen. Heute gewinnen einige lokale Familien immer noch auf

Die faszinierenden Salzpfannen zwischen Maras und Urubamba im Heiligen Tal

Moray
Karte S. 121
$$$

Salineras
Karte S. 121
$$

Ein Bauer im Heiligen Tal pflügt mit Hilfe von Rindern sein Kartoffelfeld

Ollantaytambo
Karte S. 121

diese Weise Salz. Nachdem die Vertiefungen mit Wasser gefüllt sind, dauert es einige Wochen, bis das Wasser verdampft ist und das Salz auskristallisiert ist.

Reisende, die von Maras aus nach Salineras laufen wollen, sollten einen Einheimischen nach dem fünf Kilometer langen Fußpfad in der Nähe der Kirche fragen, der hinunter zu den Salzpfannen führt. Wer es etwas bequemer mag, kann in Maras oder auch an der Abzweigung nach Maras ein Taxi nehmen, das über die längere, unbefestigte Straße fährt. Diese Anfahrtsroute ist wegen ihres Blicks über die Salzpfannen ebenfalls reizvoll.

Wer danach zur Straße von Urubamba nach Ollantaytambo weiter möchte, sollte an den Pfannen an der linken Seite vorbeiwandern und die drei Kilometer zum Río Urubamba hinunterlaufen. Nun geht es nach rechts und den Fluss entlang, anschließend über die Fußgängerbrücke, nach wenigen Minuten auf dem Fußpfad ist die Schnellstraße erreicht. Reisende, die Salineras von Urubamba aus besichtigen wollen, sollten für die fünf Kilometer bis zur Fußgängerbrücke, an die sich der Pfad nach Salineras *(el puente para las salineras)* anschließt, ein Mototaxi nehmen. Nach der Brücke geht es nach rechts etwa 800 Meter über den Pfad bis zum kleinen Friedhof von Pichingoto. Nun geht es nach links und den salzigen Fluss entlang bergauf. Nach einem Gang von etwa 45 Minuten kommen die unteren Salzpfannen in Sicht.

Ollantaytambo

Die letzte und interessanteste Stadt im Heiligen Tal, Ollantaytambo, liegt auf 2800 Meter Höhe etwa 30 Kilometer hinter Urubamba. Da es nur wenig direkte Busverbindungen von Cusco gibt, müssen Reisende in aller Regel einen Bus nach Urubamba nehmen und von hier aus in eines der mehrmals täglich fahrenden *combis* (*$*) umsteigen. Die öffentlichen Busse setzen ihre

INSIDERTIPP

Die Kunsthandwerksmärkte von Pisac und Chinchero finden beide sonntags statt. Nachmittags ist das nahe gelegene Ollantaytambo dann voller Touristen, weshalb man um diese Zeit den Ort meiden sollte.

ROB RACHOWIECKI
National Geographic-Autor

Fahrgäste an der Plaza de Armas (auch Plaza Mayor genannt) in Ollantaytambo ab. Tourbusse fahren noch rund 200 Meter weiter über eine schmale Brücke über den Río Patacancha, einen Nebenfluss des nahen Río Urubamba, zu einer zweiten Plaza. Sie bietet einen spektakulären Blick über die Terrassen und die Festung der Inka-Stätte. Teile von Ollantaytambo sind über die Jahrhunderte fast unverändert geblieben. Reisende sollten ihren Rundgang mit der Kirche im Rücken an der Plaza de Armas beginnen. Nun geht es nach rechts (Nordosten) ein paar Blocks entlang Kopfsteinpflastergassen.

Jeder Block besteht aus zwei *canchas* (Gemeinschaftsunterkünften). Sie sind ein Merkmal der Stadtplanung der Inka und jeweils über eine Tür von der Straße in den zentralen Hof zu erreichen. An jedem Hof liegen mehrere Häuser, die wiederum nur durch Türen vom Hof aus zugänglich sind. Daher datieren Türen in den Mauern der Inka meist aus der Zeit nach der spanischen Eroberung.

Einen Block von der Nordecke der Plaza de Armas entfernt präsentiert das schöne **Museo CATCCO** eine interessante Ausstellung über die Geschichte, Ethnographie, Landwirtschaft, Archäologie, die Textilien und die Keramik der Gegend. Der Souvenirladen

Museo CATCCO
- ✉ Patacalle s/n
- ☎ 084/204024
- $ Spende

www.ollanta.org oder www.catcco.org

Perus bester Töpfer

Der an der Küste in Piura geborene Pablo Seminario ist von der alten peruanischen Töpferkunst fasziniert, seit er als Kind erlebt hat, wie *huaqueros* (Grabräuber) geplünderte Keramik an den Meistbietenden verkauften. Nach dem Abschluss seines Architekturstudiums in Lima zog Seminario 1979 nach Cusco. Schon bald musste er feststellen, dass sein Verlangen, die Töpferkunst der präkolumbischen Völker zu studieren und die alten Techniken selbst anzuwenden, stärker als sein Interesse an der Architektur wurde. Seminario machte die Bekanntschaft von Marilú Behar, einer Textilkünstlerin. Beide zogen zusammen nach Urubamba, wo sie eine kleine Keramikwerkstatt eröffneten. Seminario versorgt sich mit Tonerde aus der Gegend. Der im Verlauf von drei Jahrzehnten entwickelte markante Töpferstil Seminarios ist sofort zu erkennen und reicht von nützlich bis dekorativ, von Schmuck bis zu Totems und von Vasen bis zu Wandplaketten. Seminarios Keramikwerkstatt *(Berriozabal 405, Urubamba, Tel. 084/201002, E-Mail: kupa@seminarioceramicas.com, www.ceramicseminario.com)* ist mittlerweile in größere Räumlichkeiten umgezogen und eine wichtige Einkommensquelle für Kunsthandwerker. Die Werkstatt und die Verkaufsgalerie sind täglich geöffnet; Pablo oder Marilú unterhalten sich häufig mit Besuchern. Es gibt auch Führungen durch das Anwesen.

Frauen auf dem Weg zum Kunsthandwerksmarkt tragen ihre Waren und spinnen mit einer uralten Spindel Wolle

des Museums verkauft Töpferwaren und Kleidung. Bei Voranmeldung sind Web- oder Töpferkurse möglich. Die Museumsbediensteten geben Tipps für Wanderer, Fahrradfahrer, Floßfahrer, Reiter und Naturinteressierte. Sie organisieren bei Bedarf einen Besuch in entlegene Quechua-Orten.

Eine Besichtigung der **Inka-Stätte Ollantaytambo** *($$$$$ oder BTC)* erfordert Ausdauer. Besucher müssen sich ihren Weg durch den Kunsthandwerkmarkt auf dem Parkplatz unterhalb der Stätte bahnen, dann die steile, von den Inka angelegte Treppe erklimmen und durch mehrere landwirtschaftliche Anbauterrassen zum Eingang laufen. Während des Aufstiegs sind Mauern und Nischen mit schönen Steinarbeiten zu sehen.

Ein unvollendeter, aber außergewöhnlicher Türdurchgang markiert das Ende der Stufen. Offensichtlich befanden sich (einmal abgesehen von den Terrassen) die meisten der wichtigen Bauwerke oben in Ollantaytambo noch im Bau, als die Inka den Ort aufgaben. Die großartige Mauer links von der Tür enthält zehn Nischen.

Über dieser Mauer steht eine massive Konstruktion aus sechs monolithischen Blöcken, die durch schmale Steine verbunden sind – eine ungewöhnliche Erscheinung in der Inka-Architektur, die die Archäologen vor Rätsel stellt. Die großen Steine bestehen aus rosafarbenem Rhyolit aus einer mehr als drei Kilometer entfernten Felsnase in südwestlicher Richtung auf der anderen Seite des Río Urubamba.

Nachdem der Inka Manco im Jahr 1537 die Schlacht bei Sacsayhuamán verloren hatte, zog er sich zuerst nach Calca und dann nach Ollantaytambo mit seiner steilen und gut zu verteidigenden Lage zurück. Hernando Pizarro (Franciscos Halbbruder) marschierte daraufhin mit 70 Reitern und spanischen und einheimischen Infanteristen auf Ollantaytambo zu, um Manco gefangen zu nehmen oder zu töten und den Aufstand zu beenden.

Die Inka durchschauten den Plan der Spanier und bereiteten eine überraschende Verteidigung vor. Als die spanischen Truppen am Fuß von Ollantaytambo eintrafen, ließ Manco Pfeile, Speere, Felsbrocken und Wurfgeschosse auf die Angreifer regnen und flutete durch das Öffnen der Kanäle vom Río Patacancha das Gelände hinter ihnen, wodurch ihre Pferde in Panik gerieten. Die zum Rückzug gezwungenen Spanier entkamen der Falle nur äußerst knapp. Dieser Sieg war der wichtigste aller jemals von den Inka gegen die Spanier gewonnenen Schlachten.

Besucher sollten nun den Weg, den sie gekommen sind, wieder hinabsteigen, oder, wenn sie die Höhe nicht scheuen, weiter hinauf und rechts an sechs Monolithen vorbeigehen. Ein schmaler Pfad

INSIDERTIPP

Versuchen Sie, die ausgetretene Route von Cusco nach Machu Picchu zu verlassen. Das Heilige Tal wird unterschätzt, seine Attraktionen sind einfach unglaublich schön.

JAMES DION
National Geographic Society Center for Sustainable Destinations

führt durch einen Abschnitt mit weniger gut gebauten Gebäuden, vermutlich ein Wohnbezirk.

Der Pfad führt weiter um die oberhalb der Stätte aufragende Klippe und bietet tolle Blicke auf die Terrassen und Mauern mit den trapezförmigen Fenstern. Der Pfad endet oberhalb weiterer Terrassen. Von hier aus können die Besucher eine Treppe hinunter zum Incamisana-Bereich nehmen.

Incamisana bietet einige der jüngsten Ausgrabungen in Ollantaytambo, darunter Steinkanäle und zeremonielle Bäder, die wieder zum Eingang zurückführen.

Das bekannteste Bad, **Baño de la Ñusta** (Das Bad der Prinzessin), illustriert zwei wichtige Elemente der Inka-Architektur. Es ist zum einen aus dem Fels herausgeschnitten und nicht aus herbeigeschafften Steinen gebaut. Zum Zweiten besitzt es drei Stufen, ein an vielen wichtigen Ausgrabungsstätten zu findendes Element. Diese Zahl spiegelt die Verehrung der himmlischen Triaden wie Sonne, Mond und Sterne oder Donner, Blitz und Regenbogen wider. ■

Chicha kaufen

Bei einem Blick auf den Haupteingang eines Hofes in Ollantaytambo sehen Besucher häufig einen Stab mit einer gehissten Plastiktüte oder einem Blumenstrauß. Eine weiße „Flagge" signalisiert, dass frisch gebackenes Brot verkauft wird, während eine rote Flagge oder Blumen *chicha* (Maisbier) anpreisen.

Besucher sollten das Nationalgetränk ruhig einmal probieren. Wer sich noch nicht an das Essen des ländlichen Peru gewöhnt hat, läuft allerdings Gefahr, dass ihm von Chicha schlecht wird. Auf keinen Fall sollte man das Bier aus einem der großen, schlecht gewaschenen Gläser trinken, sondern lieber die eigene Tasse oder eine Wasserflasche mit großer Öffnung benutzen, auch wenn die Einheimischen staunen werden. Aber mittlerweile kommen so viele Touristen in die Stadt, dass die Einheimischen sich auch an ihre seltsamen Verhaltensweisen gewöhnt haben.

Alternativen zum Inka-Pfad

Der legendäre Inka-Pfad (siehe S. 154f) nach Machu Picchu ist so populär, dass er Monate im Voraus ausgebucht ist. Die lokalen Anbieter haben deshalb in der Region Cusco weitere Routen entwickelt, die deutlich weniger frequentiert, aber genau so dramatisch sind. Einige sind auch für erfahrene unabhängige Rucksacktouristen geeignet, die sich allerdings auf jeden Fall einen Wanderführer besorgen sollten.

Die Inka-Mauern bieten Wanderern viele Möglichkeiten, der eigenen Phantasie freien Lauf zu lassen

Vorsichtsmaßnahmen

South American Explorers (siehe S. 72) vertreibt Bücher und Karten und stellt nützliche Informationen für Wanderer zusammen, u. a. die Namen von *arrieros* (Maultiertreiber), wenn Unterstützung beim Tragen des Gepäcks gewünscht wird. Siehe auch die Informationen über Arrieros im Zusammenhang mit dem Parque Nacional Huascarán (siehe S. 183, 186).

In Cusco haben viele Reiseveranstalter ihre Büros und stellen Ausrüstung und Führer für die zahlreichen Routen. Einige der besten Agenturen sind im Kapitel Reiseinformationen genannt (siehe S. 307f). Manch günstigstes Angebot entpuppt sich als Verlade.

Die Strecken

Der eintägige **Inka-Pfad** beginnt bei KM 104 an der Eisenbahn, überquert den Urubamba auf einer Fußgängerbrücke in Richtung Cachabamba und steigt dann etwa 500 Meter bis nach Huiñay Huayna an. Von hier geht es weiter nach Intipunku und Machu Picchu. Alles in allem sollten Wanderer hierfür sechs bis neun Stunden kalkulieren. (Einige Veranstalter unterbrechen die Wanderung mit einer Übernachtung im Zelt in der Nähe von Huiñay Huayna.) Das INC (siehe S. 153) berechnet etwa 44 US$ für diese Route. Wanderer müssen einen Führer anheuern und zusätzlich den Eintritt für Machu Picchu zahlen. Allerdings ist die Wartezeit auch kürzer.

Zwei **Wanderungen am** Salcantay vorbei starten auf 2800 Metern in Mollepata, das etwa 96 Kilometer westlich von Cusco neben der Schnellstraße 3 liegt. Beide Strecken wenden sich zunächst nach Norden zum Salcantay, dem zweithöchsten Berg Südperus. Einer führt östlich um die Gletscher herum und stößt bei Huayllabamba auf den Inka-Pfad. Er erfordert dieselben Genehmigungen wie die eintägige Route.

Die bessere Streckenführung wendet sich zunächst nach Südwesten über den 4700 Meter hohen Salcantay-Pass, führt dann hinunter in die Kaffeeanbauregion **Santa Teresa** und endet schließlich in Aguas Calientes. Diese Route ist der beste Fernwanderweg und endet unweit von Machu Picchu. Wanderer sollten für die Wegstrecke fünf bis sechs Tage planen. Es gibt heute vier komfortable Berghütten am Weg *(Tel. 084/243636, www.mountainlodgesofperu.com)*.

Auf einer unterhaltsamen viertägigen Wanderung mit Lamas um den **Huayllanay** (einem abgelegenen 5300 Meter hohen Gipfel südwestlich von Ollantaytambo) kommt man an selten besuchten Inka-Stätten und winzigen Bergdörfern vorbei.

Die Route endet in der Nähe des Inka-Pfads, wo der Zug nach Aguas Calientes hält. Im Lares-Tal nördlich des Heiligen Tals sind ebenfalls Wanderungen mit Lamabegleitung möglich. Sie dauern zwei bis fünf Tage und führen durch abgelegene Dörfer der Region, die für ihre Webkunst bekannt ist, und enden in der Stadt Lares. Auch diese Wanderungen geben einen guten Einblick in den Alltag der Andenbewohner.

Eine weitere Tour in der Region Cusco ist die anstrengende Umrundung des 6372 Meter hohen **Apu Ausangate.** Ausgangspunkt ist Tinqui, ein Dorf 140 Kilometer östlich von Cusco an der Puerto-Maldonado-Straße. Das Wort *Apu* bezeichnet einen den Inka heiligen und noch heute von den Quechua verehrten Gipfel. Ende Mai und Anfang Juni kommen viele Campesinos wegen des Qíoyoriti-Festes hierher. Sie steigen dann bei Nacht auf über4750 Meter auf, um die vergletscherte Nordflanke des Apu zu erreichen und dort mit Musik und in Kostümen zu feiern.

Auf dem größten Teil der siebentägigen Umrundung des Ausangate bewegt man sich auf über 4400 Metern Höhe; einige Pässe sind sogar höher als 5000 Meter. Alleine schon wegen der Höhe ist diese Trekkingtour nur etwas für ausdauernde, akklimatisierte Wanderer.

INSIDERTIPP

Nehmen Sie von Calca aus eine nach Norden führende Route, vorbei an den entlegenen und geheimnisvollen Ruinen von Ancasmarca und Choquecancha nach Manto und Amparaes und weiter zum Tal des Río Yanatile. In diesem Gebiet ist die Legende der verlorenen Inka-Stadt Paititi noch lebendig.

GREGORY DEYERMENJIAN
National Geographic-Stipendiat

ERLEBNIS: Outdoor-Aktivitäten

Neben einer Wanderung über den Inka-Pfad nach Machu Picchu sind auch Besteigungen der Gipfel von **Ausangate** und **Salcantay** möglich. Ebenfalls beliebt sind Raftingtouren – das Spektrum reicht von Tagesausflügen auf dem Río Urubamba bis hin zu mehrtägigen, abenteuerlichen Routen auf dem Río Apurimac und dem Rio Tambopata, die von den Hochanden bis ins Amazonasbecken führen.

Mountainbiken ist ein neuer, großartige Blicke ermöglichender Sport auf unbefestigten Straßen und Wegen, bei dem auch entlegene Inka-Stätten gut zu erreichen sind. Reiter können zwischen einfachen, wenige Stunden dauernden Ausritten und ziemlich anspruchsvollen, bis zu einer Woche langen Wanderritte abseits der ausgetretenen Pfade wählen.

Wer mehr Adrenalin benötigt, kann mit einem Drachenflieger über das Heilige Tal fliegen. Für Hobbyornithologen gibt es Exkursionen, die zu Perus seltenen Vögeln führen (siehe S. 307f).

Machu Picchu

Perus berühmteste Attraktion zieht alljährlich völlig zu Recht Hunderttausende Besucher an. Die Inka-Stadt, die bei der spanischen Eroberung unentdeckt blieb und fast vier Jahrhunderte lang vergessen und ungestört war, flößt ihren Besuchern noch immer Respekt ein und bietet die großartigste Architektur aller Ausgrabungsstätten Südamerikas.

Gefängnisviertel und Handwerksbereich von Machu Picchu

Ein paar *campesinos* im Urubamba-Tal wussten von dem überwucherten Tempel oberhalb ihrer Höfe, aber die Außenwelt nahm erst 1911 von Machu Picchu Notiz. Damals wurde der amerikanische Historiker Hiram Bingham auf seiner Suche nach Vilcabamba von den Einheimischen an diesen Ort geführt.

Bingham konnte seinen Fund nicht unmittelbar einordnen, wusste aber sofort, dass er auf etwas sehr Bedeutendes gestoßen war. Er organisierte 1912 und 1915 weitere Expeditionen nach Machu Picchu, womit eine Serie von Entdeckungen und Spekulationen begann. Die Archäologen fanden bis heute keine Erklärung, warum die Inka diese „verlorene Stadt" erbauten.

Anreise & Unterkunft

Ein Besuch von Cusco oder dem Heiligen Tal aus nimmt einen ganzen Tag in Anspruch. Er beginnt mit der langen Zugfahrt nach Aguas Calientes am Morgen (siehe S. 139), an die sich die Shuttlebusfahrt zur eigentlichen Ausgrabungsstätte anschließt. Dort bleibt man zwei bis vier Stunden, um anschließend mit Shuttlebus und Zug wieder den Heimweg anzutreten. Der Ausflug lohnt sich auf jeden Fall, die meisten beschränken ihren Besuch auf einen Tag.

Wer mehr Zeit investieren will und kann, sollte in der Nähe übernachten und einen ganzen Tag damit verbringen, die von Tagesausflüglern nur selten (oder gar nicht) besuchten Bereiche zu besichtigen. In Machu Picchu selbst gibt es nur ein einziges kleines und teures Hotel. **Aguas Calientes** bietet dagegen Dutzende Unterkünfte in allen Preiskategorien. Die auf einer erträglichen Höhe von 2060 Metern liegende lebhafte Stadt hat mit dem schnellen Wachstum der letzten Jahre zu kämpfen und liegt eingezwängt zwischen Bergen und dem Rio Urubamba. Es gibt in der Stadt keine Taxis, weshalb Besucher alle Wege zu Fuß erledigen müssen. Die Thermalquellen, die der Stadt ihren Namen gegeben haben, liegen etwa zehn Fußminuten oberhalb des Stadtzentrums.

Eintritt: Besucher können Eintrittskarten für Machu Picchu am Instituto Nacional de Cultura (INC) in Aguas Calientes oder Cusco oder bei einem Reisebüro erwerben. Wer an einem Tagesausflug teilnimmt, sollte überprüfen, ob die Tickets tatsächlich im Preis inbegriffen sind.

Besucher zahlen rund 42 US$, Studenten mit einem gültigen internationalen Studentenausweis nur die Hälfte. Das Ticket ist ab dem Kaufdatum an drei Tage gültig. *(Wichtig zu wissen: Das Ticket berechtigt nur zu einem einmaligen Eintritt, wer also über den Inka-Pfad nach Machu Picchu wandert, muss unter Umständen ein zweites Mal zahlen, um die Stätte am nächsten Tag zu besichtigen.)*

Mit Ausnahme der Wanderer, die über den Inka-Pfad nach Machu Picchu kommen, dürfen Besucher keine Rucksäcke bei sich führen. Sowohl Wasser in Plastikflaschen als auch Essen sind verboten.

Ankunft: Viele Fahrten nach Machu Picchu *($$$ für das einfache Ticket)* beginnen bereits um 5.30 Uhr früh. Die zehn Kilometer lange Straße nach Machu Picchu führt in Serpentinen auf 2430 Meter. Der Fußweg ist eine Alternative. Er ist steil, spart aber viele der Schleifen aus. Die Busse setzen die Besucher auf einem kleinen Parkplatz vor der Machu Picchu Sanctuary Lodge ab. Am Parkplatz gibt es Waschräume, eine Snackbar und Möglichkeiten, das Gepäck aufzubewahren.

INSIDERTIPP

Wer über Nacht in Machu Picchu bleibt und gut in Form ist, sollte überlegen, den Huayna Picchu zu besteigen und von oben den großartigen Blick auf die Ausgrabungsstätte und ihre Umgebung zu genießen.

JOHAN REINHARD
National Geographic Society Explorer-in-Residence

Besucher sollten nach Führern *($$$ pro Gruppe für einen zwei- bis dreistündigen Rundgang)* und dem nahe liegenden Eingang Ausschau halten. *(Noch einmal: Unbedingt die Eintrittskarten vorher kaufen.)* Zum Ticket gibt es eine kostenlose Karte des Areals dazu.

Machu Picchu ist von 6 bis 17 Uhr geöffnet. Am vollsten ist es

(Fortsetzung S. 156)

Machu Picchu
Karte S. 121

Instituto Nacional de Cultura (INC)
Avenida Pachacutec s/n
084/211196 oder 084/211104

Der Inka-Pfad (Camino Inca)

Südamerikas berühmtester Wanderweg führt an archäologischen Stätten vorüber, zieht sich durch üppigen Regenwald und überwindet steile, hohe Pässe unterhalb der schneebedeckten Cordillera Vilcabamba, um schließlich Machu Picchu zu erreichen.

Einmal mehr geht es bergauf auf dem Weg nach Machu Picchu

Regeln

Wanderer auf dem Inka-Pfad werden mit vielen Regeln konfrontiert. Zelten ist nur in gekennzeichneten Bereichen und als Teil einer von einem lizenzierten Veranstalter (siehe S. 307f) organisierten Tour erlaubt. Die Behörden lassen täglich nur 500 Wanderer zu (inklusive Führer und Träger), weshalb die Hochsaison auf Monate hinaus im Voraus ausgebucht ist. Die nicht erstattungsfähigen Genehmigungen (*$$$$$*), die den Namen und die Passnummer des Betreffenden tragen, können nicht übertragen werden. Die Ausstellung der Wandergenehmigung muss über einen Veranstalter erfolgen, die zwischen 400 und 1000 US$ für die Wanderung von Cusco aus berechnen. Im Februar schließt der Pfad für Unterhaltsarbeiten.

Trotz Bürokratie bleibt der Inka-Pfad unvergesslich für all jene, die ihn gewandert sind. Obwohl er nur 39 Kilometer lang ist, dauert die Wanderung aufgrund der steilen Auf- und Abstiege vier Tage. Die Reiseveranstalter haben an der Route feste Lagerplätze eingerichtet.

Die Strecke

Die Wandergruppen brechen gewöhnlich bei **KM 88** (2500 m) auf, der nur mit Hilfe der Eisenbahnlinie von Cusco nach Aguas Calientes erreichbar ist. Eine Alternative besteht darin, mit dem Auto von Cusco bis zu **KM 82** zu fahren und dann die sieben Kilometer am Südufer des Río Urubamba entlang nach Llactapata zu laufen. Aventours unterhält in der Nähe von KM 82 ein privates Lager mit Duschen, Sauna und Blick auf den vergletscherten Verónica (5750 m).

Nach 1,6 Kilometern bergauf ab KM 88 sind **Llactapata** ❶ (2660 m) und die dortigen ausgedehnten Terrassen erreicht. Obwohl sich hier ein Zeltplatz befindet, laufen die meisten Wanderer weitere sechs Kilometer durch das Tal des Río Cusichaca zum Dorf **Huayllabamba** ❷ (3000 m). Dort werden Drinks und Snacks verkauft. (Eine Abzweigung des Pfads führt nach Süden nach **Paucarcancha,** einem *tambo* der Inka, mit einem modernen Zeltplatz, 40 Min.). Die meisten bleiben allerdings auf dem Hauptpfad und klettern im engen Tal des Río Llullucha durch einen Märchenwald aus Bäumen. Hier finden sich zwei Zeltplätze. Der Hauptplatz, **Llulluchupampa** ❸ (3700 m), bietet Toiletten, liegt vier Kilometer oberhalb von Huayllabamba.

NICHT VERPASSEN

Warmiwañusca • Sayacmarca • Phuyupatamarca • Huiñay Huayna • Intipunku

Anschließend führt der Weg in Serpentinen nach **Warmiwañusca** ❹ („Pass der toten Frau") – er ist mit 4198 Metern der höchste Punkt der Wanderung. Der nun folgende zwei Kilometer lange Abstieg zum **Río Pacamayo** ❺ (3600 m) strapaziert die Knie gehörig. Unten liegt ein beliebter Campingplatz mit schönem Blick hinüber nach **Runkuracay.** Die Wanderer kommen an dieser ungewöhnlichen, ovalen Inka-Stätte auf ihrem Aufstieg zum zweiten Pass (3924 m) vorbei, er liegt etwas mehr als zwei Kilometer oberhalb von Pacamayo.

Der Pfad führt nun wieder bergab und bietet schöne Blick auf die Ausgrabungsstätte **Sayacmarca** („Beherrschende Stadt"), die auf 3535 Metern Höhe im Vorgebirge liegt und über eine steile, von den Inka angelegte Treppe auf der linken Seite zu erreichen ist. Von hier aus fällt der Weg durch einen Bambuswald wieder ab. Schon bald beginnt aber wieder ein (diesmal sanfterer) Anstieg, darauf folgt ein Inka-Tunnel, der zu einem kaum bemerkbaren dritten Pass (3700 m) leitet. Gut 1,5 Kilometer weiter kommt dann die eindrucksvolle Kultstätte **Phuyupatamarca** ❻ („Siedlung über den Wolken") ins Blickfeld. Diese 3560 Meter hoch gelegene Stätte bietet durch restaurierte zeremonielle Bäder fließendes Wasser. Ein Campingplatz mit Blick auf den Salcantay (6264 m) liegt ganz in der Nähe.

Nur acht weitere Kilometer (die meisten von ihnen bergab) führen nach Machu Picchu. Der Pfad dreht sich eine erstaunlich lange Treppe durch üppigen Regenwald bergab und führt dabei links am **Huiñay Huayna** ❼ („Für immer jung") auf 2700 Metern Höhe vorbei. Oberhalb befinden sich ein kleines, überfülltes Hostel und ein Campingplatz. Die Route endet schließlich am **Intipunku** ❽ („Sonnentor") mit seinem traumhaften Blick auf die verlorene Stadt.

Karte S. 121
KM 88
39 km
4 Tage
Machu Picchu

Der Tempel der Drei Fenster

zwischen 9 und 15 Uhr, Montag und Freitag sind die lebhaftesten Tage. Dies gilt auch für die Tage um Inti Raymi (24. Juni) und die Fiestas Patrias (28.–29. Juli). Es werden maximal 2500 Besucher pro Tag eingelassen, eine Zahl, die bei der Wintersonnenwende (21. Juni) immer sehr rasch erreicht wird.

Landwirtschaftlicher Bereich & Palastviertel

Die Gebäude rechts vom Zentralplatz gehören zum Gefängnisviertel, zum Viertel der Handwerker und zum Wohnviertel. Hinter ihnen erhebt sich im Nordosten der Gipfel des Huayna Picchu.

Links vom zentralen Platz befinden sich die Gebäude des Palastviertels und die Haupttempel, unter ihnen das astronomische Observatorium, das die einzige intakte *intihuatana* (siehe S. 158) im ganzen ehemaligen Inka-Reich enthält. Über der linken Schulter kann der Besucher nun im Südwesten den Inka-Pfad und in der Ferne den Intipunku sehen.

Bevor sie den landwirtschaftlichen Bereich verlassen und die vor ihnen liegende Stadt erkunden, steigen viele Besucher die lange Treppe auf der linken Seite hoch und folgen der Außenmauer des königlichen Sektors zum Inka-Pfad. Serpentinenstufen führen weiter zum Begräbnisfelsen: Er ist ein idealer Ort für eine kleine Pause.

Anschließend sollte man wieder zurück zur Mauer des Palastviertels gehen, und zwar durch ein prächtiges undviel fotografiertes Tor. Unterhalb liegt nun auch das einzige Gebäude in Machu Picchu mit einer runden Mauer, der **Sonnentempel**. Dieses abgeschirmte Bauwerk schaut man sich am besten von oben aus an. In seinem Inneren ruht eine Altarplatte aus Granit, die aus dem Fels gehauen wurde. Ein trapezförmiges Fenster an der Ostseite des Tempels wirft die Strahlen der aufgehenden Sonne zur Wintersonnenwende am Altar entlang. In ein anderes Fenster sind Löcher gebohrt worden. Nach der Legende, dass Schlangen durch die Löcher krochen, tragen sie den Namen **Schlangenfenster**.

Der Gang um den Sonnentempel bringt den Besucher zum **Mausoleum der Könige,** einer Höhle mit hübschen Stufenmotiven, exakt geschnittenen Nischen und schön bearbeiteten Wänden mit einigen der besten Steinmetzarbeiten in ganz Machu Picchu.

INSIDERTIPP

Man sollte sich in Cusco einen Führer für die entlegene Region Vilcabamba suchen, in der die aufständischen Inka die Spanier abwehrten. Es handelt sich immer noch um einen aufregenden, geheimnisvollen Ort voller noch zu identifizierender Ruinen.

GREGORY DEYERMENJIAN
National Geographic-Stipendiat

An der Nordseite des Sonnentempels beginnt eine lange Reihe **zeremonieller Bäder** oder Brunnen, 16 an der Zahl, mit kaskadenartig von einem in das jeweils nächste Becken fließendem Wasser.

Heiliger Platz

Vom Steinbruch aus führt der Weg in Richtung Nordwesten zum Heiligen Platz. Auf der rechten Seite eröffnen die eindrucksvoll großen, trapezförmigen Fenster des **Tempels der Drei Fenster** einen hervorragenden Blick auf den zentralen Platz. Unmittelbar daneben steht der **Haupttempel,** der abgesunken ist und auf der einen Seite Risse aufweist – einer der wenigen Orte in Machu Picchu, der Beschädigungen durch Bodenabsenkung neben den massiven Felsblöcken aufweist. An der linken Vorderseite dieses Tempels repräsentiert ein behauener Fels in der Form eines Flugdrachens die Konstellation des Kreuzes des Südens.

Die Westseite des Heiligen Platzes besitzt einen engen, gebogenen Aussichtspunkt, von dem aus der Besucher die steilen, zum tief unten liegenden Río Urubamba abfallenden Terrassen und die weißen Gipfel der Cordillera Vilcabamba am fernen Horizont sehen kann.

Links und hinter dem Haupttempel findet sich die **Sakristei**. Dieser Raum in der Nähe des zeremoniellen Bereichs von Machu Picchu besitzt eine Felsbank und mehrere Nischen, in denen sich die Hohen Priester der Inka auf ihre Rituale vorbereiten konnten. Zwei große, polygonale Felsen flankieren den Eingang, einer von ihnen soll 32 Winkel haben.

Um den **Intihuatana** („der Ort, an dem die Sonne angebunden ist") zu erreichen, muss der Besucher die Treppe hinter der Sakristei nehmen. Diese enthält kleine Nischen, die vermutlich den älteren Priester-Astronomen beim Aufstieg auf diesen wichtigsten aller behauenen Felsen zum Festhalten dienten. Es ist unklar, wozu genau die

Intihuatana den Inka diente, aber die Archäologen sind sich einig, dass die Anordnung der Felsen im Verhältnis zum Himmel die Priester in die Lage versetzte, den kürzesten Tag des Jahres exakt zu bestimmen. Auf diese Weise kehrten sie die kürzer werdenden Tage um, indem sie „die Sonne anbanden".

Vom Gefängnisviertel führt der Rundgang nun zum äußersten östlichen Weg entlang der Grenze des **Handwerkerviertels**. Hier sollten man die Augen nach einer höhlenartigen Öffnung in einen halb unter der Erde liegenden Raum offen halten. Dieser trägt den Namen **Intimachay** (Sonnenhöhle).

Inka-Astronomie

Um einen noch besseren Eindruck von der Verehrung der Inka für den Himmel zu bekommen, hilft ein Besuch im Planetarium Cusco ***(Reserva Ecológica Llaullipata, Tel. 084/260539, geöffnet nach Bedarf, $$$$ mit mind. sechs Personen, E-Mail: info@planetariumcusco.com, www.planetariumcusco.com).*** **Reservierungen bei Milla Turismo** ***(Ave. Pardo 689, Cusco, Tel. 084/231710).*** **Das Planetarium liegt etwa 450 Meter von der Inka-Stätte Sacsayhuamán** **(siehe S. 136ff)** **entfernt; ein Besuch bietet eine schöne Möglichkeit, die Kenntnisse über das alte Peru zu vertiefen.**

Eine ins Thema einführende Ausstellungshalle erläutert die Verehrung des Himmels durch die Inka, während das mit einer Kuppel bedeckte Theater über die Sterne und die Konstellationen informiert. Zwei Teleskope verfolgen besondere Stellungen bei Nacht. Viele Touristen kommen abends, um das erleuchtete Sacsayhuamán zu sehen, und zwar meist gegen 19.30 Uhr. Es lässt sich aber natürlich auch ein Besuch bei Tag arrangieren.

Gefängnisviertel & Viertel der Handwerker

Von der Intihuatana steigt man hinunter, quert den zentralen Platz und läuft zum Eingang des **Gefängnisviertels,** das sich über dem unteren der 16 zeremoniellen Bäder erstreckt. Der **Tempel des Kondors** ist nach einem Felsen benannt, der in die Form eines Kondorkopfs geformt wurde. Hinter diesem Felsen befinden sich zwei weitere, die ausgebreiteten Schwingen ähneln. Ein Loch hinter dem Kondor führt zu einer unterirdischen Zelle, oberhalb derer menschengroße Nischen zu sehen sind: Sie erinnerten Bingham an Gefängniszellen. Es ist unwahrscheinlich, dass in diesen Nischen jemals Menschen gefangen gehalten wurden.

Weitere Sehenswürdigkeiten

Die Besichtigung der oben beschriebenen Attraktionen nimmt zwei bis drei Stunden in Anspruch. Die meisten werden im Rahmen der Führungen gezeigt, es gibt aber noch Hunderte weiterer Gebäude, von denen viele nicht einmal einen Namen tragen. Wer genug Zeit hat, sollte einen längeren Spaziergang außerhalb der Stadt unternehmen, um eine andere Perspektive auf Machu Picchus Lage und seinen Grundriss zu genießen.

Viele Reisende besteigen gerne den **Huayna Picchu,** der über einen Weg am äußersten Nordost-Ende der Stadt zu erreichen ist. Das bewachte Tor dieses Weges, an dem sich Wanderer registrieren lassen müssen, schließt um 13 Uhr. Der Pfad ist steil und schmal und führt durch einen kurzen, sehr engen, von den Inka angelegten Tunnel. Man benötigt 45 bis 90 Minuten für den einfachen Weg.

Oben angekommen, steigt man entweder über den selben Weg ab oder wählt den spektakulären Weg an der Rückseite des Huayna Picchu entlang zum Mondtempel. Dieser Weg fällt steil zu der den Tempel bergenden Höhle ab und endet unterhalb des Aufstiegsweges. Nachdem man den Tempel verlassen hat, geht es nun hinauf zur Kreuzung mit dem Huayna-Picchu-Aufstiegsweg. Für diese Alternativstrecke sollten drei zusätzliche Stunden eingeplant werden; ein Teil des Weges führt über Holzleitern, die an steilen Felsen angebracht sind.

INSIDERTIPP

Die Zitadelle und ihre Umgebung werden häufig unterschätzt, weisen aber eine große Artenvielfalt auf: Hunderte von Vogelarten, exotische Blumen und dichter tropischer Wald liegen nur wenige Schritte von ihr entfernt.

JAMES DION
National Geographic Society Center for Sustainable Destinations

Wem dies alles zu anstrengend erscheint, kann den weniger strapaziösen Weg zur **Puente Inca** (Inka-Brücke) nehmen. Vom Begräbnisfelsen aus führt ein beschilderter Pfad in Richtung Südwesten durch ein schönes Stück Nebelwald. Zur Brücke läuft man rund 30 Minuten.

Der zentrale Platz und der Wohnbezirk

Eine weitere Möglichkeit ist, das Ende des Inka-Pfads nach **Intipunku** zu nehmen, es geht kontinuierlich, aber nicht steil bergauf. Für diese Wegstrecke sollte man eine Stunde kalkulieren; unterwegs genießt man den gleichen ersten Blick auf die "verlorene Stadt", den auch die Wanderer am Schluss ihrer Trekkingtour auf dem Inka-Pfad haben. Zurück geht es auf dem gleichen Weg.

Am Ende der Besichtigung der verlorenen Stadt fahren die Besucher in aller Regel erschöpft mit dem Bus zurück nach Aguas Calientes. Wer einen Nachmittagszug erreichen muss, sollte mindestens eine Stunde für diese Fahrt einplanen, da die Warteschlangen für die Shuttlebusse zuweilen recht lang sind. ■

Eine raue Region mit einer reichen Vielfalt an Handwerkskünsten, bunten Märkten, quirligen Festen und unverdorbenen Traditionen, die abenteuerlustige Touristen aus aller Welt anlocken

Das zentrale Hochland

Ein Teppich aus Ayacuchos Kunsthandwerkerviertel Barrio Santa Ana

Das zentrale Hochland

Die zerklüftete Bergregion im zentralperuanischen Hochland gehört zu den touristisch am wenigsten erschlossenen Gebieten des Landes. Bekannt für ihre kunsthandwerklichen Erzeugnisse, Märkte und Volksfeste, wurde sie von den meisten Reisenden wegen einer unruhigen politischen Lage und der unterentwickelten Infrastruktur lange Zeit links liegengelassen. Noch heute drängen sich hier keine Besuchermassen.

Im Flusstal des Río Mantaro hat sich jedes kleine Dorf auf eine *artesanía* (Handwerkskunst) verlegt. In einem Ort wird filigraner Silberschmuck produziert, im nächsten stellt man handgefertigte, mit Naturfarben bearbeitete wollene Wandteppiche und Ponchos her, in einem dritten wiederum geschnitzte Kalebassen mit detailreichen Darstellungen des Alltagslebens.

Auf den Märkten (*ferias*) rund um Ayacucho stoßen Liebhaber origineller Handwerkskunst auch auf die charakteristischen *retablos*, tragbare Klappaltäre in verschiedenen Größen, wie sie früher von umherziehenden Priestern und Kaufleuten benutzt wurden. Ihre geschnitzten und gemalten Figuren und Bilder stellen Szenen aus der religiösen Überlieferung oder dem Leben in den Anden dar. Die kleinsten dieser Altäre sind kleiner als ein Stapel Spielkarten und ein beliebtes landestypisches Souvenir.

Kartoffeln gehören in den Anden schon seit Tausende von Jahren zu den Grundnahrungsmitteln. Unter den köstlichen Spezialitäten der Region ist die beliebteste die *papa a la Huancaína*, ein kaltes Gericht aus gekochten Kartoffeln mit einer scharfen Käsesoße, das heute in ganz Peru als Vorspeise genossen wird. Andere Leckerbissen sind nur in ihrer engeren Heimat verbreitet. So stehen die *puca picante*, ein herzhafter Schmortopf aus Kartoffeln und Fleisch in einer roten Erdnuss-Chili-Soße, und *patachi*, eine dicke Weizensuppe mit Bohnen, getrockneten Kartoffeln und Rind- oder Lammfleisch, nur in Ayacucho auf den Speisekarten.

Wer sich für Geschichte begeistert, sollte die Ruinen der einstigen Hauptstadt des Wari-Reichs besichtigen, das sich zwischen 600 und 1100 n. Chr. über die Berge rund um das heutige Ayacucho erstreckte; Freunde der Kolonialarchitektur kommen im berühmten Kloster Santa Rosa de Ocopa bei Concepción auf ihre Kosten, aber auch in den Kirchenbauten von Huancavelica und Ayacucho, wo auch die spektakulärsten Osterprozessionen Perus stattfinden.

Zwischen Huancayo und Huancavelica verkehrt die letzte reguläre, preisgünstige und nicht speziell auf ein touristisches Publikum ausgerichtete Eisenbahnlinie Perus, und in der trockenen Jahreszeit fährt zweimal im Monat ein Touristenzug von Lima nach Huancayo und zurück durch die Anden – der unter anderem den am zweithöchsten gelegenen Bahnhof der Welt für Personenzüge passiert. Huancayo und Ayacucho sind aber auch durch gute asphaltierte Straßen mit der Hauptstadt verbunden. ■

NICHT VERSÄUMEN

PUCALLPA
Aguaytiá
Lago Inuria
Tamaya
Lago Chica
UCAYALI
Cordillera Central
Huallaga
Tingo María
HUÁNUCO
Cordillera Oriental
La Unión
Huánuco Viejo
Kotosh
Huánuco
PASCO
Ucayali
Cerro de Pasco
SANTUARIO NACIONAL DE HUAYLLAY
R.N. DE JUNÍN
Huayre
Lago de Junín
Junín
Perené
LIMA
Mantaro
Palcamayo
Gruta de Guagapo
Tarma
JUNÍN
La Oroya
Laguna de Paca
Jauja
Ingenio
Huaytapallana
Concepción
San Jerónimo de Tunán
San Agustín de Cajas
Hualhuas
Cochas Grande
Cochas Chico
Ene
Mantaro
LIMA
HUANCAYO
Cord. Yauyos
San Francisco
Huancavelica
HUANCAVELICA
Pampa de Ayacucho
Quinua
Wari
Ayacucho
Apurímac
Pampas
Vilcashuamán
AYACUCHO
ANDES
Zur Orientierung
Lima
Peru mit Farbkodierung
N
0 100 Kilometer
0 50 Meilen

Ayacucho & Umgebung

Francisco Pizarro ließ 1539 an der Hauptverbindungsstraße der Inka zwischen Cusco und Quito eine Art Rasthof für Reisende errichten. Die Stadt Huamanga, die sich daraus entwickelte, benannte sich zum Andenken an die Entscheidungsschlacht in Perus Unabhängigkeitskrieg, im nahe gelegenen Quinua in Ayacucho um, was auf Quechua „Winkel der Toten" heißt.

Straßenszene im Zentrum von Ayacucho

Ayacucho

Karte S. 163

Besucherinformation iPerú

Portal Municipal 45, Plaza de Armas

066/318305

E-mail: iperuayacucho @promperu.gob.pe

Wegen seines gemäßigten Klimas und der fruchtbaren Umgebung hatte sich das 2750 Meter über dem Meer gelegene Ayacucho in der Kolonialzeit zu einer erfolgreichen Stadt entwickelt. Doch seine isolierte Lage hemmte den Fortschritt, weil Reisende den Weg scheuten. In den 1970er und 1980er Jahren verhalf die Armut der Region der Guerillabewegung Sendero Luminoso (Leuchtender Pfad, siehe S. 165) zur Unterstützung bei der Bevölkerung.

Als in den 1990er Jahren allmählich wieder Frieden einkehrte, wurde die Stadt auch von Touristen entdeckt. Anfangs machten die ungeteerten Zugangswege die Anreise meist zu einem halsbrecherischen Abenteuer, doch seit 1999 eine asphaltierte Straße eingeweiht wurde, die von Lima die Küste entlang nach Pisco und bergauf nach Ayacucho führt, dauert die Fahrt mit dem Bus von der Hauptstadt aus ($$$–$$$$$) nur noch neun Stunden. Andere Orte sind von Ayacucho aus jedoch nach wie vor nur auf holprigen Gebirgswegen zu erreichen, die jede Fahrt zur Tortur machen. Eine komfortable Alternative für den Weg von und nach Lima ist die tägliche Flugverbindung.

Ayacucho

Als „Stadt der Kirchen" zählt Ayacucho neben zahlreichen anderen eindrucksvollen alten Bauten nicht weniger als **33 kolonialzeitliche Kirchen** – wenn man den Angaben der Einheimischen glauben darf. So manches Gotteshaus ist auch durchaus sehenswert, doch die wenigsten sind regelmäßig geöffnet. Wenn überhaupt, sind aktuelle Auskünfte über Öffnungszeiten am ehesten beim Touristeninformationsbüro von **iPerú** zu bekommen.

Die **Plaza de Armas** ist von repräsentativen Gebäuden im Kolonialstil mit Arkadengängen *(portales)* gesäumt. Hier sind heute zumeist Behörden oder private Geschäftsräume untergebracht.

Auf der Osteite des Platzes (Portal Municipal) beherrscht die im 17. Jahrhundert erbaute **Kathedrale** mit ihren beiden Türmen die

INSIDERTIPP

Authentische Handwerkskunst suchen Sie am besten auf den farbenfrohen Wochenmärkten in Kleinstädten. Dort kommen oft viele Einheimische zusammen, um untereinander Waren auszutauschen.

JAMES DION
National Geographic Society Center for Sustainable Destinationes

Szenerie. Während der Semana Santa (Karwoche) beginnen und enden hier die wichtigsten Prozessionen der Stadt. Die schlichte Fassade des Gotteshauses steht im Gegensatz zum prunkvollen Innenraum mit seinen zehn blattgoldbedeckten Altären und einer reich verzierten hölzernen Kanzel. Geöffnet ist die Kathedrale von 17 bis 19 Uhr, sonntags den ganzen Tag.

Die Geschichte des Leuchtenden Pfades

Die radikale maoistische Guerillaorganisation Sendero Luminoso (Leuchtender Pfad) wurde 1970 – zunächst als Partei – von Abimael Guzmán (geb. 1934) gegründet, einem kommunistischen Philosophiedozenten der Universität Ayacucho. Ihr erklärtes Ziel war es, den enteigneten und entrechteten *campesinos* zu Land und politischer Mitbestimmung zu verhelfen. Zehn Jahre später ging die Gruppe zum bewaffneten Kampf über und versetzte mit terroristischen Aktionen wie Bombenanschlägen in Lima, der Blockade von Gebirgs- und Dschungelstraßen oder der Zerstörung wichtiger Brücken nach und nach ganz Peru in Schrecken.

Die Aktivität des Sendero Luminoso stürzte das Land rasch in einen grausamen Bürgerkrieg mit vielen unklaren Fronten, dem insgesamt rund 80 000 Menschen zum Opfer fielen. (Eine Ausstellung hierzu ist im Museo de la Nación in Lima zu besichtigen; siehe S. 73f.) Ayacucho und seine Umgebung traf der Konflikt besonders hart.

1992 zusammen mit Mitgliedern seines Stabes gefangen genommen, verbüßt Guzmán im Marinegefängnis von Callao bei Lima eine lebenslange Haftstrafe.

Museo Arqueológico Hipolito Unanue
✉ Independencia 512
☎ 066/312056
$ $

Schräg gegenüber befindet sich an der Westseite des Platzes (Portal Constitución) die **Prefectura**, deren Treppenhaus mit hübschen Kacheln aus dem 18. Jahrhundert geschmückt ist. Eine Gefängniszelle erinnert an María Parado de Bellido, eine Heldin aus dem Unabhängigkeitskrieg.

Nördlich der Plaza de Armas: Einen Häuserblock nördlich der Plaza de Armas steht an der 9 de Diciembre die **Iglesia de Santo Domingo**, eine Kirche aus dem 16. Jahrhundert, die durch ihre Rolle in der Geschichte der Inquisition zu düsterer Berühmtheit gelangt ist: An ihrem frei stehenden Glockenturm wurden angeblich verurteilte Ketzer aufgehängt. An dem mit Blattgold verzierten Altar im Kircheninneren lassen Details bereits andine Einflüsse erkennen. Zwei Statuen, der Heiland vom Heiligen Grab und die Schmerzensreiche Jungfrau, werden während der eindrucksvollen Prozessionen in der Karwoche durch die Stadt getragen. Weitere drei Häuserblocks nördlich liegt am Ende der Straße der Kunsthandwerkermarkt **Mercado Artesanal Shosaku Nagase**, der einen guten Ruf genießt.

INSIDERTIPP

Nehmen Sie zwei billige Digitalkameras mit auf die Reise; Unfälle lassen sich nie ausschließen, und gelegentlich werden Kameras auch gestohlen.

BOB BENFER
National Geographic-Stipendiat

Parallel zur 9 de Diciembre verläuft auch die Asamblea von der Plaza de Armas nach Norden, zunächst zwei Häuserblocks weit als Fußgängerzone mit Restaurants und Internetcafés. Rund 1,6 Kilo-

ERLEBNIS: Prozessionen in der Heiligen Woche

Die Woche von Palmsonntag bis Ostersonntag ist als *Semana Santa* (Heilige Woche) der Höhepunkt des Kirchenjahrs. Wie in anderen Ländern wird sie auch in Peru mit eindrucksvollen Gottesdiensten und Prozessionen gefeiert, am leidenschaftlichsten und spektakulärsten im zentralperuanischen Bergland, wo die Gläubigen schwere Kruzifixe und riesige Statuen der Jungfrau Maria und anderer Heiliger durch die Straßen tragen.

Aufwendig wird die Heilige Woche in Ayacucho begangen. Während der Kerzenprozession am Karfreitag verlöschen in der Stadt alle Lichter, und am Karsamstag findet in den Straßen ein Stiertreiben statt. Höhepunkt der Feierlichkeiten ist das Schauspiel am frühen Morgen des Ostersonntags, wenn sich bei Sonnenaufgang eine Figur des auferstandenen Christus vor der Kathedrale über einer Pyramide aus Tausenden von Kerzen erhebt und durch die Stadt getragen wird. *(Die Strecken und Zeiten sind in einer Broschüre der Touristeninformation aufgeführt; Unterkünfte sind in der Karwoche stets voll belegt, eine frühzeitige Buchung ist also unerlässlich.)*

Bekannt für seine Prozessionen in der *Semana Santa* ist aber auch Tarma (siehe S. 174), wo die Einwohner ihre Straßen mit Teppichen aus Zehntausenden von Blütenblättern schmücken, die den feierlichen Umzug zur Kathedrale zu einem besonders farbenprächtigen Spektakel machen.

Einer der zahlreichen blattgoldverzierten Altäre der Kathedrale an der Plaza de Armas in Ayacucho

meter weiter nördlich zeigt das kleine, von einem hübschen Kakteengarten umgebene **Museo Arqueológico Hipólito Unanue** Erzeugnisse der Wari-Kultur.

Südlich der Plaza de Armas: Zwischen der Südwestecke der Plaza de Armas und dem Marktplatz der Stadt bildet die **28 de Julio** auf einer Länge von zwei Häuserblocks eine Fußgängerzone mit zahlreichen Geschäften. Den ersten Block dominiert die Anfang des 17. Jahrhunderts errichtete, mehrfach veränderte Jesuitenkirche **Templo de la Compañía**, die eine sehenswerte Kollektion kolonialzeitlicher Gemälde beherbergt. Hier war einst auch eine Schule untergebracht. Nur ein paar Schritte weiter befindet sich das **Centro Turístico Cultural San Cristóbal** *(28 de Julio 178)*, ein kleiner Geschäftskomplex.

Dem Marktplatz gegenüber erhebt sich an der 28 de Julio die **Iglesia de San Francisco de Asís**, eine der ältesten Kirchen Ayacuchos mit der größten Glocke der Stadt. Noch älter ist die zwei Blocks westlich an der Nazareno gelegene **Iglesia y Monasterio de Santa Clara**, die für ihre hölzerne Kassettendecke berühmt ist.

Das Museo Andrés Avelino Cáceres in der im 17. Jahrhundert erbauten Casa Vivanco (weiter südlich an der 28 de Julio) trägt den Namen eines aus Ayacucho stammenden Feldmarschalls und späteren peruanischen Präsidenten. Zu den Ausstellungsgegenständen gehören vor allem Möbel und Kunstaus der Kolonialzeit und dem 19. Jahrhundert.

Noch weiter südlich stößt die 28 de Julio auf einen kleinen Platz mit der **Iglesia de Santa Teresa**, der Kirche eines Karmeliterinnenklosters. Sehenswert ist der reich verzierte goldplattierte Hauptaltar im Stil des Churriguerismo.

Auf der gegenüberliegenden Seite des Platzes steht die kleine **Iglesia de San Cristóbal** aus dem Jahre 1540, die älteste Kirche

Museo Andrés Avelino Cáceres

- Jr. 28 de Julio 508
- So geschl.
- 066/326166
- $

Die Kultur der Wari

Lange vor den Inka schufen um 600 n. Chr. bereits die Wari (im Spanischen auch Huari geschrieben) ein Reich, das sich über den größten Teil des heutigen Peru erstreckte – ein expansionistisches, kriegerisches und so erfinderisches wie religiöses Volk, das allen eroberten Gebieten seine Sprache und Kultur aufprägte. Zu den bekanntesten Fundstätten aus dieser Zeit gehören die Festung auf dem Bergrücken **Cerro Baúl** nordöstlich von Moquegua (siehe S. 91), die Petroglyphenfelder (Felsen mit Ritzzeichnungen) von **Toro Muerto** gut drei Stunden westlich von Arequipa (siehe S. 109), die Wallfahrtsstätte **Pachacámac** südöstlich von Lima (siehe S. 74), die Siedlungen **Pikillaqta** 32 Kilometer südöstlich von Cusco (siehe S. 137) und **Willkawain** bei Huaraz (siehe S. 181) – und natürlich die Hauptstadt des Reiches in der Nähe von Ayacucho.

Die Kultur der Wari war für die Geschichte Perus von größter Bedeutung. So bildeten die Straßen, die die abgelegensten Außenposten ihres Herrschaftsgebiets untereinander und mit dem Zentrum verbanden, die Grundlage für das ausgedehnte Straßennetz der Inka, deren Architektur sie beeinflussten. Die schönen Bildteppiche und andere Webarbeiten der Wari gehören zu den hochwertigsten Textilien, die je hergestellt wurden.
Ihren Höhepunkt erreichte die Kultur der Wari im 9. Jahrhundert, doch um 1200 zerfiel das Reich in mehrere selbstständige Territorien.

Ruinenlöcher, möglicherweise eine Grabstätte der Wari

Ayacuchos und zugleich eine der ältesten auf dem Kontinent.

Einen Häuserblock weiter westlich verläuft die Calle Grau – im südlichen Teil Calle San Blas –, die nach Süden hin ansteigt und etwa 1,6 Kilometer vom Stadtzentrum entfernt im Kunsthandwerkerviertel **Barrio Santa Ana** endet.

Rund um Ayacucho

Wari & der Nordosten: Mehrere Agenturen in Ayacucho bieten preisgünstige Besichtigungstouren nach Wari und Quinua mit spanischsprachigen Führern an. Wer lieber auf eigene Faust fahren möchte, nimmt am besten einen der Minibusse *(1 Std., $)*, die am

Paradero Magdalena am östlichen Ende der Avenida Mariscal Cáceres starten. Dabei empfiehlt es sich, früh aufzubrechen und zuerst nach Wari zu fahren, von dort weiter nach Quinua, und abends nach Ayacucho zurückzukehren.

Die Ausgrabungsstätte **Wari (auch Huari;** $) liegt 23 Kilometer nördlich von Ayacucho an der asphaltierten Straße nach Quinua. Die Hauptstadt des Wari-Reichs (siehe S. 168), in der einst rund 50 000 Menschen gelebt haben sollen, erstreckt sich über eine Fläche von 13,7 Quadratkilometern.

Ein Rundgang beginnt im kleinen **Museum** der Ausgrabungsstätte *(Mo geschl., $)*. Von hier führt ein Kiespfad zu einem halbmondförmigen Tempel und einer massiven einzelnen Steinplatte, die vermutlich als Altar diente. Einige der Mauern, die in diesem Bereich die geraden Fußwege säumen, erreichen eine Höhe von über neun Metern. Nur auf sehr unsicheren Pfaden lassen sich die in labyrinthartigen unterirdischen Gängen entdeckten Grabstätten erkunden.

Von Wari aus geht es in nordöstlicher Richtung knapp 15 Kilometer weiter nach **Quinua**, ein hübsches Dorf mit kopfsteingepflasterten Straßen *(von Ayacucho aus 1 Std. im Kleinbus, 34 km, $)*. Bekannt ist der Ort für die zumeist in Form kleiner Kirchen gestalteten Tonornamente auf vielen Hausdächern. Ein Stückchen außerhalb liegt die Stätte der Schlacht von Ayacucho, durch die Peru sich am 9. Dezember 1824 endgültig von der spanischen Kolonialherrschaft befreite. Heute erinnert auf dem **Pampa de Ayacucho** genannten Schlachtfeld ein 44 Meter hoher Obelisk mit Reliefdarstellungen des Kampfes an den Sieg. Im kleinen Museum von Quinua ($) sind Erinnerungsstücke ausgestellt.

Der Südosten: Eine fünfstündige Busfahrt über ungeteerte Straßen führt von Ayacucho ins 120 Kilometer südöstlich gelegene **Vilcashuamán**, das die Inka als Mittelpunkt ihres Reiches ansahen. Der fünfstufige *usnu*, ein pyramidenartiger Zeremonialbau, und der **Tempel des Sonnengottes** zeugen von ihrer Steinbaukunst.

Jeweils etwa eine Stunde Fußweg entfernt befinden sich Thermalquellen und der **Bosque Natural Puya Raimondii**, ein geschützter Wald der seltenen Riesenbromelien (siehe S. 178). Am besten bucht man eine Übernachtung in einem örtlichen Hotel, oder man nimmt von Ayacucho aus an einer Tagestour teil.

ERLEBNIS: Kunsthandwerk, Küche & Quechua

In und um Huancayo bieten zahlreiche einheimische Kunsthandwerker Kurse in den traditionellen Arbeitsmethoden ihres jeweiligen Metiers an – sei es das Weben von Teppichen und Textilien, die Herstellung von Schmuck oder das Schnitzen dekorativer Gegenstände aus Kalebassen. Dazu kommen Sprachkurse in Quechua und Spanisch für Anfänger und Fortgeschrittene sowie Koch-, Tanz- und Musikkurse. Der Unterricht findet meist in Kleingruppen statt, aber auch Privatunterricht ist möglich. Wer an einem solchen Kurs teilnimmt, sucht sich am besten eine Unterkunft bei einer einheimischen Familie, wo die neu erworbenen Sprachkenntnisse eingeübt und die gelernten Kochrezepte in der Küche ausprobiert werden können (siehe S. 308f).

Instituto Nacional de Cultura

Plazoleta San Juan de Dios, Huancavelica

Sa & So geschl.

067/453420

Huancavelica

Die Stadt ist mit rund 38 000 Einwohnern der Hauptort des gleichnamigen Departements und verdient vor allem wegen ihrer kolonialzeitlichen Kirchen einen Besuch.

Weil die Anreise recht beschwerlich ist, finden nur wenige Touristen den Weg in das freundliche Städtchen. Wer aus Huancayo kommt oder dorthin weiterreist, sollte die Gelegenheit zu einer Zugfahrt mit dem „**Tren Macho**" nutzen (siehe S. 172; *Tel. 067/752898*); für den Rückweg nach Huancayo bietet sich der Überlandbus an, der eine höher gelegene, landschaftlich reizvollere Strecke befährt. Nach Ayacucho gibt es keine direkte Verbindung; wer von Huancavelica dorthin will, muss frühmorgens einen Minibus nach Rumichaca nehmen und von dort den nächsten Minibus nach Ayacucho – insgesamt eine Reise von acht bis zehn Stunden. Die Büros der meisten Busgesellschaften finden sich in Huancavelica rund um den Parque Santa Ana sechs Blocks östlich der Plaza de Armas. Einen Block westlich des Platzes ist das **Instituto Nacional de Cultura** zu Hause, das ein archäologisches **Museum** beherbergt und Informationen für Touristen bereithält.

Huancavelicas kolonialzeitliche Kirchen, deren Altäre nicht wie andernorts mit Gold, sondern mit Silber verkleidet sind, öffnen zuverlässig nur während der Gottesdienste am frühen Morgen (6.30–8.30 Uhr) ihre Pforten. Die 1673 erbaute **Kathedrale** an der Plaza de Armas dagegen bleibt den Großteil des Tages geöffnet. Ihren Hauptaltar rühmen die Einheimischen als den schönsten in ganz Peru. Etwas älter ist die restaurierte **Iglesia de San Sebastián** an der Plaza Bolognesi von 1662. Am gleichen Platz steht auch die im 18. Jahrhundert errichtete **Iglesia de San Francisco** mit nicht weniger als elf prunkvollen Altären. Huancavelicas älteste Kirche ist die **Iglesia de Santa Ana** gleich neben dem nach ihr benannten Park.

Fünf Häuserblocks nördlich der Plaza de Armas führt eine steile Treppe zur **Iglesia de San Cristóbal**, von der aus sich ein Blick auf die Stadt bietet, und zu den **Thermalquellen** (*Tel. 067/453420*), deren schwefelhaltiges Wasser ein öffentliches Schwimmbad (*$*) speist. ■

ERLEBNIS: Zugfahrt über den Wolken

Die 1908 fertiggestellte Eisenbahnstrecke zwischen Lima und Huancayo war die wichtigste Verkehrsverbindung zwischen der Hauptstadt und dem zentralperuanischen Bergland. Der Schienenstrang klettert von der Küste bis auf eine Höhe von 4782 Metern, führt dann bergab und endet im 3271 Meter hoch gelegenen Huancayo. In den 1980er Jahren beschädigten Erdrutsche, Überschwemmungen und Anschläge des Sendero Luminoso die Bahnstrecke und 1999 wurde die Verbindung eingestellt.

Seit 2002 fahren wieder Züge auf der Strecke, und seit 2006 betreibt Ferrocarril Central Andino *(Tel. 01/2266363 Apparat 222 oder 235, www.ferrocarrilcentral.com.pe)* eine regelmäßige Verbindung. Von März bis November startet nun zweimal im Monat am Bahnhof Desamparados in Lima ein Zug nach Huancayo und kehrt zwei Tage später wieder zurück.

Eine Rückfahrkarte – erhältlich über Teleticket *(www.teleticket.com-pe)* – kostet 60–90 $. Die Agentur Incas del Peru in Huancayo (siehe S. 308) bietet Pauschalarrangements an.

Huancayo & Umgebung

Weit ausgedehnt liegt Huancayo rund 3270 Meter über dem Meer im Flusstal des Río Mantaro. Die Hauptstadt des landwirtschaftlich geprägten Departements Junín ist ein bedeutendes Wirtschaftszentrum mit rund 400 000 Einwohnern – mehr als dreimal so groß wie Ayacucho und nach Cusco die zweitgrößte Stadt in den peruanischen Anden.

Huancayo

Die Stadt, deren Name an das kriegerische Volk der Huanca erinnert, das die Inka erst im 15. Jahrhundert unterwerfen konnten, hat kaum Historisches aufzuweisen. Doch trotz ihres neuzeitlichen Erscheinungsbildes pflegt sie alte Traditionen und überrascht ihre Gäste mit einer lebendigen Volkskultur.

Der interessanteste Kirchenbau der Stadt ist die Kapelle der Kirche **La Merced** an der Calle Real, in der 1839 die peruanische Verfassung verabschiedet und unterzeichnet wurde. Drei Häuserblocks südlich liegt Huancayos zentraler Platz, die **Plaza de la Constitución**, mit der klassizistischen Kathedrale.

Einen schönen Ausblick auf die Stadt bietet der etwa 2,4 Kilometer nordöstlich des Hauptplatzes gelegene **Cerro de la Libertad** (Freiheitshügel), ein beliebtes Ausflugsziel. Von hier führt ein markierter Fußweg zwei Kilometer weiter zu den bis zu 40 Meter hohen Sandsteinformationen von **Torre Torre** („Turm-Turm").

Die seltsam gewundenen Mauern und sonderbaren Statuen im **Parque de Identidad Wanka** rund drei Kilometer nordöstlich des Stadtzentrums amüsieren die Einheimischen ebenso wie die Touristen. Die Darstellungen erinnern an die Ortsgeschichte. In den umliegenden Gaststätten gibt es Gerichte aus der Region zum Mitnehmen, die man bei einem Picknick im Park inmitten landestypischer Pflanzen verzehren kann.

Terrassenanbau oberhalb des Dorfes Cochas Chico im Tal des Río Mantaro

Märkte: Huancayo liegt im Zentrum des langgestreckten, fruchtbaren Flusstals des Río Mantaro mit vielen kleinen Dörfern, von denen manche durch ihre kunsthandwerklichen Erzeugnisse berühmt geworden sind (siehe S. 169 & 173). Sonntags bringen Bauern und Handwerker ihre Waren nach Huancayo. Der **Markt für Kunsthandwerk** erstreckt sich über ein langes Teilstück der Calle Huancavelica fünf Blocks südlich der Plaza de la Constitución.

Auf der anderen Seite der Innenstadt findet täglich der farbenfrohe **Markt für Lebensmittel** statt: auf dem überdachten Areal des **Mercado Mayorista** an der

HINWEIS: Die wichtigsten Überlandbusgesellschaften in Huancayo

Cruz del Sur *(Jr. Ayacucho 281, Tel. 064/223367)* Lima *(7 Std.)*
ETUCSA *(Puno 220, Tel. 064/226524)* Lima
Mariscal Cáceres *(Calle Real 1241, Tel. 064/216635)* Lima
Molina *(Angaraes 334, Chilca, Tel. 064/224501)* Ayacucho *(12 Std.)*
Transportes TICCLAS *(Ave. Ferrocarril 1590, Chilca, Tel. 064/201555)* Huancavelica *(5 Std.)*
Turismo Central *(Jr. Ayacucho 274, Tel 064/223128)* Huánuco *(7 Std.)*

Bahnhof Chilca
Ave. Leoncio Prado 1766 & Ave. Ferrocarril
So geschl.
064/217724

Santa Rosa de Ocopa
5 km nordöstlich von Concepción
Di geschl.
$

Calle Ica, einen Block östlich des Hauptbahnhofs für den Zug von und nach Lima (siehe S. 170). Hier werden Obst sowie Schweinefüße, Meerschweinchen und getrocknete Frösche verkauft. Sonntags herrscht normalerweise Hochbetrieb.

Verkehrsverbindungen

Huancayo besitzt keinen zentralen Busbahnhof, dennoch fehlt es nicht an Busunternehmen. Die örtlichen Minibusse beginnen ihre Fahrt oft an einer der Haltestellen der zentral gelegenen Plaza Amazonas, während die Endstationen der Überlandbusse über die Innenstadt verteilt sind (siehe S. 171). Gästeanfragen beantwortet die Agentur Incas del Perú (siehe S. 308).

INSIDERTIPP

Die Cordillera Yauyos zwischen Lima und Huancayo ist eine Landschaft türkisfarbener kleiner Seen, Wasserfälle und bezaubernder Dörfer.

CELIA CACERES
National Geographic-Stipendiatin

Die beiden **Bahnhöfe** der Stadt sind nicht miteinander verbunden. Gut anderthalb Kilometer südlich des Bahnhofs für den Zug in die Hauptstadt liegt der **Bahnhof Chilca** für die letzte reguläre und preisgünstige Personenzugverbindung Perus zwischen Huancayo und Huancavelica. Auf der Strecke verkehren verschiedene Züge der Kategorien *expreso, ordinario* und *autovagón* (elektrischer Triebwagen), die zweimal täglich auf die vier- bis fünfstündige Reise gehen *(6.30 & 13.30 Uhr, So 14 & 18 Uhr, $–$$)*. Etwa gleichzeitig treffen auch die Gegenzüge aus Huancavelica ein. Nicht ohne Grund trägt der Zug jedoch den Beinamen **„Tren Macho"**: Er geht und kommt eigenmächtig.

Carretera Longitudinal de la Sierra

Perus Nationalstraße PE-3, die Carretera Longitudinal de la Sierra, durchzieht das Hochland von der bolivianischen Grenze am Titicacasee bis in eine entlegene Gegend an der Grenze zu Ecuador. Der südliche Abschnitt ist von der Grenze über Puno und Cusco bis Abancay asphaltiert; zwischen Ayacucho und Huancayo dagegen ist die Straße zwar ausgebaut, aber nicht geteert. Nördlich von Huancayo ist sie dann bis Huánuco wieder asphaltiert.

Concepción: Das kleine Städtchen im Tal des Río Mantaro 23 Kilometer nordwestlich von Huancayo ist vor allem durch das etwas außerhalb gelegene Franziskanerkloster **Santa Rosa de Ocopa** aus dem 18. Jahrhundert bekannt. 1725 gegründet, um Missionare auf ihren Einsatz im Regenwald vorzubereiten, beherbergt es heute ein Museum für Kunsthandwerk. In der Bibliothek sind über 20 000 Objekte versammelt. Tagsüber werden stündlich Führungen angeboten (nicht um 13 & 14 Uhr). Colectivos nach Santa Rosa de Ocopa fahren mehrmals täglich am Marktplatz von Concepción ab.

(Fortsetzung S. 174)

ERLEBNIS: Handwerk zum Zuschauen

So manches kleine Dorf im Tal des Río Mantaro nordwestlich von Huancayo ist überregional bekannt für seine kunsthandwerklichen Erzeugnisse. Die meisten dieser Dörfer liegen am Ostufer des Flusses und sind von Huancayo aus leicht per Minibus oder im Rahmen einer organisierten Ausflugstour zu erreichen. Die Minibusse starten größtenteils in der Nähe der Iglesia de la Inmaculada, ungefähr sechs Häuserblocks östlich der Plaza de la Constitución. Wer ein wenig Spanisch spricht, kann die Dörfer auf eigene Faust durchstreifen und nach den Werkstätten fragen. Viele von ihnen sind gerne bereit, ihre Kunst vorzuführen. An Markttagen wird auf den Dorfstraßen Lebensmittel und Handwerkskunst verkauft.

Alexander Gallardo Pinco an seinem Webstuhl im Barrio Santa Ana

Die beiden bekanntesten Handwerkerdörfer, **Cochas Grande** und **Cochas Chico,** liegen nur zwölf Kilometer nördlich von Huancayo an einer Nebenstraße. Hier werden mates burilados fabriziert, Kalebassen mit eingeritzten, teils erstaunlich fein gezeichneten und detailgetreuen Motiven aus den Anden – eine Tradition, die in dieser Region seit über 4000 Jahren gepflegt wird. Die Künstler bearbeiten die harte Rinde der Zierkürbisse mit den gleichen Werkzeugen, wie Holzschnitzer sie verwenden, und reiben sie dann mit Asche oder Farbe ein oder sengen sie an, um den Farbkontrast zu verstärken. Der Wochenmarkt von Cochas Chico, der Hochburg der Kalebassenschnitzerei in ganz Peru, findet am Freitag statt.

Im zwölf Kilometer nordwestlich von Huancayo nahe der Straße nachConcepción gelegenen **San Agustín de Cajas** ist am Montag Markttag. Hier hält man am besten nach Korbmöbeln und breitkrempigen Hüten aus Schafwolle Ausschau.

Nur wenige Kilometer entfernt wird dienstags auf dem Markt von **Hualhuas** ein breites Sortiment an schönen Wandbehängen, Ponchos und Decken aus Alpaka- und Schafwolle angeboten. Die natürlichen Farben der Textilien sind größtenteils pflanzlichen Ursprungs, die interessanteste Farbe jedoch – ein kräftiger karminpurpuner Rotton – stammt aus dem Körpersaft winziger Insekten, der Koschenilleschildläuse.

Die spanischen Konquistadoren exportierten diesen kostbaren Farbstoff in ihre Heimat, wo er für die Kleidung der Reichen und Mächtigen verwendet wurde, unter anderem für die Roben der katholischen Kardinäle.

Mittwochs präsentieren die kunstfertigen Handwerker von **San Jerónimo de Tunán**, ihren filigranen Schmuck und kleine Zierfiguren aus Silber auf dem örtlichen Markt. Peruanische Käufer interessieren sich meist besonders für die aufwendig gearbeiteten Hahnenpaare, die an die in ganz Lateinamerika beliebten Hahnenkämpfe erinnern.

Von San Jerónimo aus sind es nur acht Kilometer bis **Ingenio**, wo in Perus größter Fischfarm Forellen aufgezogen und „geerntet" werden. Besucher können den Betrieb auf einem Rundgang kennenlernen und erfahren, wie die Forellen sich vom Laich über die Larve und den (bis zu einem Jahr alten) Setzling zum ausgewachsenen Fisch entwickeln. Im Anschluss bietet sich die Einkehr in einem der Restaurants an, zu deren Spezialitäten natürlich frisch gefangene Forellen gehören.

Ein Mädchen mit traditionellen Kleidungsstücken in der Pampa de Quinua

Jauja: Jedes Schulkind in Peru lernt, dass Jauja die erste Kolonialhauptstadt in Peru war. Schon vorher hatte sich hier – rund 40 Kilometer nordwestlich von Huancayo – ein Zentrum der Huanca befunden. Die namenlose **Ausgrabungsstätte** drei Kilometer südöstlich der Stadt ist am besten zu Fuß oder per Mototaxi *($)* zu erreichen. Ein anderes beliebtes Ausflugsziel ist der vier Kilometer nördlich von Jauja gelegene See **Laguna de Paca**.

Südöstlich von Jauja führen links und rechts des Río Mantaro Straßen durch das Flusstal nach Huancayo. Die Dörfer der Kunsthandwerker, liegen größtenteils auf der östlichen Seite des Flusses, die Busse zwischen Jauja und Huancayo dagegen verkehren am westlichen Ufer.

In der entgegengesetzten, nordwestlichen Richtung geht es auf der Hauptstraße von Jauja aus bergauf ins knapp 80 Kilometer entfernte **La Oroya**. Die 3731 Meter hoch gelegene Stadt ist einem National-Geographic-Artikel aus dem Jahr 2007 zufolge einer der zehn am stärksten von Umweltverschmutzung betroffenen Orte der Welt.

Etwa 22 Kilometer nördlich von La Oroya zweigt die Nationalstraße PE-20 von der Carretera Longitudinal de la Sierra in Richtung des Amazonasbeckens nach Osten ab. Nach 35 Kilometern errreicht sie das für seine spektakulären Prozessionen in der Osterwoche (siehe S. 166) bekannte **Tarma**.

Eingezwängt in ein schmales Tal in 3050 Meter Höhe, ist die attraktive Stadt am Osthang der Anden die zentrale Zwischenstation an der steil nach Nordosten abfallenden Straße.

Gut 26 Kilometer weiter nördlich liegt eine der größten Höhlen Perus, die **Gruta de Huagapo**. Führer aus dem vier Kilometer entfernten Dorf Palcamayo zeigen Besuchern den Weg und begleiten sie ein Stück hinein.

Lago de Junín: Zurück auf der Carretera Longitudinal de la Sierra, sind es nördlich der Abzweigung nach Tarma weitere 34 Kilometer bis zur **Pampa de Junín**, wo in der Nähe des 4125 Meter hoch gelegenen Dorfes Junín im August 1824 die erste der beiden Entscheidungsschlachten im peruanischen Unabhängigkeitskrieg stattfand.

Etwa 13 Kilometer nördlich liegt Perus zweitgrößter See, der 30 Kilometer lange **Lago de Junín**. Hier ist der seltene, heute fast ausgestorbene Punataucher zu Hause, ein Vogel Zentralperus.

Hoch in den Bergen: Von Huancayo aus blickt man an klaren Tagen in nordöstlicher Richtung auf den eisigen Gipfel des nur 24 Kilometer entfernten **Huaytapallana**. Der 5768 Meter hohe Berg zieht nur wenige Kletterer an.

Die Stadt **Cerro de Pasco** beansprucht den Titel der höchstgelegenen Provinzhauptstadt der Welt. Der Verwaltungssitz des Departements Pasco – 76 Kilometer nördlich von Junín – liegt 4333 Meter über dem Meer und präsentiert sich als freundliche, aber kalte Bergbaustadt. 40 Kilometer südwestlich liegt das **Santuario Nacional de Huayllay** (siehe S. 175).

Die Carretera Longitudinal de la Sierra verläuft hinter Cerro de Pasco auf dem weiteren Weg nach Norden bergab durch das Tal des Río Huallaga ins 112 Kilometer entfernte, 1894 Meter hoch gelegene **Huánuco**. Die touristisch wenig erschlossene Departementshauptstadt erfreut sich eines angenehmen, belebenden Klimas.

Weitere Ziele: Von Huánuco aus wendet sich die Carretera Longitudinal de la Sierra nach Westen, in Richtung La Unión *(6 Std. per Bus, Abfahrt am 400er-Block des Jirón Tarapacá)*. Etwa sechs Kilometer hinter Huánuco passiert die auf diesem Abschnitt ungeteerte Straße das Ruinengelände von **Kotosh** mit dem „Tempel der gekreuzten Hände" – benannt nach einem berühmt gewordenen Lehmrelief aus der Zeit um 2000 v. Chr..

Für den Weg von und nach Huánuco bietet sich die Fahrt in einem Mototaxi an *($, inkl. Wartezeit)*.

In der Kleinstadt **La Unión** gibt es einige einfache Hotels und eine Busverbindung nach Chiquián. Eine dreistündige Wanderung führt nach **Huánuco Viejo**, einem ausgedehnten Ruinengelände aus der Inkazeit. Abkürzen lässt sich der Fußmarsch in einem Minibus bis El Cruce, das von den historischen Mauern nur 2,4 Kilometer entfernt ist.

Die Straßenverbindung von Huánuco nach Norden ist Teil der Nationalstraße PE-16. Sie steigt zunächst an und führt dann nach einer Passhöhe steil bergab nach Tingo María, von wo aus es in nordöstlicher Richtung ins Amazonasbecken weitergeht – nach Pucallpa am Río Ucayali. In dieser Region ist für Reisende Vorsicht geboten, denn hier wird in großem Maßstab Koka angebaut, und die Gesetze des Staates gelten nicht viel. ■

Klettern in dünner Luft

Das Naturschutzgebiet Santuario Nacional de Huayllay ist 40 Kilometer südwestlich von Cerro de Pasco gelegen und von dort über die ungeteerte Nationalstraße PE-18 zu erreichen. Auch als Bosque de Piedras (Wald der Steine) bekannt, tragen die Felsen Namen von Lebewesen, denen sie ähneln. Das Gelände ist ein Paradies für Kletterer, die ihre Ausrüstung selbst mitnehmen. Die kurzen Wanderwege verlaufen auf Höhen von über 4100 Metern. Neben einer einfachen Herberge gibt es Zeltplätze, wenn auch ohne jede Ausstattung.

Der beste Platz in ganz Peru für anspruchsvolle Trekkingtouren und Wanderung in einer majestätischen Bergwelt

Huaraz & Hochanden

Fußpfade durchziehen die Berghänge der Hochanden

Huaraz & Hochanden

Huaraz gilt unter Wanderern und Bergsteigern als eine der besten Destinationen nicht nur Perus, sondern ganz Südamerikas. Der Grund ist offensichtlich: Schneebedeckte Berge prägen das Bild im Norden und Osten der Hochlandstadt. Im Westen erheben sich die Gipfel der Cordillera Negra, im Osten die der Cordillera Blanca: Die 180 Kilometer lange Gebirgskette zählt zu den schönsten und eindrucksvollsten der Anden.

Ein Schafhirt wandert mit Hund und Herde auf den unbefestigten Straßen im Umland von Huaraz

Der 1975 gegründete Parque Nacional Huascarán wurde von der Unesco zum Weltnaturerbe erklärt und schützt einen großen Teil der Cordillera Blanca einschließlich des Huascarán, dem höchsten Gipfel Perus. Der Park bietet auch am ehesten die Gelegenheit, die Puya raimondii zu sehen: Sie ist die größte Bromelienart der Welt. Das Ananasgewächs, das den höchsten Blütenstand aller Pflanzenarten weltweit hervorbringt, benötigt bis zu hundert Jahre, um zu blühen. Hat es dieses Stadium erreicht, steht man vor einer überwältigenden Blütenpracht: Mehr als 8000 weiße Blüten bedecken den Blütenstand, der über zehn Meter hoch werden kann. Die Pflanzen blühen im Mai ein einziges Mal.

Im Süden der Cordillera Blanca liegt die Cordillera Huayhuash, ein kompaktes Gebirge mit verblüffend steilen Flanken, in dessen Mitte sich der 6634 Meter hohe Yerupajá erhebt. Die zweithöchste Gebirgskette Perus, die Cordillera Huayhuash, bietet ausgezeichnete Möglichkeiten für Hochgebirgswanderungen.

Die Cordillera Negra verläuft im Westen parallel zur Cordillera Blanca. Dazwischen eingebettet liegt Huaraz. Die Stadt ist das wirtschaftliche Zentrum einer ganzen Reihe kleiner Städte im *Callejón de Huaylas* (so bezeichnen die Einheimischen das Tal des Río Santa, der die beiden Gebirgsketten voneinander trennt). Wer mit dem Mountainbike in der Cordillera Negra unterwegs ist, wird mit spektakulären Ausblicken auf die östlich gelegene Cordillera Blanca belohnt.
Am Fuß der vergletscherten Berge verborgen liegen funkelnde Seen – sie schimmern in überirdisch wirkenden Grüntönen in allen Schattierun-

NICHT VERSÄUMEN

Eindrucksvolle Radtouren durch die Bergwelt oder das atemberaubende Küstentiefland 181

Ein Klassiker: die viertägige Santa-Cruz-Trekkingtour in der Cordillera Blanca 184

Tagesausflug zu den Lagunas Llanganuco am Fuß des Huascarán 186

Geführte Besteigung der schneebedeckten Gipfel des Pisco oder Ishinca 186

Elftägige Umrundung der Cordillera Huayhuash – die beste Trekkingtour des Landes 190

Puya raimondii – das Bromeliengewächs wird sechsmal so hoch wie ein Mensch 187, 194

Caraz, die hübscheste Stadt im Callejón de Huaylas 194

Archäologische Ausgrabungsstätte Chavín de Huántar 195

gen von Jade, Smaragd bis Türkis. Sie sind die Heimat von Hochlandvögeln wie den Andengänsen und den Puna-Ibissen. Die besten Bedingungen herrschen in der trockenen Jahreszeit (Mai–Sept.), die meisten Ausgangspunkte liegen weniger als drei Autostunden von Huaraz entfernt. Wie überall in Peru ist die Geschichte auch in dieser Region allgegenwärtig: Auf der östlichen Seite der Cordillera Blanca liegt das 3000 Jahre alte, teilweise noch unter der Erde ruhenden *Chavín de Huántar;* mit dem Bus ist man von Huaraz in zwei Stunden dort. Ebenfalls im Osten finden sich zwischen Andenkette und Amazonasbecken viele kaum besuchte Dörfer. ■

Huaraz

Mit fast 90 000 Einwohnern ist das geschäftige Huaraz die bedeutendste Stadt im Callejón de Huaylas und gleichzeitig Hauptstadt des Departamento Ancash. Von imposanten Berggipfeln überragt, zieht es Bergwanderer und Kletterer aus aller Welt an. Die lebhaften, gastfreundlichen Einwohner kümmern sich rührend um die Besucher, Dutzende von Veranstaltern verleihen Ausrüstungen und/oder organisieren komplette Expeditionen.

Huaraz: Der Huascarán, der höchste Berg in den Tropen, beherrscht den Blick Richtung Norden

Huaraz

Karte S. 179

Besucher-information iPerú

Office 1, Pasaje Atusparia

043/428812

HINWEIS: In Huarez gibt es keinen zentralen Busbahnhof, die Mitarbeiter von iPerú kennen die Abfahrtszeiten und Fahrziele. Lima ist acht Busstunden entfernt.

Orientierung

In der Hauptstraße Avenida Luzuriaga drängen sich Reisebüros, Reiseveranstalter, Wechselstuben und Restaurants. Die Straße verläuft im Norden der Plaza de Armas, die von Kunsthandwerksmärkten und einer modernen Kathedrale gesäumt wird, und setzt sich über drei Querstraßen bis zu der in Ost-West-Richtung verlaufenden Hauptstraße **Avenida Raimondi** fort. Dort findet man mehrere Busbetriebe und den zentralen Markt.

Im Norden der Avenida Raimondi geht die Luzuriaga in die Fitzcarrald über, die drei Querstraßen weiter den Río Quilcay überquert. Dort starten die *combis* (**Minibusse**), die in nördlicher Richtung durch das Callejón de Huaylas fahren und in Monterrey, Carhuaz, Yungay und Caraz halten.

Als östliche Erweiterung der Plaza de Armas führt die Calle Sucre bergauf in den Wohnbezirk La Soledad. Hier überragt die Kirchturmspitze der **Iglesia de la Sole-**

dad kleine Hotels, die nach dem Erdbeben 1970 errichtet wurden. In der Kirche befindet sich auch das Grab des Stadtpatrons von Huaraz.

Besichtigung

Ein Bummel durch die Stadt ist eine angenehme Art, sich zu akklimatisieren. In der Luzuriaga unweit der Plaza de Armas liegt das **Museo Arqueológico de Ancash,** es zeigt Stelen, Skulpturen und Monolithen aus verschiedenen Kulturen. Zur Sammlung des Museums gehören auch Mumien und Schädel mit Bohröffnungen.

Die **Jirón José Olaya** ist die einzige Durchgangsstraße, die aus der Zeit der Jahrhundertwende erhalten blieb: Hier findet man noch die traditionellen Balkone und die Dächer aus roten Ziegeln. In nördlicher Richtung führt die Calle Confraternidad Este zur Brücke über den Río Quilcay, auf der anderen Flussseite liegt die **Piscigranja de Truchas** *(Tel. 043/421081, $)*: Zur Forellenzucht läuft man einen halbe Stunde vom Stadtzentrum aus.

Wer das **Monumento Nacional Wilcahuaín**, eine gut erhaltene Stätte der Wari-Kultur ($) aus dem 8. Jahrhundert besichtigen will, folgt der Fitzcarrald (die in die Centenario übergeht) in nördlicher Richtung. Nach dem Hotel Huascarán sind es noch weitere zwölf Querstraßen, dann weist ein Hinweisschild rechts den Weg. Schilder und hilfsbereite Anwohner helfen weiter. Die Alternative ist ein Minibus ($) ab der Straße 13 de Diciembre in Huaraz. Man fährt acht Kilometer Richtung Norden.

Die dortige Hauptsehenswürdigkeit ist ein dreistöckiger Tempel mit labyrinthartigen fensterlosen Kammern, die kunstvolles Mauerwerk und Belüftungssysteme aufweisen. Ganz in der Nähe befindet sich auch die kleinere Fundstätte **Ichiwilcahuaín**. Für ein Taschengeld zeigen Kinder das Gelände und den Weg in das eine Stunde entfernte **Monterrey**.

Die natürlichen Thermalquellen der **Baños Termales de Monterrey** sind eisenhaltig – das erklärt auch die trübbraune Farbe. Das Wasser wird in zwei Haupt- und mehrere kleinere Becken geleitet. Monterrey liegt sechs Kilometer nördlich von Huaraz an der Hauptstraße. Um hinzukommen, nimmt man entweder einen Minibus oder ein Taxi ($) oder wandert zu Fuß von **Wilcahuaín** dorthin. ■

Museo Arqueológico de Ancash
✉ Ave. Luzuriaga 762
☎ 043/421551
$ $$

Baños Termales de Monterrey
✉ Neben dem Real Hotel **Baños Termales Monterrey**
☎ 043/427690

ERLEBNIS:

Outdoor-Aktivitäten

Huaraz ist der perfekte Standort für Naturliebhaber. Wer ohne die nötige Ausrüstung anreist, kann diese in einem der örtlichen Läden ausleihen – dann steht einer ganztägigen Wanderung oder einer einwöchigen Bergtour nichts mehr im Weg. Geführte Fahrradtouren werden ebenfalls angeboten, manche führen sogar in das Küstentiefland. Reiter können die Region hoch zu Ross erkunden.

Obwohl Peru keine ausgewiesenen Skigebiete besitzt, treffen sich passionierte Skisportler alljährlich in Huaraz zu Skimeisterschaften auf den umliegenden Gletschern. In den vergangenen Jahren haben niedrige Wasserstände und verunreinigtes Wasser den aufkommenden Rafting-Tourismus auf dem Río Santa beeinträchtigt. Trotzdem ist er ganzjährig möglich (siehe Reiseinformationen S. 309). Die Casa de Guías (Plaza Ginebra 28G, Huaraz, Tel. 043/421811, www.casadeguias.com.pe) führt Adresslisten geprüfter Bergführer.

Parque Nacional Huascarán

Der in den Hochanden gelegene 3400 Quadratkilometer große Parque Nacional Huascarán ist einzigartig in Südamerika. Der 180 Kilometer lange Park schützt die Cordillera Blanca, mit den am weitesten nördlich gelegenen vergletscherten Bergen. Höchster Gipfel ist der eindrucksvolle Huascarán, dazu gesellen sich aber noch mindestens 20 weitere Sechstausender, die den Nationalpark zu einem beliebten Ziel der internationalen Bergsteigerszene machen.

Vergletscherte Gipfel erheben sich am Horizont, die Schafe bleiben davon unbeeindruckt

Parque Nacional Huascarán
Karte S. 179

Besucher-information

Parkverwaltung, Calle Sal y Rosas 555, Huaraz

043/422086 (Parkverwaltung)

Büro an Wochenenden geschl.

$ (Tageseintritt); $$$$$ (Übernachtungsgenehmigung)

Zu Füßen der in Schnee gehüllten Gipfel des Parque Nacional Huascarán finden sich wunderschöne Seen und von Steilwänden gesäumte Schluchten (*quebradas*). Mehrere Pfade leiten die Wanderer in das Zentrum des Parks. Zwischen den Bergmassiven führen die Wanderwege über 4750 Meter hohe Pässe hinweg, die einen spektakulär nahen Blick auf unglaublich steile Eiswände ermöglichen. Die berühmteste Wand, die **Punta Unión,** liegt an der Santa-Cruz-Trekkingroute (siehe S. 184f). Die Berge tragen kaum aussprechbare Namen wie Taulliraju (5830 m), Quitaraju (6036 m), Artesonraju (6025 m) und Chacraraju (6112 m). *Raju* ist übrigens das Quechua-Wort für Schneegipfel.

Mehrtägige Trekkingtouren

Neben der Santa-Cruz-Trekkingtour sind weitere Trekkingrouten in der Cordillera Blanca populär, darunter die **Alpamayo-Umrundung**

(7–12 Tage), die über mehrere Hochpässe und durch die abgelegene Quebrada de los Cedros am nördlichen Hang des Alpamayo führt. Die Route endet, je nach Länge der Trekkingtour, in einem von mehreren Dörfern. Die dreitägige **Olleros-Chavín-Trekkingroute** führt über einen Hochpass (4700 m) und endet an der Ausgrabungsstätte Chavín de Huántar (siehe S. 195). Neben den bekannten Routen gibt es aber viele weitere Trekkingziele.

Bergsteiger und Wanderer sind sich einig, dass die beste Zeit für die Cordillera Blanca die Trockenzeit ist. Sie beginnt Mitte Mai und dauert in der Regel bis Mitte September. Das bedeutet aber keineswegs, dass es in dieser Zeit nicht regnen oder schneien könnte: Erst vor kurzem wurde der Hochlandpass Punta Unión im Juni von einem Schneesturm heimgesucht. Trekking außerhalb der Saison ist durchaus möglich, man sollte dann aber gute Regenkleidung und ein hochwertiges, wasserfestes Zelt dabeihaben. Januar bis März sind die niederschlagreichsten Monate. Wen der Gedanke an ein kaltes, feuchtes Zelt und klamme Kleidung nicht anspricht, sollte stattdessen Tagesausflüge unternehmen oder eine Übernachtung in einer der hoch gelegenen Bergsteigerunterkünfte im Park reservieren.

Bergführer und *arrieros*

Schweres Gepäck über einen Hochpass zu tragen, ist nur etwas für trainierte und akklimatisierte Wanderer, wer sich das nicht zutraut, kann stattdessen einen *arriero* (Viehtreiber; $$) mit Maultieren ($) engagieren. Im Preis eingeschlossen sind dabei die Verpflegung für Mann und Vieh und die Bezahlung von einem oder zwei Extra-Tagen für den Rückweg der unbeladenen Maultiere. Man kann statt in Huaraz in den Dörfern am Beginn der Trekkingrouten (insbesondere Cashapampa an der Santa-Cruz-Route) einen Arriero engagieren.

Annie Smith Peck

Die Altphilologin Annie Smith Peck (1850–1935), die an der Universität von Purdue Indiana lehrte, war eine Abenteurerin und unternahm ausgedehnte Reisen durch Lateinamerika und Europa. Entschlossen, den Beweis zu führen, dass eine Frau das Gleiche wie ein Mann leisten kann, wurde sie Bergsteigerin – in der damaligen Zeit für Frauen etwas ziemlich Ungewöhnliches. 1908 gelang Annie Smith Peck die Erstbesteigung des Nordgipfels des Huascarán. Drei Jahre später schaffte sie die Besteigung des Coropuna in Südperu. Oben angekommen, hisste die Frauenrechtlerin eine Flagge, auf der sie das Wahlrecht für Frauen forderte.

Wer den Park lieber in Begleitung eines Bergführers besuchen will, muss mit Gebühren in Höhe von 30 US$ für Spanisch sprechende Trekkingführer und etwas mehr als 100 US$ für einen geprüften, englischsprachigen Bergführer rechnen. Köche verlangen rund 20–30 US$ pro Tag. Die Casa de

(Fortsetzung auf S. 186)

Santa-Cruz-Trekkingtour

Unter allen Trekkingrouten in Peru steht die Santa-Cruz-Wanderung gleich an zweiter Stelle hinter dem Inkapfad nach Machu Picchu. Die Strecke führt Naturliebhaber durch die Polylepis-Wälder (*queñuales*) des Hochlandes hinauf zum 4750 Meter hoch gelegenen Punta-Unión-Pass. Die meisten Wanderer benötigen für die Strecke vier Tagen – geübte, erfahrene Bergwanderer können es aber auch in drei Tagen schaffen.

Ein Zeltplatz mit grandioser Aussicht auf der Santa-Cruz-Trekkingtour

Die Wanderung kann in beiden Richtungen unternommen werden, doch die meisten Wanderer beginnen mit dem langen, relativ sanften Aufstieg, auf den ein anspruchsvoller, steiler Abstieg folgt. Der beliebte Wanderweg ist gut und ausreichend gekennzeichnet, unschön sind allerdings die vielen Abfälle am Wegrand. Auf den Zeltplätzen gibt es Komposttoiletten, die jedoch meist nicht gepflegt.

Von Caraz fahren *combis* in zwei Stunden zum Dorf **Cashapampa** ❶ (2900 m). Combis fahren auch regelmäßig jeden Tag von Santa Cruz und Bolognesi ab. In Cashapampa gibt es einfache Restaurants, Maultiere und Campingplätze ($$), wer einen frühen Bus von Caraz aus nimmt, muss nicht im Dorf übernachten. Eine Schotterstraße führt in nordöstlicher Richtung aus der Stadt heraus, schon bald kommt das Schild in Sicht, das den Anfang der Trekkingroute markiert. Der steinige und rutschige Weg führt in östlicher Richtung an der Südseite des Tals der Quebrada Santa Cruz entlang. Er biegt dann nach Ost-Nordost ab, führt weiter an der Südseite des Tals entlang und wird nach zwei bis drei Stunden weniger steinig. Fünf Stunden nach dem Aufbruch in Cashapampa ist die große Wiese **Llamacorral** ❷ (3600 m) erreicht, wo man gut zelten kann.

Am nächsten Tag geht es weiter nach Ost-Nordost durch das sich weitende Tal. Der Weg führt an Sümpfen, Seen und Wasserfällen und am Südufer der kleinen Laguna Ichiqcocha entlang. Nach vier Stunden ab dem Übernachtungsplatz auf der Llamacorral ist die **Laguna Jatun-**

NICHT VERSÄUMEN

Laguna Jatuncocha • Punta Unión • Taulliraju • Laguna Morococha • Quebrada Paria

cocha (3900 m) erreicht. Nach einer weiteren Stunde muss der Río Santa Cruz überquert werden, danach teilt sich der Weg. (Der beschilderte nordwärts führende Weg steigt die Quebrada Arhuyacocha hinauf und ist eine gute Nebenstrecke zum südlichen Basislager am **Alpamayo.**)

Der Hauptweg führt in östlicher Richtung an der Nordseite der Quebrada Santa Cruz entlang, nach einer weiteren Stunde wechselt er unweit von **Taullipampa** ❸ (4250 m) auf die Südseite des Tals. Die meisten schlagen hier ihr Zelt auf, alternativ kann man eine halbe Stunde zurück zur kleinen Quebrada Arteson laufen.

Bei Taullipampa beginnt der steile, dreistündige Aufstieg zur Passhöhe **Punta Unión**. Der Blick nach links auf den **Taullirajau,** der den zugefrorenen Taullicocha-See überragt, und rechts auf den 6025 m hohen **Artesonraju** ist grandios.

Der Abstieg in südöstlicher Richtung ist sehr steil, führt an der Nordseite der oberen **Laguna Morococha** (4600 m) und weiteren kleinen Seen vorbei und erreicht dann den Oberlauf des Río Huaripampa. Der Fluss ist zwei bis drei Stunden nach dem Aufbruch vom Pass erreicht, auf der anderen Flussseite geht es Richtung Süden an der östlichen Talseite entlang durch Polylepis-Wälder (*queñuales*). Einige Stunden später bieten sich gegenüber der **Quebrada Paria** ❹ (3850 m) gute Zeltmöglichkeiten. Wer näher an die Gletscher will, kann drei Stunden westwärts die Quebrada Paria hochsteigen.

Vom Übernachtungsplatz bei der Quebrada Paria geht es auf der Ostseite des Huaripampa-Tales weiter, nach zwei Stunden biegt der Weg in südöstlicher Richtung ab, am Weg liegen ein paar Gebäude. Nach dreistündiger Wanderung ab dem Zeltplatz Paria wird der Fluss auf einer solide gebauten Brücke überquert. Schilder weisen den Weg ins nahe gelegene Dorf **Colcabamba** (3300 m), wo einheimische Familien ein Bett und eine einfache Mahlzeiten anbieten. Die Alternative ist der Aufstieg nach **Vaquería** ❺ (3700 m), eine Fußstunde oberhalb des Flusses. Combis fahren jeden Morgen von **Vaquería** über die Quebrada Llanganuco nach Yungay. ■

Siehe auch Übersichtskarte S. 179
Cashapampa
50 km
4 Tage
Vaquería

Guías oder die aufgeführten Reisebüros (S. 309) können auch individuelle Wünsche erfüllen.

Wichtiger Hinweis: Huaraz ist an den Unabhängigkeitsfeiertagen, den *Fiestas Patrías* (28.–29. Juli), ein beliebtes Ausflugsziel der Einheimischen: dann kann es schwierig werden, Führer zu engagieren.

Tagesausflüge

Der beliebteste Tagesausflug im Nationalpark führt zu den **Lagunas Llanganuco** im Osten von Yungay, die Seen liegen 80 Kilometer von Huaraz entfernt. Bei geführten Ausflügen wird häufig ein Stopp beim *campo santo* (siehe Erdbeben S. 195) bei Yungay eingelegt. Danach geht es weiter durch die engen Quebrada Llanganuco bergauf zu zwei schönen Bergseen. Am ersten See, dem **Chinancocha** („Frauensee" auf Quechua), können Ruderboote gemietet werden. Im Osten liegt ein Wald mit *Polylepis*-Bäumen (die Einheimischen nennen die Bäume *queñuales*), deren Merkmal die abblätternde rostfarbene Rinde ist. Der zweite Bergsee **Orconcocha** („See der Männer") liegt unweit des Chinancocha.

Der Huascarán und der Huandoy (6395 m) mit seinen drei Gipfeln beherrschen auf der Fahrt zu den Seen die Szenerie. Hinter den Seen führt eine 20 Kilometer lange Straße über den Pass **Portachuelo de Llanganuco** (4767 m), um dann auf der anderen Seite steil bergab durch Vaquería und das kleine Dorf Colcabamba in die Stadt Yanama zu führen.

Um zum 3900 Meter hohen **Yurac Corral** (oder: **Cebollapampa**) zu gelangen, folgt man für rund drei Kilometern der Straße hinter den Seen.

Direkt hinter einer Haarnadelkurve beginnen zwei Wanderwege: Der erste führt zur 5,5 Kilometer entfernten Unterkunft beim **Pisco-Basislager** (siehe Kasten Bergsteigen, links); der andere steigt sechs Kilometer lang durch das Tal der Quebrada Demanda hinauf zur märchenhaften **Laguna 69** (4700 m) am Fuß des Chacraraju. Der Weg zur Laguna 69 ist eine beliebte Tageswanderung, kann aber auch als zweitägige Wanderung gelaufen werden. Einige wenige geführte Touren zu den Lagunas Llanganuco führen anschließend weiter zum Yurac Corral, er ist am besten

ERLEBNIS:

Gipfelbesteigung

Trainierte und akklimatisierte Bergsteiger mit ein wenig Erfahrung im Eisklettern können einen Bergführer engagieren, der über alle für eine Gipfelbesteigung notwendigen Kenntnisse verfügt. Die Bergsteigersaison beginnt im Mai und endet Ende September, die meisten leichteren Besteigungen dauern rund drei Tage. Beliebte Gipfel sind der Pisco (5752 m) und der Ishinca (5530 m). Drei Bergsteigerunterkünfte bieten Mahlzeiten, heiße Duschen und bequeme Betten für 35 US$ pro Nacht und Person, inklusive Frühstück und Abendessen. Refugio Peru, eine gute Unterkunft für die Besteigung des Pisco, verfügt über 80 Betten; die Refugios Huascarán und Ishinca bieten jeweils 60 Betten. Die Unterkünfte sind zwischen Oktober und April geschlossen. Nähere Informationen erhält man bei Don Bosco de los Andes (Tel. 043/443061, E-mail: andesdbosco@hotmail.com, www.rifugi-omg.org) im 20 Kilometer nördlich von Huaraz gelegenen Marcará.

mit dem Taxi ($$$$$) von Yungay aus zu erreichen.

Der **Pastoruri-Gletscher** ist ebenfalls ein schönes Tagesausflugsziel. Zunächst geht es 71 Kilometer über Cátac Richtung Südosten, dann führt eine Schotterstraße durch eine Puya-Gruppe nahe an den Gletscher heran. Wer den Gletscher betreten will, wandert noch etwa zwei Kilometer weiter. In der Nebensaison ist er gesperrt.

Ein schönes Ziel ist auch die Wanderung zur **Laguna Churup** (4485 m), die etwa 18 Kilometer östlich von Huaraz bei Pitec liegt. Am frühen Morgen fahren Minibusse von der Avenida Caraz (einer Querstraße östlich der Fitzcarrald) in Huaraz über eine unbefestigte Straße in das 14 Kilometer entfernt liegende Dorf Llupa. Von dort geht es in östlicher Richtung auf einer Schotterstraße weiter nach Pitec, wo man auf einen Hof und ein großes Nationalparkschild trifft. Wichtig ist es, gut zu planen: Ein Taxi nach Pitec kann zwar in Huaraz, nicht aber in Llupa bestellt werden.

Von Pitec führt ein markierter Wanderweg links von der Straße einen Bergkamm entlang zum fünf Kilometer entfernten See. Der Weg endet am sanften Felsufer, das den herrlichen See am Fuß des vergletscherten **Nevado Churup** (5495 m) umrahmt – ein idealer Ort für ein Picknick!

Von Caraz, 66 Kilometer nördlich von Huaraz, führt eine unbefestigte 30 Kilometer lange Straße durch eine enge Schlucht zur **Laguna Parón** (4140 m). Von Huaraz oder Caraz aus werden organisierte Fahrten angeboten, eine Alternative ist ein Taxi ab Caraz ($$$$ Hin- und Rückfahrt inkl. Wartezeit). Mehrere Gipfel rahmen den malerischen See ein, darunter der Huandoy, der Pisco und der Chacraraju. Wer wandern will, folgt dem Weg am Nordufer des Sees. ■

Wolken versperren in der Regenzeit den Blick auf die Gipfel

Die höchsten tropischen Berge

Unmittelbar südlich des Äquators gelegen, ist der 6768 Meter hohe Huascarán zwar der weltweit höchste Berg der Tropen, aber nicht der einzige hohe tropische Berg: Etwa 50 Gipfel im Parque Nacional Huascarán erheben sich über 5700 Meter, viele weitere liegen außerhalb des Nationalparks. In Nordamerika gibt es überhaupt nur drei Berge, die so hoch sind – jeweils einer in Mexiko, Kanada und den USA. Damit kann sich die Region um Huaraz neben Pamir und Himalaya zu Recht das „Dach der Welt" nennen!

Callejón de Huaylas

Im Westen durch die Cordillera Negra und im Osten durch die Cordillera Blanca begrenzt, beginnt das Tal bei der Laguna Conococha und folgt über 150 Kilometer ungefähr dem Lauf des Río Santa. Eine Fahrt nordwärts auf seiner Hauptstraße führt durch eine atemberaubende Bergkulisse in kleine, stille Städtchen, wo Reisende die liebenswürdigen Bräuche der freundlichen Quechua näher kennenlernen können.

Ein Feld mit Andenlupinen

Callejón de Huaylas
Karte S. 179

Die Strecke von Conococha durch das Callejón führt zunächst durch hohes Grasland, das als Weide für Vieh, Lamas und Alpakas genutzt wird. Die Tiere sorgen ab und zu für einen kleinen Verkehrsstau, wenn sie ungerührt die Straße überqueren.

43 Kilometer hinter Conococha ist mit **Catac** (3640 m) die erste Stadt des Tals erreicht. Durch sie führt auch die Straße durch die Cordillera Blanca nach Chavín de Huántar (siehe S. 195). Zu den wenigen Städten, die fast unbeschadet die Erdbebenkatastrophe 1970 (siehe Erdbeben S. 195) überlebt haben, zählt das zehn Kilometer entfernt liegende **Recuay** (3400 m).

Hinter **Huaraz** (3090 m), der Hauptstadt der Region, führt die Hauptstraße weiter nordwärts über Monterrey mit seinen heißen Quellen (siehe S. 181) nach **Taricá** (2850 m), wo einheimische Töpfer ihre Keramikarbeiten ausstellen und verkaufen.

Als Nächstes führt die Fahrt am kleinen Anta-Flughafen (Tel. 043/443095) vorbei, der Huaraz bedient. Der Flughafen wird unregelmäßig oder in manchen Jahren auch gar nicht angeflogen. LC Busre *(Luzuriaga 904, Huaraz, Tel. 043/424734, www.lcbusre.com.pe)* fliegt derzeit von Lima.

Hinter dem Flughafen liegt **Marcará** (2750 m), wo die Mission Don Bosco de los Andes ihren Hauptsitz hat. Das Ziel der Mission ist es, junge Leute aus der Region im Holzhandwerk auszubilden. Die Werkstatt zeigt Arbeiten der Auszubildenden, z. B. Türen mit aufwendigen Schnitzereien (wie sie typisch für die Kirchen der Gegend sind) sowie Altarbilder und Gebrauchsmöbel.

Von **Marcará** fahren Minibusse und Taxis die kurze Strecke ins

INSIDERTIPP

Wer am 28. Juli in Peru ist, sollte an den Festlichkeiten zum Dia de Independencia teilnehmen! Zusammen mit den Einheimischen kann man feiern und einige ihrer Lieblingsgerichte probieren.

SARAH SHAW
National Geographic-Mitarbeiterin

vier Kilometer östlich gelegene **Chancos**. Besonders an den Wochenenden ist Chancos ein beliebtes Ausflugsziel der Einheimischen: Sie erholen sich in den heißen Quellen ($$) oder den glühend heißen Höhlen, die als Saunen genutzt werden. Zur anschließenden Abkühlung stehen kalte Tauchbecken zur Verfügung.

Meister der Karten

Der ortsansässige Kartograph Felipe Díaz betreibt das **Café Heladeria El Abuelo** *(Tel. 043/394149)* in Carhuaz, es befindet sich an der nördlichen Ecke der hübschen Plaza de Armas. Im Café wird das überregional bekannte Kartenwerk *Cordilleras Blanca & Huayhuash* verkauft, das von Díaz erstellt wurde und alle zwei Jahre aktualisiert wird. Die Karten zu den wichtigsten Trekking-Routen des Tales und die Stadtpläne sind bei einem Aufenthalt in der Region von unschätzbarem Wert. Im Café gibt es außerdem das beste Eis der Gegend sowie Mahlzeiten, Snacks und Postkarten.

Carhuaz (2638 m) – die erste bedeutende Stadt nördlich von Huaraz – liegt drei Kilometer von **Marcará** entfernt. An Sonntagen strömen die Campesinos aus den benachbarten Dörfern in das sonst so verträumte Städtchen mit seinen 6000 Einwohnern: Grund dafür ist der Wochenmarkt, der drei Querstraßen nordwestlich von der Plaza de Armas entfernt abgehalten wird. Alljährlich wird hier auch die lebhafte *Fiesta de la Virgen de la Merced* um die dritte Septemberwoche mit Tanz, Feuerwerk, Stierkampf und Prozessionen begangen.

Rund 20 Kilometer nördlich von Carhuaz liegt das alte **Yungay** (2500 m), Schauplatz der verheerenden Erdbebenkatastrophe Perus 1970 (siehe S. 195). Besucher schlendern durch die Gärten der

(Fortsetzung auf S. 194)

Don Bosco de los Andes Mission

✉ Los Pinos 3, Marcará

☎ 043/443061

Trekking: Cordillera-Huayhuash-Umrundung

Zu den beliebtesten Routen der Bergwanderer zählt die Trekkingroute in der Cordillera Huayhuash. Für die Umrundung sollte man elf Wandertage einplanen.

Die Umrundung führt immer wieder an Hochgebirgsseen vorbei

NICHT VERSÄUMEN

Laguna Jahuacocha • Punta Sambuya • Laguna Mitacocha • Laguna Carhuacocha• Punta Cuyoc

Vorbereitung

Ein guter Startpunkt für die Runde ist der hübsche Ort **Chiquián** (3400 m), in den Busse von Huaraz aus fahren. Der zuverlässigste Busbetrieb – Transportes El Rápido (Mariscal Caceres 331, Tel. 043/422887, $) – bietet die dreistündige Fahrt zweimal täglich an. In Chiquián steigt man in *combis* nach Llamac um (90 Min.); sie fahren zweimal täglich vom Marktplatz ab. Chiquián bietet Hotels, in Llamac findet man einen Campingplatz mit Wasser, Betten und Läden. Ein Bergbauunternehmen hat neue, aber unbefestigte Straßen angelegt, über die man näher zu den Bergen kommt, gibt es keine öffentlichen Verkehrsmittel. Die hier beschriebene Wanderroute folgt dem traditionellen Rundwanderweg.

Alle Gemeinden der Cordillera Huayhuash verlangen eine Durchreisegebühr. Insgesamt muss man mit 55 US$ für die Strecke rechnen. Nützlich ist die Karte Cordillera Huayhuash von Peaks & Places (www.peaksandplaces.com), sie

Siehe auch Übersichtskarte S. 179
➤ Llamac
Ca. 122 km
11 Tage
➤ Llamac

N
Cacananpunta Pass
Pariash
Janca
Matacancha 3
Janca
Rondoy
START
Rondoy
4
1 Llamac
Laguna Mitococha
Carhuac Pass
Punta Sambuya/ Rondoy
Pampa Llamac
Carhuacocha
Achin
Jirishanca
2
Laguna Jahuacocha
Laguna Solteracocha
Laguna Carhuacocha
5
Carnicero
Yaucha Punta
Yerupajá
Angocancha
Huacrish
Laguna Sususcocha
Punto Carnicero
Tapush Punta
9
Huatiaq
Siula
Carnicero
Laguna Carnicero
Jurau
Huayhuash 6
Laguna Jurau
Trapecio
Calinca
Huallapa
Huallapa
Verlassene Bauernhäuser 8
Portachuelo de Huayhuash
Uramaza
Guanacpatay
Cuyoc
Punto Cuyoc
Laguna Viconga
7
Nevado Pariauccro Grande
Hot Springs
Pumarinri
Cajatambo
0 6 Kilometer
0 3 Meilen

kann bei South American Explorers (siehe S. 72) und im Café Andino in Huaraz gekauft werden.

Wegbeschreibung

Der erste Tag beginnt an der Plaza in Llamac ❶ (3300 m). In südwestlicher Richtung geht es zu einem beschilderten Serpentinenweg, der südwärts zwischen Feldern mit riesigen Kakteen steil bergan steigt. Nach zwei bis drei Stunden kommen Wasserspeicher in einem Sattel in Sicht, danach geht es für etwa 1,5 Stunden Richtung Südosten zum flachen **Pampa-Llamac**-Pass (4300 m) mit einem ersten schönen Blick auf die Cordillera Huayhuash. Ein Weg verläuft ostwärts auf einen Polylepis-Wald zu und steigt dann zum Talboden des Río Achin und der **Laguna Jahuacocha** ❷ ab. Für den Abstieg muss man ab der Passhöhe drei Stunden rechnen. Der Campingplatz ist regelmäßig überfüllt.

Unterwegs mit Blick auf den Doppelgipfel des Jirishanca

Der Weg verläuft östlich am Nordufer des Jahuacocha entlang, dann bergan in nordöstlicher Richtung über die Laguna Solteracocha und wird dabei zu einem steilen Zickzackpfad. Vom Jahuacocha ist nach drei bis vier Stunden der **Punta Sambuya-/Rondoy**-Pass (4750 m) erreicht. Von dort geht es abwärts in nordöstlicher Richtung zur Quebrada Rondoy. Dabei folgt man dem Tal nach Norden, bis eine Straße zwei Stunden nach der Passhöhe erreicht ist. Ein paar Häuser markieren die Gemeinden Rondoy und **Matacancha** ❸. Auf der Straße wandert man nordwärts bis zu einer Haarnadelkurve: Nach fünf Minuten in nordöstlicher Richtung sind Viehkorrale mit guten Zeltmöglichkeiten erreicht.

Vom Campingplatz führt der Weg in nordöstlicher Richtung auf einen Bergkamm zu und folgt dann einem Maultierpfad nach Osten zum Fuß der Steilwände. Der Wanderweg folgt den Wänden südostwärts und zieht sich dann zum **Cacananpunta**-Pass (4690 m, 3 Std. ab dem Campingplatz) hinauf. In Serpentinen führt der Weg steil auf der östlichen Seite des Passes hinauf und folgt der Passlinie in süd-südöstlicher Richtung zum Bauernhaus von **Janca**, knapp drei Stunden vom Cacananpunta-Pass entfernt. Hier kann man zelten, es lohnt aber, eine weitere Stunde in süd-südwestlicher Richtung zur **Laguna Mitococha** ❹ zu laufen. An ihrer Nordseite liegen Campingplätze mit unvergesslichen Ausblicken auf den Jirishanca (6094 m).

Von Mitacocha geht es nun in nordöstlicher Richtung zum weit rechts liegenden Janca-Tal, dann folgt ein drei- bis vierstündiger Aufstieg (Richtung Ost-Südost) durch das Tal der Quebrada Waya zum **Carhuac-Pass** (4650 m). Hinter dem Pass fällt der Weg sanft in südlicher Richtung ab; unterwegs begeistern die Blicke auf die beiden höchsten Gipfel der Cordillera Huayhuash, den Yerupajá und den Siula (6344 m). Nach einer Stunde ist ein Aussichtspunkt an der **Laguna Carhuacocha** ❺ erreicht. Hier biegt man nach Osten ab und wandert an den Bauernhäusern am südöstlichen Ufer des Sees vorbei.

Der weitere Weg führt am Südufer des Río Carhuacocha entlang und steigt rund eine Stunde in nordöstlicher Richtung zum **Tal der Quebrada Carnicero** an. Der Weg verläuft Richtung Südosten, wenn er flacher wird, sollte man sich weit oben auf der süd-südöstlichen Seite halten: Dort sind Überreste des **Inkapfads** zu sehen. Richtung Süden wird ein Bach durchquert, nach 3,5 Stunden ab dem Bach der **Punto Carnicero** (4600 m) erreicht. Der Weg steigt südwärts ab und verläuft zwischen zwei Seen, biegt dann nach Südwesten ab und trifft nochmals auf den Inkapfad. Bald kommt die **Laguna Carnicero** auf der rechten Seite in Sicht. Das Südwestufer bietet sich zum Zelten an, nach einer weiteren Stunde in südlicher Richtung ist der stärker frequentierte Campingplatz bei **Huayhuash** 6 erreicht.

INSIDERTIPP

Engagieren Sie, wann immer möglich, einen ortsansässigen Bergführer. Er kann viel über die Landschaft, die Geschichte der Inka und das heutige Leben der Andenbewohner erzählen.

JAMES DION
National Geographic Society
Center for Sustainable Destinations

Nach der Überquerung des Río Huayhuash steigt der Weg südwärts an und führt in 2,5 Stunden nach **Portachuelo de Huayhuash** (4785 m). Nach weiteren 1,5 Stunden Richtung Süden ist die **Laguna Viconga** erreicht. Ein lohenswerter Abstecher führt oberhalb des Westufers zu einem 4475 Meter hohen Pass mit Ausblicken auf den Doppelgipfel des **Cuyoc** im Nordwesten. Der abfallende Hauptweg führt auf einige **Gebäude** 7 zu, die vom Überwachungspersonal des Staudamms genutzt werden. Gleich nordwestlich der Gebäude kann man zelten.

In südwestlicher Richtung führt ein Weg am Río Pumarinri entlang zu den eine Stunde entfernt liegenden **heißen Quellen** mit Zeltplätzen. Ein 19 Kilometer langer Wanderweg verläuft von dort westwärts durch das Pumarinri-Tal nach **Cajatambo.** Der Ort bietet einfache Hotels.

Von der Laguna Viconga führt die Hauptroute nordwestlich an den Staudammgebäuden vorbei. Nach zwei Stunden führt der höchste nach Nordwesten leitende Weg zum Pass **Punta Cuyoc** (5000 m), der nach drei bis vier Stunden ab dem Übernachtungsplatz erreicht ist. Der Wanderweg steigt steil in nordwestlicher Richtung zur Quebrada Guanacpatay ab. Durch die Schlucht geht es Richtung Westen. Es gibt Übernachtungsmöglichkeiten, vor allem 2,5 Stunden nach dem Abstieg vom Pass in der Nähe einiger **verlassener Bauernhäuser** 8 an der Nordseite des Tals. Auf weiteren zwei bis drei Stunden Fußmarsch bergab Richtung Westen muss zweimal der Fluss gequert werden. Sobald der Fluss nach Norden abbiegt, folgt man dem Weg auf der Ostseite, der steil zum **Río Huallapa** abfällt. Der Hauptweg führt nun nach Westen.

Wieder am Südufer des Río Huallapa, wandert man zwei bis drei Stunden Richtung Huallapa, unterwegs liegt der Wasserfall Quebrada Guanacpactay. Gleich oberhalb des Dorfes steigt der Weg steil in nördlicher Richtung an. (Der breitere Weg führt südwestwärts weiter durch Huallapa und das Dorf Uramaza und endet nach sieben bis neun Stunden in Cajatambo.)

Der Alternativweg führt in nördlicher Richtung an der rechten Talseite der Quebrado Huancho entlang; beim Bauernhof von **Huatiaq** 9 gibt es eine Zeltmöglichkeit. Am nächsten Tag geht es drei Stunden lang nordwärts auf der linken Talseite bis **Tapush Punta**. Der Weg führt an der Laguna Sususcocha vorbei bergab. Eine Stunde nach dem Pass muss ein Bach überquert werden, nach weiteren 15 Minuten biegt der Weg ostwärts in die Quebrada Angocancha ein. Zunächst läuft man auf der Südseite, wechselt zur Nordseite und steigt ostwärts zum **Yaucha Punta** auf, er ist nach drei bis vier Stunden ab dem Tapush Punta erreicht. Der Weg fällt in nordöstlicher Richtung zur Quebrada Huacrish ab, wo ein südwärts führender Weg zur Laguna Jahuacocha (3 Std. ab Yaucha Punta) zurückführt. ■

Die Einheimischen schützen sich mit farbenfrohen Decken gegen die Kälte

Caraz

Karte S. 179

Besucher-information

Jr. San Martín 1121

043/391029

Sa–So geschl.

Altstadt und stehen irritiert vor den Spitzen der Kirchtürme, die an die einstige Plaza de Armas erinnern. Nach dem Erdbeben entstand zwei Kilometer weiter das neue Yungay, von dort fahren Busse Richtung Osten ins Llanganuco-Tal.

Obwohl es nur 12 Kilometer von Yungay entfernt liegt, hat **Caraz** (2290 m), die letzte Stadt des Callejón, kaum Schäden durch das Erdbeben. Es ist deshalb die hübscheste Stadt im ganzen Tal. Als Ausgangsort für Wander- und Klettertouren zur Laguna Parón, zur Quebrada Santa Cruz und der nördlichen Cordillera Blanca bietet Caraz ruhigere Unterkünfte als Huaraz. Die Touristeninformation befindet sich an der farbenprächtigen Plaza de Armas.

Westlich von Caraz steigt eine unbefestigte Straße rund 40 Kilometer lang zum 4200 Meter hoch in der Cordillera Negra gelegenen **Huinchus-Pass** hinauf, ganz in der

INSIDERTIPP

Eine bessere Sicht auf die Ausgrabungsstätte Chavín de Huántar bietet eine Wanderung auf die gegenüber liegende (östliche) Hangseite – je höher man steigt, umso eindrucksvoller wird die Sicht.

JOHAN REINHARD
National Geographic Explorer-in-Residence

Nähe findet sich auch einer der größten bekannten Bestände an *Puya raimondii*. Pony's Expeditions (siehe S. 309) organisiert Ausflüge.

Im Norden von Caraz mündet der Río Santa in den an der Straße nach Chimbote gelegenen **Cañón de Pato** ein. Nach den ersten befestigten Kilometern geht es auf einer Schotterpiste durch eine Bergwelt mit gewaltigen Steilwänden. Über 30 Tunnel wurden dafür in den Fels gebohrt. Yungay Express (Jr. Daniel Villar 318, Tel. 043/391693) betreibt täglich drei Busse nach Chimbote (7 Std., $$$$).

Chavín de Huántar

Im Conchucos-Tal auf der Ostseite der Cordillera Blanca trat die Chavín-Kultur der mittleren Anden um 1200 v. Chr. in Erscheinung und bestand etwa tausend Jahre. Die Chavín fertigten stilisierte Steinschnitzereien von katzenartigen Gottheiten sowie von Schlangen, Kondoren und menschlichen Figuren. Mit ihren Arbeiten beeinflussten sie die Entwicklung der Kunst im mittleren Peru. Die Ausgrabungsstätte Chavín de Huántar ist die größte Ruinenstadt der Chavín-Kultur in Peru. Sie liegt in 3140 Metern Höhe am Rand des modernen Dorfes Chavín, von Huaraz fährt man 2,5 Stunden mit dem Auto dorthin. Seit 1985 ist Chavín de Huántar Weltkulturerbe der Unesco..

Eine große dreigeschossige Tempelpyramide dominiert das Gelände. Ein Erdrutsch verschüttete 1945 den Vorhof und den unteren Tempelbau, bei Ausgrabungen fand man aufwendige Kanalisationsleitungen im Vorhof und meisterhaft konstruierte Passagen und Luftschächte im Innern der Hauptpyramide („Neuer Tempel" oder „Castillo"). Früher starrten pumaköpfige Schlusssteine aus den Tempelmauern hervor, heute befindet sich nur noch einer davon an seinem Platz.

Die Lanzón de Chavín, eine schlanke, 4,5 Meter hohe Stele mit komplizierten Gravuren, markiert den Mittelpunkt des Templo de Lanzón (Alter Tempel), der von einem Gewirr unterirdischer Gänge umgeben ist.

Öffentliche Busse, z. B. von Transportes Sandoval (Ave. Mariscal Cáceres 338, Tel. 043/428069) und anderen Busunternehmen, fahren in der Regel durch Chavín nach Huari auf der östlichen Seite der Cordillera Blanca. ■

Chavín de Huántar

Karte S. 179

$$

Erdbeben

In Callejón de Huaylas ist es in jüngerer Vergangenheit zu drei verheerenden Erdbeben gekommen. Das erste (1941) löste eine Lawine aus, die die Ufer der Laguna Pomalcocha wegspülte und sich ins Cojup-Tal hinunter bis nach Huaraz wälzte: 5000 Menschen starben, die Stadt wurde völlig zerstört. 4000 Menschen starben 1962, als eine Lawine sich vom Westhang des Huascarán löste und das Dorf Ranrahirca verwüstete. Das verheerendste Unglück ereignete sich jedoch am 31. Mai 1970, als 70 000 Menschen bei einem gewaltigen Erdbeben im mittleren Peru starben. Eine *aluvión* (eine tödliche Mischung aus Eis, Wasser, Erde und Steinen) begrub die Stadt Yungay vollständig unter sich – fast alle 18 000 Einwohner kamen ums Leben. Heute ist die verschüttete Stadt ein *campo santo* (Friedhof); der zum Gedenken an die Toten bepflanzt wurde. Dasselbe Erdbeben zerstörte große Teile von Huaraz und die Mure riss die Hälfte seiner 30 000 Einwohner in den Tod.

Ein unerwarteter Reichtum an archäologischen Schätzen, altehrwürdiger Handwerkskunst und Küstenlandschaften

Nordküste

Esel dienen in den abgelegenen Dörfern der Sechura-Wüste als bevorzugtes Transportmittel

Nordküste

Im Gegensatz zu ihrem Gegenstück im Süden ist die Nordküste kein „Gringo-Trail" – hierher verirren sich längst nicht so viele ausländische Besucher. Wer sich dennoch entschließt, die 1283 Kilometer lange Panamericana Norte von Lima bis zur Grenze nach Ecuador zu nehmen, wird von der Fahrt durch die Wüste begeistert sein.

Die grünen Bäume in der Sechura-Wüste

Entlang der gesamten Nordküste finden sich zahlreiche archäologische Ausgrabungsstätten. Einige von ihnen, die auf den ersten Blick wie von der Sonne verbackene Lehmhügel aussehen, bargen unzählige Gräber voller Schätze, die zu den wertvollsten der Welt zählen. Manche dieser Fundstätten nehmen mehrere Quadratkilometer ein und setzen sich aus Dutzenden von Pyramiden und massiven, mit unzähligen Reliefs verzierten Lehmmauern zusammen. Die in der Region arbeitenden Archäologen vermuten noch viele weitere Stätten unter der Erdoberfläche.

1987 fanden Wissenschaftler, die in Sipán unweit von Chiclayo arbeiteten, die größte Nekropole Südamerikas. Seitdem wurden dort immer weitere Gräber freigelegt, zuletzt 2007. Unterdessen hat die 2001 in der neuen Ausgrabungsstätte Caral bei Barranco vorgenommene Karbondatierung eine unerwartete Überraschung zutage gefördert: Eine Stadt, die fast 5000 Jahre zurückdatiert und somit 1000 Jahre älter ist als jede andere in Südamerika. 2006 fanden von NATIONAL GEOGRAPHIC geförderte Archäologen bei Trujillo erstmals das 1500 Jahre alte Grab einer tätowierten Frau, die aus der Oberschicht stammte.

Die trockenen Wüstenbedingungen der Region haben viel zum Erhalt der Kulturen beigetragen, die den Inka Hunderte, ja Tausende von Jahren vorausgingen. Am bekanntesten ist die Moche-Kultur (100 v. Chr.–850). Bei Sechín (ab 1600 v. Chr.) und Caral (ab 2900 v. Chr.) kann man in die Fußstapfen wenig erforschter und noch erheblich älterer Kulturen treten. Die Völker Chimu und Sicán überbrückten die Lücke zwischen den Moche und den Inka sowie verschiedener kleinerer Gruppen, die im Lauf der

NICHT VERPASSEN

Jahrhunderte ebenfalls ihre Spuren hinterlassen haben.

Das elegante Trujillo mit seiner gut erhaltenen Kolonialarchitektur ist die wichtigste Stadt an der Nordküste und ein gutes Standquartier für Streifzüge in die Umgebung. Einen Besuch wert sind auch die Kolonialstädte Lambayeque und Piura – Zentrum der umliegenden Dörfer mit ihrer Handwerkskunst und Tor zum Schamanismus, der hier so bedeutend ist wie nirgendwo sonst in Peru.

Den Verzierungen der Moche-Keramik nach zu schließen, bieten die Strände an der Nordküste Surfern und Sonnenanbetern seit Jahrtausenden beste Bedingungen.

Wie schon seit 2000 Jahren paddeln die Fischer von Huanchaco ins Meer hinaus, um sich dann von der Brandung zurücktreiben zu lassen. Heute können Surfer im beliebten Fischerdorf ein Totora-Schilfboot mieten oder auf dem eigenen Brett ins Meer hinauspaddeln.

Die Gegend finden sich Dutzende weiterer Strände, die sich perfekt zum Surfen eigenen; manche sind allerdings nur etwas für Erfahrene. An erster Stelle steht Máncora mit den schönsten Stränden, dem angenehmsten Klima und dem breitesten Angebot an Unterkünften entlang der peruanischen Küste. ■

Die Region Trujillo & der Süden

Die Panamericana verläuft im Norden an der Küste entlang. An der Strecke liegen einige der ältesten archäologischen Stätten Perus. Die Kolonialstadt Trujillo eignet sich als Ausgangspunkt für die Erkundung der Region. Gleich in der Nähe liegen die eindrucksvollen Ausgrabungsstätten Chimu und Moche, außerdem der gut besuchte kleine Badeort Huanchaco.

Der Huanchaco-Strand, nicht weit von der Stadt Trujillo, lockt Surfer und ein buntes Strandvolk an

Trujillo

Karte S. 199

Besucherinformation iPerú

Jr. Pizarro 402 (Municipalidad de Trujillo)

044/294561

E-mail: iperutrujillo@promperu.gob.pe

Trujillo

Francisco Pizarro kam 1532 mit der Absicht nach Peru, das Land zu erobern. Da die Inka erst vor kurzem das Volk der Chimu unterjocht hatten, beschloss Pizarro, sich mit den Chimu zu verbünden und in ihrem Territorium eine bedeutende Stadt zu bauen. 1534 schickte er deshalb den Eroberer Diego de Almagro (1475–1538) mit dem Auftrag nach Peru, in der Nähe der Chimu-Hauptstadt Chan Chan eine neue Stadt zu gründen. Sie wurde nach Pizarros Geburtsort Trujillo in Spanien benannt und ist eine der ältesten Kolonialstädte Perus.

Den Spaniern standen weder Bauholz noch Steine zur Verfügung, deshalb wurde die Stadt aus dem besten vor Ort vorhandenen Material errichtet: Adobe (Lehmziegel). Die Gebäude hatten niedrige, dicke Mauern, die in der Wüstenhitze für Kühle sorgten und sich auch bei Erdbeben als relativ widerstandsfähig erwiesen. Alle Gebäude, die heute zu sehen sind, stammen deshalb auch aus der Zeit nach 1619, als eine einzige Erschüt-

INSIDERTIPP

Wer sich ein bisschen umhört, kann bei einem einheimischen Profi relativ preiswerten Surfunterricht nehmen. Die Stunden sind meist billiger als in den Surfläden, und außerdem entstehen so nette Freundschaften.

ANA TINSLER
National Geographic Society Center for Sustainable Destinations

terung die Stadt komplett zerstörte. Die späteren Erdbeben von 1759 und 1970 verursachen ebenfalls erhebliche Schäden.

Die Kirchen und Herrschaftshäuser zeigen den üppigen Zierrat, der für den europäischen Barock so typisch ist und der im 18. Jahrhundert unter dem Einfluss Churriguerismus und des Rokoko noch phantasievoller wurde. Im 19. Jahrhundert wurden die schmiedeeisernen Gitter an den Fenstern zur Straße dann zum charakteristischen Merkmal der Architektur von Trujillo. Sie sind weiß gestrichen und heben sich leuchtend von den verschiedenen Pastelltönen der Gebäude im Stadtzentrum ab.

Trujillo erklärte 1820 als erste Stadt in Peru seine Unabhängigkeit von Spanien. Zu Ehren dieses Ereignisses avancierte die Stadt fünf Jahre später zur Kapitale der Provinz La Libertad.

Am besten lässt sich die koloniale Altstadt zu Fuß erkunden (siehe S. 202f). Bei einem Spaziergang durch muss man sich allerdings damit zufrieden geben, dass die meisten Gebäude nur von außen besichtigt werden können. Die traditionellen Namen vieler Straßen im Zentrum stehen auf großen, verzierten Plaketten, die derzeitigen Namen – wie sie auch im Stadtplan und bei der Postanschrift verwendet werden – auf kleineren, schlichteren Schildern daneben.

ERLEBNIS:

Ab in die Brandung

An der Nordostküste von Peru ist es wärmer, das ganze Jahr über rollen hier zuverlässigere Wellen als in Zentralperu oder an der Südküste ans Ufer. Mindestens 30 Strände bieten hervorragende Surfbedingungen. Manche eignen sich nur für erfahrene Sportler, die sich einige der längsten Wellen der Welt zutrauen (z. B. die 2 km lange Welle bei Puerto Chicama nördlich von Trujillo). Für Anfänger und mittelgute Surfer empfehlen sich die Küstenorte Máncora (siehe S. 219f) und Huanchaco (siehe S. 204), wo man auch gute Lokale und Unterkünfte und Leihausrüstung findet (generell sind die Leihmöglichkeiten in Peru sehr beschränkt).

Weitere Informationen bieten der Surf-Bericht von Peru Azul *(www.peruazul.com)* mit Nachrichten in spanischer Sprache sowie einer Liste von Stränden (auf Spanisch und Englisch) mit einer Fülle von praktischen Details für Surfer aller Level.

Rund einen Kilometer von der Plaza de Armas (an der Orbegoso und späteren Av. Mansiche) führt die Straße an einer Tankstelle vorbei, in deren Keller sich das **Museo Cassinelli** befindet – die beste Keramiksammlung der Stadt. Das Museum präsentiert mehrere Tausend Stücke, aber auch Interessan-

(Fortsetzung auf S. 204)

Museo Cassinelli
✉ Ave. Nicolas de Pierola 607, Trujillo
☎ 044/226127
$ $$

Spaziergang durch das koloniale Trujillo

Viele der Gebäude aus der Kolonialzeit und der republikanischen Epoche sind wochentags meist morgens und abends geöffnet, am Sonntag nur am Morgen. Die Öffnungszeiten der Kirchen variieren, nur die Kathedrale hat jeden Morgen und Abend offen.

Die Marmorstatue zu Ehren der Freiheit dominiert die weitläufige Plaza de Armas von Trujillo

Der Spaziergang beginnt an der **Plaza de Armas** ❶, einer der größten in ganz Peru. Am Freitag- und Samstagabend spielt das Stadtorchester auf, außerdem wird am Sonntag um 8 Uhr die Flagge gehisst, manchmal in Kombination mit *Paso*-Pferden oder einer Marinera-Tanzvorführung. Die Marmorstatue „La Libertad" stammt vom deutschen Bildhauer Edmund Moeller (1885–1958).

An der Nordecke ragt die relativ schmucklose **Kathedrale** *(Calle Orbegoso & Calle Independencia)* von 1666 auf. Das dazugehörige Museum *(Tel. 044/235083)* präsentiert religiöse Malerei und liturgische Gewänder. Nebenan wird der schöne Hof des **Erzbischofspalastes** von drei Mauern mit Kacheln aus Sevilla (17. Jh.) umgeben.

An der Südecke des Platzes befindet sich die **Municipalidad** (Rathaus), wo Trujillo 1820 seine Unabhängigkeit von Spanien erklärte. In der Nähe wird die elegante **Casa de Urquiaga** *(Calle Pizarro 446)* heute als Bank genutzt, innen sind noch Simón Bolívars Schreibtisch sowie Objekte diverser Kulturen zu sehen. Die drei Höfe sind typisch für Gebäude aus der Frühzeit in Trujillo, das gegenwärtige Gebäude stammt allerdings in weiten Teilen aus dem 19. Jahrhundert.

Nun geht es über die Pizarro weiter in Richtung Nordosten. Die **Iglesia la Merced** ❷ *(Calle Pizarro 550)* betritt man über einen kleinen Hof, der vor dem Obersten Gerichtshof liegt. Die Kirche wurde 1630 wieder aufgebaut und ist eines der ältesten Bauwerke Trujillos mit einer schönen Barockfassade und einer herrlichen Kuppel. In der **Casa de la Emancipación** ❸ *(Calle Pizarro 610)*, in der einst die Unabhängigkeitserklärung Perus vorbereitet wurde, ist heute eine Bank zu Hause. Zu sehen sind Fotos des berühmten ortsansässigen Dichters César Vallejo sowie wechselnde Kunstausstellungen.

Am Ende des Blocks liegt der **Palacio Iturregui** ❹ *(Calle Pizarro 688)*, heute der Club Central. Sehenswert sind seine Marmorstatuen, das Schmiedeeisen innen sowie die edlen Säulen.

Für ein Mittagessen empfiehlt sich der Block 700 an der Calle Pizarro, die „Restaurantmeile", dann geht es weiter zur **Plazuela El Recreo** ❺. Auf der kleinen Plaza (Fußgängerzone) zwei Blocks entfernt steht ein Brunnen von Eiffel (siehe S. 19) sowie ein Steintor, der einstige Nordausgang. Zu sehen sind noch Reste der Stadtmauer (17. Jh.) und das Wasserverteilungssystem.

Nun biegt man rechts in die Calle Estete ein, dann wieder rechts in die Calle Bolívar. Nach einem Block ist das **Monasterio El Carmen** ❻ *(Bolívar & Colón, $)* erreicht, ein Karmeliterkloster aus dem frühen 18. Jahrhundert. Wer sich die schönste Kolonialkunst der Stadt ansehen will, klopft in der Bolívar an und bittet um Einlass. Ist das Haupttor in der Colón offen, lohnt ein Blick auf den vergoldeten Altar. Dann spaziert man über die Colón zwei Blocks gen Nordwesten und biegt links in die Independencia ein, um das **Museo de Juguete** ❼ (Spielzeugmuseum; *Calle Independencia 705, Tel. 044/208181, So geschl., $*) zu besuchen. Diese faszinierende Sammlung zeigt 150 Kinderspielzeuge – von alten Moche-Rasseln bis hin zu Zinnsoldaten aus dem 19. Jahrhundert.

Die **Casa Ganoza Chopitea** ❽ *(Independencia 630)* hat einen Barockeingang, eine Rokokofassade, einen maurischen Balkon und ein schmiedeeisernes Fenster (19. Jh.). Von den drei traditionellen Innenhöfen blieben die ersten beiden erhalten. Nun geht es über zwei Blocks zurück zur Plaza de Armas.

NICHT VERPASSEN

Erzbischofspalast • Casa de Urquiaga • Iglesia de la Merced • Plazuela El Recreo • Monasterio El Carmen • Museo de Juguete

ERLEBNIS: Peruanische *Caballos de Paso*

Caballos de paso sind mittelgroße Pferde, die vor allem wegen ihrer Trittsicherheit gezüchtet werden. Im Gegensatz zu Trabpferden bewegen sich *Paso*-Pferde mit wenig Auf-Ab-Bewegung, was das Reiten sehr angenehm macht. Die Tiere gelten als die sanftesten Sattelpferde der Welt, sind aber auch ausdauernd und gut für anspruchsvolle Ausritte in die rauen, trockenen Anden geeignet.

Die Nationale Vereinigung von Besitzern und Züchtern der peruanischen Paso-Pferde behauptet stolz, dass sich diese Züchtung bis zu den Pferden von Christoph Kolumbus zurückverfolgen lässt. Die *Paso*-Pferde wurden ursprünglich auf den Karibischen Inseln gezüchtet, tauchten aber schon bald in Mittelamerika und dann in Peru auf.

Heute gilt Trujillo als Zentrum für die Zucht dieser Pferderasse. Reisebüros bieten Ausritte und Ausstellungen (siehe Reiseinformationen S. 309f) an.

Huanchao
Karte S. 199

tes aus dem Alltag der Moche sowie Objekte, die deren Sexualpraktiken darstellen. Diese cerámicas eróticas werden nur auf Anfrage gezeigt. Die Führungen durch die Privatsammlung, die der Eigentümer Grabräubern (*huaqueros*) abgekauft hat, werden nur auf Spanisch durchgeführt.

Huanchaco

Vom Museum an der Avenida Mansiche sind es rund zwölf Kilometer nach Huanchaco. Das ehemalige Fischerdorf wurde in den letzten Jahren immer größer und beliebter, entsprechend viele kleine Hotels und Restaurants kümmern sich inzwischen um das Wohl der Gäste. Relativ regelmäßig fahren Busse (*$*) und Taxis (*$$*) von Trujillo ans Meer.

Die Fischer von Huanchaco nutzen bis heute *caballitos* (siehe Totora-Schilf S. 207), die aus dem Schilf gefertigt werden, das am nördlichen Ende des Hafens wächst. Die Männer paddeln mit ihren Schilfbooten aufs Meer hinaus, um sich dann ein paar Stunden später samt ihrem Fang von der Brandung wieder zurücktreiben zu lassen. Die Fische werden sofort am Strand verkauft, die Caballitos zum Trocknen aufgestellt. Abenteuerlustige können sich für ein paar Soles ein traditionelles Boot mieten.

Die weiße **Kirche** auf dem Steilhang über dem Ort ist die zweitälteste des Landes. Besonders schön ist der Blick vom Glockenturm.

Die Brandung ist relativ sanft und somit geeignet für Caballitos, aber auch für unerfahrene Surfer. Thermoanzüge sind empfehlenswert, da das Wasser nur etwa 18 bis 22 Grad warm ist. Man kann Surfbretter mieten (siehe Reiseinformationen S. 309f), Unterricht nehmen oder eine Fahrt zu einem technisch anspruchsvolleren Strand organisieren. Interessierte, die an einem Freiwilligenprogramm zugunsten von Straßenkindern oder an anderen gemeinnützigen Projekten teilnehmen wollen, wenden sich an Otra Cosa (*Las Camelias 431, Tel. 044/461301, www.otracosa.nl*).

Stätten der Moche & Chimu

Alle bedeutenden Stätten der Moche und Chimu liegen rund um Trujillo (*tägl. Eintritt 9–16 Uhr, bis 17 Uhr Besichtigung)*. Für eine umfassende Besichtigung sollte man zwei bis drei Tage einplanen. Am wichtigsten und beeindruckendsten sind Huaca de la Luna und Chan Chan, die sich zusammen an einem Tag besuchen lassen. El Brujo mit seinen erstaunlichen Entdeckungen verdient ebenfalls einen Abstecher. Wer sich vorab informieren will, stattet dem **Museo de Arqueología** in Trujillo (auf Spanisch) einen Besuch ab.

Chan Chan: Die Stätte liegt fünf Kilometer westlich von Trujillo auf dem Weg nach Huanchaco; von der Hauptstraße läuft man 20 Minuten zu Fuß über eine Staubstraße. Die Eintrittskarte gilt zwei Tage und schließt das Museum auf dem Gelände, in Huaca Arco Iris und in Huaca Esmeralda ein.

Chan Chan – Unesco-Weltkulturerbestätte – ist die größte aus Lehmziegeln errichtete Stadt der Welt und war einst die Hauptstadt

Museo de Arqueología

✉ Junín 682, Trujillo

☎ 044/474850

$ $

Chan Chan

Karte S. 199

$ $$

Moche-Kultur

Auch wenn die Moche (100 v. Chr.–850) über ein relativ kleines Territorium an der Nordküste herrschten – hauptsächlich von Lambayeque bis Nepeña mit einigem Einfluss bis ins ferne Piura und Huarmey –, so gelten sie aufgrund ihres enormen Kulturbeitrags als eine der wichtigsten Gesellschaften vor den Inka. Sie waren Zeitgenossen des Nasca-Volkes an der Südküste, wobei jedoch keine Verbindung zu diesen bestand. Die Moche hinterließen riesige Pyramiden an der Küste, herrlichen Schmuck und künstlerisch exquisite Keramik.

Moche-Töpfer perfektionierten den Gebrauch der Gussformen, der es ihnen gestattete, ähnliche Stücke schnell und effizient herzustellen. Dennoch lassen einige Arbeiten Individualismus und Realismus erkennen (ein Bündel Kokablätter auf einer Wange, Reisszähne, rundliche oder in die Länge gezogene Züge) und sie geben damit einen Hinweis darauf, dass die Töpfer reale Personen als Vorbild vor Augen hatten.

Moche-Keramik porträtiert Priester und Krieger, aber auch Fischer, Musikanten, Gefangene und sogar Kranke. Außerdem tut sich die Moche-Kultur mehr als jedes andere Volk mit erotischer Keramik hervor.

Zu den bedeutendsten archäologischen Stätten der Moche zählen **Huaca de la Luna** (siehe S. 208f) mit phantastischen lebensgroßen Reliefs, El Brujo (siehe S. 207f), wo eine 1500 Jahre alte Mumie einer tätowierten Frau gefunden wurde, sowie die Gräber von **Sipán** (siehe S. 215/216) mit den bedeutendsten Gräbern, die überhaupt auf dem amerikanischen Kontinent entdeckt wurden: voller Goldstücke, kunstvollem Schmuck und Tausenden von Gefäßen, in denen das Essen für das Leben im Jenseits aufbewahrt wurde.

Eines der ausgegrabenen Objekte im Museo Tumbas Reales von Sipán

des Chimu-Volkes (900–1470), das bis zur Eroberung durch die Inka die Nordküste von Lima bis zur ecuadorianischen Grenze beherrschte. In der riesigen Stadt lebten einst an die 50 000 Menschen auf 26 Quadratkilometern, sie errichteten Adobe-Tempel, Plätze, Terrassen, Rampen und Wohngebäude.

Ausgrabungsarbeiten in Caral an der Residencia 12, wo einst 20 Personen der Oberschicht wohnten

Chan Chan besteht aus neun **königlichen Palastvierteln** mit den Grabhügeln der Chimu-Herrscher. Nach Plünderungen in den ersten Jahrzehnten der spanischen Herrschaft wurde die Stadt dem Verfall überlassen, verheerender Regen und Überflutungen durch El Niño taten ein Übriges. Bis zum 20. Jahrhundert hatte sich Chan Chan in eine Ruinenstadt verwandelt – nur die verblichenen Lehmreliefs ließen überhaupt noch etwas von der ehemaligen Pracht ahnen. Seitdem haben Archäologen eines der Palastviertel restauriert, den sogenannten **Tschudi-Komplex** (kürzlich in Nik An umbenannt). Schilder leiten die Besucher vorbei an Mauern, die mit Darstelllungen von Seeottern, Fischen, Wellen, Meeresvögeln und dem Mond verziert sind – allesamt religiöse Symbole der Chimu. Für den Rundgang durch die beiden rituell genutzten Areale, den begehbaren Brunnen, das Mausoleum und den Versammlungsraum sollte man eine Stunde veranschlagen.

Die anderen Palastviertel werden derzeit von Archäologen erforscht. Besucher sollten sich an die ausgewiesenen Wege halten, denn es wurde von Überfällen berichtet. Das **Museo Arqueológico** liegt praktischerweise gleich an der Hauptstraße. Darin sind interessante Luftaufnahmen, Keramik, Metallarbeiten sowie eine kurze Licht-Ton-Schau zu sehen.

Huaca Esmeralda ist ein Tempel mit zwei Plattformen zwischen Chan Chan und Trujillo, der sich am besten mit einem ortskundigen Führer besichtigen lässt. Besser erhalten ist **Huaca Arco Iris**, es liegt unweit der Panamericana und nur vier Kilometer von Trujillo entfernt. Wer die Rampen erklimmt, sieht Adobetafeln und Nischen.

El Brujo: Vom Museo Cassinelli in Trujillo (Ecke Jr. N. de Pierola und Av. Mansiche) führt die Strecke der Panamericana gen Norden. Über eine staubige Piste gelangt man zu der abgelegenen archäologischen Stätte, die 60 Kilometer nördlich von Trujillo liegt. Zu den Höhepunkten der Anlage an der Küste gehört **Huaca Cao**, eine Moche-Pyramide, in der Archäologen 2006 die 1500 Jahre alte tätowierte Mumie einer Frau ausgruben.

La Señora de Cao, wie sie genannt wird, war samt Goldstücken und Schmuck in Baumwolle eingewickelt, die Beigaben deuten auf ihren höheren Stand. Ihr Gab enthielt zahlreiche Knüppel und Speere, wie sie in der Moche-Kultur häufig vorkommen. Adelige Moche-Frauen wurden geopfert, um ihrem Mann ins Jenseits zu folgen. Niemand weiß, weshalb diese Frau tätowiert war und mit so vielen Waffen bestattet wurde. Die Tempel-Plattform, auf der Archäologen die Mumie fanden, ist mit Reliefs geschmückt, die denen von Huaca de la Luna (siehe S. 208f) ähneln. Von ganz oben ist **Huaca El Brujo** zu sehen, eine größere, jedoch nicht öffentlich zugängliche Moche-Stätte,

INSIDERTIPP

Da nur wenige Touristen die Nordküste besuchen, genießt man die sagenhaften Ausgrabungsstätten, die leckeren Meeresfrüchte und die Städte mit ihrem alten spanischen Flair fast für sich allein.

JOE YOGERST
National Geographic-Autor

Totora-Schilf – ein einzigartiges Material

Totora-Schilf *(Schoenoplectus californicus; kalifornische Binse)* wächst in den Sumpfgebieten der Anden, in Mittelamerika sowie im Süden der USA. 2000 Jahre alte Keramiken zeigen, dass Moche-Fischer schon damals das Schilf für den Bau von Booten mit Spitzbug verwendet haben. Die Fischer aus dem Küstendorf Huancho bauen und nutzen diese Boote – *caballitos* (Pferdchen) genannt – bis heute. In anderen Teilen von Nord- und Südamerika ist Totora weitgehend außer Gebrauch. Am Titicacasee ist das Volk der Uros allerdings noch für ihre großen Totora-Schilfboote und die Häuser aus Schilfmatten berühmt. Das Schilf wird auch zur Herstellung von Körben oder Fächern genutzt.

El Brujo
Karte S. 199
$$ (inklusive Führungen)

Huaca de la Luna
Karte S. 199
044/291894
$$

außerdem **Huaca Prieta**, die älteste Schutthalde Perus. Archäologen haben aus dem 5000 Jahre alten Schutt vielerlei Schlüsse gezogen, es reicht aber, die Halde aus der Ferne zu betrachten. Die Anfahrt nach El Brujo gestaltet sich seit der Entdeckung der Mumie 2006 einfacher.

Huaca de la Luna (Mondtempel): Die Moche-Stätte liegt acht Kilometer südöstlich von Trujillo. Es gibt zwei Tempel-Plattformen, den größeren Huaca del Sol (Sonnentempel) sowie Huaca de la Luna, wobei der kleinere wegen der mehrfarbigen Wandreliefs bedeutender ist. Der Tempel besteht aus einer Reihe von Gebäuden, die innerhalb von 600 Jahren auf bereits vorhandenen errichtet wurden. Wurde ein Tempel – samt seinen Wandmalereien – nicht mehr genutzt, bauten die Moche einen neuen mit neuen Wandreliefs darauf – zurück blieb ein Mosaik aus Altären und Mauern.

Huaqueros plünderten den Tempel; die kürzlich gefundenen Gräber sind eher geopferten Gefangenen als dem Adel zuzuordnen. Dennoch gehen Archäologen davon aus, dass noch viele Gräber reicher Adeliger auf ihre Entdeckung warten.

Der **Haupttempel** wies eine 75 Meter lange Fassade auf, die aus sieben Stufen bestand – jeweils drei Meter hoch und mit überlebensgroßen Bildnissen geschmückt. Einige stellen Menschen dar – bewaffnete Krieger und nackte Gefangene –, doch die meisten zeigen mythische Wesen wie Spinnen und Drachen, die das Haupt von geköpften Menschen in den Händen halten, andere den Gott Ai-apaec, den Kopfabschneider. Kleinere Tempel in dieser Anlage weisen komplizierte Wandmalereien von Priestern und Tieren oder groteske Riesenfratzen auf.

Ein paar Hundert Meter entfernt steht der schwer beschädigte **Tempel der Sonne** *(nicht zugängl.)*.

Der peruanische Nackthund

Von einem Haarbüschel zwischen den Ohren und am Ende des Schwanzes einmal abgesehen, hat der *Viringo* kein Fell. Trotz seines unorthodoxen Aussehens – oder vielleicht gerade deshalb! – wurden diese mittelgroßen Hunde von den Moche sehr geschätzt und als Grabopfer verwendet. Wegen ihrer warmen Haut, so meinten viele, könnten die Hunde bei Arthritis die Schmerzen lindern. Nach der Eroberung durch die Spanier verschwanden die Viringos fast völlig. 1996 wurden sie vom Internationalen Züchterverband als eigene Rasse anerkannt – damit sind Veringos die einzige anerkannte peruanische Hunderasse. Heute hat – per Gesetz – jede Stätte an der Küste mindestens ein Paar Viringos, die als Nationalschatz gelten.

Dieses größte Adobegebäude der Welt besteht aus rund 140 Millionen Lehmziegeln!

Das flache Areal zwischen den beiden Tempeln birgt die Fundamente Hunderter Räume, die noch zu erforschen sind.

Die Eintrittsgebühr beinhaltet eine Führung (meist auf Spanisch), wobei die englischen Schilder hilfreich sind. Wer früh am Morgen kommt, meidet Hitze und Staub.

Weitere Fundstätten

Caral: Historikern und Archäologen ist die alte Stadt **Caral** seit über einem Jahrhundert bekannt. Die Ausgrabungen begannen jedoch erst 2001. Mithilfe von Karbonbestimmung konnte nachgewiesen werden, dass die Stätte mindestens 4700 Jahre alt ist, wobei einiges darauf hindeutet, dass mit dem Bau 3000 v. Chr. begonnen wurde.

Caral verfügt über mehrere Stufenpyramiden, von denen eine 30 Meter hoch ist. Vor manchen befinden sich ein runder, abgesenkter Platz, Tempel und Wohnhäuser. Als bedeutendste der 18 Fundstätten im Supe-Tal bietet Caral ein Interpretationszentrum und einheimische Führer *($$$ pro Gruppe)*. Nach Caral kommt man über die Panamericana, fährt bis zum Dorf Supe (185 km von Lima entfernt) und von dort mit dem Taxi *($$$)* auf einer Piste noch 23 Kilometer weiter.

Barranca: Da hier die Unterkünfte besser sind, empfiehlt es sich, in der Küstenstadt Barranca, zehn Kilometer nordwestlich von Supe an der Panamericana, zu übernachten. Von dort sind es sechs Kilometer bis zur Chimu-Pyramide von **Paramonga** *($)*. Sie ist verfallen, kann aber dennoch bestiegen werden und bietet eine herrliche Sicht.

Sechín: Fünf Kilometer südöstlich von Casma, einer verschlafenen Stadt 370 Kilometer nördlich von Lima, liegt Sechín ($$), wo derzeit Ausgrabungen stattfinden. Die 3600 Jahre alte Stadt scheint für Menschen erbaut worden zu sein, für die Folter und Tod zum Lebensstil gehörten. Zu sehen sind vier Meter dicke Mauern, die einen kleinen Tempel an drei Seiten umgeben. Ihre Reliefs zeigen Krieger, die Gefangenen die Organe entnehmen. Da die Mauern aus Stein sind, wirken sie erheblich stärker als die verfallenen Reliefs an den Pyramiden der Moche und Chimu. Das Museum vor Ort bietet Informationen über Sechín und andere Tempel in der Nähe.

Die gleiche Eintrittskarte gilt auch für die **Pañamarca**, eine verfallene Moche-Pyramide (12 km von Sechín entfernt). ■

Hin und wieder verwandelt ein Fluss die Wüste an der Küste in eine Oase – hier einen Obstgarten bei Huarmey

Caral

Karte S. 199

$$

www.caralperu.gob.pe

Die Küste nördlich von Trujillo

Die Städte im Norden von Trujillo, eine Mischung aus alt und hypermodern, bieten eine interessante Einführung in die Geschichte und Kultur der peruanischen Nordküste. Hier kann man im Schatten der Kolonialgebäude entspannen oder einen Tag zum Sonnen und Surfen ans Meer fahren. Die vielen abgelegenen archäologischen Stätten mit den staubigsten, zugleich aber auch außergewöhnlichsten Funden des Landes sind ebenfalls lohnenswerte Ziele.

Die Kirche San Miguel de Piura im Zentrum von Piura

Chiclayo

Karte S. 199

Besucher information iPerú

Ave. Sáenz Peña 838

074/205703

E-mail: iperuchiclayo@promperu.gob.pe

Chiclayo

Chiclayo, die Hauptstadt der Region Labayeque und die viertgrößte Stadt Perus, liegt drei Expressbus-Stunden nördlich von Trujillo. Die Stadt existiert zwar seit dem 16. Jahrhundert, konnte sich aber unter der Herrschaft der Spanier nie zu einem Kolonialzentrum entwickeln und wurde somit erst 1835 offiziell gegründet.

Im Gegensatz zu den meisten anderen peruanischen Städten hat Chiclayo in der Stadtmitte keine Plaza de Armas, sondern den **Parque Central** mit einer neoklassizistischen Kathedrale. Die Bauarbeiten begannen bereits 1869, die Kirche wurde jedoch erst 1916 geweiht. Von ein paar Hauptdurchgangsstraßen einmal abgesehen, besteht die Stadt aus einem Wirrwarr schmaler Kopfsteinpflasterstraßen – sie erinnern an die Tage, als durch die Innenstadt noch Karren mit Esel zogen.

Die Einheimischen bezeichnen Chiclayo gern als „Ciudad de la Amistad" – Stadt der Freundschaft. Dennoch würde die Stadt nicht in die Reiserouten auftauchen, wären da nicht die sagenhaften archäologischen Ausgrabungen in der Nähe,

INSIDERTIPP

In den Ausgrabungsstätten sollte man sich um ein angemessenes Verhalten bemühen, also nicht auf den alten Gemäuern herumlaufen und die ausgewiesenen Treppen und Pfade nicht verlassen. Die kunstvollen Steinmetzarbeiten auf keinen Fall berühren!

JAMES DION
National Geographic Society Center for Sustainable Destinations

allen voran die Moche-Stätte Sipán mit dem reichsten Grab des amerikanischen Kontinents.

Wer Chiclao einen Besuch abstattet, sollte sich den **Mercado Modelo** (siehe Markt S. 214) ansehen, über den beschaulichen **Paseo de las Musas** mit seinen neoklassizistischen Statuen bummeln und im Parque Central entspannen.

Um die umliegenden Sehenswürdigkeiten zu besichtigen, kann man sich einer Ausflugsfahrt anschließen *($$$$$, plus Eintrittsgebühren)*, ein Taxi mieten *($$$$$)* oder einen der Busse besteigen *($)*, die fast überall hinfahren. Fahrpläne hat die Touristeninformation.

Lambayeque

Zum historischen Lambayeque (12 km Richtung Nordwesten) fährt ein Bus *($)*: Der Ort war früher die Hauptstadt der Region, wird heute jedoch von Chiclayo in den Schatten gestellt. Lambayeque bietet einiges an interessanter Kolonialarchitektur, seine Hauptattraktionen sind jedoch zwei der besten Museen des Landes.

Museo Tumbas Reales de Sipán: Das Museum von Weltrang wurde 2002 eröffnet und gilt als das beste im Norden Perus und beschäftigt sich mit den Fürstengruften von Sipán (siehe S. 215f). Das

(Fortsetzung auf S. 214)

Huaqueros

Huaca ist ein umfassender Begriff mit der Bedeutung „alter Tempel", „Grab" oder „Grabhügel". Ein _huaquero_ ist folgerichtig jemand, der _huacas_ ausgräbt, um aus den Grabbeigaben Profit zu schlagen. Huaqueros haben kein Interesse an Gebeinen oder Gefäßscherben, sondern suchen nach gut erhaltener Keramik oder Goldstücken, um sie auf dem Schwarzmarkt zu verkaufen. Es handelt sich dabei nicht um organisierte Banden, sondern um arme Bauern, die ihr Einkommen aufbessern wollen. Gelegentlich bieten Händler Touristen antike Objekte an – fast immer handelt es sich dabei um Reproduktionen. Aber selbst wenn die Antiquität echt ist, gilt in Peru ein gesetzliches Ausfuhrverbot – und ein Einfuhrverbot im Heimatland.

Museo Tumbas Reales de Sipán

Ave. Juan Pablo Vizcardo y Guzmán 895, Lambayeque
074/283977
Geschl. Mo
$$

www.tumbasreales.org

www.museosipan.com

Sicán-Kultur

Die Sicán-Kultur (750–1375), nicht zu verwechseln mit der Sipán-Kultur, überbrückte die Zeit zwischen den Völkern der Moche und den Chimu in der heutigen Region Lambayeque. Die Sicán übernahmen Techniken der Moche und verfeinerten sie, u. a. die Keramik, die Metallurgie und den Bau pyramidenförmiger Bestattungsplattformen. Heute können die wichtigsten Stätten bei Batán Grande und Túcume besichtigt werden.

Zu den Schätzen aus dem Grabhügel von Sicán gehört auch dieser goldene Kopfschmuck

Töpfer der Sicán verwendeten die fast vergessene Wachstechnik, um viele Stücke mit Hilfe einer einzigen Gussform zu schaffen. Sie weiteten diese Fertigungstechnik auch auf Goldornamente aus, die dann zum Kennzeichen der Sicán-Kultur wurden. Zusätzlich verbesserten und verstärkten sie Metalle mithilfe von Legierungen – zunächst mit Arsen und Kupfer, später mit Gold und Silber. Die Adobe-Öfen, die mit Zuckerrohr und *algarrabo* befeuert wurden – dem harten Holz des Johannisbrotbaum, das große Hitze hervorbringt – erreichten Temperaturen von 1000 Grad Celsius und machten so die Herstellung kunstvollster Metallobjekte möglich.

Dutzende von pyramidenartigen Grabhügeln liegen in der Landschaft der Sicán. Im Gegensatz zu den Moche, die ihre Toten liegend bestatteten, beerdigten die Sicán ihre Toten aufrecht sitzend mit gekreuzten Beinen. Adelige wurden mit übergroßen Goldhandschuhen, wertvollen rituellen Objekten und goldenen Gesichtsmasken mit *ojos aladas* (geflügelten Augen) bestattet – eine Huldigung an den ersten mythologischen Sicán-König Naylamp. Ihm sollen nach seinem Tod Flügel gewachsen sein.

In Ferrañefe, 18 Kilometer nördlich von Chiclayo, präsentiert das moderne **Museo Sicán** *(9. Block Ave. Batán Grande, Tel. 074/286469, www. sican.perucultural.org.pe, Mo geschl., $$)* eine exquisite Ausstellung an Artefakten aus zwei Gräbern von Batán Grande. Außerdem ist eine sehenswerte Rekonstruktion von zwei Begräbnisstätten zu sehen, die 1991vom japanischen Archäologen Izumi Shimada entdeckt wurden. Das erste intakte Grab dieser Stätte barg den Leichnam eines Adeligen, der mit dem Kopf nach unten und mit gekreuzten Beinen bestattet worden war; der abgetrennte Kopf befand sich mit im Grab und war mit einer Goldmaske bedeckt. Die Leichname zweier Frauen und zweier Jungen sowie diverse wertvolle Grabbeigaben lagen neben ihm. 1995 legte Shimada das noch größere Grab eines Adeligen frei – er war von 22 jungen, geopferten Frauen umgeben.

Batán Grande, rund 32 Kilometer nordöstlich von Ferrañefe, liegt größtenteils im **Santuario Histórico Bosque de Pómac**, das die Algarrobo-Bäume schützt. Es lässt sich im Rahmen eines organisierten Ausflugs oder per Taxi erreichen. Hier befinden sich 36 *huacas* – Pyramidenspitzen, die zwischen den Bäumen hervorlugen.

2006 entdeckte Shimada in Zusammenarbeit mit dem Museo Sicán einen Friedhof von Adeligen mit 21 Grabstätten und zwei Gruben mit Nahrungsspenden. Unter den Fundstücken waren auch ein Dutzend *tumis* (Zeremonialmesser), die mit dem Bildnis von Naylamp geschmückt sind. Dabei handelte es sich um die ersten Tumis, die je in einem intakten Grab gefunden wurden.

In Museo Sicán in Ferrañefe gehört eine Maske aus Gold und Silber zu den Ausstellungsobjekten

Um 1050 wurde Batán Grande Opfer von Dürren und anderen Wetterereignissen, die sich auf El Niño zurückführen lassen. Offensichtlich wurden Gebäude auf den Pyramiden und in ihrem Umkreis systematisch abgebrannt, die Bevölkerung zog dann ins nahe **Túcume** *(Tel. 074/830250. www.museodesitiotucume.com, $$)* um. Túcume liegt 24 Kilometer nördlich von Lambayaque und lässt sich im Rahmen eines Ausflugs, mit dem Bus oder Taxi ($) erreichen. Die bis 2009 geschlossene Pyramide **Huaca Larga** ist eine von insgesamt 26 hier gefundenen Pyramiden. Um 1375 gewannen die Chimu die Herrschaft über die Sicán, wurden dann aber von den Inka nicht einmal 100 Jahre später selbst besiegt. Die Pyramiden weisen von daher Merkmale der Sicán, Chimu und Inka auf.

Die Pyramiden gruppieren sich um den Cerro Purgatorio, einen natürlichen Berg. Ein Weg führt hinauf, von oben bietet sich ein weiter Blick über die Landschaft. Das zugehörige Museum erklärt die Funde des Norwegers Thor Heyerdahl (1914–2002), der die hiesigen Ausgrabungen von 1989–44 leitete.

Gebäude in Form einer Pyramide betritt man über eine Rampe, die in den dritten Stock hinaufführt, wo die Ausstellung beginnt. Wie bei Archäologen, die eine Pyramide oben betreten, um sich dann nach unten vorzuarbeiten, geht es auch im Museum immer tiefer. Die Atmosphäre und das gedämpfte Licht unterstreichen hervorragend die exquisiten Exponate. Momentan ist alles auf Spanisch beschriftet, es lohnt sich also, an einer englischen Führung teilzunehmen oder im Museumsladen die *Broschüre „Royal Tombs of Sipán Museum-Guide of Labels"* zu kaufen.

Im **dritten Stock** geben ein kurzes Video und andere Exponate eine Einführung in die Themenfelder Geographie und Geschichte der Moche. Die Keramiken dienen Historikern als eine nie versiegende Informationsquelle über das Volk, seine Götter und sein Leben. Dennoch sollte man die praktischeren Objekte wie beispielsweise Samen und Knochen nicht übergehen: Sie sagen viel über den Ackerbau, die Flora, Fauna und die Fischerei aus. Ebenfalls im dritten Stock lässt sich die Entwicklung der Metallurgie der Moche nachvollziehen. Viele der Exponate aus Kupfer, Silber und Gold wurden erst durch die von den Moche weiter entwickelten Techniken und generelle Fortschritte in der Technologie möglich.

Im **zweiten Stock** des Museums finden sich einige atemberaubende Exponate aus Gold, Silber und Türkisen. Zu den Hauptattraktionen zählen eine Halskette aus Gold und Silber in der Form von je zehn riesigen Erdnüssen, außerdem Brustschilde aus Tausenden von winzigen Türkisen und roten Spondylus-Perlen (allesamt sorgfältig auf einen Baumwollfaden gefädelt) sowie goldene Ohrscheiben mit Tiermotiven. Archäologen fanden diese sagenhaften Stücke unter einem Haufen zerfallener Textilien, korrodiertem Kupfer, verrottetem Holz und anderen Grabbeigaben. Bei einigen der Exponate werden auch die Techniken erklärt, die zum Einsatz kamen, um Hunderte von Objekte in den Gräbern zu sichern. Die exakte Nachbildung mehrerer Grabstätten im Zustand vor ihrer Entdeckung zeigt, wie anstrengend die Entdeckung, Freilegung und Restauration für die Archäologen gewesen sein müssen.

Der Herr von Sipán wurde – wie andere Moche-Adelige – in einem Sarg aus Schilfrohr bestattet,

ERLEBNIS: Besuch auf dem Markt

Der Mercado Modelo von Chiclayo erstreckt sich in der Stadt gleich über mehrere Blocks nördlich vom Parque Central. Wie alle typischen Stadtmärkte in Peru gibt es dort bestimmte Bereiche für Fleisch und Fisch; an kleinen Ständen sind Kleidung und Haushaltswaren erhältlich. Da die Peruaner den Schamanismus vor allem im Norden sehr ernst nehmen, gehört auch ein *mercado de brujos* (Markt der Hexer) dazu. An diesen Ständen sind Kräuter, Tee, Zaubertränke, Heilsalben, alle möglichen Teile von Tieren wie Schlangenhaut, Amulette und halluzinogene Kakteen erhältlich. Die Händler erklären die Anwendung und Wirkung ihrer Waren. Manchmal kann man sich sogar einer Heilsitzung unterziehen – die Hilfe eines Führers ist allerdings ratsam.

Auf dem Mercado Modelo ist alles erhältlich – von Obst bis zu Amuletten

umgeben von kleinen Gefäßen mit Nahrungsmitteln wie Süßkartoffeln, Chili und Mais. Doch er wurde nicht alleine beerdigt: In seiner Gruft fand man auch die Leichname von drei Frauen, zwei Soldaten, einem Jungen und mehreren Lamas. Im **ersten Stock** des Museums ist eine Rekonstruktion der Gruft zu sehen, außerdem das Skelett des Adeligen sowie seine sagenhaften Reichtümer. Der Museumsbesuch lässt sich gut mit einem Ausflug nach Sipán (siehe unten) verbinden, wo weitere Gräber in der Pyramide gefunden wurden.

Museo Brüning: Das ältere Museum birgt heute keine Artefakte aus Sipán mehr, ist aber dennoch sehenswert. Es befindet sich fünf Blocks westlich vom Museo Tumbas Reales de Sipán und präsentiert Moche-Keramik sowie Objekte anderer Kulturen der Ausgrabungsstätten Túcume und Batán Grande (siehe S. 212f).

Zwei Blocks westlich vom Museo Brünung erstreckt sich die Plaza de Armas. Die **Iglesia San Pedro** aus dem 17. Jahrhundert am Platz beeindruckt mit ihren Wandmalereien und dem Barockaltar. Einen Block weiter nördlich steht in der 2 de Mayo (Ecke San Martín) die koloniale **Casa de Logia o Montjoy** mit einem 64 Meter langen Balkon – dem längsten des Landes.

Sipán

Die archäologische Stätte Sipán befindet sich direkt neben dem modernen Dorf gleichen Namens, 28 Kilometer östlich von Chiclayo.

In der kleineren der zwei Pyramiden – **Huaca Rajada** (Geborstene Pyramide) – befanden sich alle bekannten Gräber von Sipán. Archäologen glauben, dass die Wohnstätten der Oberschicht auf die größere Pyramide aufgesetzt wurden, fanden dafür bisher allerdings noch keine Beweise. Einen schönen Blick auf die Pyramide Huaca Raja-

Museo Brüning

✉ Huamachuco & Atahualpa, Lambayeque

☎ 074/282110

$ $$

Sipán

Karte S. 199

$ $$, $$$ für die Führung

da bietet die Plattform der größeren Pyramide.

Ein Fußweg führt an diversen Ausgrabungen vorbei; sehr angenehm sind die englischen Erklärungen auf den Schildern. In den Ausgrabungen sind nur Kopien der hier gefundenen Originale zu sehen, die aber sehr gut nachgemacht sind und einen Eindruck vermitteln, wie die fertigen Gräber kurz vor der Bestattung ausgesehen haben müssen.

Das **Hauptgrab** des Herrn von Sipán wurde 1987–88 freigelegt und datiert aus dem Jahr 350. Ende 1988 wurde ein zweites Grab erheblich tiefer im Grabhügel gefunden. Der Mann in diesem Grab – er wurde rund 300 Jahre vor

Piura, ursprünglich von Francisco Pizarro in der Nähe des heutigen Sullana gegründet, wurde mehrmals verlegt, bis es 1588 an seinem heutigen Standort entstand.

dem Herrn von Sipán bestattet – wird als der Alte Herr von Sipán bezeichnet. Was mit seinem Grabhügel während der dazwischen liegenden Jahrhunderte passierte, gibt den Archäologen Rätsel auf. Bekannt ist allerdings, dass eine weitere Fürstengruft von *huaqueros* geplündert wurde. Eine vierte Gruft wurde 2007 entdeckt.

Archäologen haben auch die Begräbnisstätten mehrerer weniger wichtiger Persönlichkeiten in Sipán entdeckt, darunter die eines hohen Priesters, der eine fast so beeindruckende Gruft wie die Fürsten erhalten hatte. Eine andere Gruft barg 1137 Gefäße in der ausgestalteten Form von Kriegern, Priestern, Gefangenen, Musikern sowie anthropomorphen Gottheiten.

Dörfer am Meer

Wer genug Ausgrabungsstätten besichtigt hat, macht den *circuito de playas* – die Strandrunde. Zuerst geht es nach **Pimental**, dem beliebtesten Badeort der Bewohner von Chiclayo über den Sommer *(Dez.–März)*. Pimental liegt zwölf Kilometer südwestlich von Lambayeque und bietet gute Bedingungen zum Surfen, einen etwas alterschwachen Pier, eine interessante Mischung aus neuen Häusern und Gebäuden aus dem 19. Jahrhundert sowie einen Fischerhafen mit ein paar *caballitos de totora*.

Ein paar Kilometer Richtung Süden bietet das lebhafte Fischerdorf **Santa Rosa** bunte Holzboote, einige *Caballitos* und einfache, aber gute Lokale, in denen *ceviche* oder *tortillas de ray* (Rochenomelett) zu empfehlen sind. Die hübsche Stadt lässt sich mir Minibussen *($)* problemlos erreichen. Strandspaziergänge sind hier nicht zu empfehlen!

Auf dem Rückweg nach Chiclayo liegt **Monsefú**, ein Künstlerdorf, das für seine Strohhüte, Körbe, Fächer und *chicha* bekannt ist – ein bierartiges Getränk aus Mais.

Südöstlich von Chiclayo liegt 45 Kilometer landeinwärts die Ortschaft **Saña (Zaña)**. Der Ort wurde 1563 gegründet und entwickelte sich zur bekanntesten Kolonialstadt

Reserva Ecológica Chaparrí

Die Gemeinde Santa Catalina besitzt und betreibt dieses Trockenwaldreservat in der Nähe von Chongoyape, 61 Kilometer nordöstlich von Chiclayo. In Zusammenarbeit mit Biologen und Naturschützern stellt Chaparrí gefährdete Arten der Region unter Schutz, darunter den Weißschwingenguan (25 Prozent des weltweiten Bestands leben hier) sowie Tamandua-Ameisenbären und Ozelots. Brillenbären und andere Tiere, die vor Wilderern gerettet wurden, leben in großen Naturgehegen des 344 Quadratkilometer großen Reservats mit gerade so viel Tourismus, wie erforderlich ist, um der Gemeinde ein Einkommen zu sichern. Der Besuch muss mit einem Führer vorab gebucht werden *(Tel. 074/433194, $$$$ plus Führung)*. Das Reservat bietet auch Gelegenheit zu wandern, Vögel zu beobachten, zu campen und Ausritte zu unternehmen.

Die Chaparrí Ecolodge *(Tel. 074/452299, E-Mail: Info@ulitmatebirdingperu.com, www.chaparrilodge.com, $$$$$)* wurde mit regionalen Baumaterialien errichtet und bietet 16 komfortable, mit Sonnenenergie betriebene Zimmer (zwölf mit Bad). Im Preis sind Vollpension, Führungen und die Nutzung des Naturpools inbegriffen.

der Region. Sana wurde im 17. Jahrhundert wiederholt von Piraten geplündert und 1720 durch die Wassermassen des El Niño zerstört. Heute ragen die Mauern und Bögen der vier Kirchen der Geisterstadt aus dem Wüstensand.

Region Piura

Piura: Von Chiclayo führt die Panamericana zunächst gen Norden, biegt dann Richtung Nordwesten ab und führt durch die weite, kaum bewohnte Sandwüste Sechura in die Kolonialstadt Piura. Die Stadt wurde ursprünglich 1532 von Fransisco Pizarro in der Nähe des heutigen Sullana gegründet, jedoch mehrmals verlegt, bis sie schließlich 1588 endgültig an ihrem heutigen Standort errichtet wurde.

Das von der Wüste umgebene und im Landesinneren liegende Piura ist die heißeste Stadt des Landes. In den El-Niño-Jahren wird sie regelmäßig von Wassermassen überschwemmt. Dann ist auch die Panamericana unpassierbar und Piura dadurch vom Rest des Landes abgeschnitten.

Teile der **Kathedrale** *(Plaza de Armas)* datieren aus dem 16. Jahrhundert, doch ein Großteil des Gebäudes wurde nach und nach ergänzt. Innen zählen die Gemälde des einheimischen Künstlers Igancio Merino (1817–76) zu den Hauptattraktionen.

Einen Block südöstlich der Plaza de Armas verströmt die **Jirón Lima** das schönste Kolonialflair der Stadt. Einen Block gen Südwesten stößt man auf die **Casa Grau**, das Geburtshaus von Admiral Miguel Grau (1834–79), dem Helden des Salpeterkriegs gegen Chile. Die peruanische Marine hat das Haus restauriert, das nun als Marinemuseum genutzt wird.

Zwei Block östlich der Plaza ist in der Trockenzeit vom Río Piura kaum etwas zu sehen, doch in den El-Niño-Jahren verwandelt er sich in einen tödlichen Strom. Die Brücke, die sich an der Avenida Bolognesi über den Fluss spannt, brach 1988 zusammen, wurde jedoch anschließend wieder aufgebaut.

Im Untergeschoss des Stadtmuseums beherbergt das **Museo de**

Piura

Karte S. 199

Besuchinformation iPerú

Plaza de Armas, Jr. Ayacucho 377

073/320249

E-mail: iperupiura@promperu.gob.pe

Casa Grau

Calle Tacna 662, Piura

073/326541

Spende

Museo de Oro Vicus

Ave. Huánuco 893 Piura

073/302803

Geschl. Mo

$

Oro Vicus eine kleine, aber feine Sammlung von Goldarbeiten der Vicus-Kultur (200 v. Chr. –300), einer regionalen Variante der Moche-Kultur. Derzeit graben Archäologen eine Stätte der Vicus mit mehreren Pyramiden aus, die Anfang 2008 in der Gegend von Piura entdeckt wurde.

Städte in der Umgebung: In der Region Piura liegen gleich mehrere interessante kleine Ortschaften. Einheimische und Besucher zieht es zwölf Kilometer südwestlich ins staubige Dorf **Catacaos**, das für seinen Kunsthandwerksmarkt, die typischen Restaurants und die Feierlichkeiten in der Karwoche bekannt ist. Am meisten ist auf dem Wochenendmarkt los, dann werden an den Ständen, die mehrere Blocks unweit der Plaza de Armas einnehmen, Panamahüte, Lederwaren, Keramik, Holzschnitzereien und filigrane Silberarbeiten verkauft. In den urigen *picanterías* (landestypische Lokale) geht es mittags hoch her, wenn sich die Piuraner mit *seco de cabrito* (Zickleineintopf mit Reis und Yucca oder Bohnen), *seco de chavelo* (mariniertes Rindfleisch mit Kochbananen-Eintopf) oder *copuz* (gedämpfte Ziegenköpfe) satt essen. Wem das zu ungewohnt ist, kann auf bekanntere Gerichte zurückgreifen.

Chulucanas, 60 Kilometer östlich von Piura, wetteifert mit Catacaos um den Titel des besten Kunsthandwerksdorfs. Im Gegensatz zu Catacos, wo es von jedem etwas gibt, ist Chulucanas landesweit für seine erdfarbene Keramik bekannt, die Personen zeigt – allen voran die *chichera*, eine große Dame, die *chicha* verkauft.

Do-it-yourself-Schlammbad

Wer sich in Máncora aufhält, sollte sich ein bisschen verwöhnen und den heißen Quellen einen Besuch abstatten. Hier kann man sich so richtig „einweichen" und Körper und Gesicht in den natürlichen Schlammbädern behandeln. Die Quellen liegen acht Kilometer östlich der Stadt im bewaldeten Río-Fernández-Tal. Personal gibt es dort keines; bezahlt wird bei einem Einheimischen, dann macht man sich selbst ans Werk. Anschließend empfiehlt sich eine Wanderung durch den Trockenwald des Tals. In Máncora lassen sich Mototaxis (*$*) anmieten.

Orte am Meer: Der historische, aber weitgehend ins Vergessen geratene Hafen **Paita** liegt 57 Kilometer westlich von Piura und war vor der Eroberung durch die Spanier ein wichtiger Hafen. Als spanischer Kolonialhafen lockte er Piraten, Seeräuber und sogar Sir Francis Drake (1540-95) an. Manuela Saénz (1797–1856), die Geliebte des Freiheitshelden Simón Bolívar, verbrachte ihre letzten Lebensjahre in Paita. Ihr Haus steht noch.

Die meisten Besucher fahren 14 Kilometer weiter zum beliebten Sandstrand von **Colán**. Gleich in der Nähe hinterließen die Dominikaner 1536 die **Iglesia San Lucas de Colán**. Die angeblich älteste Kirche Perus ist in gutem Zustand und wird auch heute noch als Gotteshaus genutzt; ein Aufpasser hat den Schlüssel. Das Meer ist das ganze Jahr über warm (24,5–28 °C) und lädt geradezu zum Schwimmen ein. Den Stachelrochen gefällt das seichte Wasser mit dem sandigen Grund allerdings auch – man sollte also entsprechend vorsichtig ins Wasser gehen (was generell für alle Sandstrände im Norden gilt).

Weiter nördlich wird die Küstenstraße dann zu einer allmählich versandenden Piste. Die meisten Fahrzeuge kehren um oder fahren nach **Sullana**, einer lebhaften Marktstadt 37 Kilometer nördlich von Piura an der Panamericana. Die teilt sich hier in zwei Äste: Entweder fährt man weiter über die Grenzstadt Macará Richtung Nordosten ins Hochland von Ecuador (Nr. 1) oder Richtung Nordwesten zum Ölhafen Talara (auf halber Strecke zwischen Piura und Tumbes) und von dort aus weiter am Meer entlang (Nr. 1A).

Talara, fünf Kilometer von der Panamericana entfernt, hat wenig Interessantes zu bieten, doch über eine Asphaltstraße ist nach zwölf Kilometern Richtung Südwesten **Negritos** erreicht: Das Dorf mit einem Leuchtturm, einer Seelöwenkolonie sowie Stränden, die zum Schwimmen und Sonnenbaden einladen, liegt auf der Punta Pariñas, dem westlichsten Punkt des südamerikanischen Festlands.

Unterwegs nach Norden gelangt man auf der unbefestigten Küstenstraße oder (etwas länger) der Panamericana zum **Cabo Blanco** (32 km). In der Nähe liegen bedeutende Ölfelder – die Ölpumpen verunstalten entsprechend die Landschaft. Cabo Blanco als berühmtester Sportfischereihafen des

Keramik auf dem Markt von Catacaos

Landes lockte in den 1950er-Jahren schon Ernest Hemingway und Nelson Rockefeller an. 1953 stellte der Amerikaner Alfred Glassell Jr. hier einen Weltrekord auf: Er fing den größten Marlin (Schwertfisch) der Welt, der sagenhafte 709 Kilo Gewicht hatte. Seitdem hat die Fischerei einen Niedergang erlebt, dafür ist die Gegend bei den guten Surfern umso beliebter. Die perfekte drei Meter hohe röhrenförmige Welle donnert allerdings gegen ein vertracktes Riff – und ist von daher nichts für Anfänger.

15 Kilometer weiter Richtung Norden ist **Los Órganos** erreicht, ein kleines, entspanntes Dorf am Meer mit ganzjährig guten und nicht allzu schwierigen Surfbedingungen. Es gibt ein paar einfache Übernachtungsmöglichkeiten, die

In den kleinen Dörfern der Sechura-Wüste ist Fußball eine Unterhaltung für die ganze Familie

meisten Besucher fahren jedoch weiter zum Dorf **Máncora** mit dem berühmtesten Strand des Landes. Máncora ist nicht zu verfehlen: Die Panamericana verläuft mitten durch den Ort. Zum Strand sind es drei Minuten zu Fuß. Das Wasser ist warm, die Brandung auch für Surf-Anfänger geeignet, das ganze Jahr scheint die Sonne, und die Fischer versorgen die Lokale mit fangfrischem Fisch. An Quartieren ist von der einfachen Bleibe für Backpacker bis zu Luxusbungalows alles vorhanden. Es empfiehlt sich, über Neujahr, während der Fiestas Patrias sowie im Sommer früh zu buchen. Surfen (auch Kite-Surfen) kann man ganzjährig, am besten aber von November bis März.

Huancabamba: Im Osten steigt die Region Piura bis auf 3000 Meter an. Von Piura führt eine schlechte Straße 210 Kilometer Richtung Osten nach Huancabamba *(5–8 Std. mit dem Bus)*. Die Stadt wurde auf dem instabilen Ufer des Río Huancabamba errichtet und hat daher den Spitznamen *La Ciudad que Camina* – „die Stadt, die läuft". Huancabamba gilt als Zentrum des Schamanismus in Peru (siehe Kasten S. 221). Die Touristeninformation hat eine Liste von zuverlässigen curranderos (Heilern); viele leben in Las Huaringas einige Kilometer entfernt. Ihre Vertreter in der Stadt organisieren den Transport auf dem Pferd zur Zeremonie, die die ganze Nacht über andauert. In Huaringas gibt es keine Hotels; einfache Unterkünfte finden sich aber in Huancabamba.

Region Tumbes

Zentrum der nördlichsten Küstenregion Perus ist die Stadt **Tumbes**. Sie liegt 30 Kilometer von der ecuadorianischen Grenze entfernt und bietet diverse Strände und Naturreservate. Die relativ moderne

INSIDERTIPP

Wer früh aufsteht, kann Hunderte von Fischerbooten sehen, die vom Máncora-Strand aus in See stechen. Die bunten Boote sind in der Morgensonne ein besonders schöner Anblick.

ANA TINSLER
National Geographic Society Center for Sustainable Destinations

Plaza de Armas wird von einfachen Kneipen und Lokalen gesäumt, die mit Tischen in schattigen Patios zum Hinsetzen einladen.

Mehrere der interessantesten Straßen der Stadt verlaufen rund um die Plaza. Etwas baufällige Gebäude aus dem 19. Jahrhundert säumen die Grau im Osten des Platzes. San Martín und Bolívar, im Norden des Platzes, sind moderne Fußgängerzonen. Der **Malecón**, einen Block südwestlich, verläuft am Río Tumbes entlang.

Im Reservat von **Puerto Pizarro**, 14 Kilometer nordöstlich von Tumbes, kann man die einzige Population des Amerikanischen Krokodils, *Crocodylus acutus*, in Peru bestaunen. Die Garnelenfarmen bedrohen allerdings ihren Bestand in der freien Natur. Vogelkundler kommen auf ihre Kosten, wenn sie ein Boot *($$$)* mieten, um die Mangroven der **Isla de los Pájaros** (Vogelinsel) mit ihren Seevogelkolonien zu besuchen. Verliebte leihen sich ein Boot *($$)*, um zur **Isla de Amor** (Liebesinsel) zu schippern: Es gibt dort viele Lokale und Hängematten am Strand.

Die Dachorganisation **Reserva de Biósfera del Noroeste** (Biosphärenreservat des Nordwestens) hat ihren Sitz in Tumbes. Unter ihrem Schutz stehen drei Areale, die allerdings keine touristische Infrastruktur aufweisen. Besuche dorthin organisieren auf Wunsch die Reisebüros in Tumbes. ■

Reserva de Biósfera del Noroeste
✉ Bartolome Zeta 127, Urbanización Tudela, Tumbes
☎ 072/526489
E-mail: RBNOtumbes@terra.com.pe

Hexerei

Peruaner aller Schichten glauben an die Macht der *brujos* (Hexendoktoren) und der *curanderos* (Heiler), die eine Fülle von Problemen lösen – Krankheit, Liebeskummer, schlechte Geschäftslage und Bedrohungen spiritueller Art. Die Schamanen arbeiten mit Zaubersprüchen, Talismanen und vielfältigen Pflanzen, Kräutern und Tränken – darunter auch dem halluzinogenen San-Pedro-Kaktus und dem Ayahuasca-Wein. Die Sitzungen beginnen normalerweise spät nachts und dauern bis zum Morgengrauen. Dabei wird der Körper meist mit Steinen und Blättern eingerieben, es wird gesungen und Rauch entfacht.

Hexerei wird in zahlreichen kleinen Dörfern an der Küste, im Hochland und im peruanischen Dschungel praktiziert. Am bekanntesten ist jedoch Las Huaringas im Hochland bei Huancabamba. Eine Heilsitzung kostet mindestens 50 US$. Die meisten Patienten sind Peruaner, doch gelegentlich lässt sich auch einmal ein Auswärtiger blicken. Wer sich auf die Behandlung einlässt, ist gern gesehen, ansonsten fällt der Empfang eher frostig aus.

Abgelegene Stätten aus der Zeit vor den Inka, einsame Bergnebelwälder und bezaubernde Kolonialarchitektur

Nördliches Hochland

Die geschnitzte Kanzel der Kirche Belén (17. Jh.) in Cajamarca

Nördliches Hochland

Da es weit abseits liegt, ist das Reisen durch Perus nördliches Hochland beschwerlich, dafür entschädigen jedoch die Attraktionen der Region. Die abwechslungsreiche und grandiose Landschaft mit üppig grünen Tälern, wüstenartigen Berggipfeln und weltfernen Nebelwäldern war Schauplatz dramatischer Ereignisse in der peruanischen Geschichte.

Vom Cerro Santa Apolonia bietet sich ein schöner Blick über die Kolonialstadt Cajamarca

1532 lagerte der Inkakönig Atahualpa bei den berühmten Bädern von Cajamarca, dem Tor zum nördlichen Hochland. Damals ahnte er noch nicht, wie bald Francisco Pizarro und seine kleine Truppe spanischer Konquistadoren seine Welt in Trümmer legen würden.

Noch heute kann die Inkakammer besichtigt werden, in der Atahualpa in den Tagen vor seiner Hinrichtung gefangen saß, viel eindrucksvoller ist jedoch das spanische Erbe Cajamarcas: Dutzende von kolonialzeitlichen Herrenhäusern wurden zu hübschen Hotels aller Preisklassen umgebaut, in denen eine kleine Schar von Touristen übernachtet. Wer große Festivals liebt, sollte zum Karneval in Cajamarca reisen: In der größten Stadt des nördlichen Hochlands finden die wildesten (und nassesten) Feiern des Landes statt.

Der Río Marañón, einer der größten peruanischen Nebenflüsse des Amazonas, bahnt sich seinen Weg durch das Departamento Amazonas und teilt dabei das nördliche Hochland in zwei Hälften. Die Reise auf dem Landweg von Cajamarca Richtung Osten nach Chachapoyas, die ruhige Hauptstadt des Departamento, ist ein aufregendes Erlebnis: Ramponierte alte Busse rollen schlingernd auf schlechten Straßen ins Marañón-

UNBEDINGT ANSEHEN:

Tal hinab, um dann wieder in die zerklüfteten, kaum erschlossenen Nebelwälder zu klettern.

Chachapoyas, das von zahlreichen spektakulären Ruinen umgeben ist, wurde nach einer präinkaischen Kultur benannt, die wehrhafte Zitadellen und Städte im nördlichen Hochland baute. Die bekannteste ist die gewaltige Festungsstadt Kuélap, die sich hinsichtlich ihrer Größe und Szenerie durchaus mit Machu Picchu messen kann. Anders als in Machu Picchu kommen in der Hauptsaison jedoch nur einige wenige Dutzend Reisende täglich nach Kuélap. Die Handwerkskunst der Chachapoyas ist zwar nicht ganz so fein wie die der Inka, doch weisen die Steinmetzarbeiten der Fundstätte charakteristische Gestaltungsmerkmale auf.

Andere Ruinen der Region bergen faszinierende Grabstätten in unglaublichen Höhen an Steilabhängen – viele warten noch auf ihre Entdeckung. Der einheimische Anthropologe Peter Lerche geht sogar von 350 weiteren unbekannten archäologischen Stätten aus.

Chachapoyas liegt so abgelegen, dass der 771 Meter hohe Wasserfall Catarata de Gocta – er ist der zweithöchste Wasserfall Perus – erst 2006 von Wissenschaftlern vermessen wurde. Der Wasserfall liegt nur 32 Kilometer nördlich von Chachapoyas und zieht erst seit kurzem Besucher an. Die wichtige archäologische Stätte La Laguna de Cóndores bei Leymebamba liegt rund 30 Kilometer südlich der Stadt, wurde aber erst 1996 gründlich erforscht. ! ■

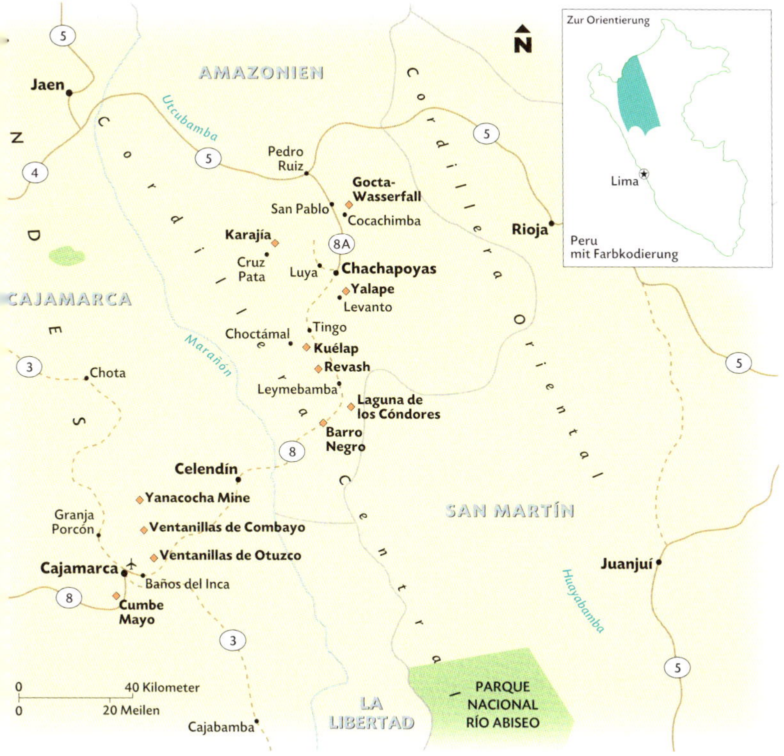

Cajamarca

Die hübsche Kolonialstadt Cajamarca ist die bedeutendste in den nördlichen Anden Perus und liegt in einem fruchtbaren Tal auf einer angenehmen Höhe (2650 m). Nach der spanischen Eroberung zerstört und danach neu aufgebaut, zeigt Cajamarca kaum Spuren ihrer großen Inka-Vergangenheit. Heute ist sie der Standort der größten Goldmine Südamerikas, die nicht nur für Wohlstand, sondern auch für schwierige Sozial- und Umweltprobleme sorgt.

Die großen Strohhüte sind die typische Kopfbedeckung der Campesinos aus der Region um Cajamarca

Cajamarca

Karte S. 225

Besucher-information

Instituto Nacional de Cultura, Jirón Belén 631

076/362601

Geschl. Sa–So

www.inccajamarca.org

www.municaj.gob.pe

Geschichte

In der Gegend um Cajamarca finden sich die Ruinen mehrerer alter und noch weitgehend unerforschter Kulturen. Ein Teil der Ruinen geht bis auf die Zeit um 1000–300 v. Chr. zurück, während andere der Cajamarca-Kultur (500–1000 n. Chr.) zugeordnet werden. Die Inka traten um 1460 unter der Führung ihres großen Eroberers Inka Pachacutec in Erscheinung.

1527 starb der Enkel Pachacutecs, Inka Huayna Cápac, in Quito (Ecuador) plötzlich an den Pocken und hinterließ ein Reich, das ungeplant zwischen zwei Söhnen aufgeteilt werden musste: Atahualpa herrschte fortan über den Norden, Huáscar über Cusco und den Süden.

Im darauffolgenden Bürgerkrieg gewann Atahualpa die Oberhand und marschierte 1532 siegreich in Cusco ein. Unterwegs rastete er in den wichtigen Städten des Reiches, um sich zu erholen und um seine Macht zu festigen. So auch in Caja-

INSIDERTIPP

Immer mal wieder kommt es zu Ausschreitungen – wie schon seit 500 Jahren –, doch die Konflikte sind meist örtlich begrenzt. Die Einheimischen wissen um die wirtschaftlichen Vorteile des Tourismus und behandeln ihre auswärtigen Gäste entsprechend gut.

JAMES DION
National Geographic Society Center for Sustainable Destinations

marca, wo er mit vielen Tausenden Soldaten seiner Truppen und Dienern in der Nähe der heißen Quellen lagerte (daher auch der Name Los Baños del Inca).

Zeitgleich drangen Francisco Pizarro und 160 spanische Soldaten (davon etwa 60 zu Pferd) ins Landesinnere vor und erreichten Cajamarca am 15. November 1532. Sie ließen sich in Lagerhäusern in der Nähe der heutigen Plaza de Armas nieder, wo sie die Ankunft des Inkaherrschers erwarteten.

Atahualpa erschien am folgenden Tag – in einer Sänfte getragen und von Tausenden seiner Soldaten begleitet. Der Mönch Vicente de Valverde trat ihm entgegen und überreichte Atahualpa eine Bibel, die der Inka als wertlos beiseite warf. Empört feuerten die Spanier ihre Kanone ab und brachen auf Pferden aus ihren Verstecken hervor. Die Soldaten des Inka-Herrschers waren geschockt, denn sie hatten niemals zuvor Kanonendonner gehört noch Pferde gesehen.

Die folgende Schlacht war ziemlich brutal und blutig: Die kleine Truppe der zahlenmäßig unterlegenen spanischen Kavallerie erwies sich als unbesiegbar.

Mit Rüstungen und Schwertern ausgerüstet, metzelten sie Tausende der leicht bekleideten Männer Atahualpas nieder, die sich mit Knüppeln, Schleudern und Äxten zu wehren versuchten. Am Ende unterlagen die Inka – ihre Anführer wurden gefangen genommen. Atahualpa schloss ein Abkommen mit den Spaniern: Er wollte für seine Freiheit eine Kammer – bis zur Höhe seines ausgestreckten Arms – mit goldenen und einer doppelten Menge silberner Kunstgegenstände füllen.

Gerüchte über das Abkommen verbreiteten sich schnell – märchenhafte Schmuckstücke aus Gold und Silber gelangten auf dem Rücken von Trägern und Lamas aus al-

Reisehinweise

In Cajamarca gibt es keinen zentralen Busbahnhof. Die meisten Busbetriebe haben ihre Büros an der Avenida Atahualpa, 2 Kilometer südöstlich vom Zentrum. (Nicht zu verwechseln mit der Straße Atahualpa bei der Plaza de Armas.) Der Flughafen *(Tel. 076/362523)* liegt 3 Kilometer nordöstlich der Stadt, von hier starten täglich Flugzeuge von LC Busre und Star Peru nach Lima.

El Cuarto de Rescate

✉ Jr. Amalia Puga 750

🕒 Geschl. So–Mo

$ $

El Conjunto Monumental de Belén

✉ Jr. Belén & Junín

☎ 076/362601

$ $

HINWEIS: Eine Einzeleintrittskarte (*$*) – **Boleto Turístico**– bietet Zugang zu El Cuarto de Rescate, El Conjunto Monumental de Belén und zum Museo Etnográfico. Die Eintrittskarte kann an einer der beiden erstgenannten Stätten gekauft werden. Alle Einrichtungen sind montags geschlossen. *(Führungen auf Spanisch $$, Touren auf Englisch $$$).*

len Teilen des Inkareiches nach Cajamarca. In wenigen Monaten hatten die Inka das Lösegeld für ihren König bezahlt.

Ein unschätzbarer Reichtum an kostbaren Stücken – von goldenem Ohrschmuck bis zu lebensgroßen silbernen Maispflanzen und Lamafiguren – füllten drei Räume in der Stadt. Unbeeindruckt vom künstlerischen Wert der Stücke schmolzen die Spanier die Schätze ein: 6000 Kilogramm Gold und 12 000 Kilogramm Silberbarren. Ein unfassbarer Schatz, der heute einen Wert von fast 200 Mio. US-$ haben würde.

Doch die Spanier brachen das Lösegeldabkommen und verurteilten Atahualpa zum Tod. Am 26. Juli 1533 wurde der Inkaherrscher in der Nähe der Stelle hingerichtet, wo er acht Monate zuvor gefangen genommen worden war.

ERLEBNIS: Zu Gast auf einem Bauernhof

Unter den Höfen in der Gegend um Cajamarca ist Granja Porcón *(37 km nordwestlich von Cajamarca, Tel. 076/ 365631, E-Mail: granjaporcon@yahoo.com, www.granjaporcon.org)* die beste Adresse hinsichtlich einer informativen Tour, guten Essens und der Übernachtungsmöglichkeiten. Auf Anfrage werden Ausritte, Angelausflüge und Wanderungen angeboten. Gäste können sich über Reisebüros in Cajamarca für einen Tagesausflug anmelden und einen Einblick in den Tagesablauf nehmen. Wer Lust hat, kann auch mehrere Tage mithelfen. Ein Hinweis: Die Farm ist eine evangelikale Gemeinde, von daher also nicht jedermanns Sache.

Wer in Granja Porcón übernachten will, nimmt den Bus in Cajamarca (tägl. außer So und 15 Uhr, Rückfahrt um 7.30 Uhr).

Das koloniale Cajamarca

Der große Inkaplatz, an dem die Spanier Atahualpa hinrichten ließen, ist seit langem verschwunden, an seiner Stelle entstand eine kleinere, doch immer noch recht große koloniale Plaza de Armas. Die Spanier hatten alle Bauwerke der Inka bis auf eines niedergerissen und die Steine zum Wiederaufbau der Stadt verwendet. Das einzige erhaltene Bauwerk unweit der Plaza ist **El Cuarto de Rescate,** die Lösegeldkammer, in der Atahualpa gefangen saß. Charakteristisch für die Architektur der Inka sind die trapezförmigen Nischen und die massiv gebauten Türen und Wände.

INSIDERTIPP

Viele kommen wegen der spektakulären Inkaruinen, doch auch die spanischen Kolonialstädte des 17. Jahrhunderts sind lohnenswerte Ziele.

ADRIAN COAKLEY
National Geographic-Bildredakteur

Nur wenige Straßen entfernt liegt **El Conjunto Monumental de Belén**, eine Kirche und ein Krankenhaus aus dem 17. Jahrhundert. Die Kirche aus hellem Vulkangestein hat eine aufwendige barocke Fassade, die die kunstvollste ihrer Art in ganz Cajamarca ist. Ein Tor auf der rechten Seite leitet in einen Innenhof. Im Innern der Kirche befinden sich eine hölzerne Kanzel, die mit geschnitzten Heiligenfiguren verziert ist, sowie ein vergoldeter Altar und eine Kuppel, die das von acht unermüdlichen

Schülerinnen auf dem Heimweg von der Schule in Cajamarca

Engeln getragene Firmament zeigt. Sehenswert ist die ungewöhnliche Darstellung eines Christus, der mit gekreuzten Beinen sitzend sein Kinn in die Hände stützt.

Die Büros des **Instituto Nacional de Cultura** (INC), das an Wochentagen als Touristeninformation dient, gehen zum Innenhof hin. An seinem hinteren Ende liegt das von der Kirche geführte **Hospital de Varones** mit trostlosen, zellenartigen Zimmern, in denen bis ins 20. Jahrhundert männliche Patienten gepflegt wurden. Heute ist hier eine kleine Ausstellung früher medizinischer Instrumente zu sehen. Küche und Apotheke des Krankenhauses befanden sich früher auf der rechten Gebäudeseite. Heute hat hier eine **Kunstgalerie** ihre Räume und zeigt als Dauerausstellung lebhafte, übergroße Gemälde von Campesinos und Landschaften des berühmten Cajamarquiño-Malers Andrés Zevallos (geb. 1916).

Das **Museo Etnográfico** liegt eine Straße weiter (Belén 590) in der ehemaligen, kirchlich geleiteten Frauenklinik Hospital de Mujeres. Ebenfalls aus Vulkangestein erbaut, finden sich an der Fassade Bilder von Blumen, Früchten, Vögeln und Engeln. Die Skulpturen von zwei Frauen mit jeweils vier Brüsten – ein Symbol der Fruchtbarkeit – zieren die oberen Enden zweier hoher Säulen seitlich des Eingangsportals. Im Innern birgt das frühere Hospital eine kleine Sammlung von Kunstgegenständen.

Der eiserne Brunnen im Mittelpunkt der weitläufigen **Plaza de Armas** wurde 1692 errichtet. Die ebenfalls aus dieser Zeit stammende **Kathedrale** präsentiert sich mit einer typisch barocken Fassade und einem vergoldeten Altar.

Gegenüber liegt die interessantere Kirche **San Francisco** *(geschl. Di, $)* mit einem Museum und Katakomben. Obwohl Teile der Kirche älter als die Kathedrale sind, wurde der Turm erst Mitte des 20. Jahrhunderts hinzugefügt. In der Eintrittsgebühr des Museums ist eine Führung enthalten, bei der religiöse Gemälde, vor allem aus dem 17. Jahrhundert und in verschiedenen Stadien des Verfalls

Baños del Inca
☎ 076/348385
$ $–$$$

oder der Restaurierung, sowie Möbelstücke und Uhren (18. und 19. Jh.) gezeigt werden. Wer die Katakomben besichtigen will, muss sich auf dem Weg vorbei an den jetzt leeren Grabstätten und Wandnischen (die noch zur Beisetzung von Franziskanermönchen verwendet werden) des Öfteren bücken.

Die Kapelle **Capilla de la Dolorosa** schließt rechts an die Kirche an und besitzt ein Gemälde der Jungfrau Maria, deren Herz von sieben Schwertern durchbohrt ist.

Von der südlichsten Ecke der Plaza steigt die Calle 2 de Mayo steil in südwestlicher Richtung zum **Cerro Santa Apolonia** *($)*. Auf dem Hügel befinden sich eine Kapelle, ein Park und behauene Steinblöcke – einer soll Atahualpa bei der Abnahme seiner Truppen als Sitzplatz gedient haben.

Ein bäuerlicher Familienbetrieb in Cajamarca

Rund um Cajamarca

Die meisten Gäste Cajamarcas besuchen im Rahmen eines Tagesausflugs die **Baños del Inca,** die sechs Kilometer östlich der Stadt an der Straße nach Chachapoyas liegen. Ein Bus fährt vom Stadtzentrum dorthin. Heute sind die natürlichen Thermalquellen – an denen Atahualpa und Tausende seiner Soldaten bis zu ihrer Begegnung mit Pizarro lagerten – eine beliebte Einrichtung mit öffentlichen Bädern, Einzelbecken, Saunen und Massagen. An Wochenenden und Feiertagen scheint es, als ob sich ganz Cajamarca hier versammeln würde. In einem der nahe gelegenen Restaurants kann man zu Mittag essen oder die Nacht im luxuriösen Hotel verbringen.

Viele Sehenswürdigkeiten rund um Cajamarca lassen sich am besten im Rahmen einer geführten Tour besuchen, Vorschläge machen die Reisebüros an der Plaza de Armas. Viele Reiseleiter tun sich schon mit der Vermittlung einfachster Informationen schwer. Halbtagestouren *($)* finden täglich statt. An den Fundstätten werden geringe Eintrittsgebühren verlangt.

Im Hochland, etwa 20 Kilometer südwestlich von Cajamarca, liegt Cumbe Mayo *($$)*: In die bizarre Erosionslandschaft haben Menschen vor zwei Jahrtausenden Kanäle gegraben. Noch älter sind die Petroglyphen, mit denen die Wände einiger nahe gelegener Höhlen verziert sind. Wer will, kann auf eigene Faust in vier Stunden zu der bekannten präinkaischen Sehenswürdigkeit laufen.

Die präinkaische Nekropole **Ventanillas de Otuzco** umfasst 338 Nischen, die acht Kilometer nordöstlich der Stadt an der Straße zum Flughafen in eine Felswand gehauen wurden. Mit einem *combi* (bei Del Batan unweit des Stadtzentrums), einem Taxi oder zu Fuß kommt man dorthin. Historiker wissen nicht genau, wann die Nischen erbaut wurden, nehmen jedoch an, dass die früheste wahrscheinlich um 300 v. Chr. entstand und in den folgenden Jahrhunderten durch weitere ergänzt wurde. Nicht alle Nischen konnten einen vollständigen Leichnam aufnehmen; manche waren nur für einzelne Knochen geplant.

Ventanillas de Combayo, eine ähnliche, aber größere Stätte liegt 26 Kilometer außerhalb von Otuzco: Die insgesamt etwa 800 Nischen werden jedoch deutlich seltener als Otuzco besucht.

Celendín

Das verschlafene Städtchen Celendín bietet sich als willkommener Stopp auf der anstrengenden Busfahrt nach Chachapoyas an, es liegt etwa vier Autostunden östlich von Cajamarca. Im Ort gibt es einfache Hotels und eine leuchtend blaue **Kirche** am Hauptplatz. Der Samstagsmarkt ist für seine ausgefallenen Strohhüte berühmt.

Busse fahren regelmäßig von Cajamarca nach Celendín, nach Chachapoyas fahren dann jedoch nur noch wenige Busse pro Woche weiter. Die Reise ist anstrengend: Nachdem der Bus von Celendín zunächst auf 3200 Meter hochgeklettert ist, geht es anschließend steil zum Río Marañón hinunter. Danach geht es wieder mühsam den Berg hinauf zum Pass Barro Negro („Schwarzer Schlamm"; 4000 m), anschließend wieder bergab nach Leymebamba.

Ein letztes Mal quält sich der Bus dann ins 2335 Meter hohe Chachapoyas hinauf. Wer die Strapazen auf sich nimmt, wird dafür einen Teil Perus sehen, den nur wenige Ausländer kennenlernen. ■

ERLEBNIS: Stove Trek Tour

Die Tour mit dem ungewöhnlichen Namen bringt sozial engagierte Reisende in Dörfer, die mehrere Stunden von Cajamarca entfernt liegen. Dort können sie beim Bau einfacher Öfen in den Häusern einheimischer Familien mithelfen. Diese haben bisher ihr Essen ausschließlich über offenem Feuer zubereitet. Die Öfen verbessern die Lebensqualität der Dorfbewohner erheblich, indem sie u. a. den Rauch ins Freie leiten, der bis dahin die Lungen der Hausbewohner geschädigt hat. Erfahrungen im Ofenbau werden nicht verlangt.

Die Teilnehmer wohnen in der komfortablen Blue Poncho Lodge beim Dorf Chota (7 Std. von Cajamarca entfernt). Socio Adventures *(Tel. 076/341118, E-Mail: info@socioadventures.com, www.socioadventures.com)* führt die Lodge und organisiert die Tour. Aufforstungseinsätze und Programme für Medizinstudenten werden ebenfalls angeboten.

Region Chachapoyas

Das Departamento Amazonas ist so abgelegen, dass nur eine einzige Asphaltstraße das Departamento durchquert; lediglich zwei Straßen führen in die kleine Hauptstadt Chachapoyas. Eine Reise dorthin ist anstrengend, aber mit ihrem Reichtum an alten Ruinenstätten, die in atemberaubend schönen Nebelwäldern verborgen liegen, verzaubert die Region jeden.

Ein traditionelles Haus am Berghang in der Region Chachopoyas

Chachapoyas

Karte S. 225

Besucher-information

Jr. Ortiz Arrieta 588

041/477292

INC (Instituto Nacional de Cultura) Museum

Ayacucho 904

Geschl. Sa–So

Chachapoyas oder Chacha, wie die Einheimischen sie nennen, ist eine ruhige, freundliche Stadt mit mehreren schönen, kleinen Kirchen und Häusern aus dem 19. Jahrhundert. Bereits 1538 gegründet, ist von der ursprünglich kolonialen Bausubstanz nichts mehr erhalten geblieben. An der **Plaza de Armas** gibt es eine Touristeninformation und ein kleines **INC-Museum.** Ein Spaziergang Richtung Westen entlang der Calle Salamanca führt in zehn Minuten zum **Mirador Guayamil,** der schöne Ausblicke auf die Stadt bietet. Am frühen Abend genießen die Einheimischen ihren *paseo* (Bummel) um die Plaza.

Einen Block nördlich der Plaza füllen Lieferwagen und *combis* die Straßen in Marktnähe: Von hier aus fahren sie in die benachbarten Dörfer. Es gibt nur wenige ausgewiesene Bushaltestellen.

Reiseveranstalter in der Stadt (siehe Reiseinformationen S. 310) helfen ebenfalls mit Auskünften und organisieren Fahrten zum Gocta-Wasserfall und den umliegenden archäologischen Ausgrabungsstätten. Bei manchen der Touren handelt es sich um mehrtägige Wanderungen zu Fuß oder zu Pferd. Viele Veranstalter in Chachapoyas bieten auch ein- oder mehrtägige Fahrten nach Kuélap (siehe S. 234f) an.

Nördlich & westlich von Chachapoyas

Karajía: Während Sarkophage in anderen Gegenden aus Stein geschlagen wurden, sind die überlebensgroßen Sarkophage von Karajía (etwa 48 km nordwestlich von Chachapoyas) aus Lehm, Holz und Stroh gebaut worden. Die kapselförmigen Gebilde, jedes mit einem übergroßen Kopfteil, das früher mit dem Bild eines menschlichen Gesichts farbenfroh bemalt war, wurden hoch oben in den Felsvorsprüngen der Klippen abgelegt, damit die Toten das zu ihren Füßen liegende Tal „überblicken" konnten. Einige von ihnen bargen die Überreste von Adligen aus Chachapoya, *huaqueros* (Grabräuber) und Archäologen haben aber über die Jahre alle verbliebenen Mumien und Grabbeigaben mitgenommen. Allein die Sarkophage blieben an Ort und Stelle – ihre Hüllen starren an mehreren Orten schon fast unheimlich in die Ferne. Karajía ist mit seinen sechs intakten Sarkophagen am leichtesten zugänglich.

Combis fahren von Chachapoyas zum Dörfchen Luya *(1 Std.)*, von dort läuft man in drei Stunden nach Karajía. Die Alternative ist ein weiteres Combi von Luya nach Cruz Pata *(1 Std.)*, von dort sind es nur noch 45 Minuten zu Fuß. Einwohner des Dorfes betätigen sich gerne als Führer; in Chachapoyas besteht auch die Möglichkeit, sich einer Tour anzuschließen. In der Region gibt es noch weitere Fundstätten.

Catarata de Gocta: Den Bauern aus den abgelegenen Dörfern im Norden von Chachapoyas war schon immer bekannt, dass sich in den nahen Nebelwäldern der riesige Wasserfall **Catarata de Gocta** (Gocta-Wasserfall) verbirgt, doch die Sagen der Gegend verboten es den Dorfbewohnern, dorthin zu gehen oder auch nur davon zu sprechen. Nur wenige Ortsfremde kannten den Wasserfall, bis der deutsche Ingenieur Stefan Ziemendorff ihn 2002 entdeckte. Vier Jahre später vermaß er den zweistufigen Wasserfall und kam zu dem Ergebnis, dass er 771 Meter hoch sei. Damit wäre er der dritthöchste Wasserfall der Welt – eine willkommene Werbung für die peruanische Tourismusbehörde.

Nur wenige Ortsfremde außerhalb von Chachapoyas kannten den 771 Meter hohen Gocta-Wasserfall, bis der Deutsche Stefan Ziemendorff ihn 2002 entdeckte.

Zahlreiche weitere Messreihen, die seit 2006 vorgenommen wurden, legen Zweifel an diesem Anspruch nahe. Dennoch zählt die World Waterfall Database den Gocta-Wasserfall zu den Top 10 der Welt; anderen Messungen zufolge nimmt er den 16. Rang ein. Wie hoch er auch letztendlich ist: Er ist auf jeden Fall sehenswert!

Der Gocta-Wasserfall liegt am Río Cocahuayco beim kleinen Dorf **San Pablo,** östlich der Hauptstraße

(Fortsetzung auf S. 236)

Kuélap

Das wunderschön auf etwa 3000 Meter gelegene Kuélap bietet überwältigende Ausblicke auf die umgebende Landschaft. Die Ruinenstadt ist die größte und bedeutendste Stätte der Chachapoya-Kultur. Im feuchten Nebelwald wachsen in dieser Höhe Bromelien und Orchideen, die heute die Mauern bedecken. Obwohl Kuélap die am leichtesten zugängliche Stätte der Region ist, wird sie von allen großen archäologischen Ausgrabungsorten des Landes am seltensten besichtigt.

Rautenförmige Steinverzierungen sind ein Kennzeichen der Chachapoya-Architektur

Einige Überreste in der Nähe des Haupteingangs wurden mit Hilfe der Radiokarbonmethode auf das 6. Jahrhundert v. Chr. datiert. Der größte Teil der Stadt wurde von den Chachapoya aber zwischen 900 und 1100 v. Chr. errichtet. Die Inka fügten einige weitere Gebäude hinzu, nachdem sie die Chachapoya um 1470 unterworfen hatten. Drei Jahrhunderte lang war die Festungsstadt in Vergessenheit geraten, erst 1843 wurde sie von einem einheimischen Richter namens Juan Crisóstomo Nieto wiederentdeckt.

Der Hauptteil der Stadtanlage ist eine beeindruckende **Festung** – fast 600 Meter lang und 120 Meter breit. An manchen Stellen sind die massiven Mauern aus großen Granitblöcken über 17,5 Meter, meist aber nur 9 Meter hoch. Alle drei Mauereingänge sind eng und stark gesichert. Der Haupteingang, der noch heute benutzt wird, verjüngt sich nach oben, sodass nur jeweils eine Person durchgehen konnte und kann. Die Konstruktion sollte potenzielle Angreifer abschrecken, denen es unmöglich gemacht wurde, schnell in die Stadt einzudringen.

Im Innern befinden sich die Reste von mehr als 400 **runden Steinhäusern**, die früher von hohen, kegelförmigen Strohdächern bedeckt waren. Viele von ihnen wurden von den geschätzten 3000 Einwohnern bewohnt. Einige Wände sind mit Friesen in Rauten- und Zickzackmustern verziert, die für den Baustil der Chachapoya kennzeichnend sind. Fünf quadratische bzw. rechteckige Gebäude wurden von den Inka oder den frühen kolonialen Siedlern errichtet. Verkohlte Balken deuten darauf hin, dass die Strohdächer in Brand gesetzt wurden, bevor die Stadt endgültig verlassen wurde.

Der *tintero* (Tintenfass) in der Form eines umgedrehten, sich nach unten verjüngenden Kegels zeigt auf seiner östlichen Seite ein Gesicht in einem Basrelief und beschäftigt seit Jahrzehnten die Wissenschaftler. Niemand kennt die Funktion dieses 5,5 Meter hohen **Tempels** am Südrand der Stätte. Möglicherweise diente er als Sonnenobservatorium, Wasserreservoir oder Gefängnis. Aufgrund kürzlich gefundener Opfergaben vermuten viele Archäologen, dass es sich um den zeremoniellen Mittelpunkt von Kuélap handelt.

Am anderen Ende der Zitadelle beherrscht ein 7 Meter hoher ***torreón*** (Wehrturm) die Stadtmauer. An seinem Fuß entdeckten Archäologen einen Vorrat von 2500 Steinen, die exakt die richtige Größe für Steinschleudern hatten. Die Mehrzahl der verbliebenen Bauwerke liegen noch in Trümmern, viele von ihnen werden jedoch seit 1999 nach und nach wiederhergestellt.

Die 1000 Jahre alten Festungsmauern von Kuélap ragen aus dem umgebenden Nebelwald auf

Besichtigung

Die meisten besuchen Kuélap im Rahmen eines organisierten Tagesausflugs von Chachapoyas aus *($$$)*. Auf einer unbefestigten Straße läuft man 20 Minuten zur Ruinenstadt. Wer auf eigene Faust anreisen will, kann einen Minibus ab Chachapoyas *(Transportes, Calles Grau & Salamanca, 4 Uhr Abfahrt, 3,5 Std., $$)* oder eines der Gemeinschaftstaxis nehmen, die in Marktnähe abfahren. In der Stadt María am Ende der Straße gibt es sehr einfache Zimmer und Verpflegung – Strom und fließendes Wasser sind jedoch nicht immer vorhanden. Eine Alternative ist der Bus von Chachapoyas nach Tingo. Von dort führt ein steiler, zehn Kilometer langer drei- bus vierstündiger Wanderweg nach Kuélap hinauf.

Diese Pflanze wächst an den Berghängen und ganz in der Nähe heißer Quellen

Chachapoyas–Pedro Ruíz. Da nur wenige Busse dorthin fahren, müssen Besucher ein Taxi nehmen oder an einer Tour nach San Pablo teilnehmen. Von dort führt ein markierter Wanderweg in zwei Stunden zu einem guten Aussichtspunkt auf den oberen Wasserfall. Wer den Wasserfall von unten sehen möchte, kehrt nach San Pablo zurück und nimmt ein Taxi zur kleinen Gemeinde **Cocachimba.** Von dort wandert man rund drei Stunden durch den Nebelwald und sieht unterwegs mit etwas Glück Felsenhähnchen und Gelbschwanzwollaffen (*Lagothrix flavicauda*).

Gran Vilaya: Der amerikanische Forschungsreisende Gene Savoy gab dem ausgedehnten Gebiet zwischen dem Río Utcubamba und dem Río Marañón seinen Namen. Gran Vilaya umfasst eine ganze Reihe ökologischer Zonen, in seinen Grenzen liegen außerdem 30 archäologische Fundstätten. Das Gebiet ist noch nicht gut erforscht und verlangt von den Besuchern Kondition. Von daher ist es ratsam, sich in Chachapoyas einer organisierten Tour anzuschließen. Die hübsche Lodge in Choctámal unweit von Kuélap ist ein guter Standort für einen Besuch von Gran Vilaya.

Südlich von Chachapoyas

Region Levanto: Mit einem frühen Bus vom Markt in Chachapoyas bietet sich Levanto, 22 Kilometer südlich der Stadt, für einen Tagesausflug an. Bevor sie nach Chachapoyas weiterzogen, hatten die Spanier das hübsche Dorf besiedelt, an sie erinnert heute noch die unrestaurierte frühkoloniale Kirche. Danach sollte man auf der schönsten verfallenen Inkastraße ganz Perus entlang wandern *(Die Bewohner von Levanto oder Chachapoyas zeigen den genauen Weg, alternativ kann man einen Führer anheuern)*. Für die Wanderung sollte man vier bis fünf Stunden ab Levanto rechnen.

Nach einem halbstündigen Spaziergang nördlich von Levanto auf der Straße nach Chachapoyas erreicht man die große Chachapoya-Ausgrabungsstätte **Yalape.** Zahlreichen Rundbauten sind mit Friesen verziert. Yalape ist später als Kuélap entstanden und vergleichbar groß, doch bei weitem nicht so gut restauriert wie Kuélap, das in südwestlicher Richtung in der Ferne erkennbar ist.

Revash: Die Begräbnisstätte aus der späten Chachapoya-Kultur liegt beim Dorf Santo Tomás, 60 Kilometer südlich von Chachapoyas. Aus Felsblöcken und Lehmziegeln gebaut, verputzt und rosa- und cremefarben bemalt, wirken die Grabstätten – *chullpas* – hoch oben in den Kalksteinklippen von Ferne wie kleine Häuser. Die meisten wurden läängst geplündert; in einigen wenigen blieben Knochenreste und Grabbeigaben zurück. Revash ist schwierig zu erreichen: Alle Busse von Chachapoyas nach Leymebamba halten auf Wunsch in Yerbabuena, dem Abzweig nach Santo Tomás. Von dort braucht man fast vier Stunden, um auf markierten Wanderwegen zu den Ruinen hinaufzuklettern.

Leymebamba: Das bedeutendste kolonialzeitliche Dorf an der Straße nach Celendín liegt etwa 75 Kilometer südlich von Chachapoyas. Ein halbstündiger Spaziergang entweder auf einem Pfad *(die Einheimischen kennen den Weg)* oder fünf Kilometer mit dem Auto auf der Straße nach Südwesten Richtung Celendín führt zum **Museo Leymebamba**. Die eindrucksvolle Sammlung umfasst rund 200 Mumien mit Grabbeigaben, die 1997 aus Felsgräbern bei Laguna de los Cóndores geborgen wurden. Viele der Mumien sind noch in Tücher gehüllt und werden in Vitrinen gezeigt. Das Gebäude wurde aus heimischen Materialien errichtet. Einfache Unterkünfte stehen in der Stadt zur Verfügung.

Die lange und anstrengende Wanderung von Leymebamba zur Laguna de los Cóndores dauert zehn bis zwölf Stunden zu Fuß oder Pferd. 1997 entfernten Experten die Mumienbündel aus Sicherheitsgründen aus den Grabnischen und den *chullpas*. So können heute nur die äußeren Bauten hoch auf Felsvorsprüngen über dem See besichtigt werden. Eine Lodge bietet Zimmer, für die Verpflegung muss jeder selbst sorgen. ■

Museo Leymebamba

✉ Ave. Austria s/n, San Miguel

☎ 041/816803 oder 041/816806

🕒 Geschl. Mo

$ $

Nebelwälder

In Peru nennt man die Nebelwälder *la Ceja de la Selva* (die Augenbraue des Urwaldes). Der schmale Waldstreifen, der sich an Gebirgsflanken über den Regenwald erhebt, wird von Baumriesen beherrscht, die die Feuchtigkeit aus den Wolken auskämmen. Die Kombination aus feinem Nebelschleier, rauer Topographie und starken Temperatur- und Höhenunterschieden sorgt für ganz verschiedene kleine (und kleinste) Lebensräume.

Die hoch über dem Amazonasbecken vorkommenden Nebelwälder bedecken einen großen Teil der östlichen peruanischen Anden und bringen eine unglaubliche Artenvielfalt hervor. Viele Pflanzen und Tiere sind endemisch, d. h. nur hier vorkommend. Dieses faszinierend unberührte Ökosystem wimmelt von unzähligen Vögeln und Käfern, Blumen und Pilzen, Moosen und Affen. Es trägt auch ganz Wesentlich zum rekordverdächtigen Artenreichtum Perus bei und zählt zu den Teilen der Welt, in denen Wissenschaftler auch heute noch neue Arten entdecken.

Nebelwaldregionen lassen sich nur schwer erschließen, was auch daran liegt, dass der Straßenbau so kompliziert ist. Leider haben Holzfäller trotzdem Wege in den Wald geschlagen und arbeiten sich methodisch die Flusstäler aufwärts.

Hier leben nicht nur peruanische Ureinwohner, sondern auch unzählige Pflanzen, Insekten, Vögel und andere Tiere, von denen viele bis heute nicht einmal einen Namen tragen. Ein Aufenthalt in einer Dschungel-Lodge verspricht wahrhaft einzigartige Erlebnisse

Amazonien

Das Braunkehl-Faultier *(Bradypus variegatus)* ist dämmerungs- und nachtaktiv

Amazonien

Der peruanische Regenwald schenkt seinem Besucher unvergessliche Momente: die Riesenotterfamilie, die vor ihrem Bau an einem toten Flussarm umhertollt, die Wanderung durch den smaragdgrünen Wald auf einem morastigen Dschungelpfad, das Licht, das in 30 Meter Höhe durch die Zweige schimmert, oder der Spaziergang am Spätnachmittag an einem dunstverhangenen Fluss, während hinter den fernen Anden die Sonne versinkt.

Nur rund ein Sechstel (16 Prozent) des gewaltigen Amazonasbeckens liegt in Peru. Doch seine Bedeutung für das Land übertrifft bei weitem die reale Größe. Im Gegensatz zu einigen seiner Nachbarn schützt Peru nämlich seit den frühen 1970er Jahren sehr gezielt Flora, Fauna und die Territorien der dortigen Ureinwohner. Während anderswo Abholzung, Bergbau und Brandrodung um sich greifen, zeigt sich der Erfolg des nachhaltigen Naturschutzes bereits auf den Satellitenbildern: Aus den rostbraunen, entwaldeten Flächen gleich jenseits der Grenze hebt sich das peruanische Amazonasbecken als leuchtend grüner Landstrich hervor.

Im Schutz dieses grünen Baldachins existiert eine Vielfalt des Lebens wie sonst nur an wenigen Orten der Welt. Diese Schatztruhe der Natur hat man noch längst nicht vollständig katalogisiert oder erforscht. Laut dem Instituto de Investigaciones de la Amazonía Peruana (IIAP) beherbergt Peru mehr Vogelarten (etwa 1800) als irgendein anderes Land auf unserem Planeten. Auch bei den Säugetieren, Süßwasserfischen, Amphibien und Blütenpflanzen nimmt Peru Spitzenplätze ein. Rund ein Fünftel aller Schmetterlingsarten flattert durch peruanische Wälder und Lichtungen. Zwar beziehen sich die Zahlen auf ganz Peru, doch der Großteil dieser Lebewesen ist in der Amazonasregion beheimatet.

NICHT VERSÄUMEN:

- Rundgang durch Iquitos **244**
- Ausflug mit einem Amazonasdampfer **246**
- Ein paar Tage auf einer Dschungel-Lodge **247, 250, 261, 264**
- Tour durch das Kronendach des Regenwaldes **248**
- Ruhig und gelassen Tiere beobachten **249**
- Parque Nacional Manú **259**
- Krächzende Aras und andere Papageien an einer Lehmlecke beobachten **261**

Niemand weiß genau, seit wann Menschen am Amazonas wohnen. Schätzungen gehen von 7000 oder mehr Jahren aus. Die Inka trieben Handel mit Amazonasvölkern, wobei Nahrungsmittel, Vogelfedern, Jaguarfelle, Schildkrötenöl sowie Ritual- und Heilpflanzen wie Kokablätter zu den Waren zählten. Direkt bis zum Amazonas sind die Inka wohl nie vorgedrungen, doch kannten sie zweifellos die großen Nebenflüsse, die von den Anden herabflossen. Den Río Madre de Dios nannten sie Amaru-Mayu (Fluss der Riesenschlange) nach der Riesenanakonda, die an seinen Ufern hauste.

Francisco de Orellana, einer von Pizarros Offizieren, leitete die erste spanische Expedition, die 1541/42 den Amazonas hinabführte. Die lange, abenteuerliche Reise umfasste auch eine Etappe flussabwärts auf dem Río Napo bis zu dessen Mündung in den Amazonas nahe dem heutigen Iquitos. In den folgenden 300 Jahren blieben die Spanier dieser Region dann fern. Auch wenn El Dorado mit unermesslichem Reichtum lockte, war die Reise auf dem Amazonas zu schwierig und zu gefährlich.

Erst Mitte des 19. Jahrhunderts wagten sich wieder Europäer in die Region, um Kautschukbäume anzuzapfen, Gold aus dem Uferschlamm zu sieben und die anscheinend endlosen Wälder dieser Region auszubeuten. Später lockten dann Öl- und Gasvorkommen, und es kamen Bauern, Missionare und in jüngster Zeit auch Touristen auf der Suche nach dem authentischen Amazonas-Erlebnis. ■

Nördliches Amazonien

In Peru fließt der Amazonas überwiegend durch den Norden von Loreto, dem größten Departamento des Landes. Ein nicht durch Straßen erschlossener Regenwald bedeckt diese Region, in der drei große Flüsse in den Amazonas münden: Ucayali, Marañón und Napo. Doch außer diesen Nebenflüssen durchziehen noch zahllose kleine Wasserwege das Gebiet. Iquitos, Perus wichtigste Dschungel-Stadt, lässt sich nur per Flugzeug oder Schiff erreichen.

Im Regenwald sind die Häuser oft höher angelegt, um Schutz vor Tieren oder Hochwasser zu bieten. Die offene Bauweise sorgt zudem für einen erfrischenden Luftzug

Iquitos
Karte S. 241

Besucher-information iPerú
Calle Loreto 201
065/236144

E-mail: iperuiquitos @promperu.gob.pe

Von Lima führen Straßen nach Pucallpa am Río Ucayali und nach Yurimaguas am Río Huallaga. Von beiden Orten aus geht es mit einem der kultigen Amazonasdampfer weiter (siehe S. 246).

Iquitos

Mit seinen 450 000 Einwohnern ist Iquitos die weltweit größte Stadt, die sich nicht über Straßen erreichen lässt, und ein bedeutender Amazonashafen. Von hier aus fahren die Schiffe bis zum Atlantik.

Heutzutage wechseln viele Reisende allerdings schon am Dreiländereck von Peru, Brasilien und Kolumbien das Schiff. Der Hafen von Iquitos liegt im Norden des Stadtzentrums entlang der Avenida La Marina (siehe S. 246). Der Flughafen (*Av. Abelardo Quiñones, Km 5, Tel. 065/260147 oder 065/260151*) liegt sieben Kilometer südwestlich der Stadt. Für Jets ist er oft von 9 bis 15 Uhr gesperrt, weil Geier über dem Gelände kreisen und die Gefahr von Vogelschlag erhöhen.

Die meisten Flugverbindungen gibt es zwischen Lima und Iquitos, einige Flüge gehen auch nach Tarapoto oder Pucallpa.

Jesuiten haben Iquitos 1757 als Missionsstation gegründet. In den 1880er Jahren verwandelte der Kautschukboom den winzigen Außenposten in eine geschäftige Stadt mit 25 000 Unternehmern. In den folgenden Jahrzehnten entstanden die meisten der opulenten Bauwerke (siehe S. 244). Von Iquitos per Schiff nach Lissabon zu reisen, war damals einfacher, als mit dem Maultier nach Lima zu gelangen. Der Kautschukboom brach jedoch ein, als der am Amazonas endemische Samen des Kautschukbaums nach Malaysia geschmuggelt wurde, wo sofort große Plantagen entstanden. Nach dem Ersten Weltkrieg erlitt Iquitos einen wirtschaftlichen Niedergang. An die Stelle des Kautschukgeschäfts traten die weniger lukrative Holzfällerei, Landwirtschaft und das Fangen von Tieren für den Bedarf der Zoos. Erdölfunde brachten in den 1960er Jahren einen Aufschwung, der auch dem Tourismus förderlich war, bis heute ein Hauptwirtschaftsfaktor.

INSIDERTIPP

Packen Sie für Ihre Amazonasreise außer Fernglas, Sonnen- und Insektenschutzmittel auch einen Plastikbeutel ein, der Ihre Kamera vor Feuchtigkeit schützt.

ADRIAN COAKLEY
National Geographic-Bildredakteur

Seit Mototaxis ($) das bevorzugte Verkehrsmittel sind, erfüllt chaotischer Lärm die Stadt. Doch was Iquitos an Ruhe fehlt, macht es mit seiner einladenden, coolen Atmosphäre wieder wett.

Nördlich von Iquitos: Drei Kilometer nördlich von Iquitos' Zentrum liegt am Río Nanay der **Puerto Bellavista.** Den Hafen in der Vorstadt steuern die Bellavista-Nanay-Busse an, die auf der Calle Próspero nordwärts fahren. Dort warten schilfgedeckte Bars mit Ausblick auf den mittelgroßen Amazonasnebenfluss und Marktstände mit fangfrisch gegrilltem Fisch. Die während der Trockenzeit (Juni–November) auftauchenden Sandstrände sind bei den Einheimischen sehr beliebt.

Für Kurztrips können Besucher im Hafen ein Boot chartern, das sie z.B. in 20 Minuten zur **Schmetterlingsfarm Pilpintuwasi** bringt. Dort kann sich in der Trockenzeit ein 20-minütiger Spaziergang durch das Dorf Padre Cocha anschließen. Die Farm vermittelt Wissen über den Lebenszyklus der Schmetterlinge. Zugleich ist sie eine von den peruanischen Behörden genehmigte Auffangstation für Säugetiere und Vögel, die Wilderern abgenommen wurden. Affen und Ameisenbären bewegen sich frei auf dem Gelände.

Auch das oberhalb von Padre Cocha gelegene Dorf **San Andrés** lässt sich vom Puerto Bellavista leicht per Boot erreichen. Dort leben kleine Gruppen von Bora und Yagua. Hier sind die Tänze und das Kunsthandwerk der Einheimischen auf Touristen ausgerichtet.

(Fortsetzung S. 246)

Schmetterlingsfarm Pilpintuwasi

- ✉ Padre Cocha
- ☎ 063/232665
- 🕒 Mo geschl.
- $ $$

www.amazonanimalorphanage.org

Rundgang durch Iquitos mit historischen Highlights

Azulejos, also glasierte Keramikfliesen aus Italien, Spanien, Portugal und Marokko schmücken die Villen aus der Zeit des Kautschukbooms in den 1880er Jahren. Alle Fliesen gelangten damals per Schiff auf dem Amazonas bis nach Iquitos. Heute sind diese prächtigen Gebäude der Stolz der Iquiteños. Die meisten dieser Zeugnisse der Vergangenheit stehen in der Malecón Tarapacá am Ufer (von den Einheimischen auch Boulevard genannt) und in der belebten Calle Próspero, die parallel dazu verläuft.

Das berühmte von Gustave Eiffel entworfene Eiserne Haus auf der Plaza de Armas in Iquitos

NICHT VERSÄUMEN

Plaza de Armas • Bummel auf dem Malecón Maldonado • Museo Amazónico • Spaziergang auf dem Malecón Tarapacá • Markt und das schwimmende Viertel von Belén

Starten Sie einen Block östlich vom Flussufer an der **Plaza de Armas** ❶. Mototaxis erfüllen die Plaza mit dem Lärm einer Rennpiste. Ruhiger ist es am Sonntagmorgen, wenn der Platz wegen der Flaggenparade für Fahrzeuge gesperrt ist. Die **Iglesia Matriz** (Kathedrale) an der Südostecke der Plaza wurde von 1911 bis 1924 im neoklassischen Stil erbaut. An der Nordseite der Plaza neben der **Touristeninformation** *(Calle Napo 232, Tel. 065/236144)* steht das kleine **Museo Municipal** *(Calle Napo 224, Tel. 065/234272, So. geschl.)* mit ausgestopften Dschungeltieren und regionalem Kunsthandwerk. Die **Casa de Barro** *(Calle Napo 200–212, keine Innenbesichtigung)*, ein Adobe-Haus mit Holzbalkon, stammt aus der Zeit des Kautschukbooms.

Am meisten bewundert: **La Casa de Fierro** (Eisernes Haus) im Südosten des Platzes an der Ecke Calle Putumayo und Próspero. Gustave Eiffel (siehe S. 17) hat dieses Fertighaus für die Pariser Weltausstellung von 1889 entworfen. Ein Kautschukbaron ließ das Gebäude dort abbauen und per Schiff nach Iquitos bringen. Zwar wurde inzwischen die Hälfte der Originalteile demontiert, aber die restlichen typischen verschraubten Eisenstreben und die einzigartige Herkunft faszinieren die Besucher noch immer. Seit es auf der Plaza steht, diente das Gebäude als Lebensmittelladen, Wohnhaus, Fabrik, Restaurant, Club und sogar als britisches Konsulat. Ausblick auf die Plaza bietet das 2007 im ersten Stock eröffnete Amazon Café.

Von der Plaza geht es in östlicher Richtung auf der Calle Napo zum Ufer. Linkerhand liegt der **Malecón Maldonado** ❷, eine zwei Blocks lange Promenade mit hübschen Restaurants und Bars samt Sitzplätzen im Freien. Am Wochenende tummeln sich hier abends Familien und Straßenkünstler wie Musikanten und Zauberer. Biegen Sie rechts (südlich) in die Malecón Tarapacá ein, den kleine Plazas, Statuen und eine Rotunde schmücken. Nach einem Block gelangt man zum ehemaligen **Hotel Palace** 3 (Malecón Tarapacá 208) – 1908 erbaut und einst das luxuriösestes Hotel von Iquitos. Heute ist es ein Militärposten, doch die ursprünglichen Art-nouveau-Verzierungen und Azulejos blieben erhalten.

Einen Block weiter südlich grenzt an die **Biblioteca Amazónica** 4 *(Malecón Tarapacá 354)* das **Museo Amazónico** *(Calle Tarapacá 386, Tel. 065/231072, So geschl., $)*. Die 1873 bzw. 1863 erbauten, reich mit Azulejos verzierten Gebäude zählen zu den ältesten der Stadt. Zwischen originalen holzgeschnitzten Wänden, Decken und Möbeln zeigt das Museum Fiberglasabgüsse, die direkt an Angehörigen von Amazonasvölkern vorgenommen wurde. Die öffentliche Bibliothek archiviert historische Materialien.

Nun rechts in die Calle Morona einbiegen, wo nach einem Block die mit Azulejos bedeckte **Casa Cohen** 5 *(Calle Próspero 401)* steht, die den Supermarkt Los Portales beherbergt. Ab hier der Calle Prospero in südlicher Richtung folgen. An der nächsten Straßenecke verdient die **Casa Morey** 6 *(Calle Próspero 502)* einen Blick. Nach weiteren sechs Blocks stoßen Sie auf die Calle 9 de Diciembre und den **Markt von Belén** 7, der mehrere Blocks umfasst (täglich geöffnet, am besten morgens hingehen). Auf Holzständen stapeln sich hier Dschungelprodukte jeder Art, von lebenden Schildkröten bis hin zu Dutzenden von Fischarten. Im Pasaje Paquito werden Heilkräuter, Zauber- und Liebestränke sowie Talismane verkauft. Im Ort **Belén** (hinter dem Markt) wohnen Tausende Menschen in schwimmenden Hütten. Einheimische bieten Führungen per Kanu an.

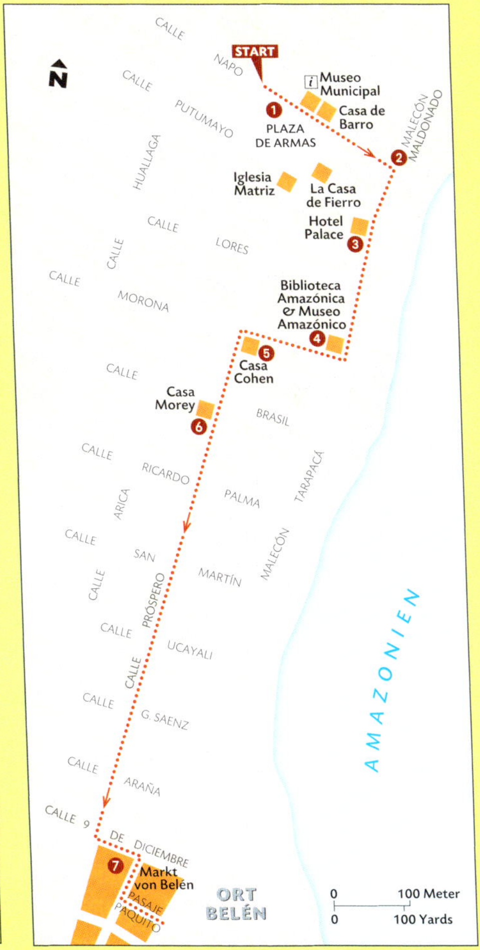

Karte S. 241
Plaza de Armas
45 Minuten
1,6 km, einfache Strecke
Stadtteil Belén

ERLEBNIS: Flussreise auf dem Amazonas

Schiffe mit drei Decks befahren traditionell die breiten Flüsse Nordperus. Sie verbinden die per Straße erreichbaren Städte Yurimaguas und Pucallpa mit Iquitos und der kolumbianischen und brasilianischen Grenze. Die Fracht kommt ins Unterdeck, Mittel- und Oberdeck sind für Hängematten und Kabinen vorgesehen. Eine Flussreise ist ideal, um die *ribereños*, die Bewohner der Ufer kennenzulernen.

An den Docks informieren Tafeln darüber, wann welches Schiff wohin fährt. Auf den Bestimmungsort ist Verlass, auf die Abfahrtszeiten nicht, denn die Kapitäne legen ohne profitable Fracht nicht ab. So kann sich die Abfahrt um Stunden oder auch Tage verzögern. Doch das Zuschauen beim Verladen von Vieh, Autos, Zement- und Getreidesäcken gehört ebenso zum Erlebnis wie später das Entladen in den winzigen Gemeinden.

Die niedrigen (und verhandelbaren) Fahrpreise liegen unter 10 $ pro Tag in der Hängematten-Klasse und bei bis zu 20 $ für Kabinenpassagiere, inklusive einfacher Mahlzeiten (für heikle Esser: besser eigene Kost mitbringen). Getränkeflaschen und Snacks werden an Bord verkauft. Die Kabinen (meist mit vier Kojen) sind eng und stickig. Es gibt nur Gemeinschaftsbäder mit kalten Duschen. Seine Hängematte (auf Märkten erhältlich) muss jeder selbst mitbringen und aufhängen – Letzteres geschieht besser nicht in der Nähe des Maschinenraums (laut) oder unter Lampen (die ziehen Insekten an).

Nach Auswahl des Schiffes: an Bord gehen und beim Kapitän bzw. Besitzer die Passage gegen Quittung bezahlen. Keinem anderen den Nachweis über bezahlten Fahrpreis aushändigen! Während der Schiffssuche das Gepäck am besten im Hotel lassen, damit Sie es nicht durch die Docks schleppen müssen, und später gut darauf aufpassen.

Die Reisedauer hängt vom Wasserpegel ab und davon, ob die Fahrt mit der Fließrichtung oder gegen die Strömung geht. Fahrzeit ab Iquitos: zwei bis drei Tage zur Grenze, drei bis vier Tage nach Yurimaguas, vier bis sechs Tage nach Pucallpa.

Eine Alternative von Iquitos zur Grenze: Tagestour mit einem der unbequemen *Rápidos* oder *Expresos* genannten Boote für 60 $. Unternehmen außerhalb von Iquitos bieten Luxusreisen mit naturkundigen Reiseführern, gutem Essen und Kabinen mit Klimaanlagen zu wesentlich höheren Preisen an (siehe S. 311).

Südlich von Iquitos: Die Busse, die stadtauswärts in südliche Richtung fahren, halten an der Plaza 28 de Julio, sieben Blocks südöstlich des Stadtzentrums. Allerdings kennen sich nur Einheimische mit den schlecht markierten Haltestellen aus (freundliches Fragen hilft weiter). Die Alternative: eines der allgegenwärtigen Mototaxis nehmen.

Ein beliebtes– in 20 bis 30 Minuten erreichbares – Ziel ist die **Laguna Quistococha** (*$, per Mototaxi $$, Bus $*) südwestlich der Stadt. Sie bietet: einen Zoo mit einheimischen Tieren, ein Aquarium, einen gesicherten Schwimmbereich mit Paddelbooten, ein Gelände zum Picknicknicken, Uferrestaurants und Bars (kleine Kneipen).

Der Zoo, der sich in den letzten Jahren verbessert hat, zeigt z.B. Capybaras (Wasserschweine), Jaguare, Affen und Tapire. Mit einem Zuchtprogramm bemüht sich der Tierpark, den zwei Meter langen Arapaima oder Pirarucu zu erhalten. Das köstliche Fleisch dieses größten Süßwasserfisches der Welt hat zur Überfischung und damit zu einer bedrohlichen Bestandsverringerung geführt.

Markierte Wege führen durch den Zoo und rund um den See, vorbei an beschilderten Bäumen und Blumen. Ein Weg endet an einer Seilkonstruktion, die an Tarzan erinnert und einen guten Ausblick auf die Anlage bietet. Zusammen mit einheimischen Familien an Seilen zu hängen mag zwar kein ganz echtes Dschungelerlebnis sein, macht aber Spaß.

Das Dorf **Santo Tomás**, etwa 14 Kilometer südwestlich von Iquitos (aber nicht an der Straße nach Quistacocha), ist berühmt für seine Töpferwaren wie z.B. Gefäße und Masken. In der Trockenzeit taucht hier am Flussufer ein Strand auf. Der größte und beliebteste weiße Sandstrand dehnt sich von Juni bis Oktober beim nahe gelegenen **Santa Clara** aus.

Von Iquitos stromabwärts

Ein Aufenthalt in einer der zahlreichen Dschungel-Lodges lohnt sich, wobei rustikaler Charme mit Petroleumlampen, Moskitonetzen und kalten Duschen überwiegt. Eine Ausnahme macht die 40 Kilometer von Iquitos entfernte **Ceiba Tops** – die einzige Lodge mit Klimaanlage und heißer Dusche auf den Zimmern. Betrieben wird sie von Explorama, Iquitos' ältestem Tourismusunternehmen und Eigentümer des **Amazonas-Hängebrückenpfads** (siehe S. 248). Zunehmend betreibt das Unternehmen auch rustikale Unterkünfte wie die **Explorama Lodge** (80 Kilometer von Iquitos), die **ExplorNapo Lodge** am Río Napo (157 Kilometer von Iquitos) und das **ExplorTambos Camp,** das sich mit seinen offenen Palmdach-Plattformen eher für verwegene Reisende eignet. Alle genannten Unterkünfte (siehe S. 302) haben den Besuch des Hängebrückenpfads durch die Baumkronen im Programm.

Auf dem Río Napo, dessen Quellgebiet in Ecuador liegt, schipperte Francisco de Orellana 1541 bis zum Amazonas hinunter. Flussabwärts von Iquitos ist der Napo der größte peruanische Nebenfluss des Amazonas. Oberhalb der Napo-Mündung, etwa 145 Kilometer von Iquitos entfernt, liegt **Pebas**

Ein Heliconide, eine der über tausend Schmetterlingsarten im peruanischen Amazonasbecken

(auch Pevas). Die 1735 gegründete Kleinstadt beherbergt heute rund 3000 Einwohner. Ihr berühmtester Bewohner, der peruanische Künstler Francisco Grippa, wurde in der Küstenstadt Tumbes geboren und studierte in den USA und in Europa. In Pebas ließ er sich in den 1990er Jahren nieder. Sein Haus mit Atelier und Galerie thront über der Stadt. Kauflustigen Besuchern, die sich für seine Dschungelbilder interessieren, serviert der freundliche Künstler Bier und Bananen statt Wein und Käse.

Die meisten Bewohner der Stadt sind Mestizen der vier regionalen Hauptvolksstämme: Bora, Huitoto, Yagua und Ocaina. In vielen Dörfern der Region lebt eine kleine Gruppe dieser Völker. Dorfbesuche können in Iquitos arrangiert werden. Die Touristen begrüßt man mit Tänzen. Auf den Kunsthandwerksmärkten werden peruanische und US-Währung akzeptiert. Pebas ist ein Haltepunkt für die Schiffe und Boote, die zwischen Iquitos und der Grenze verkehren. Der Ort besitzt ein paar einfache Hotels.

Die größte Stadt an der Grenze zu Kolumbien und Brasilien ist das kolumbianische **Leticia** mit zahlreichen Hotels und täglichen Flugverbindungen nach Bogotá. In der Nähe liegt das brasilianische Hafenstädtchen **Tabatinga,** von dem aus Schiffe den Amazonas hinunter bis nach Manaus fahren (eine Woche).

INSIDERTIPP

Nicht wegsehen: Die mit riesigen Baumstämmen beladenen Lastkähne auf dem Río Ucayali beweisen, dass weiter Holz geschlagen wird. Je nach Jahreszeit sehen Sie auch Einheimische bei der Feldarbeit in den Flussauen.

ANA TINSLER
National Geographic Society Center for Sustainable Destinations

Zwischen Tabatinga und Manaus besteht eine Flugverbindung. Die Fahrt mit dem Schiff von Leticia nach Iquitos dauert etwa drei Tage. Schnelle, aber unbequeme Boote schaffen die gleiche Strecke in ungefähr zwölf Stunden. Barkassen verbinden Leticia mit dem peruani-

ERLEBNIS: Amazonas-Hängebrückenpfad

In den 1970er Jahren begannen Biologen, das Kronendach des Regenwalds zu erforschen. Um an die wenig bekannte Flora und Fauna der Baumkronen heranzukommen, experimentierten sie mit Kletterausrüstungen, Plattformen und sogar Heißluftballons. Zwei Jahrzehnte später konstruierten die Naturforscher von Explorama 160 Kilometer von Iquitos entfernt einen Hängebrückenpfad in der Nähe des **Río Napo.** Mit seinen 14 durch Hängebrücken miteinander verbundenen Plattformen ist der 805 Meter lange „Pfad" durch die Baumkronen der längste seiner Art.

Der mit Netzen gesicherte Pfad gewährt Ausblicke über das Kronendach bis zum Horizont. Die in den Baumkronen heimischen Vögel, Echsen und Orchideen lassen sich sehr gut beobachten, Säugetiere allerdings nur selten. Jedem, der Treppen steigen kann und luftige Höhen mag, steht der Hängebrückenpfad offen. Für viele Besucher ist der Aufstieg in die Baumkronen das eigentliche Highlight ihres Amazonien-Erlebnisses. Fernglas, Wasser und Sonnenschutzmittel mitnehmen!

Nach Explorama hat auch Inkaterra auf seiner **Reserva Amazónica Lodge** am Río Madre de Dios in der Nähe von Puerto Maldonado (siehe S. 261) einen solchen Pfad durchs Blätterdach mit sieben Plattformen errichtet. Baumkronenplattformen zur Tierbeobachtung bieten auch die von Rainforest Expedition betriebenen Lodges Posada Amazonas und Refugio Amazonas am Río Tambopata (siehe S. 311).

schen Grenzposten Santa Rosa, wo die Pässe abgestempelt werden.

Stromaufwärts von Iquitos

Die 577 Quadratkilometer große **Reserva Nacional Allpahuayo-Mishana** *(Km 26,5, Carretera Iquitos–Nauta, $$$, Übernachtung $$$$)* enthält verschiedene Ökosysteme, inklusive Regenwald auf weißem Sand. Früher ließ sie sich nur per Boot vom Puerto Bellavista via Río Nanay erreichen. Dank der neuen Straße nach Nauta fahren heute Busse *($)* dorthin. An Infrastruktur mangelt es aber noch. *(Wasser und Insektenschutzmittel mitnehmen!)*

Das Schutzgebiet beherbergt eine überaus reiche, größtenteils endemische Artenvielfalt. Ornithologen haben hier fast 500 Vogelarten gezählt, darunter den Einfarb-Ameisenvogel und den Mishana-Kleintyrannen, die sonst nirgendwo vorkommen. Unter den etwa 150 dokumentierten Säugetierarten sind so seltene Primaten wie der Äquatorial-Saki und der Lucifer-Springaffe. Rund 120 Reptilienarten begeistern die Herpetologen. Hinzu kommen unzählige andere Tiere und Pflanzen. Peruanische und internationale Forschungsprojekte bringen ständig neue Arten zum Vorschein. Ausführliche Informationen: Instituto de Investigaciones de la Amazonía Peruana *(IIAP, Av. A. Quiñones Km 2,5, Tel. 065/265515 oder 065/267733)*.

Die 2575 Quadratkilometer große **Área de Conservacion Regional Comunal de Tamshiyacu-Tahuayo** (ACRCTT) erstreckt sich an den Oberläufen der Amazonasnebenflüsse Tamshiyacu und Tahuayo. Eine 2003 unter der Leitung des Chicagoer Field Museum of Natural History durchgeführte Bestandsaufnahme ergab: In der ACRCTT existieren mehr Säugetier- und Baumarten als in irgendeinem anderen gleich großen natürlichen Lebensraum der Welt. Bester Ausgangspunkt zum Erkunden dieses bemerkenswerten Schutzgebietes: die 145 Kilometer von Iquitos entfernte **Tahuayo**

Vogelbeobachter auf einer Plattform in den Baumkronen des Regenwaldes

Lodge. Ihr Betreiber, die Amazonia Expeditions *(Tel. 800/262-9669 U.S., www.perujungle.com)*, eröffnete 2007 das Tahuayo River Amazon Research Center (TRARC) – in Zusammenarbeit mit peruanischen Behörden, dem Rainforest Conservation Fund *(RCF; www.rainforest conservation.org)*, der Yale University und anderen Institutionen. Lodge-Gäste können das Forschungszentrum besuchen und an Abenteuertouren teilnehmen, die von Naturspaziergängen bis zum Überlebenstraining im Urwald reichen.

Nauta liegt am Río Marañón etwa zwölf Kilometer vor dessen Zusammenfluss mit dem Río Ucayali, wo sich die beiden Flüsse zum Amazonas vereinen. Die neue Straße nach Iquitos hat die 1830 gegründete Ortschaft ins 21. Jahrhundert gehievt. Was bisher eine Halbtagesreise erforderte, schaffen Minibusse nun in zwei Stunden. Viele aus Yurimaguas kommende Schiffsreisende gehen bereits in Nauta von Bord, um Zeit zu sparen. Auch die Einwohner von Iquitos freuen sich über diese mit 101 Kilometern ziemlich lange Straße. Einen Besuch wert: die **Kirche** mit dem herrlichen, aus einem riesigen Baumstamm geschnitzten Kruzifix und der quirlige **Markt.**

Mehrere kleine Nebenflüsse münden zwischen Nauta und Iquitos in den Amazonas. An den meisten finden sich Dschungel-Lodges, darunter die architektonisch bestechende **Amazon Yarapa River Lodge** *(Tel. 315/952-6771 U.S., www.yarapa.com)* am Río Yarapa, 129 Kilometer von Iquitos entfernt. Dort betreibt die Cornell University eine Forschungsstation. Auch empfehlenswert: die gemütliche **Muyuna Amazon Lodge** *(Tel. 065/242858, www.muyuna.com)* 140 Kilometer vom Río Yanayacu entfernt, in dem es von Flussdelfinen wimmelt.

Die **Reserva Nacional Pacaya-Samiria** liegt in dem keilförmigen Landstück, das der Río Marañón und der Río Ucayali vor ihrem Zu-

Morgendämmerung in der Reserva Pacaya-Samiria National

sammenfluss geschaffen haben. Mit 20 800 Quadratkilometern bildet dieses dschungelbedeckte Areal Perus größtes Naturschutzgebiet. Gut zu beobachten sind: Amazonasdelfin, Amazonas-Sotalia, Amazonas-Manati (eine Seekuhart), Riesenotter, Schildkröten, zahlreiche Reptilien, Nagetiere, Affen, Faultiere und natürlich Vögel. Auch Pumas und Tapire kommen hier vor, man bekommt sie aber selten zu Gesicht.

In den rund 90 Gemeinden des Schutzgebietes leben mehr als 40 000 Menschen. Sie dürfen frei jagen und fischen, wohingegen Besucher dabei einer strengen Kontrolle unterliegen. Die von Iquitos oder Nauta aus direkt erreichbaren Randgebiete des Areals sind ziemlich enttäuschend, weil dort infolge der Jagd kaum Tiere vorkommen. Um die tatsächliche Artenvielfalt zu erleben, muss man wesentlich tiefer in die Reserva Pacaya-Samiria vordringen. Beste Möglichkeit: mit dem Boot nach **Lagunas** fahren – das dauert von Yurimaguas aus zehn bis zwölf Stunden, von Iquitos anderthalb Tage. In Lagunas gibt es einfache Hotels und die offizielle Tourführerorganisation ESTPEL *(Tel. 065/401007)*, bei der sich Tourführer samt Kanu für eine Abenteuer-Campingtour anheuern lassen. Die Tour (am besten mindestens fünf Tage) führt in Gebiete, in denen man einen Eindruck von der wahren Artenfülle erhält.

Alternative: Aufenthalt auf der 190 Kilometer von Iquitos entfernten **Pacaya-Samiria Amazon Lodge** *(Tel. 01/4462739, www.pacayasamiria.com.pe)* am Río Marañón (am Rand der Reserva Nacional), die u. a. ganztägige Bootstouren anbietet. Der Eintritt in den Park kostet dabei ca. 35 $.

Delfine im Fluss

Zwei Delfinarten leben im Süßwasser des Amazonasbeckens: Der Sotalia (Familie: Echte Delfine) kommt im ganzen Amazonas und an Teilen der Atlantikküste vor. Der um einiges größere Amazonasdelfin (Familie: Flussdelfine) ist nur im Amazonasbecken verbreitet.

In vielen Amazonasstämmen erzählt eine alte Legende, Amazonasdelfine könnten sich in stattliche junge Männer verwandeln – und manchmal seien sie schuld an einer überraschenden Schwangerschaft.

Im Norden Perus kommen die Delfine am häufigsten vor, insbesondere an den Zusammenflüssen zweier Gewässer. In vielen Flüssen in oder nahe der Reserva Nacional Pacaya-Samiria leben gut zu beobachtende Populationen, ebenso in den Altwasserseen, wie z.B im Yarinacocha-See bei Pucallpa.

Moyobamba, Tarapoto, & Yurimaguas

In der Nähe dieser drei kleinen, aber regional wichtigen Städte endet die asphaltierte Straße, die an der Panamericana nördlich der Küstenstadt Chiclayo beginnt. Sie führt über die nördlichen Anden bis nach Yurimaguas am Río Huallaga (Fahrtdauer: zwei Tage), wo regelmäßige Schiffsverbindungen nach Iquitos beste-

HINWEIS: Vom Busbahnhof in Moyobambas (Terminal Terrestre) am südlichen Stadtrand *(Av. Grau)* fahren Busse nach Tarapoto, Yurimaguas, Chiclayo und Lima.

Kähne sind die einzigen Fortbewegungsmittel zwischen den schwimmenden Häusern von Belén

Moyobamba

Karte S. 241

Besucher-information

Municipalidad, Jr. Pedro Canga 262, Plaza de Armas

042/562191

www.munimoyobamba.gob.pe

Dircetur

Jr. San Martín 301, Plaza de Armas

042/562043

www.turismosanmartin.com

Instituto Nacional de Cultura

Ave. Benavides 380

042/562281

$

Sa & So geschl. (kleines Museum und Auskunft)

hen. Es ist die wichtigste Transitstraße durch Perus Norden.

Moyobamba: Die Hauptstadt des Departamento San Martín hat rund 35 000 Einwohner, ist zwölf Busstunden von Chiclayo entfernt und die älteste Stadt im Amazonasbecken. Ende des 15. Jahrhunderts war sie Außenposten der Inka, bis die Spanier 1542 an dieser Stelle eine Stadt gründeten. Die letzten Zeugnisse jener frühen Zeit fielen den verheerenden Erdbeben von 1990 und 1991 genauso zum Opfer wie der größte Teil des Ortes.

Die 860 Meter über dem Meeresspiegel gelegene Stadt mit feuchtwarmem Klima liegt inmitten einer überwältigenden Landschaft mit üppiger Flora und unzähligen Wasserfällen. Die Einheimischen nennen sie „Stadt der Orchideen" und behaupten, es gäbe in der Gegend rund 3500 verschiedene Orchideenarten. Einige Gärten und Plantagen bieten Orchideenausstellungen inklusive Verkauf, z.B. der **Jardín Botánico San Francisco** *(www.jardinbotanico moyobamba.com, $)*, zwei Kilometer vom Stadtzentrum entfernt und von dort mit dem Mototaxi leicht erreichbar.

Ein Mototaxi *($)* fährt Sie schnell zum **Baños Termales San Mateo** – fünf Kilometer südlich der Stadt und ein beliebtes Ziel der Einheimischen. Per Mototaxi und nach einer kurzen Wanderung durch den Regenwald gelangt man zu den **Cataratas del Gera** und **Cascadas Paccha,** den beiden beliebtesten unter den vielen Wasserfällen der näheren Umgebung.

Der Flughafen Moyobambas *(Tel. 042/522278)*, der wichtigste der Region, liegt drei Kilometer westlich vom Stadtzentrum und bietet Flugverbindungen nach Lima und Iquitos. Einen zentralen Busbahnhof gibt es nicht. Doch viele Busunternehmen haben ihre Schalter etwa drei Kilometer nordwestlich vom Stadtzentrum zwischen dem sechsten und achten Block der Calle Salaverry.

Tarapoto ist mit mehr als 100 000 Einwohnern der größte und am schnellsten wachsende Ort der Region. Zu der 112 Kilometer von Moyobamba entfernten Stadt führt die asphaltierte Fernstraße 5, die dem Tal des Río Moyo folgt. Der Tag der Stadtgründung am 20. August 1782 wird jährlich mit einem einwöchigen Fest gefeiert.

In den 1970er und 1980er Jahren war Tarapoto eine Hochburg des Drogenschmuggels und des Terrorismus und galt als recht gefährlich. Unter Präsident Fujimori bekam man die Lage in den 1990er Jahren aber in den Griff. (Südwärts durch das obere Río-Huallaga-Tal sollten Sie aber trotzdem besser nicht reisen.).

Tarapoto nennt sich „Stadt der Palmen", und rund um den Ort wachsen tatsächlich massenweise Palmen und andere Regenwaldbäume. Das Umland von Tarapoto liegt 300 Meter tiefer als Moyobamba und erstreckt sich über die letzten, flachsten Andenausläufer, die ins Tiefland des Amazonas übergehen. Diese herrliche Umgebung gleicht den Mangel an Sehenswertem in der Stadt aus.

Die **Laguna Sauce** (auch Laguna Azul genannt), 51 Kilometer südöstlich der Stadt, ist der schönste See der Region. Der Weg dorthin erfordert eine Überquerung des Río Huallaga mit dem Floß. Auch die zum See fahrenden *colectivos* (Minibusse, Taxis; Fahrtzeit 2½ Stunden) benutzen die schwimmende Brücke. Am See gibt es Hotel-Anlagen, Kanuverleihe und Möglichkeiten zum Campen und Angeln.

Örtliche Tourveranstalter (siehe S. 311) organisieren Ausflüge zu den Dutzenden Wasserfällen in Tarapotos Umgebung. Die bekanntesten sind die **Cataratas de Ahuashiyacu**, etwa 14 Kilometer nördlich der

Tarapoto

Karte S. 241

Besucher-information

Municipalidad, Jr. Delgado 260 (Block an der Plaza de Armas)

Dircetur

Jr. Angel Delgado Morey, erster Block

042/522567

www.tarapoto.com

ERLEBNIS: Besuch bei den Asháninka

Mit etwa 55 000 Menschen gelten die Asháninka als eine der größten indigenen Gruppen im peruanischen Amazonien. Sie verteilen sich auf 200 meist abgelegene Dörfer. In den 1980er Jahren litten sie unter den Aktivitäten des terroristischen Sendero Luminoso (Leuchtender Pfad) wie unter den Vergeltungsmaßnahmen der peruanischen Armee. Heute erheben die Asháninka Anspruch auf ihr Land, um sich vor Ölbohrungen und Abholzung zu schützen. Auch gemeindeeigene Tourismusprojekte sind im Gange.

Das Asháninka-Dorf **Marankiari Bajo** *(Tel. 064/811254, www.rcp.net.pe/ashaninka)* liegt 26 Kilometer von La Merced entfernt an der Asphaltstraße nach Satipo: Ökotouristen willkommen; einfache Unterkünfte in Familien; Campen erlaubt; Wander- und Bootstouren in Begleitung von Dorfbewohnern.

Zwischen dem Dorf **Puerto Bermúdez** am Río Pichis-Pachitea und La Merced liegen sieben Stunden Fahrt auf einer Schotterpiste. Verkehrsmittel: Trucks, die täglich etwa um 4 Uhr morgens vom Busbahnhof in La Merced abfahren. Das Dorf besitzt eine Landpiste für Charterflugzeuge (45 Flugminuten von San Ramón). Eine miserable, in der Regenzeit unpassierbare Straße führt nach Pucallpa.

Touren zu noch abgelegeneren Asháninka-Dörfern arrangiert Albergue Humboldt *(Tel. 063/830020, www.alberguehumboldt.com)*, ein Backpacker-Hostel (preiswert, beste verfügbare Unterkunft).

Stadt an der Straße nach Yurimaguas. Ein beliebtes Ziel zum Schwimmen ist die nahe gelegene **Laguna Venecia.** Viele Tourangebote umfassen beide Ziele. Wildwasser-Rafting und Kanufahrten sind von Juni bis Oktober auf dem Río Mayo und am Unterlauf des Río Huallaga möglich.

Yurimaguas
Karte S. 241

Yurimaguas: Die freundliche Hafenstadt mit 35 000 Einwohnern liegt 129 Kilometer nördlich von Tarapoto am Ende der Fernstraße 13. Yurimaguas ist die nordöstlichste Stadt von Peru, die über eine Straße mit dem Rest des Landes verbunden ist. Lange Zeit war die Strecke zwischen Tarapoto und Yurimaguas wegen ihrer Schlaglöcher als Autokiller berüchtigt, doch die Asphaltierung schreitet mittlerweile voran, sodass die einst sechs- bis achtstündige Fahrt nun weniger als drei Stunden dauert.

Die 1710 von Jesuiten gegründete Stadt trägt den Namen zweier nicht mehr existierender Volksstämme: der Yora und Omagua. Als Haupthafen am unteren Río Huallaga mit direkter Flussverbindung nach Iquitos wuchs Yurimaguas vor allem während des Kautschukbooms. Einige Gebäude in der Avenida Arica im Stadtzentrum tragen noch das importierte Fliesendekor aus jener Zeit.

Es ist kaum zu glauben, dass in Pucallpa mit seinen heute über 300 000 Einwohnern im Jahr 1900 nicht mehr als 200 Menschen lebten.

Zwei Gründe sprechen für den Besuch von Yurimaguas: Das Ziel, wirklich einmal bis zum Ende des Straßennetzes zu gelangen (wer kann dieser Herausforderung schon widerstehen?), und die Schiffstour nach Iquitos. Vom Haupthafen im Norden der Stadt legen mehrmals pro Woche große Drei-Deck-Schiffe zur Zweitagesreise ab. Den besten Ruf haben die Schiffe der Eduardo-Linie. Die Preise reichen von 20 $ für eine Hängematte im Mitteldeck bis zu 40 $ für eine Koje. Nach zehn bis zwölf Stunden legt das Schiff in Lagunas an (zum Besuch der Reserva Pacaya-Samiria siehe S. 250). Der nächste große Ort ist Nauta, wo die Passagiere einen Bus nehmen können,

Die Shipibo

Die Shipibo sind eine Volksgemeinschaft mit matriarchalischer Kultur und berühmt für ihre geometrischen Muster, mit denen sie ihre Töpferwaren und Textilien verzieren. Ihr Kunsthandwerk verkaufen sie in den Straßen in der Innenstadt von Pucallpa.

Viele Shipibo leben in offenen, schilfgedeckten Pfahlhütten in Dörfern wie Santa Clara, San Francisco und Nuevo Destino am Yarinacocha-See. Von Puerto Callao aus sind diese Siedlungen per Boot in etwa einer Stunde erreichbar – zu den beiden erstgenannten Dörfern führen auch Schotterpisten.

mit dem sie ein paar Stunden vor dem Schiff in Iquitos eintreffen. Auf der gesamten Strecke hält das Schiff an vielen aus wenigen Häusern bestehenden Siedlungen.

Pucallpa & Umgebung

Pucallpa, Hauptstadt des Departamento Ucayali, ist ein Holz- und Landwirtschaftszentrum. Kaum zu glauben, dass in dieser stetig wachsenden Stadt mit über 300 000 Einwohnern im Jahr 1900 nicht mehr als 200 Menschen lebten. Nachdem 1930 die Fernstraße Lima–Pucallpa den kleinen Ort erreichte, entwickelte er sich neben Iquitos zu Amazoniens zweitwichtigster Stadt. Die 255 Kilometer lange Strecke auf der überwiegend asphaltierten Fernstraße 16 von **Tingo María** nach Pucallpa verläuft durch herrlichen Nebelwald. Von Tingos in 655 Meter Höhe geht es über einen Pass (1613 m) im Boquerón del Abad hinunter nach Pucallpa (154 Höhenmeter). Wegen der Ausblicke und wegen möglicher Raubüberfälle auf die Busse sollte die sechsstündige Fahrt am Tag erfolgen.

Pucallpa besitzt durchaus Attraktionen, etwa die Kunstgalerie und Malschule **Usko Ayar** *(Sánchez Cerro 465–467, Tel. 061/573088, www.pabloamaringo.com, So geschl.)*, die Werke des peruanischen Künstlers und Schamanen Pablo Amaringo (geb. 1943) zeigt. Viele seiner Bilder sollen von der pflanzlichen Droge *ayahuasca* inspiriert worden sein. Seine jüngsten Werke befassen sich mit Amazoniens Flora und Fauna. Amaringo lehrt Kunst und Schamanismus.

Ein anderer berühmter Schamane ist der Holzschnitzer Agustín Rivas. Die Ausstellung in seinem **ehemaligen Wohnhaus** *(Calle Tarapaca 861, Tel. 061/571834, So geschl.)* zeigt Schnitzereien aus Wurzeln und Ästen, die Rivas im Dschungel gesammelt hat. Seine Werke sind weltweit zu sehen, z.B. eine Christusfigur im Vatikan. Eine Handverletzung zwang Rivas, die Schnitzerei aufzugeben. Er kehrte in seinen Geburtsort Tamshiyacu zurück, wo er als Schamane des Sacha-Runa-Kollektivs arbeitet.

Der **Parque Natural** *(Km 4, an der Straße zum Flughafen, Tel. 061/575317, www.parquenaturalpucallpa.com, $)* umfasst: Zoo, botanischen Garten, Picknickgelände, Spielplatz,

Farbenprächtige Blüte an einer der etwa 80 000 Pflanzenarten im Amazonasbecken

Pucallpa

Karte S. 241

Besucherinformation

Dirección Regional de Turismo

Jr. 2 de Mayo 111

061/571303

Sa/So geschl.

See mit Ruderbooten und ein Museum mit Fossilien und Kulturgut örtlicher Volksstämme. Erreichbar ist er mit dem Flughafenbus oder Mototaxi *($)*.

Rund acht Kilometer vom Stadtzentrum entfernt liegt der herrliche Altwassersee **Yarinacocha**, Pucallpas berühmteste Attraktion. Von der Tarapaca fahren Busse nach **Puerto Callao,** dem Städtchen mit dem maroden Seehafen. Wer Delphine beobachten oder Shipibo-Dörfer(siehe S. 254) besuchen will, kann ein Boot mieten (pro Stunde 5 bis 7 $). Viele Wasserfahrzeuge heißen bei den Einheimischen *pekipekis,* weil der Antrieb aussieht wie ein Rasenmähermotor, der mit einer drei Meter langen Propellerwelle verbunden ist und *pekipekipeki*-Geräusche von sich gibt.

Verkehrsmittel in Pucallpa

Pucallpa hat keinen Busbahnhof. Die Büros der meisten Busunternehmen befinden sich in der Calle Raymondi *(zwei Blocks südwestlich der Plaza de Armas).*

Der Flughafen *(Tel. 061/572767)*, fünf Kilometer nordwestlich der Stadt, bietet täglich Flüge nach Lima und Iquitos sowie Charterflüge zu anderen Zielen in Amazonien.

Die Lage der Schiffsanlegestellen hängt vom Wasserpegel ab. In der Regenzeit (Januar bis April) befinden sie sich sechs Blocks südwestlich der Plaza de Armas, in der Trockenzeit sind sie etwa vier Kilometer entfernt bei La Hoyada (per Mototaxi erreichbar).

Ein rustikales Restaurant, das Fischgerichte serviert und einfache Zimmer anbietet, liegt in Puerto Callao am Seeufer. Etwas komfortabler sind die Lodges auf der anderen Seite des Sees.

Die langsamen Schiffe brauchen fünf bis sechs Tage, um Passagiere und Fracht auf dem **Río Ucayali** von Pucallpa flussabwärts ins nördlich gelegene Iquitos zu befördern. Sie stellen eine wichtige Verbindung zwischen Iquitos und dem restlichen Peru dar. Luxuskreuzfahrten hat die Region nicht zu bieten, aber immerhin verbinden Rápidos die größeren Orte am Fluss. Auf den beiden wichtigsten dieser Schnellschiffe, der **Contamana** und **Requena,** genießen Abenteuerreisende eine passable Unterkunft und Verpflegung. Alternative: Hängematte in Pucallpa in ein Boot werfen und bis Iquitos fast eine Woche mit Flussblick verbringen.

Provinz Chanchamayo

Keine Dschungelregion liegt so nahe bei Lima wie dieses wichtige Kaffeeanbaugebiet. Klimawechsel suchende Limeños fahren gerne in die 290 Kilometer bzw. eine siebenstündige ohrenbetäubende Busfahrt entfernte Gegend. Die Fahrt geht über die asphaltierte Fernstraße 20, die sich von der Küste bis zum kalten, 4843 Meter hohen **Abra-de-Anticona-Pass** hinaufzieht, durch La Oroya und Tarma (siehe S. 174) führt und steil abfallend San Ramón in nur 800 Meter Höhe erreicht. Die letzte Stunde der Reise ist spektakulär.

INSIDERTIP

Wenn es Ihre Zeit erlaubt, besuchen Sie das Naturschutzgelände in Pucallpa. Freundliche Experten bereiten Sie dort auf vieles vor, was Sie in der Wildnis erwartet.

ANA TINSLER

National Geographic Society Center for Sustainable Destinations

Die beiden wichtigsten Städte der Provinz – mit Hotels und Restaurants –sind **San Ramón** und das zwölf Kilometer davon entfernte **La Merced** (beide an der Fernstraße 20).

Der **Jardín Botánico El Refugio** am Hotel El Refugio in San Ramón (siehe S. 301) ist für die Öffentlichkeit zugänglich. San Ramón besitzt einen Flughafen, wo Kleinflugzeuge zum Chartern für Trips in die Selva Central (zentraler Regenwald) bereitstehen. Wer morgens direkt am Flughafen nachfragt, kann oft eine Art Last-Minute-Flug buchen.

Aero Montañas *(AMSA, Tel. 064/331074)* bietet Charterflüge in Dreisitzern für 250 $ pro Stunde an. Der zentrale Busbahnhof ist in La Merced.

Einige Asháninka (siehe S. 253) kommen nach La Merced, um Kunsthandwerk zu verkaufen oder ihre Waren auf dem täglichen Markt anzubieten. Auf dem Wochenendmarkt von **San Luis de Shuaro** bekommen Reisende die Asháninka jedoch eher zu Gesicht. Dieses Dorf liegt 23 Kilometer oberhalb von **La Merced** an der Straße nach Puerto Bermúdez. Ein paar Kilometer vor dem Dorf liegt der **Jardín Botánico El Perezoso** (Botanischer Garten „Das Faultier"), in dem mehr als 10 000 Pflanzenarten wachsen. ■

Dorfbewohnerinnen beim Wäschewaschen am Río Yanayacu, einem Nebenfluss des Amazonas

Südliches Amazonien

Die südliche Region des peruanischen Amazonasbeckens umfasst ein riesiges Regenwaldgebiet, das sich rund um die Wasserscheide des Río Madre de Dios zwischen den Anden und der Grenze zu Bolivien und Brasilien erstreckt. Ein Großteil dieser Region besteht aus Nationalparks und anderen Schutzgebieten, die nicht nur Tieren und Pflanzen, sondern auch indigenen Gemeinschaften als Refugium dienen.

Ein Mohrenkaiman, einer der Bewohner des Parque Nacional Manú

Mit seiner faszinierenden Wildnis gehört Perus südliches Amazonien zu den besten Gebieten überhaupt, um Tiere des Regenwaldes in ihrem natürlichen Lebensraum zu entdecken. Vogelbeobachter aus aller Welt zählen die Region zu ihren „Pilgerstätten", vor allem die Flussufer mit den Lehmlecken der Hellroten Aras sowie die Altwasser, wo der prähistorisch wirkende Hoatzin, das Schopfhuhn, im Geäst lebt und die Familientrupps des Riesenotters große Erdbaue am Seeufer bewohnen.

Einfach ist es nicht, die Region zu erreichen bzw. auszukundschaften. Zweimal am Tag fliegt eine Maschine von Lima via Cusco nach Puerto Maldonado. Eine asphaltierte Fernstraße verbindet Cusco mit Puerto Maldonado (14 Stunden Busfahrt). Fürs Reisen durch die Region sind Boote das schnellste und einfachste Fortbewegungsmittel, allerdings auch nur begrenzt: Stromschnellen machen den größten Teil des Madre de Dios unbefahrbar und teilen den Fluss definitiv in einen oberen und unteren Abschnitt. Einzige Möglichkeit für ausführliche Erkundungstouren: gute Wanderschuhe, ein zuverlässiger, kundiger Tourführer und eine scharfe Machete.

Parque Nacional Manú

Perus erstes Dschungelschutzgebiet, der abgeschiedene **Parque Nacional Manú,** erstreckt sich im Nordosten von Cusco über 18 800 Quadratkilometer Regenwald. Zusammen mit angrenzenden Parks wie **Amarakaeri** und dem kürzlich gegründeten **Alto Purús** bildet das Areal eines der größten Schutzgebiete in den Tropen – fast so groß wie ganz Portugal. Der Zugang zum Park erfolgt über das Flussdorf **Boca Manú,** das eine Flugstunde bzw. zwei Tagesreisen mit Bus, Auto oder Boot von Cusco entfernt liegt. Im Park selbst werden sämtliche Strecken auf dem Fluss zurückgelegt. Übernachten heißt: Campen, was ein örtlicher Ausrüster im Voraus organisieren muss, oder man nutzt die Betten eine der wenigen Lodges (siehe S. 303).

Der Nationalpark Manú umfasst abwechslungsreiche Ökosysteme. Im südlichen Teil beherrschen Krüppel- und Nebelwald das Gebiet rund um die Tres Cruces, wo die Berge bis zu 4175 Meter Höhe erreichen. Den Río Manu dagegen säumt ein feuchter Tieflandregenwald, dessen Baumkronen hoch in den Himmel ragen und wo unzählige Altwasserseen den früheren Flussverlauf kennzeichnen. Der Park weist eine erstaunliche Diversität auf: Insekten sind mit rund einer Million (meist noch nicht bestimmten) Arten vertreten, Pflanzen mit 15 000 und Vögel mit mehr als 1000 Arten (über 10 Prozent der weltweit vorhandenen Spezies). Zu den rund 200 Säugetierarten zählen hier Brillenbär, Jaguar, Riesenotter, Puma, Tapir und 13 Affenarten.

Mehr als 30 indigene Gruppen aus mindestens einem halben Dutzend Volksstämmen leben im Park, darunter alte, Landwirtschaft betreibende Stämme wie die Machiguenga und Piro sowie die nomadisch lebenden Mashco Piro und Yaminahua, die nach wie vor jeglichen Kontakt mit der modernen Welt ablehnen. Die Mashco Piro halten sich so verborgen, dass niemand ihre genaue Anzahl kennt. Als in den 1980er Jahren Stammeskämpfe im Park aufflammten, wurden die Helikopter der Regierung mit Pfeilsalven empfangen. Die meisten der schätzungsweise 2000 im Nationalpark Manú lebenden Ureinwohner ernähren sich vom Jagen, Fischen und Sammeln von Nahrung.

Von Boca Manú aus flussaufwärts liegen am Alto Madre de Dios mehrere indigene Dörfer. Auf dem Gelände einer alten spanischen Mission befindet sich die

INSIDERTIPP

Reiseveranstalter in Lima oder Cusco nehmen Lodge-Reservierungen vor und finden häufig preiswertere Flüge als Sie selbst.

MILES BUESST
National Geographic-Mitarbeiter

HINWEIS: Zu den Transportmöglichkeiten im Süden Amazoniens zählen:

Charterflüge von Cusco nach Manú *(Andes Servicios Aeros, Tel. 014/218932; www.andessac.com)*

Linienflüge von Cusco nach Puerto Maldonado *(Lan Peru, Tel. USA: 866/435-9526, Peru: 01/2138200, www.lan.com)*

Busse von Cusco nach Pillcopata *(Unancha, Calle Huáscar 222, Cusco, Tel. 084/249735 oder Gallito de las Rocas, Av. Diagonal Angamos 1952, Cusco, Tel. 084/226895)*

ERLEBNIS: Flussfahrt in Amazonien

Um den peruanischen Amazonas zu befahren, muss niemand mehr ein Dampfschiff über Berge schleppen, wie es im 19. Jahrhundert der Entdecker und Kautschukbaron Carlos Fitzcarrald noch tun musste. Heute reichen die Beförderungsmittel von langen, motorisierten Kanus *(peki-pekis)*, die auf den Wasserwegen des Regenwaldes als „Taxi" dienen, bis hin zu komfortablen Kreuzfahrtschiffen, die in Iquitos ihre Passagiere aufnehmen.

Spannende Reiseplanung
Reisebüros in Cusco und Lima offerieren individuelle Bootstouren auf dem Río Alto Madre de Dios zum Parque Nacional Manú. Im Preis für ein Boot vom Typ „Wassertaxi" inbegriffen sind Zelte, Campingstühle, Gaskocher, Kochutensilien, Batterien und ein Generator für das Funkgerät, ein zusätzlicher Außenbordmotor sowie genügend Essen, Getränke und Benzin für die gesamte Flussfahrt.

Die Boote sind schnell, aber nicht gerade komfortabel. Schlafsack, Kissen (ratsam zum Polstern der harten Holzlattensitze) und Handtücher müssen Sie selber mitbringen.

Eine gute Investition sind Ohrstöpsel gegen das laute Motorengeräusch.

Die Bootsmannschaft umfasst in der Regel mindestens einen Bootsführer, der auch kleinere Reparaturen vornimmt, wenn der Motor streikt, und einen Koch, der sich ums Essen kümmert.

Nicht unbedingt nötig, aber für Dschungeltouren zu empfehlen ist ein naturkundiger Begleiter, der die Flora und Fauna erklärt und zeigen kann, welches Getier im Blattwerk lauert.

Wer wenig Zeit hat, kann in Cusco ein Charterflugzeug buchen, das den Fluss entlang bis zu Boca Manús einfacher Landpiste (direkt am Park) fliegt. Zeitaufwendiger, aber faszinierend ist die Fahrt von Cusco durch die Anden zu dem Hafenstädtchen Atalaya am Alto Madre de Dios.

Die Tour ist an einem langen Tag zu schaffen, doch die meisten verteilen diese Überlandfahrt auf zwei Tage und übernachten anschließend auf der Cock-of-the-Rock Lodge.

Von Atalayas schlammigem Ufer brauchen Sie zwei oder drei Tage (je nach Zwischenstationen) bis nach Boca Manú, wo der Río Madre de Dios und der kleinere, wildere Río Manú zusammenfließen.

Unterkunft bieten hier die Pantiacolla Lodge, das private Manú Wildlife Center oder Dörfer wie Diamante (siehe S. 301ff). Wer den Río Manú hinauf in den Park fährt, muss sich mit einer einfachen Lodge oder Campen am Ufer begnügen.

Ein typischer Tag auf dem Fluss
Der Tag beginnt mit Frühstück und heißem Kaffe am Lagerfeuer, das die überraschend kühle Morgenluft lindert. Nach dem Packen der Campingutensilien beginnt ein echter Erkundungstag: Sie tuckern einfach auf dem Fluss weiter oder unternehmen eine spannende Dschungelwanderung zu einem Altwassersee, um dort Riesenotter, Papageien oder Affen aufzuspüren.

Für ein kühlendes Bad im Fluss bleibt immer Zeit – die Piranhas und Kaimane vergreifen sich selten an Menschen. Das Mittagessen wird während der Fahrt an Bord verspeist. Etwa eine Stunde vor Sonnenuntergang sucht der Bootsführer einen Platz zum Campen. Im fahlen Nachmittagslicht gehen die Passagiere schwimmen. Manche lesen oder suchen die Baumkronen mit dem Fernglas ab, bis das Abendessen fertig ist.

Amazoniens unglaublich dunkle Nächte haben ihren ganz eigenen Reiz: An Lehmlecken können Sie Tapire, die größte Säugetierart der Regenwälder Südamerikas, gut beobachten.

Leuchten Sie mit der Taschenlampe über das Wasser, blitzen Dutzende roter Augen auf: Kaimane, die am anderen Ufer im Schlamm ruhen.

An Geräuschen mangelt es nicht. Da zirpen unzählige Zikaden, Primaten kreischen, und vielleicht brüllt in der Ferne sogar ein Jaguar.

Atalaya/Hafen *(Tel. 084/812633)* 400 bis 600 $ pro Boot und Tag

Inka Natura Travel *(Tel. 01/4402022 oder 01/4228114)* Minimum: eine fünftägige Tour für 1650 $ pro Person (Gruppentour) bis 6000 $ pro Boot (individuelle Tour), www.inkanatura.com

Für eine Fahrt auf den schmalen Nebenflüssen des Amazonas werden kleine Aluminiumboote eingesetzt

Pantiacolla Lodge *(084/238323, www.pantiacolla.com)*. Sie bietet Wanderungen in Parkteile an, die nicht mit dem Boot erreichbar sind, z.B. die dreistündige Tour zum Gipfel des Pantiacolla, der einen der wenigen Ausblicke über die Wipfel in diesem Teil des Regenwaldes gewährt.

Weiter stromaufwärts liegt das verschlafene Flussdörfchen **Atalaya,** wo früher die Andenstraße endete (heute bei Intahuanía). Zwischen Atalaya und Shintuya verkehren öffentliche Busse, aber kein durchgehender. Das heißt: Man nimmt ein Sammeltaxi von Atalaya nach Pillcopata *(1 Std.)*, wo dreimal die Woche Busse hinauf nach Cusco *(9 Std.)* abfahren. Nach ein paar Busstunden kommt die **Cock-of-the-Rock Lodge**, ein privates Schutzgebiet, zu dessen Bewohnern der namengebende Andenklippenvogel (Roter Felsenhahn; Gallito de las Rocas) zählt. Entlang des Río Kosñipata geschickt platzierte Unterstände *($$)* ermöglichen es, den lebhaften Balztanz dieses schönen Vogels mit dem leuchtend schwarz-orangeroten Gefieder zu beobachten.

Flussabwärts von Boca Manú findet man noch weitere private Schutzgebiete wie die **Tambo Blanquillo Lodge** und das alteingesessene **Manú Wildlife Center** – beide mit Unterkünften, Verpflegung, Baumkronenplattformen, Naturpfaden und Altwasserseen mit schwimmenden Plattformen. Zum WildlifeCenter gehört auch eine Salzlecke für Tapire, an der Gäste in getarnten Unterständen auf Matratzen übernachten können. Ebenfalls an dieser Flussstrecke liegt die berühmte **Collpa Blanquillo,** eine Lehmlecke, an der Hellrote Aras und andere Vögel täglich Mineralien aus dem Steilufer picken.

(Fortsetzng S. 264)

Cock-of-the-Rock Lodge

✉ Ricardo Palma J1, Urbanización Santa Monica, Cusco

☎ 084/255255

www.inkanatura.comcom

Tambo Blanquillo Lodge

✉ San Fernando 320 Miraflores, Lima 18

☎ 01/2424107

www.manusafaris.com

Manú Wildlife Center

✉ Rió Madre de Dios

☎ 084/239974

www.manuwildlifecenter.com

Vogelwelt im Amazonasbecken

Dank vieler Neuentdeckungen wird die Liste mit den peruanischen Vogelarten ständig länger und die taxonomische Zuordnung verändert sich. Nach Einschätzung von Ornithologen leben in Peru mehr als 1800 Vogelarten – das wären etwa ein Fünftel aller Vogelarten der Welt. Nur in Kolumbien liegt die Anzahl noch höher. Bei den Brutvögeln (Zugvögel und Durchügler nicht gerechnet) steht Peru an der Weltspitze.

Die Grünflügelaras *(Ara chloroptera)* gelten als die seltenste Ara-Art in Peru

Mehr als die Hälfte dieser Vogelarten lebt in Amazonien, wobei der **Parque Nacional Manú** die landesweit größte Vielfalt aufweist. Dort stellten Ornithologen der **Forschungsstation Cocha Cashu** einen Weltrekord auf, als sie an einem Tag 331 Arten zählten, ohne dafür ein motorisiertes Gefährt zu benutzen. Die Station ist Wissenschaftlern vorbehalten, doch auch bei Campingtouren oder Lodge-Aufenthalten bekommen Besucher viele der rund 1000 Vogelarten des Parks zu Gesicht. An der **Limonal Parkranger-Station** sind mit einiger Sicherheit zu beobachten: Moschusente, Grünibis, Marmorreiher und Cayenneschwalbe.

Auf jeder Tour durch Amazonien bekommen Sie mit Sicherheit sehr viel mehr Vögel als andere Wirbeltiere zu sehen. Selbst wen die Vogelwelt normalerweise nicht so begeistert, lässt sich hier von der farbenfreudigen Schönheit dieser Tiere in den Bann ziehen.

Artenvielfalt

Typische Tropenvögel sind die Papageien, darunter die Aras, die in Menschenobhut älter als 80 Jahre werden können. Wie viele andere Papageienarten gehen sie eine lebenslange Paarbindung ein. Paare sind allerdings selten als solche erkennbar, da Aras meist – laut krächzend – in lockeren

Verbänden fliegen. Die unterschiedlichen, vom Sperlingspapagei bis zum fast einen Meter langen Hyazinthara reichenden Arten bleiben gern im Schwarm unter sich. An den Lehmlecken, den mineralienreichen Steilufern, versammelt sich mitunter ein buntes Gemisch aus Hunderten Aras und anderen Papageien, um die verdauungsfördernde salzige Erde aufzunehmen.

Zu den prächtigsten Aras zählen der Gelbbrustara (*Ara ararauna*) mit seiner türkisblauen Oberseite und der Hellrote Ara (*Ara macao*), dessen Flügel leuchtend blaue, rote und gelbe Partien tragen. Ihre langen Schwanzfedern und die durchdringenden, heiseren Rufe machen Aras unverwechselbar. Das Gefieder vieler ihrer Verwandten, z.B. das der Mülleramazone (*Amazona farinosa*), ist überwiegend grün. Dank dieser Tarnfarbe lässt sich sogar ein ganzer Schwarm im Blattwerk kaum ausmachen. Farbenprächtiges Gefieder an Kopf und Flügeln kennzeichnen andere Verwandte.

INSIDERTIPP

Die beste Zeit fürs Vogelbeobachten: frühmorgens, wenn die Vögel mit lauten Rufen und Gesängen ihr Revier markieren.

ROB RACHOWIECKI
National Geographic-Autor

Eine andere für Amazonien typische Gruppe sind die Tukane mit ihrem bananenförmigen Schnabel und dem teilweise grellbunten Gefieder. Mit seinen 60 Zentimetern zählt der Cuvier-Tukan (*Ramphastos cuvieri*) zu den größten Vertretern der Familie. Der schwarze Vogel hat eine weiße Brust sowie gelbe, rote und blaue Gefiederpartien. Häufig sitzt er allein in den höchsten Baumkronen des Regenwaldes und lässt seine kläffenden Rufe ertönen. Die kleineren Tukane, Arassaris genannt, sind häufig zu sehen, wenn sie im wilden Flug die Flüsse kreuzen.

Lieblingsvogel vieler Besucher ist der urzeitlich wirkende Hoatzin (*Opisthocomus hoazin*). Der braune, gänsegroße Vogel mit blauen Hautpartien im Gesicht und langer Federhaube ist der einzige Vertreter seiner Familie. Da er nur schlecht fliegen kann, stolziert er vorwiegend durch die Vegetation sumpfiger Ufer. Die Jungvögel besitzen an jedem Flügel eine Kralle und können schwimmen. Bei Gefahr springen sie ins Wasser, schwimmen davon und klettern später mit Hilfe der Kralle in ihr Nest zurück. Sobald sie erwachsen sind, gehen Schwimmfähigkeit und Flügelkralle verloren.

Bei Autotouren zum Manú wird oft in einem Nebelwald Halt gemacht, um den Andenklippenvogel (*Rupicola peruviana*), Perus Nationalvogel, zu beobachten. Die Männchen tragen orangerotes Gefieder und einen helmartigen Federkamm. Die fest etablierten Balzplätze nutzen die Vögel kontinuierlich zu Beginn jeder Brutsaison.

Viele der über hundert Kolibri-Arten des Landes sind hier heimisch. Sie tragen so extravagante Namen wie Bronzeschwanz-Saphirkolibri (*Chrysuronia oenone*), und kommen zur Nahrungsaufnahme auch auf die Lodge-Gelände.

Dem trompetenden Ruf verdankt der Weißflügel-Trompetervogel (*Psophia leucoptera*) seinen Namen.

Puerto Maldonado

Noch weiter flussabwärts liegt **Puerto Maldonado** die größte Stadt in Perus südlichem Amazonien mit etwa 47 000 Einwohnern. Erreichbar ist sie von Cusco aus per Flugzeug *(mehrmals täglich, Flugzeit 45 Min.)* oder Überlandbus *(18 bis 22 Std., mit der fortschreitenden Asphaltierung der Straße verringert sich die Fahrtzeit)*. Ein Überlandbus verbindet auch Juliaca mit Puerto Maldonada *(16–18 Std. bei guten Straßenverhältnissen)*.

Puerto Maldonado – Hauptstadt der Región Madre de Dios, Handelszentrum und Verkehrsknotenpunkt – liegt nahe der bolivianischen Grenze und irgendwann direkt am Inter-Oceanic Highway, der zukünftigen Verbindungsstraße zwischen Atlantik und Pazifik. Zuwanderer aus den Anden und von der Küste besiedelten die Stadt, die als Kautschukzentrum am Zusammenfluss der Flüsse Madre de Dios und Tambopata gegründet wurde. Auf Holzeinschlag, Gold und Paranüssen basierende Boomzeiten kamen und gingen. Heute bilden die Transportschifffahrt und der Ökotourismus die Haupteinnahmequellen.

Ein Blick auf die **Plaza de Armas** mit ihrem markanten Uhrturm lohnt sich ebenso wie ein Bummel über die **Calle Leon de Velarde –** die Hauptstraße, in der mehrere Läden in der Region gefertigte Hängematten und „Regenwald-Krimskrams" verkaufen. Die Restaurants servieren regionale Gerichte wie *patarashca* (in Bananenblättern gedämpfte Flussfische) und *timbuche* (Fischsuppe). Der ein paar Blocks nördlich der Plaza gelegene geschäftige Hafen wirkt in der Morgen- oder Abenddämmerung, wenn das Wasser wie geschmolzenes Silber erscheint, besonders malerisch. Ein zweiter Hafen liegt am Río Tambopata im Süden der Stadt. Den meisten Reisenden dient Puerto Maldonado nur als Transitstation zwischen Flughafen oder Busbahnhof und den nahen Öko-Lodges.

Die Regenwälder südlich und östlich von Puerto Maldonado sind heute überwiegend Naturparks. Die beiden wichtigsten, die berühmte Reserva Nacional Tambopata-Candamo und der riesige Parque Nacional Bahuaja-Sonene, bilden zusammen mit dem angrenzenden bolivianischen Parque Nacional Madidi eines der größten Schutzgebiete Amazoniens. Forscher strömen schon in diese Gegend, während sich der Tourismus langsam entfaltet.

Der Urwald beginnt gleich vor den Toren der Stadt. So dauert die Motorbootfahrt vom Hafen bis zum **Lago Sandoval** nur eine halbe Stunde. Der riesige See begeistert nicht nur Vogelbeobachter, in sei-

INSIDERTIPP

Explorer's Inn in Tambopata gilt als optimales Forschungszentrum für die Regenwaldökologie. Zu den Gästen zählt das Limas Instituto de Estudias Ambientales (IDEA).

KAI TIEDEMANN
National-Geographic-Experte

ner sumpfigen Ufervegetation (*aguajales*) sind auch Kaimane, Capybaras und Riesenotter gut zu beobachten. Die **Sandoval Lake Lodge** *(084/255255, www.inkanatura.com)*, ein Gemeinschaftsprojekt einer internationalen Ökotourismusgesellschaft mit einheimischen Paranuss-Farmern, krönt einen Felsen hoch über dem See.

Andere bedeutende Schutzgebiete sind per Boot auf dem Río Tambopata oder Río Heath (dem Grenzfluss zwischen Peru und Bolivien) erreichbar. Die meisten der Dschungel-Lodges liegen am Río Tambopata, zwei bis sieben Bootstunden von der Stadt entfernt. Obwohl auch die Reisebüros in Puerto Maldonado Reservierungen vornehmen, ist es am besten, die Mehrtages-Arrangements dieser Lodges vor der Anreise nach Amazonien (siehe S. 301ff) zu buchen.

Eine der Öko-Lodges in der Reserva Nacional Tambopata

Reserva Nacional Tambopata

Das Naturschutzgebiet umfasst den enorm breiten Streifen Tieflandregenwald am Südufer des Río Tambopata. Wie Manú ist der Nationalpark bekannt für seine unglaubliche Artenvielfalt: über 600 Vogel-, 200 Fisch-, 160 Reptilien- und Amphibienarten sowie erstaunliche 1200 Schmetterlingsarten. An der Lehmlecke **Collpa Colorado** finden sich morgens sechs verschiedene Papageienarten ein. Einige Forschungsstationen, etwa das **Explorer's Inn** und das **Tambopata Research Center,** sind zugleich Öko-Lodges.

Weiter stromaufwärts am Río Tambopata erstreckt sich der **Parque Nacional Bahuaja Sonene,** der auch über den Río Heath erreichbar ist. Dort zeigt Amazonien ein völlig anderes landschaftliches Gesicht – es handelt sich um Perus einzige tropische Feuchtsavanne, ein periodisch überschwemmtes Grasland, ähnlich dem Pantanal in Brasilien. Besonderheiten der Tierwelt der **Pampas del Heath** sind: Großer Ameisenbär, Sumpfhirsch und Mähnenwolf. Bis auf ein paar Lodges am Río Heath und dem **Heath River Wildlife Center** (fünf Bootsstunden von Puerto Maldonado entfernt) bietet der riesige Park kaum Besuchereinrichtungen. Da der Heath die Grenze darstellt, benötigen Besucher ein bolivianisches Visum, bevor sie den Fluss überqueren. ■

Explorer's Inn

✉ M 58 KM am Rió Tambopata flussaufwärts

☎ 01/4478888

www.explorersinn.com

Tambopata Research Center

✉ Flussaufwärts am Rió Tambopata

☎ 01/4218347

www.perunature.com

Heath River Wildlife Center

✉ Flussabwärts am Río Heathr

☎ 084/255255

www.inkanatura.com

REISEINFORMATIONEN

Unterwegs auf einem Caballo de Paso

REISEPLANUNG

Reisezeit

Die meisten Reisenden fahren ins Hochland, um zumindest Machu Picchu zu besuchen. Die beste Reisezeit für das Hochland ist die Trockenzeit (Ende Mai bis Mitte September). Dies sind allerdings die kühlsten Monate in den Anden, nachts kann es frostig kalt werden. Unglücklicherweise fällt die Trockenzeit mit der Hauptreisezeit Juni bis August zusammen, wenn Nordamerikaner und Europäer Urlaub machen und auch die Peruaner ihre Hauptferienzeit genießen. Wer keine Lust auf Massen und volle Hotels hat, sollte in den Randzeiten in die Anden reisen, also im Mai beziehungsweise im September bis November. In den feuchten Monaten Januar bis April ist der Busverkehr eingeschränkt (oder völlig eingestellt); Wanderer müssen mit schlammigen Pfaden, nassen Zelten und bedecktem Himmel rechnen.

Im Regenwald des Amazonas regnet es naturgemäß das ganze Jahr über. Der Norden ist feuchter als der Süden, vor allem von Oktober bis Mai, doch es regnet selten lange – auch nicht an den feuchtesten Tagen. Die tropischen Regengüsse dauern in der Regel ein bis zwei Stunden, dann kommt schon wieder die Sonne heraus.

Die Küste leidet häufig von Mai bis Dezember unter einer grauen Nebeldecke (der sogenannten *garua*); davon ausgenommen ist der Norden, wo es das ganze Jahr über sonnig und heiß ist. Die Limeños strömen zwischen Weihnachten und Ostern an die Strände.

Nicht vergessen

Wer ins Amazonasgebiet reisen möchte, sollte Kleidung für heiße, feuchte Witterung einpacken; wer ins Hochland reisen will, braucht warme Sachen, da es nachts frostkalt werden kann. In Perus großen Städten kann man alles kaufen, was vergessen wurde. Wichtig ist, alle verschreibungspflichtigen Medikamente von zu Hause mitzubringen.

Wer auf großem Fuß lebt, sollte wissen, dass es in Peru schwierig wird, Schuhe in einer größeren Größe als 45/46 zu finden. Wer auf Trekkingtour gehen will, sollte an gute Wanderschuhe denken; im Notfall kann man aber (fast) alles bei den einschlägigen Ausrüstern ausleihen. Studenten benötigen einen gültigen internationalen Studentenausweis (ISIC) mit Foto, wenn sie von den Ermäßigungen (vor allem in der Region Cusco) profitieren wollen.

Versicherungen

Die meisten peruanischen Ärzte wollen direkt bezahlt werden; es bleibt anschließend jedem Einzelnen überlassen, die Kosten bei seiner Versicherung wieder einzufordern. Bei größeren Summen empfiehlt es sich, vor der Behandlung mit dem Versicherer Kontakt aufzunehmen. Manche Reisekrankenversicherungen schließen „gefährliche Sportarten" aus ihrem Versicherungsschutz aus, dazu zählen möglicherweise auch Bergbesteigungen oder Raftingtouren. Sehr wichtig ist bei jeder Krankenversicherung/Reisekrankenversicherung die Übernahme eines medizinisch notwendigen Rückflugs – meist der teuerste Posten bei einem Krankenhausaufenthalt!

Formalitäten

Visum

Bürger der EU benötigen für einen touristischen Aufenthalt in Peru nur einen gültigen Reisepass. Bei der Ankunft muss jeder ein Einreiseformular ausfüllen, das bis zur Ausreise im Reisepass aufbewahrt werden muss, bei der Ausreise wird es den Behörden wieder übergeben. Sowohl das Einreiseformular als auch der Reisepass werden mit dem Einreisedatum abgestempelt, darin ist auch die Länge des erlaubten Aufenthaltes festgehalten. In der Regel erhalten Touristen eine Aufenthaltsgenehmigung für 60 bis 90 Tage, manchmal aber auch nur für 30 Tage. Wer länger im Land bleiben möchte, kann die Einreisebehörden um die entsprechende Zahl an Tagen bitten, das Maximum liegt bei 183 Tagen (6 Monaten). Es gibt innerhalb des Landes keine Möglichkeit, den Aufenthalt darüber hinaus zu verlängern. Bei geplanten längeren Aufenthalten bleibt nur die Ausreise in einen benachbarten Staat und die erneute Einreise.

Zoll

Die Zollbestimmungen sind normalerweise streng. Besucher können drei Liter Alkohol, 400 Zigaretten und Geschenke bis zu einem Wert von 300 US-Dollar (210 Euro) einführen. Laptops, Kameras, Musikinstrumente und Sportausrüstung für den persönlichen Gebrauch dürfen zollfrei eingeführt werden. Bargeld im Wert von über 10 000 US-Dollar (7000 Euro) muss deklariert werden. Es ist strengstens verboten, präkolumbische Artefakte aus Peru auszuführen. Kokablätter dürfen zwar aus Peru ausgeführt, allerdings in den meisten Ländern nicht eingeführt werden (darunter fallen auch die im Supermarkt erhältlichen Dosen mit Kokablätter-Teebeuteln).

Botschaften Perus

Deutschland

Botschaft der Republik Peru
Mohrenstraße 42
10117 Berlin
Tel. 030/20 64 103
Fax 030/20 64 1051
E-Mail: botschaft-peru@botschaft-peru.de
www.botschaft-peru.de

Österreich

Botschaft der Republik Peru
Gottfried-Keller-Gasse 2/1–2
1030 Wien
Tel. 01/713 43 77, 715 49 93
Fax 01/712 77 04
E-Mail: embajada@embaperuaustria.at
www.embaperuaustria.at

Schweiz

Botschaft der Republik Peru
Thunstrasse 36
3005 Bern
Tel. 031/351 85 55
Fax 031/351 85 70
E-Mail: consulado.peru@bluewin.ch

Impfungen

Für die Einreise werden von offizieller Seite keine Impfungen gefordert (siehe Gesundheit S. 273).

REISELEKTÜRE

Aus der großen Zahl an Titeln hier eine empfohlene Auswahl.

Sachbücher

Geschichte & Archäologie

„Lost City of the Incas" von Hiram Bingham (1948)
„The Ancient Kingdoms of Peru" von Nigel Davies (1998)
„The Conquest of the Incas" von John Hemming (2003)
„The Last Days of the Incas" von Kim MacQuarrie (2007)
„The Incas and their Ancestors" von Michael Moseley (1993)
„Machu Picchu: Exploring an Ancient Sacred Center" von Johan Reinhard (2007)
„Art of the Andes: From Chavín to Inca" von Rebecca Stone-Miller (1995)

Outdoor-Titel

„Peru and Bolivia: The Bradt Trekking Guide" von Hilary Bradt und Kathy Jarvis (2003, 8. Auflage)
„Classic Climbs of the Cordillera Blanca" von Brad Johnson (2003)
„Running the Amazon" von Joe Kane (1990)
„Trekking in the Central Andes" von Rob Rachowiecki, Greg Caire und Grant Dixon (2003)
„Touching the Void" von Joe Simpson (2004)

Über Flora und Fauna

„A Field Guide to the Birds of Peru" von James Clements und Noam Shany (2001)
„Neotropical Rainforest Mammals" von Louise Emmons und Francois Feer (1990)
„Tropical Nature: Life and Death in the Rainforests of Central and South America" von Adrian Forsyth und Ken Miyata (1987)
„A Neotropical Companion" von John Kricher (1997)
„The Ecotravellers' Wildlife Guide: Peru" von David Pearson und Les Beletsky (2001)

„A Parrot Without a Name: The Search for the Last Unknown Birds on Earth" von Don Stap (1990)
„Peruvian Wildlife: A Visitor's Guide to the Central Andes" von Barry Walker (2007)
„Birds of Machu Picchu" von Barry Walker und Jon Fjeldså (2001)

Reisebücher

„Entlang der Inka-Straße: Eine Frau bereist ein ehemaliges Weltreich" von Karin Muller (2001)
„Keep the River on Your Right" von Tobias Schneebaum (1994)
„Cochineal Red: Travels through Ancient Peru" von Hugh Thomson (2006)
„A Sacred Landscape: The Search for Ancient Peru" von Hugh Thomson (2007)
„The White Rock: An Exploration of the Inca Heartland" von Hugh Thomson (2003)
„Cut Stones and Crossroads: A Journey in the Two Worlds of Peru" von Ronald Wright (1984)

Belletristik

„At Play in the Fields of the Lord" von Peter Matthiessen (1991)
„Tante Julia und der Kunstschreiber" von Mario Vargas Llosa (2007)
„The Time of the Hero" von Mario Vargas Llosa (1996)

Kultur & Verschiedenes

„Weaving in the Peruvian Highlands: Dreaming Patterns, Weaving Memories" von Nilda Callañaupa Alavarez (2007)
„Exploring Cusco" von Peter Frost (1999)
„Woven Stories: Andean Textiles and Rituals" von Andrea Heckman (2003)
„The Exotic Kitchens of Peru" von Copeland Marks (1999)
„Eat Smart in Peru: How to Decipher the Menu, Know the Market Foods and Embark on a Tasting Adventure" von Joan Peterson und Brook Soltvedt (2006)
„The Peru Reader: History, Culture, Politics" von Orin Starn, Carlos Iván DeGregori und Robin Kirk (Hrsg.; 1995)

ANREISE

Mit dem Boot

Kreuzfahrtschiffe fahren an der Pazifikküste die Häfen von Salaverry (Weiterfahrt nach Trujillo), Callao (nach Lima) und San Martín (für Fahrten nach Pisco) an. Es werden auch Küstenfahrten angeboten, unter anderem von den Reedereien Princess Cruises, Holland America, Cunard und Norwegian.

Reisende, die, von Brasilien kommend, über den Amazonas einreisen wollen, können dies an der Dreiländergrenze zu Kolumbien tun und von dort aus nach Iquitos weiterreisen.

Mit dem Bus

Da das dschungelartige, teilweise sumpfige Gebiet Darién Gap im Süden Panamas straßenlos ist, gibt es keine Möglichkeit, mit dem Bus von Nord- oder Mittelamerika nach Südamerika zu reisen. Die Busse, die nach Peru fahren, kommen über fünf Grenzstationen, die an asphaltierten Hauptstraßen liegen: Zwei finden sich an der Grenze zu Ecuador, eine an der chilenischen und zwei an der bolivianischen Grenze.

Der am stärksten frequentierte Übergang zwischen Ecuador und Peru ist die Küstengrenzstation Aguas Verdes/Huaquillas (Fernstraße Nr. 1A, Seitenstrecke der Panamericana), der zweite wichtige Grenzposten liegt mit Macará/La Tina (Nr. 1, Panamericana) im Hochland. Von Chile führt die Panamericana unweit der Küste über Arica nach Tacna. Die beiden Hauptübergänge von Bolivien nach Peru führen über Desaguadero (Nr. 3) am Südende des Titicacasees und über die Straße von Tiquina in der Mitte des Sees bei Copacabana/Yunguyo. Beide verbinden Peru mit der bolivianischen Hauptstadt La Paz. Alle Grenzposten haben starken Transitverkehr und werden von vielen Bussen angefahren.

Es ist außerdem möglich, nach Peru über Brasilien auf dem Landweg einzureisen: über die eher schlechte Interoceanic-Straße von Assis Brasil über Iñapari bis nach Puerto Maldonado. Darüber hinaus gibt es noch einige unbedeutende Übergänge an Pisten entlang der ecuadorianischen, chilenischen und bolivianischen Grenze.

Mit dem Flugzeug

Von Europa starten Nonstop-Flüge von den Flughäfen Amsterdam, Madrid und Frankfurt am Main. Bei Flügen von allen anderen Flughäfen muss man umsteigen.

Alle interkontinentalen Flüge nach Peru fliegen Limas modernen Flughafen Jorge Chavez International Airport an *(LIM; Tel. 01/5173100, www.lap.com.pe)*. Von der Ankunftszone (Gepäckabholung) sind es zu den Taxis nur wenige Schritte, für die man in der Regel auch keinen Träger benötigt.

Taxis vom Flughafen zum Hotel kosten etwa 25 US-Dollar, wenn man eines der erstbesten Taxis nimmt, die vor der Ankunftshalle warten. Wer einige Schritte bis zur Taxihaltestelle läuft, kann von dort sehr viel günstiger in die Stadt fahren – vor allem mit ein bisschen Spanisch und etwas Erfahrung im praxisnahem Handeln.

Hotelbusse vom Flughafen verlangen rund neun US-Dollar, sind aber oft sehr langsam unterwegs, da sie bei mehreren Hotels entlang der Strecke ihre Fahrgäste aussteigen lassen. Für die Fahrt zu den meisten Hotels sollte man tagsüber eine Stunde einkalkulieren, vor allem zu den verkehrsstarken Zeiten. In der Nähe des Flughafens gibt es nur ein wirklich gutes Hotel (Ramada Costa del Sol).

Der Flughafen hat nur ein Terminalgebäude mit zwei Stockwerken. Die Inlandflüge werden im Erdgeschoss am rechten Ende (wenn man von draußen kommt), die internationalen Ankünfte am linken Ende abgefertigt. Alle Abflüge – sowohl die Inland- wie auch die Auslandflüge – werden am selben Gate im ersten Stock abgefertigt. Eine Gepäckaufbewahrung befindet sich gleich beim Ankunftsbereich der Inlandflüge. Imbissstände, Restaurants und Läden sind ebenfalls vorhanden, allerdings sind nur wenige rund um die Uhr geöffnet. Möglichkeiten zum Geldwechsel und Geldautomaten bieten sich im Ankunftsbereich der internationalen Flüge und in einigen weiteren Ecken des Flughafens. Internetzugang findet sich im Stockwerk über dem Ankunftsbereich der Inlandflüge.

Bei internationalen Abflügen ab Lima wird eine Ausreisesteuer von 30,25 US-Dollar erhoben. Die meisten Airlines schließen diese Taxe nicht in den Ticketpreis ein, daher sollte man die entsprechende Summe bereithalten.

UNTERWEGS IN PERU

Auf dem Wasserweg

In zwei unterschiedlichen Regionen ist das Bootfahren angezeigt: auf dem Titicacasee (dem höchstgelegenen schiffbaren See der Welt) und im Tiefland des Amazonas-Regenwaldes. In beiden Gebieten gibt es keine festen Fahrpläne oder Linien, doch genug Boote, die tagtäglich auf den Gewässern unterwegs sind. Erfahrene (und abenteuerlustige) Reisende können einfach zu den Docks von Puno oder Pucallpa gehen und mit den Einheimischen ein Boot besteigen. Details finden sich in den entsprechenden Kapiteln Titicacasee (siehe S. 112ff) und Amazonas (siehe S. 238ff). Wer lieber organisiert reist, kann bei Veranstaltern vor Ort Bootsfahrten arrangieren, siehe dazu das Kapitel Outdoor-Aktivitäten (S. 307ff).

Mit dem Auto

Autovermieter unterhalten Büros in Lima und den wichtigsten Städten des Landes. Die Mietpreise liegen höher als in Europa oder Nordamerika und schließen nur selten eine unbegrenzte Kilometerzahl (*kilometraje*) ein.

Generell muss gesagt werden, dass das Automieten keine gute Idee ist: In Lima herrscht ständig stockender Verkehr; wer ohne Ortskenntnisse unterwegs ist, ist verloren. Außerhalb der Hauptstadt sind die Entfernungen riesig, die Straßen mit Schlaglöchern übersät und in schlechtem Zustand, die Verkehrsbeschilderung ist verwirrend oder fehlt ganz. Nachtfahrten sind lebensgefährlich, da unbeleuchtete, langsame Fahrzeuge einen gefährlichen Mix mit schnell fahrenden Bussen ergeben. Es ist einfacher und günstiger, zwischen den Städten einen Bus und vor Ort ein Taxi zu nehmen. Oft ist noch die Tagesmiete für ein Taxi günstiger als die für einen Leihwagen.

Wer sich dennoch nicht davon abhalten lassen will, einen Wagen zu mieten, kann mit dem heimischen Führerschein fahren. Für die Anmietung werden ein Reisepass und eine Kreditkarte benötigt, der Fahrer muss über 23, manchmal sogar 25 Jahre alt sein. In Peru fährt man auf der rechten Seite. Wer in einen Unfall mit Verletzten verwickelt wird, kann für einige Tage oder Wochen im Gefängnis landen. In Peru gilt man bis zum Beweis der eigenen Unschuld als schuldig. Von daher empfiehlt es sich, eine peruanische Versicherung abzuschließen, die auch Verletzungen Dritter abdeckt. Der Leihwagen muss über Nacht in einer sicheren Garage abgestellt werden; bessere Hotels bieten solche Plätze. Tagsüber erscheinen unmittelbar nach dem Abstellen des Wagens an der Straße urplötzlich „Parkplatzwächter", die auf Wunsch auf den Wagen aufpassen.

Die Polizei kann (und tut dies auch) jederzeit einen Fahrer aus irgendeinem Grund anhalten. Hat man nichts angestellt, lässt sie sich zumindest Pass und Führerschein zeigen. Manche Polizisten täuschen ein Problem vor, in der Hoffnung, dass ein Scheinchen die Lösung bringt. Die Einheimischen haben es sich angewöhnt, dem Beamten zehn Nuevo Soles (2,35 Euro) mit ihren Papieren in die Hand zu drücken.

Straßen & Karten: Alle asphaltierten und viele unbefestigte Straßen haben Nummern, die auch auf den Straßenkarten aufgeführt werden. Die Nummern erscheinen in unregelmäßigen Abständen auch entlang der Strecke. Die Einheimischen beziehen sich in ihren Beschreibungen allerdings selten auf diese Nummern, sondern bezeichnen sie mit ihrem Zielort: So ist *la carretera a Cusco* die Straße nach Cusco. Die große Ausnahme ist die Panamericana, die – mehr oder weniger parallel zur Küste Perus – von Ecuador über Lima nach Chile führt. Auch wenn sie offiziell mit der Nummer 1 ausgezeichnet ist, reden alle nur von *La Panamericana*.

Mit dem Bus

Das Busnetz innerhalb des Landes ist gut ausgebaut und arbeitet relativ effizient. Nur wenige Einheimische haben ein eigenes Auto, der Bus ist daher das wichtigste Verkehrsmittel des Landes.

Die Kosten für die Überlandbusse liegen, je nach Sitzklasse, bei 1 bis 3,50 US-Dollar für eine Reisestunde. Die billigsten Busse halten häufig für Mahlzeiten und Toilettenpausen. Die besseren Busse bieten größere Sitze, Toiletten an Bord und Snacks, die im Fahrpreis enthalten sind. Die Komfortbusse, im Land oft *bus-cama* („Bus-Bett") genannt, haben weit zurückklappbare Sitze und extragroßen Fußraum. Einige sind zweistöckig, in der unteren Etage lassen sich die Sitze fast zu Betten ausziehen.

In einigen großen Städten (wie Cusco, Arequipa und Puno) gibt es Busbahnhöfe, von denen aus Dutzende kleinerer und größerer Busgesellschaften in alle Himmelsrichtungen starten. Innerhalb des Busbahnhofs unterhält jede Busgesellschaft ihren eigenen Schalter, an dem oft der nächste abfahrende Bus ausgerufen wird. In anderen Städten wie Lima, Trujillo und Huaraz haben manche Busgesellschaften ihre eigenen Busbahnhöfe an verschiedenen Punkten in der Stadt.

Tickets können entweder unmittelbar vor Abfahrt des Busses oder aber vorab in den Busbahnhöfen oder bei manchen Reisebüros (plus Vermittlungsgebühr) gekauft werden. Wer frühzeitig seinen Busplatz kauft, hat die beste Auswahl an Sitzen. Die Sitze in der ersten Reihe sind oft durch Glaswände oder Vorhänge vom Fahrer abgetrennt, so hat man keine Sicht und stößt mit den Füßen an die Scheibe. In den hintersten Reihen wird man heftig durchgeschüttelt und sitzt oft dicht bei den Toiletten.

Rund um die Hauptfeiertage pflegen die Peruaner ihre Familien in anderen Landesteilen zu besuchen, entsprechend frühzeitig müssen in diesem Zeitraum die Busplätze reserviert werden; oft wird dann auch der doppelte Preis verlangt. Das gilt für die Tage um Weihnachten, Ostern und die *Fiestas Patrias*. Im Gegenzug gibt es in der Nebensaison günstige Angebote.

Wer während der Regenzeit im Hochland unterwegs ist, muss mit Verspätungen rechnen, vor allem beim Besuch abgelegener Städte, die nur über Staubstraßen zu erreichen sind. Doch selbst die Asphaltstraßen können durch einen Bergrutsch tagelang gesperrt sein.

Von den Hunderten Busgesellschaften, die in Peru unterwegs sind, haben die nachfolgend genannten den besten Ruf und Service. Die angegebenen Telefonnummern und Adressen beziehen sich auf die Kartenschalter in Lima, Reservierungen können aber auch in anderen Städten vorgenommen werden.

Cruz del Sur
Javier Prado Este 1109
La Victoria, Lima
Tel. 01/3115050
www.cruzdelsur.com.pe
Die beste und teuerste Gesellschaft hat Busse verschiedener Komfortklassen. Sitzplätze können online gebucht werden. Cruz del Sur fährt entlang der Küste und von Lima bis nach Cusco, Puno, Ayacucho, Huancayo, Huaraz und Cajamarca.

Die Websites der folgenden Busgesellschaften bieten Informationen über Strecken, Ziele und Tarife, die Online-Reservierung funktioniert aber nicht problemlos. Während der Hauptreisezeit werden oft Verbindungen eingerichtet, die im Internet nicht aufgeführt werden.

CIVA
Paseo de la República 575
La Victoria, Lima
Tel. 01/4181111
www.civa.com.pe
Küste, Chachapoyas und Tarapoto.

Expreso CIAL
Ave. República de Panama 2469
Corpac, Lima
Tel. 01/2658121
www.expresocial.com
Küste, Cusco, Puno, Huaraz, Cajamarca und Tarapoto.

Expreso Wari
Luna Pizarro 343
La Victoria, Lima
Tel. 01/4236640
www.expresowari.com.pe
Cusco, Abancay und Andahuaylas.

Movil Tours
Paseo de la República 749
La Victoria, Lima
Tel. 01/3329000
www.moviltours.com
Nordküste, Huaraz, nördliches Hochland, Tarapoto und Yurimaguas.

Getting Around in Peru
Aramburú 1160
San Isidro, Lima
Tel. 01/7085000
www.oltursa.com.pe
Küste.

Ormeño
Javier Prado Este 1059
La Victoria, Lima
Tel. 01/4721710
www.grupo-ormeno.com.pe
Küste, Cajamarca, Huaraz, Cusco und Puno.

Tepsa
Javier Prado Este 1091
La Victoria, Lima
Tel. 01/4706666
www.tepsa.com.pe
Küste, Cajamarca und Cusco.

Transportes Linea
Paseo de la República 941
La Victoria, Lima
Tel. 01/4240836
www.transporteslinea.com.pe
Nordküste, Huaraz und Cajamarca.

Mit dem Flugzeug

Lima ist die wichtigste Drehscheibe im nationalen Flugverkehr. Flüge zwischen den wichtigsten Städten des Landes führen in der Regel immer über Lima. So gibt es zum Beispiel keine Flüge, die das nördliche Amazonasgebiet (Iquitos) mit dem südlichen Amazonasgebiet (Puerto Maldonado oder Cusco) ohne Zwischenlandung in Lima verbinden.

Alle Flughäfen verlangen eine nationale Abflugsteuer in Höhe von etwa sechs US-Dollar. Die Steuer ist nicht in den Flugtickets erhalten und muss vor dem Abflug an den entsprechenden Schaltern bar bezahlt werden.

Die Fluglinien überbuchen häufig ihre Flüge; umso wichtiger ist es, die eigene Reservierung 72 und nochmals 24 Stunden vor Abflug bestätigen zu lassen – vor allem in der Hauptreisezeit ist dies dringend zu empfehlen! Die Rückbestätigung kann übers Telefon, in den lokalen Fluglinienbüros, über das Reisebüro, in dem das Ticket gekauft wurde, oder oft sogar über das Hotel erfolgen. Am Flughafen erfolgt die Abfertigung häufig sehr langsam, deshalb sollte man mindestens zwei Stunden vorher dort sein.

Peru hat kurzlebige Fluglinien, die mit finanziellen, politischen und rechtlichen Problemen kämpfen. In den letzten Jahren hat sich LAN Peru (Teil der internationalen Fluggesellschaft LAN) noch den besten Ruf hinsichtlich seines Flugnetzes, und Komforts erarbeitet. Recht zuverlässig arbeiten auch Star Perú und LC Busre. Aerocondor setzte im Jahr 2008 seine Flüge aus. Neulinge sprießen wie Pilze aus dem Boden und halten sich für einige Monate oder Jahre. Die örtlichen Reisebüros haben Informationen über die aktuelle Situation.

LAN Peru
José Pardo 513,
Miraflores, Lima
Tel. 01/2138200
www.lan.com

LC Busre
Los Tulipanes 218
San Eugenio, Lima
Tel. 01/6191300
www.lcbusre.com.pe

Star Perú
Comandante Espinar 331
Miraflores, Lima
Tel. 01/705 9000
www.starperu.com

Mit dem Taxi

Taxameter sind selten in Gebrauch, der Preis muss also vor der Abfahrt mit dem Taxifahrer vereinbart werden. Kurzstrecken in den meisten Städten sollten zwei bis drei Nuevo Soles (etwa 0,50 bis 0,70 Euro) kosten. Eine Ausnahme ist Lima, wo für Kurzstrecken in der Regel vier Nuevo Soles (0,95 Euro) verlangt werden. Längere Strecken kosten bis zu zehn Nuevo Soles (rund 2,40 Euro). Ein Trinkgeld wird erwartet.

Das Taxigewerbe ist nicht reguliert – jeder kann sich ein rot-weißes „Taxi"-Schild in die Fensterscheibe hängen. Meist besteht das größte Problem darin, dass die Taxifahrer sich nicht besonders gut auskennen oder ihre Fahrgäste in dunkle Seitenstraßen lenken

Mit dem Zug

Der Zugverkehr beschränkt sich auf die täglich regelmäßig befahrenen Strecken von Cusco nach Aguas Calientes (für den Besuch von Machu Picchu mit der Eisenbahn siehe S. 139), auf die dreimal wöchentlich fahrenden Züge zwischen Cusco und Puno und die nur von Lima nach Huancayo (siehe S. 170).

PRAKTISCHE TIPPS

Adressen

Viele Straßennamen tragen den Zusatz „s/n". Die Abkürzung steht für *sin numero* („ohne Nummer") und bezieht sich auf Gebäude ohne Hausnummer.

Alkoholgesetze

Laut Gesetz dürfen Jugendliche ab 18 Jahren Alkohol trinken. Das *Ley seca* („Trocken-Gesetz") verbietet den Ausschank von Alkohol in Restaurants und Bars an Freitagen, Samstagen und Sonntagen um eine Regierungswahl.

Besucherinformation

Die Website der landesweit agierenden Fremdenverkehrsbehörde (*www.peru.info*) ist recht gut für Infos über Perus Sehenswürdigkeiten und Städte, doch weniger informativ zu Hotels und Restaurants. Ihre Touristeninformationen (iPerú) sind in allen größeren Städten vertreten. Eine gute Informationsquelle zu Hotels und Restaurants ist die Website www.andeantravelweb.com/peru.

Einrichtungen für Behinderte

Für Reisende mit Behinderung gibt es wenige entsprechende Einrichtungen. Nur sehr wenige First-Class-Hotels bieten Zimmer, die mit Rollstühlen zu erreichen sind.

Elektrizität

Die Stromspannung liegt bei 220 Volt, 60 Hertz. Die Steckdosen haben zwei Löcher, in die Stecker mit sowohl runden wie auch flachen Stiften passen.

Etikette

Für Peruaner ist ein höfliches Auftreten sehr wichtig. Generell beginnt man ein Gespräch mit einem *buenos días* („guten Tag/Vormittag") oder *buenas tardes* („guten Tag/Nachmittag"). Befreundete Männer begrüßen sich oft mit einem *abrazo* (einem freundschaftlichen Schulterklopfen), wenn sie sich im privaten Rahmen treffen. Frauen tauschen Luftküsse mit so gut wie jedermann aus.

Feiertage

Das öffentliche Leben kommt an den folgenden nationalen Feiertagen gleichsam zum Erliegen. Geschäfte, die meisten Museen und einige Restaurants sind geschlossen und die Busse überfüllt.

1. Januar – Neujahr
März/April – Gründonnerstag, Karfreitag
1. Mai – Tag der Arbeit
28.–29. Juli – Fiestas Patrias (Unabhängigkeit Perus)
30. August – Fest der Santa Rosa de Lima
8. Oktober – Schlacht von Angamos
1. November – Allerheiligen
8. Dezember – Fest der Unbefleckten Empfängnis Mariä
25. Dezember – Weihnachten

Andere wichtige Feiertage wie Cuscos Fest Inti Raymi *(24. Juni)* werden nur in bestimmten Regionen begangen.

Geld

Die peruanische Währung ist der Nuevo Sol (Abkürzung: S/), der in 100 Céntimos unterteilt ist. Die Banknoten haben einen Wert von 10, 20, 50, 100 und 200 Nuevo Soles, außerdem sind Münzen zu 5, 2 und 1 Nuevo Soles sowie zu 1, 5, 10, 20 und 50 Céntimos im Umlauf.

Der Kurs schwankte 2008 zwischen 2,65 und 2,95 Nuevo Soles für 1 US-Dollar (0,70 Euro). Nach wie vor ist der amerikanische Dollar die wichtigste ausländische Währung, gefolgt vom Euro.

Am besten lässt sich Geld in den *casas de cambio* (Wechselstuben) tauschen, sie erledigen das weniger bürokratisch als Banken, sind länger geöffnet (einschließlich Samstag und Sonntag) und bieten die besseren Kurse. Lima, Arequipa und Cusco haben landesweit die besten Wechselkurse. Für Dollar in bar bekommt man die besten Kurse, für Reiseschecks erhält man einige Prozentpunkte weniger. Die Geldnoten müssen in sehr gutem Zustand sein.

Cajeros automáticos (Geldautomaten) findet man vor den Banken und in den wichtigsten Flughäfen, Busbahnhöfen und Einkaufszentren; sie akzeptieren Karten von Visa und MasterCard. In Peru – und zusätzlich bei der heimischen Bank – werden Gebühren (2–10 Prozent) fällig. Abhebungen können in Nuevo Soles oder in US-Dollar ausgezahlt werden.

Tarjetas de crédito (Kreditkarten) sind in besseren Hotels, Restaurants und Geschäften weit verbreitet, meist wird aber ein Aufschlag von bis zu sieben Prozent erhoben.

Kommunikation

Internetzugang: Der Internetzugang ist billig und einfach. Überall im Land findet man Internetcafés, die für ein bis zwei Nuevo Soles (0,24 bis 0,48 Euro) pro Stunde den Zugang bereitstellen. Viele Internetcafés haben billige *Net-to-phone*-Möglichkeiten. Der Onlinezugang in den Hotels kann teuer sein, vor allem in den hochpreisigen Häusern, die manchmal auch WLAN-Anschluss bieten.

Post: Die Post ist privatisiert und wird von Serpost *(www.serpost.com.pe)* bereitgestellt. Das Unternehmen arbeitet zuverlässig und günstig – eine Postkarte, wohin auch immer, kostet fünf Nuevo Soles (1,19 Euro). Postämter *(correos)* finden sich in jeder Stadt, Postkarten werden von Verkäufern beim Eingang angeboten.

Telefon: Öffentliche Telefone funktionieren mit Telefonkarten oder Münzen. Es gibt unzählige Telefonkarten *(tarjetas telefónicas)*, bei den meisten muss man viele Nummern wählen. Zunächst muss man die Kartengesellschaft anrufen, dann kommt eine (spanische) Antwort, daraufhin muss die PIN eingegeben werden (die auf der Karte freigerubbelt werden muss), danach erfolgt nochmals eine Ansage zum aktuellen Guthaben auf der Karte, dann kann man die eigentliche Nummer wählen. Einige wenige Telefone nehmen elektronische Chipkarten, die leichter zu bedienen, aber schwieriger zu finden sind.

Die 24 Departamentos Perus haben dreistellige Vorwahlnummern, die jeweils mit 0 beginnen. Eine Ausnahme ist Lima mit seiner zweistelligen Vorwahl (01). Innerhalb des Departamento entfällt die Vorwahlnummer.

Die Landesvorwahl ist die 51. Von Europa wählt man 0051, anschließend die Vorwahl des Departamento (ohne 0), gefolgt von der Teilnehmernummer. Die peruanischen Telefonnummern sind in Lima siebenstellig, außerhalb der Hauptstadt sechsstellig. Handynummern sind generell neunstellig und beginnen mit einer 9. Mitte 2008 wurden die Handynummern von sieben auf neun Ziffern umgestellt. In älteren Broschüren und Büchern finden sich deshalb noch die siebenstelligen Nummern, die nicht mehr funktionieren. Die Einheimischen können dann weiterhelfen: Es gibt ein recht kompliziertes System, nach dem den alten siebenstelligen Nummern zwei weitere Ziffern hinzugefügt werden, um wieder eine funktionsfähige Telefonnummer zu erhalten.

Aus dem Ausland ist die internationale Zugangsnummer die 00; eine Englisch sprechende Vermittlung kann über die 108 erreicht werden.

Maße

Peru verwendet das metrische System. Eine Ausnahme ist das Benzin, das in amerikanischen Gallonen berechnet wird.

Medien

Die wichtigsten peruanischen Zeitungen sind die konservative Zeitung *El Comercio (www.elcomercioperu.com.pe)* und das eher investigative Blatt *La República (www.larepublica.com.pe)*. Die beste Wochenzeitung ist *Caretas (www.caretas.com.pe)*.

Die peruanischen Fernsehkanäle haben ein langweiliges Programm. Viele Hotels bieten Kabelsender, darunter auch internationale Nachrichtenkanäle wie *CNN* und *BBC*.

Öffnungszeiten

Banken haben in der Regel von Montag bis Freitag zwischen 9.30 und 17 Uhr geöffnet, einige zusätzlich am Samstagvormittag. *Casas de cambio* öffnen oft bis 20 Uhr (oder noch länger) und auch am Wochenende. Geschäfte und Regierungsbüros schließen häufig über Mittag. Einige Läden sind sonntags geöffnet, Lima und die anderen großen Städte haben einige 24-Stunden-Supermärkte und meist zumindest eine Nachtapotheke. Taxifahrer können in der Regel Auskunft über späte Öffnungszeiten geben.

Religion

Perus Bevölkerung ist zu über 80 Prozent katholisch, über Zuwachs freuen sich Protestanten, Mormonen und evangelikale Gemeinden. Viele indigene Peruaner kombinieren – obwohl sie offiziell Katholiken sind – ihren christlichen Glauben mit traditionellem Animismus.

Toiletten

Servicios higiénicos (SSHH) sind an Flughäfen, Busbahnhöfen, Museen und Restaurants eingerichtet, ansonsten aber nur vereinzelt zu finden. Oft fehlt das Toilettenpapier. Der Wasserdruck ist oft gering, deshalb weisen Schilder darauf hin, dass man das benutzte Papier in die bereitgestellten Eimer werfen möge.

Trinkgeld

In besseren Restaurants sind in der Rechnung 19 Prozent Mehrwertsteuer und zehn Prozent Trinkgeld enthalten, in der Regel gibt man nochmals fünf Prozent dazu. In günstigen Lokalen wird Trinkgeld weder verrechnet noch erwartet, einige Münzen für die Bedienung sind eine nette Geste. Träger erhalten 0,50 US-Dollar pro Gepäckstück. Führer werden mit ein bis zwei US-Dollar belohnt, bei einer ganztägigen Tour erhält der Führer fünf bis zehn US-Dollar (bei Privatführungen). Auf einer Trekkingtour erwarten Träger, Mulitreiber, Köche und Führer ein Trinkgeld, etwa 15 Prozent ihres Verdienstes.

Zeitunterschied

Peru hat minus sechs Stunden Zeitunterschied zur MEZ; es gibt keine Sommerzeit.

IM NOTFALL

Botschaften in Peru

Deutschland

Embajada de la República Federal de Alemania
Av. Arequipa 4210
Miraflores, Lima 18
Tel. 01/2125016 (Notfall: 01/997 576 200)
www.lima.diplo.de

Österreich

Edificio „De las Naciones"
Av. Republica de Colombia/ex Avenida Central 643, piso 5
San Isidro, Lima 27
Tel. 01/4420503 oder 4421807
E-Mail: lima.ob@bmeia.gv.at
www.bmeia.gv.at

Schweiz

Embajada de Suiza
Av. Salaverry 3240
San Isidro, Lima 27
Tel. 01/2640305
E-Mail: lim.vertretung@eda.admin.ch;
www.eda.admin.ch/lima

Fundsachen

Viele Versicherungspolicen verlangen einen Polizeibericht, der innerhalb von 24 Stunden nach einem Verlust erstellt werden muss. In den Städten kann ein solches Protokoll am schnellsten bei der Touristenpolizei erstellt werden. Ansonsten muss man zur örtlichen Polizeiwache gehen und – wenn man nicht ausreichend Spanisch spricht – einen Übersetzer mitnehmen. Bei Diebstahl/Verlust des Reisepasses muss umgehend die Botschaft verständigt werden.

Gesundheit

Peru hat gute Privatärzte und Privatkliniken, sie sind besser als die staatlichen Krankenhäuser. Apotheken verkaufen die meisten Medikamente, die auch in Europa im Handel sind, viele ohne Rezept. Im Notfall hilft die 24-Stunden-Hotline von iPerú *(Tel. 01/5748000)* weiter.

Impfungen werden bei der Einreise nicht verlangt, die Schutzimpfungen gegen Hepatitis A und Typhus werden aber empfohlen, in den Dschungelregionen ebenso die Impfung gegen Gelbfieber. Hepatitis B wird bei langen Reiseaufenthalten im Land empfohlen. Zur Malariaprophylaxe wird bei Aufenthalten im Regenwald geraten, weitere Vorsichtsmaßnahmen sind das Schlafen unter einem Moskitonetz, das Tragen langer Hosen und Hemden während der Dämmerung (Hauptaktionszeit der Stechmücken) und die Verwendung von Insektenschutzmitteln.

Höhenkrankheit kann ein Problem werden, wenn man vom küstennahen Lima ins Hochland fliegt. Weitere Informationen dazu finden sich unter dem Stichwort Akklimatisierung (S. 129) im Kapitel Cusco.

Das Leitungswasser ist nicht sicher trinkbar! Ausländer sollten nur abgepacktes oder abgekochtes Wasser trinken; Wasserflaschen sind in der Regel überall erhältlich. In gehobenen Restaurants werden auch Eiswürfel aus abgekochtem oder gefiltertem Wasser bereitet.

Notrufnummern

Die folgenden Telefonnummern gelten in weiten Teilen des Landes:

Krankenwagen 117
Feuerwehr 116
Polizei 105
Hauptverwaltung der Touristenpolizei Tel. 01/4601060
iPerú (24-Stunden-Hotline für Ausländer) Tel. 01/5748000

Sicherheit

Peru ist relativ sicher, wenn man die nötigen Vorsichtsmaßnahmen ergreift. Dazu zählen der Verzicht auf Zurschaustellung von Reichtum, der Verzicht auf teuren Schmuck und die sichere Verwahrung von Bargeld im Geldgurt oder Brustbeutel. Sinnvoll ist auch, die Wertsachen auf mehrere Gepäckstücke und Taschen zu verteilen: So steht man nicht mit leeren Händen da, wenn der Geldbeutel doch einmal geklaut wird. Teure Kameras sollten, wenn sie gerade nicht benötigt werden, ebenfalls nicht sichtbar in Taschen aufbewahrt werden. Zudem ist es sinnvoll, vor der Reise Kopien der wichtigsten Dokumente zu machen und diese sowohl zu Hause abrufbar als auch im Reisegepäck (getrennt von den Originalen) aufzubewahren. Wer seinen Pass nicht benötigt, sollte ihn im sicheren Hotelsafe deponieren. Schlecht beleuchtete Straßen sollten gemieden werden.

Weitere Hinweise finden sich in den Abschnitten Auto, Bus und Taxi (siehe S. 269ff).

Die Polizei ist generell sehr hilfsbereit, in den Großstädten sollte man sich am besten jedoch an die Touristenpolizei *(policía de turismo)* wenden: Die Beamten tragen weiße Hemden und blaue Uniformen (im Gegensatz zu den dunkelolivgrünen Uniformen der normalen Polizisten), einige sprechen auch Englisch.

Hotels & Restaurants

Peru bietet eine große Bandbreite an Hotels und Restaurants; eine Auswahl der besten oder interessantesten in verschiedenen Preiskategorien wird in diesem Kapitel vorgestellt. Viele andere Plätze sind ebenfalls gut – wenn ein Haus nicht genannt ist, bedeutet es also nicht, dass man dort nicht ebenfalls gut übernachten oder essen kann.

Hotels

Die Unterkünfte in Peru sind sehr unterschiedlich – es gibt alles, von schäbigen Zimmern mit Gemeinschaftsdusche, für die nicht viel mehr als drei US-Dollar pro Person verlangt wird, bis hin zu einigen wenigen Luxushotels, in denen ein Zimmer über tausend US-Dollar kosten kann. Diese Bandbreite spiegelt auch die Situation Perus als Dritte-Welt-Land, das einige Sehenswürdigkeiten von Weltklasse bietet und von Besuchern mit ganz unterschiedlichen finanziellen Möglichkeiten bereist wird. Die billigsten Zimmer werden meist nur von den peruanischen Reisenden und Rucksacktouristen gemietet, sie sind völlig in Ordnung, wenn man nur vier Wände, ein Dach über dem Kopf und ein Bett braucht. Diese Bleiben werden hier nicht vorgestellt, obwohl sie in einigen abgelegenen Dörfern unter Umständen die einzige Übernachtungsmöglichkeit darstellen.

Hotels aller Kategorien tragen ganz unterschiedliche Bezeichnungen: *hospedajes, pensións, hostals, hosterías, casas, posadas, albergues, residenciales,* Lodges, Inns, Hotels ... *Hospedajes* und *pensións,* in der Regel immer die günstigste Variante, bieten lediglich Gemeinschaftsbäder. Die anderen Namen sind schwierig zu beschreiben und variieren extrem in der Qualität. Ein *hostal* kann durchaus ein komfortables Hotel sein, während ein sogenanntes Hotel sich eher als Absteige entpuppen kann. Campingplätze für Wohnmobile oder Zelte gibt es in den Städten nicht, die wenigen ausgewiesenen Zeltplätze finden sich ausschließlich in einigen Nationalparks und landschaftlich schönen Gebieten.

Ein Einzelzimmer ist ein *habitación simple.* Doppelzimmer mit zwei Betten werden *habitación doble* genannt, während Doppelzimmer mit einem großen Bett als *habitación matrimonial* bezeichnet werden. First-Class-Hotels bieten manchmal zwei große Betten, manchmal ein großes Bett im Doppelzimmer. Alle Zimmer der genannten Unterkünfte haben ein eigenes Bad mit heißer Dusche, eine Ausnahme bilden lediglich einige der Regenwald-Lodges, in denen das Duschwasser nur Zimmertemperatur hat.

Im Zeitraum von Juni bis August herrscht Hochsaison, dann sollte man unbedingt reservieren, vor allem in den touristischen Hochburgen Cusco, Aguas Calientes, Arequipa und Puno. Die Nachfrage steigt landesweit auch während der großen Feiertage um Weihnachten, der Karwoche und den *Fiestas Patrias (um den 28.–29. Juli).* Lokale Feste, vor allem das Fest Inti Raymi in Cusco, füllen ebenfalls die Hotels, die zu solchen besonderen Anlässen oft deutlich höhere Preise als in der Haupt- und Nebensaison verlangen. Reservierungen können online, über das Telefon, Fax oder ein Reisebüro erfolgen. Wer einfach spontan an der Rezeption fragt, kann eventuell auch einen Rabatt aushandeln.

Reisende finden in weniger häufig besuchten Orten wie Chachapoyas, Piura, Huancayo oder Ayacucho Zimmerpreise, die deutlich unter den Preisen der Touristenhochburgen liegen.

First-Class-Hotels verlangen von peruanischen Gästen 19 Prozent Steuer; wer sich mit dem Reisepass als Ausländer ausweist, ist davon befreit. Die Hotels ziehen sich Kopien des Reisepasses und des Einreiseformulars. Bei sehr teuren Hotels wird ein Service-Aufschlag von zehn Prozent auf die Rechnung verlangt, der auch nicht zurückerstattet wird. Günstige Hotels verlangen diesen Aufschlag nicht.

Restaurants

Hotelrestaurants sind in kleineren Ortschaften oft die beste Adresse zum Essen. Wer aufs Geld achten will, kann nach *el menu del día* (dem Tagesmenü) fragen: Darunter versteht man ein zwei- bis dreigängiges Menü, das meist um die Hälfte günstiger ist als eine Bestellung von der Karte. Diese Tagesmenüs sind sehr lecker und für das Gebotene sehr günstig.

In vielen Städten ist es schwierig, früh am Morgen ein Frühstück zu bekommen: Viele Lokale öffnen erst zwischen acht und neun Uhr. In den besseren Hotels ist das Frühstück (früh serviert) im Preis enthalten. Das Frühstücksangebot reicht – je nach Preis – von Toast, Marmelade und einem heißen Getränk bis hin zum riesigen Frühstücksbüfett. Hotelrestaurants freuen sich in der Regel auch über Nichthotelgäste.

Das Abendessen wird spät eingenommen. Wer in einem guten Restaurant um 19 Uhr ankommt, wird es leer vorfinden, die meisten Besucher werden um 20.30 Uhr ihre Plätze einnehmen. In den Touristenhochburgen hat man sich in von Ausländern besuchten Lokalen auf frühere Mahlzeiten eingestellt. Bis vor Kurzem hatten die besseren Restaurants Raucher- und Nichtraucherzonen, inzwischen wurden die meisten komplett auf Nichtraucherrestaurants umgestellt oder haben separate Raucherzimmer eingerichtet.

PREISKATEGORIEN

HOTELS

Preis für ein Doppelzimmer mit Bad und heißem Wasser in der Hochsaison. In der Nebensaison können die Preise fallen, vor allem in den günstigeren Unterkünften.

$$$$$	Über 200 US$ (Über 144 €)
$$$$	100–200 US$ (72–144 €)
$$$	50–100 US$ (36–72 €)
$$	25–50 US$ (18–36 €)
$	unter 25 US$ (Unter 18 €)

RESTAURANTS

Durchschnittspreis für ein Zwei-Gänge-Menü für eine Person – ohne Steuer, Trinkgeld und Getränke.

$$$$$	Über 30 US$ (Über 22 €)
$$$$	21–30 US$ (15–22 €)
$$$	14–20 US$ (10–15 €)
$$	7–14 US$ (5–10 €)
$	Unter $7 US$ (Unter 5 €)

Restaurantpreise

Es ist unmöglich, genaue Preiskategorien für die Restaurants festzulegen, da die Preise der Gerichte extrem unterschiedlich sind. Toprestaurants verlangen für ein Hauptgericht wie Brathuhn oder Lasagne rund zehn US-Dollar, für andere wie Hummer, ein Steak oder eine *Novoandina*-Gourmetplatte 20 US-Dollar. So können die im Folgenden genannten Preisangaben nur als Richtschnur dienen.

M = mittags
A = abends

Kreditkarten

Visa (V) und MasterCard (MC) sind in weiten Landesteilen verbreitet; American Express (AE) und Diners Club (DC) werden seltener akzeptiert. Um ihre Unkosten bei der Bank zu decken, verlangen viele Lokale und Hotels für die Zahlung per Kreditkarte einen Aufschlag von sieben Prozent auf den Betrag der Gesamtrechnung.

Gliederung

Hotels und Restaurants sind nach Regionalkapiteln sortiert, innerhalb der einzelnen Kapitel nach Preis, schließlich in alphabetischer Reihenfolge. Die Hotels werden vor den Restaurants genannt.

Bei Bedarf sollte man vorab im Hotel oder Restaurant nach behindertengerechten Zugängen und Zimmern fragen.

LIMA

Hotels

MIRAFLORES PARK HOTEL
$$$$$

MALECÓN DE LA RESERVA 1035
MIRAFLORES
TEL. 01/6104000
FAX 01/2423393
E-MAIL: MIRAPARK@PERUORIETEXPRESS.COM.PE
www.mira-park.com

Das beste Hotel der Hauptstadt bietet von den meisten seiner opulent eingerichteten Suiten (über 500 US$) und der Präsidentensuite für 3500 US-Dollar (falls man über das nötige Kleingeld verfügt) den Blick auf den Pazifik. Das moderne Glashochhaus ist mit Antiquitäten und Kunst des 20. Jahrhunderts eingerichtet. Im 10. Stock gibt es einen Infinity-Pool. Extras wie ein Bad-Butler und ein Spa sind für müde Geschäftsleute und Luxusreisende gedacht.

81
Alle gängigen Kreditkarten

RAMADA COSTA DEL SOL LIMA AIRPORT
$$$$–$$$$$

ELMER FAUCETT S/N
AEROPUERTO JORGE CHAVEZ
TEL. 01/7112000
FAX 01/7112001
E-MAIL: VENTASLIMA@COSTADELSOLPERU.COM
www.ramada.com/Ramada/control/home

Das außen wie innen moderne eingerichtete Hotel gehört zu Limas internationalem Flughafen und ist das einzige gute Hotel in unmittelbarer Flughafennähe. Es bietet alle Annehmlichkeiten für Geschäftsreisende, die auf ihren Anschlussflug warten.

130
Alle gängigen Kreditkarten

SONESTA HOTEL EL OLIVAR
$$$$–$$$$$

PANCHO FIERRO 194
SAN ISIDRO
TEL. 01/7126000
FAX 01/7126099
E-MAIL: RESERVASOLIVAR@SONESTAPERU.COM
www.sonesta.com/Lima

Gleich gegenüber dem friedlichen Parque El Olivar gelegen, ist das Hotel in einem Garten mit jahrhundertealten Olivenbäumen sowohl bei Geschäftsleuten als auch Reisegruppen sehr beliebt. Die Gäste können die Anlage des Fitnessclubs nutzen, der zu den besten des Landes zählt. Im Preis sind ein umfangreiches Frühstücksbüfett in einem peruanisch-internationalen Restaurant und ein Willkommensgetränk an der bequemen Bar eingeschlossen. Des Weiteren gibt es ein gutes japanisches Restaurant. Die gut ausgestatteten Zimmer sind unterschiedlich groß, in den riesigen Suiten finden sich zusätzlich eine Sauna und ein Whirlpool.

134
Alle gängigen Kreditkarten

Aufzug · Nichtraucher · Klimaanlage · Pool im Haus · Pool im Freien · Fitnessclub · Kreditkarten

CASA ANDINA CLASSIC – SAN ANTONIO

$$$–$$$$
28 DE JULIO 1088
MIRAFLORES
TEL. 01/2414050
FAX 01/2414051
E-MAIL:
TRAVEL@CASA-ANDINA.COM
www.casa-andina.com

Die Casa Andina gehört zu einer lokalen Hotelkette, die im Süden des Landes stark vertreten ist. Markenzeichen des Hotels sind die Kaffee- und Cremetöne der Teppiche und Tapeten, die großen, hellen Zimmer mit hübschen Bettüberwürfen, die modernen Bäder und das Frühstücksbüfett.

49 P
AE, MC, V

HOTEL ANTIGUA

$$$–$$$$
GRAU 350
MIRAFLORES
TEL. 01/2416116
FAX 01/2416115
E-MAIL:
INFO@PERU-HOTELS-INN.COM
www.peru-hotels-inns.com

Das wunderschöne Herrenhaus in einem hübschen Garten bietet einen eleganten öffentlichen Bereich. Die Zimmer und Suiten (einige mit Küchenzeile und Whirlpool) haben bequeme, im Kolonialstil handgefertigte Möbel, schöne Kunstwerke und Antiquitäten, elegant geflieste Bäder mit Badewanne sowie WLAN. Das handverlesene, Englisch sprechende Personal kümmert sich rührend um die Wünsche der Gäste. Ein Frühstück ist im Preis inbegriffen.

39 P AE, MC, V

HOTEL MAURY

$$$–$$$$
UCAYALI 201
TEL. 01/4288188
FAX 01/8161273
E-MAIL: HOTMAURY@AMAUTA.RCP.NET.PE
http://ekeko2.rcp.net.pe/hotelmaury

Nur einen Block von der Plaza de Armas entfernt, zählt das renovierte alte Hotel zu den besten im kolonialen Stadtentrum. Zwölf Suiten bieten Whirlpool, alle Zimmer jedwede moderne Annehmlichkeit. Die Bar nimmt für sich in Anspruch, dass hier zu Beginn des 20. Jahrhunderts der Nationalcocktail Pisco Sour erfunden wurde; drei Restaurants servieren internationale, peruanische und chinesische Küche sowie Fast Food. Im Preis sind ein amerikanisches Frühstück und der Transfer zum/vom Flughafen enthalten.

134 P
Alle gängigen Kreditkarten

HOTEL SAN ANTONIO ABAD

$$$
RAMÓN RIBEYRO 301
MIRAFLORES
TEL. 01/4476766
FAX 01/4464208
E-MAIL: HOTELSANANTONIOABA@MAIL.COM
www.hotelsanantonioabad.com

Im Preis sind ein Frühstücksbüfett und die Abholung am Flughafen eingeschlossen, dadurch ist der Zimmerpreis sehr gut. Die Zimmer haben eine gute Größe und Blick auf einen Innenhof. Das hilfsbereite Personal organisiert Ausflüge, auch ein Internetanschluss ist vorhanden.

24 P Alle gängigen Kreditkarten

HOSTAL EL PATIO

$$–$$$
DIEZ CANSECO 341-A
MIRAFLORES
TEL. 01/4442107
FAX 01/4441663
E-MAIL: HOSTALELPATIO@QNET.COM.PE
www.hostalelpatio.net

Verschiedene komfortable Zimmer (einige mit Küchenzeile) liegen rund um einen blumengeschmückten Patio. Das hübsche, saubere, ruhige Hotel im Herzen des lebhaften Viertels Miraflores ist sehr schön mit peruanischem Kunsthandwerk geschmückt – ein herrlicher Ort, um dem grauen Küstennebel Garua zu entfliehen. Die hilfsbereiten Besitzer sprechen Englisch, ein kontinentales Frühstück ist im Preis inbegriffen.

17 P MC, V

LA POSADA DEL PARQUE

$$
PARQUE HERNÁN VELARDE 60
SANTA BEATRIZ
TEL. 01/4332412
FAX 01/3326927
E-MAIL:
POSADA@INCACOUNTRY.COM
www.incacountry.com

In einer ruhigen Sackgasse abseits des ersten Blocks der Petit Thouars zu finden, liegt das attraktive, heimelige Hotel günstig, um ins Zentrum von Lima zu gelangen. Die Zimmer haben Jugendstilelemente, heißes Wasser und Kabel-TV. Ein Aufenthaltsraum mit Kolonialkunst bietet einen DVD-Player, ein zusätzlicher Speiseraum hat zwei kostenlose Internetanschlüsse. Die Mitarbeiter sind hilfsbereit, einige sprechen auch Englisch.

11 P Keine

Restaurants

Limas beste Restaurants sind deutlich teurer als vergleichbare Häuser in anderen Landesteilen, doch es gibt Hunderte von billigen, einfachen Lokalen, die hier nicht genannt werden. Auch in den besseren Restaurants kann man nach einem *menu del día* fragen: Es steht oft nicht auf der Karte, schont aber den Geldbeutel.

ASTRID Y GASTÓN

$$$$$
CANTUARIAS 175
MIRAFLORES
TEL. 01/4441496

Das vom gefeierten peruanischen Gastronomen Gastón

Acurio eröffnete Haus ist der Favorit unter den Gourmets des Landes. Man betritt die eleganten Räumlichkeiten durch eine Tür aus der Kolonialzeit, die Gäste sitzen in mehreren hohen Räumen, von denen einer den Blick auf die verglaste Küche freigibt. So kann man den Küchenchefs zusehen, wie sie peruanische Ziege, Meerschweinchen, Jakobsmuscheln und Shrimps auf ganz neue Art zubereiten. Astrid aus Deutschland zeichnet für die lange Liste an kalorienreichen Desserts verantwortlich. Die Auswahl an Piscos in der Bar sucht ihresgleichen.
120 P Alle gängigen Kreditkarten

EL SEÑORIO DE SULCO
$$$–$$$$$
MALECÓN CISNEROS 1470
MIRAFLORES
TEL. 01/4410389
www.senoriodesulco.com
Der Speisesaal ist mit alten peruanischen Motiven geschmückt, von der Terrasse eröffnen sich schöne Ausblicke aufs Meer. Die Karte bietet sowohl traditionelle Meeresfrüchte- als auch Fleischgerichte, deren Rezepte ihre Wurzeln an der Küste haben. Ein Mittagsbüfett bietet eine riesige Auswahl an Speisen. Unter den Desserts findet sich hausgemachte Eiscreme mit traditionellen und exotischen Geschmacksvarianten (darunter etwa Kokablätter).
180 P Alle gängigen Kreditkarten

HUACA PUCLLANA
$$$–$$$$$
GENERAL BORGOÑO CUADRA 8
MIRAFLORES
TEL. 01/4454042
Vom Lokal schaut man auf die namengebende archäologische Fundstätte, die nachts stimmungsvoll beleuchtet ist. Das künstlich rustikal gehaltene Gebäude mit Patio ist mit schönen Kolonialmöbeln eingerichtet. Gekocht wird *nuevo-criollo*, mit Schwerpunkt auf Fleischgerichten und einigen Meeresfrüchteplatten.
160 P Alle gängigen Kreditkarten

LAS BRUJAS DE CACHICHE
$$$–$$$$$
OVALO BOLOGNESI 460
MIRAFLORES
TEL. 01/4466536
www.brujasdecachiche.com.pe/index2.htm
Der Name bedeutet so viel wie „Hexen von Cachiche", einem Dorf an der Südküste. Das Lokal serviert Gerichte von der Küste, zum Teil nach sehr alten Rezepten. Die ungewöhnliche Speisekarte führt die besten Gerichte der *Criollo*-Küche – Kartoffeln, die mit Krustentieren gefüllt sind, Kebabs mit Rinderherz, Eintopf mit Zicklein – und nennt dankenswerterweise zu jedem Gericht gleich einen passenden lokalen oder ausländischen Wein. Es gibt ein umfangreiches Mittagsbüfett.
200 P Alle gängigen Kreditkarten

MANOS MORENAS
$$$–$$$$
PEDRO DE OSMA 409
BARRANCO
TEL. 01/4670421
E-MAIL: MANOSMORENAS@TERRA.COM.PE
Der Name lautet übersetzt „braune Hand" und bezieht sich auf die afroperuanischen Einflüsse bei den Gerichten und der entsprechenden Kleidung der Angestellten. Geboten wird eine feine Auswahl an traditionellen peruanischen Criollo-Gerichten wie *lomo saltado* (üppig garniertes Steak) oder Tamales (Bananenblätter, die mit Mais, Fleisch, Gemüse und Sauce gefüllt sind). Fast jeden Abend spielt gegen 22 Uhr (oder später) eine afroperuanische *peña*, für die ein Aufschlag ($$) verlangt wird.
140 P Alle gängigen Kreditkarten

LA TIENDECITA BLANCA
$$–$$$$
LARCO 111
MIRAFLORES
TEL. 01/4459797
Die Bäckerei mit Feinkostladen schweizerischen Einschlags ist ein hervorragender Ort für ein Frühstück, ein leichtes Mittagessen, hervorragenden Kaffee und köstliche Desserts. Abends kann bis spät in die Nacht ein Fondue bestellt werden.
100 Alle gängigen Kreditkarten

WA LOK
$$–$$$$
PARURO 864,
TEL. 01/4272656
Im Herzen von Limas Chinatown zählt das Wa Lok zu den edelsten unter Perus *chifas* (chinesischen Restaurants). Hier wird wirklich betont chinesisch gekocht. Auf der Karte finden sich Klassiker wie Dim Sum und Pekingente. In der Nähe liegen weitere gute China-Restaurants.
60 Keine

ANTICA TRATTORIA
$$–$$$
2 DE MAYO 728
SAN ISIDRO
TEL. 01/4227939
Rot-weiße Tischdecken, rustikale Holzbänke und Kerzen erinnern an die italienischen Ursprünge des Lokals, in dem man Holzofenpizza, Calzone, hausgemachte Pasta und Hausweine zu einem guten Preis erhält. Eine Filiale befindet sich in Barranco in der San Martín 201.
100 P Alle gängigen Kreditkarten

COMO AGUA PARA CHOCOLATE
$$–$$$
PANCHO FIERRO 108
SAN ISIDRO
TEL. 01/2220297
Das mexikanische Restaurant ist das beste seiner Art in Lima. Die Gerichte sind so authen-

tisch zubereitet, wie es so weit südlich von Mexiko möglich ist. Das Ambiente ist fröhlich-bunt, der importierte Tequila sorgt abends für gute Stimmung.
90 Alle gängigen Kreditkarten

HAITI
$$–$$$
DIAGONAL 160
MIRAFLORES
TEL. 01/4450539
Der Patio bietet Blick auf das Nordende des Parque Central, das alte, aber modernisierte Café ist eine hervorragende Adresse, um Leute zu beobachten, und perfekt als Treffpunkt. Die Gerichte sind nichts Besonderes, die Einheimischen kommen hierher, um einen Pisco Sour oder einen Kaffee und ein Sandwich zu genießen. Das Lokal hat bis spätnachts geöffnet.
100 Alle gängigen Kreditkarten

LA RED
$$–$$$
LA MAR 391, SANTA CRUZ
MIRAFLORES
TEL. 01/4411026
www.cebichelared.com
Von außen wirkt die *cevichería* mit ihrer roten Ziegelfassade unauffällig, innen betritt man luftige Räume mit grauen und weißen Steinmauern, aufgelockert durch Bambuswände und Deckenlichter. Auf der Karte finden sich *Criollo*-Gerichte, aber auch sehr gut zubereitete Meeresfrüchte zu angemessenen Preisen. Das 1981 eröffnete Restaurant hat viele Stammgäste; geöffnet ist es von 10 bis 18 Uhr.
130 Alle gängigen Kreditkarten

SEGUNDO MUELLE
$$–$$$
CONQUISTADORES 490
SAN ISIDRO
TEL. 01/4211206
Das zweistöckige Restaurant ist während der Mittagszeit (nur dann hat es geöffnet) ziemlich überrannt und berühmt für seine preisgekrönte *ceviche* mit gemischten Krustentieren in einer Sauce aus drei verschiedenen Pfeffersorten. Der Küchenchef ist eindeutig ein Fan von Meeresfrüchten. Die hervorragende Speisekarte wandert einmal über den Ozean und bietet Gerichte mit japanischem und italienischem Einschlag. Zwei Filialen finden sich in San Isidro – in der Canaval y Moreyra 605 und in der Rivera Navarrete 530 –, eine weitere in Miraflores in der Malecón Cisneros 156.
200 MC, V

T'ANTA
$$
PANCHO FIERRO 117
SAN ISIDRO
TEL. 01/4219708
Das von Astrid (der Chefin des Astrid y Gastón) geführte, modern möblierte Feinkostcafé bietet dank seiner Glaswände gutes Licht. Spezialitäten des Hauses sind kreativ gefüllte Sandwiches und kalorienreiche Desserts (auch zum Mitnehmen). Die Einheimischen nutzen die Gelegenheit zu langen Diskussionen bei einer Tasse hervorragenden Kaffees.
90 Alle gängigen Kreditkarten

GOVINDA
$
SCHELL 634
TEL. 01/4442871
Das von Hare Krishna geführte vegetarische Restaurant bietet eine exzellente Auswahl an asiatisch beeinflussten Gerichten.
Geschl. So Keine

SÜDLICHES TIEFLAND

CHALA

HOTEL PUERTO INKA
$$$
PANAMERICANA SUR, KM 610
TEL. 054/778458
E-MAIL: PUERTOINKA@PUERTOINKA.COM.PE
www.puertoinka.com.pe
Das Hotel in einer schönen Bucht nahe den Inka-Ruinen bietet einfache Gerichte, die auf einer Tafel notiert sind, und eine etwas bessere Auswahl von der Karte. Außerdem verleiht es Kajaks und Jetskis und bietet die Möglichkeit zum Ausreiten, Zelten und Schwimmen. An Wochenenden wird abends eine Disko veranstaltet.
48 AE, MC, V

HUACACHINA

HOTEL MOSSONE
$$–$$$
LAGUNA DE HUACACHINA, ICA
TEL. 056/213630
FAX 056/236137
E-MAIL: RESERVAS@DERRAMA.ORG.PE
Seit 1891 als Hotel geführt, verfügt die weiträumige Wüstenhacienda über einen allgemeinen Bereich mit gusseisernen Kronleuchtern und einer klassischen, holzgetäfelten Bar, die auf vergangene Zeiten zurückblickt. Die einfachen, aber eleganten Zimmer sind mit Parkettboden ausgelegt. Für die Gäste gibt es einen Billardtisch, eine Tischtennisplatte, Wasser-Volleyball, Wiesen und ein Restaurant mit Blick auf den See. Räder, Sandboards und ein Frühstück sind im Preis enthalten.
41 Alle gängigen Kreditkarten

EL HUACACHINERO
$$
LAGUNA DE HUACACHINA
TEL. 056/217435
E-MAIL: INFO@ELHUACACHINERO.COM
www.elhuacachinero.com
Bei einem guten Preis-Leistungs-Verhältnis bietet das kleine Hotel einfache, funktional eingerichtete Zimmer

mit Blick über den Pool und die von Palmen beschattete Bar. Den Gästen steht eine ganze Flotte an grünen Dünen-Buggys zur Verfügung; die Mitarbeiter organisieren auch sämtliche Ausflüge in die Umgebung.
21 Keine

HOSTERÍA SUIZA
$$
LAGUNA DE HUACACHINA
ICA
TEL. 056/238762
FAX 056/219516
E-MAIL:
HOSTESUIZA@TERR.COM.PE
www.hostesuiza.com
Die von Schweizern abstammenden Immigranten führen dieses am See gelegene Hotel und sprechen Deutsch, Französisch, Italienisch und Englisch. Sanddünen bilden die natürliche Umrandung des ruhigen Gartens, der rund um einen großen Pool und ein hübsches Haus angelegt ist. Die Zimmer sind gemütlich mit Blick über den See, Garten oder die Dünen. Das Frühstück ist im Preis inbegriffen.
23
Alle gängigen Kreditkarten

ICA

HOTEL LAS DUNAS
$$$$
LA ANGOSTURA 400
TEL. 056/256224
E-MAIL:
DUNAS@INVERTUR.COM.PE
www.lasdunashotel.com
Das Anwesen mit großen, modernen Zimmern (viele mit Gartenblick) und gutem Service ist die beste Unterkunft in der Region. Zum Angebot gehören Flüge über die Nazca-Linien, Jeep-Ausflüge in die Dünen, Mountainbiketouren oder Ausritte. Ein Planetarium *($$$)* zeigt mehrsprachige Shows über die Nazca-Linien und Sterne.
110 3
Alle gängigen Kreditkarten

MOQUEGUA

HOTEL EL MIRADOR
$$$
ALTO DE LA VILLA S/N
TEL. 053/461765
FAX 053/461895
E-MAIL:
HMIRADOR@DERRAMA.ORG.PE
Das drei Kilometer vom Zentrum entfernt auf einem Hügel gelegene El Mirador ist das beste Hotel von Moquegua. Es bietet herrliche Ausblicke, Bungalows und einfache Zimmer (inklusive Frühstück). Für Kinder gibt es einen Spielplatz.
28 Alle gängigen Kreditkarten

NASCA

DER BESONDERE TIPP

HOTEL CANTAYO SPA & RESORT
$$$$
CANTAYO
TEL. 056/522264
FAX 056/522283
E-MAIL:
INFO@HOTELCANTAYO.COM
www.hotelcantayo.com
Das ruhige Hotel, in einer restaurierten Hacienda aus dem 19. Jahrhundert nahe den Aquädukten von Cantallo eingerichtet, bietet einfache Gästezimmer ohne Fernseher. Vom Eingang bis hin zu dem weitläufigen, dicht bewachsenen Garten und einem riesigen Pool bietet das Cantayo Entspannung pur. Die Gäste können durch Gärten voller Magnolien schlendern, joggen, Rad fahren und reiten oder sich gleich für mehrere Tage einmieten und Massagen, Meditationen, Yoga, Tai-Chi, Naturheilverfahren, Bäder und einen individuell abgestimmten Speiseplan genießen.
40
Alle gängigen Kreditkarten

CASA ANDINA NASCA
$$$
BOLOGNESI 367
TEL. 056/523563
FAX 056/521067
E-MAIL:
VENTAS@CASA-ANDINA.COM
www.casa-andina.com
Das beste Hotel im Zentrum von Nazca verfügt ein Restaurant mit peruanischen und internationalen Gerichten und einen kleinen, beschatteten, runden Pool. Auf drei Etagen liegen die ruhigen, komfortablen, modernen und farbenfroh dekorierten Zimmer mit Blick auf einen langen, luftigen, palmenbestandenen Hof. Alle Touren zu den Nasca-Linien können hier organisiert werden.
60
Alle gängigen Kreditkarten

HOTEL ALEGRÍA
$$
LIMA 166
TEL. 056/522702
FAX 056/522444
E-MAIL:
INFO@HOTELALEGRIA.NET
www.nazcaperu.com
Drei Stockwerke mit brandneuen Zimmern liegen rund um einen hübschen Garten mit einem nierenförmigen Pool. In den letzten zwei Jahrzehnten hat sich das Hotel Alegría einen Ruf als Treffpunkt für Peru-Reisende, die sich die Kosten für Touren in die Umgebung teilen wollen, erworben. Das hoteleigene Reisebüro hilft bei der Planung.
45 Alle gängigen Kreditkarten

WALKON INN
$
JOSÉ MARÍA MEJÍA 108
TEL. 056/522566
E-MAIL:
INFO@WALKONINN.COM
www.walkoninn.com
Das Hotel bietet einfache, karge Zimmer mit einem Bett und einer Dusche, aber auch ein Frühstück und hilfsbereite,

freundliche Mitarbeiter: Sie holen ihre Gäste am Busbahnhof ab, bringen sie hin und organisieren auch Flüge und Ausflüge in die Umgebung zu günstigen Preisen. Wer sich für Radtouren oder Übernachtungen in der Wüste interessiert, kann sie nach den Möglichkeiten fragen.
14 Keine

PARACAS

LIBERTADOR PARACAS
$$$$
PARACAS 173
TEL. 056/545100
www.libertador.com.pe
Das beste Hotel in Paracas/Pisco soll 2009 wiedereröffnen, wenn der Wiederaufbau nach den Zerstörungen durch das Erdbeben von 2007 abgeschlossen ist.

POSADA DEL EMANCIPADOR
$$$
PARACAS 25
TEL. 056/9672163
E-MAIL: PARACAS@POSADADELEMANCIPADOR.COM
www.posadadelemancipador.com
Das neue Hotel in Schockpink liegt in den Außenvierteln von Paracas und vermietet fünf Suiten mit Whirlpool sowie fünf zweistöckige Bungalows ($$$$) mit einer Küche und vier Schlafzimmern. Alle Zimmer haben Balkon mit Meerblick.
49 P MC, V

HOSTAL MAR AZUL
$$
ALAN GARCÍA, MZ. B, LOTE 20 CHACO
TEL. 056/534542
E-MAIL: HMARAZULPARACAS@HOTMAIL.COM
Das Budgethotel mit gutem Preis-Leistungs-Verhältnis liegt einen Block vom Strand und vier Blocks von den Kais entfernt. Es bietet seinen Gästen helle, geflieste Zimmer mit großen Fenstern und Balkonen, von denen einige Meerblick freigeben. Im Preis ist ein Frühstück eingeschlossen; Ausflüge zu den Robben- und Seevogelkolonien der Ballestas-Inseln lassen sich einfach organisieren.
16 MC, V

EL CHORITO
$$
AVE. PARACAS S/N
TEL. 056/545045
In dem weißen, luftigen Restaurant mit Deckenventilatoren wird fangfrischer Fisch serviert.
80 Keine

PISCO

POSADA HISPANA HOTEL
$$
BOLOGNESI 222
TEL. 056/536363
E-MAIL: POSADAHISPANA@TERRA.COM
www.posadahispana.com
Einen Block von der Plaza de Armas entfernt, bietet das farbenfroh geschmückte Posada Hispana gemütliche Zimmer (einige mit Loft) und ein Restaurant, das spanische und peruanische Gerichte zubereitet. Es gibt kostenlosen Internetzugang und die Möglichkeit zu grillen; gern werden auch Touren in die Umgebung organisiert.
24 P V

RESIDENCIAL SAN JORGE HOTEL
$$
BARRIO NUEVO 133
TEL. 056/532885
E-MAIL: HOTEL_SAN_JORGE_RESIDENCIAL@HOTMAIL.COM
www.hotelsanjorgeresidencial.com
Die Zimmer variieren in Größe und Ausblick – einige haben Balkon zur Straße hin, während andere in den kleinen Garten blicken – beides hat seine Reize. Pastellfarben in allen Schattierungen sorgen für eine vielfältig abgestimmte Atmosphäre, leuchtende Gemälde des einheimischen Künstlers Cospy Franco (geb. 1968) schmücken die Wände.
38 P Keine

AS DE OROS
$$
SAN MARTÍN 472
TEL. 056/253585
E-MAIL: ASDEOROSSRL@HOTMAIL.COM
www.asdeoros.com.pe
Die moderne, kühle Sportbar mit einem Hof (und Blick auf einen Pool) serviert die besten Meeresfrüchtegerichte der Stadt. Der Pool ist öffentlich zugänglich.
150 Geschl. Mo
P MC, V

CHIFA KEN CHAY
$
ZUÑIGA 131
TEL. 056/534557
Der freundliche chinesische Besitzer und Koch Ken Chay spricht Englisch und zaubert seinen Gästen alles Gewünschte auf den Teller; auch seine Meeresfrüchtegerichte sind zu empfehlen. Das Lokal ist das beste chinesische Restaurant der Region.
50 P Geschl. Di
Alle gängigen Kreditkarten

TACNA

GRAN HOTEL TACNA
$$$
BOLOGNESI 300
TEL. 052/424193
FAX 052/422015
E-MAIL: RESERVAS@GRANHOTELTACNA.COM
www.granhoteltacna.com
Viele der durchweg komfortablen Zimmer bieten Balkon mit Blick auf das Schwimmbecken im Garten. Das Gran Hotel ist nach allen Maßstäben das beste Hotel der Stadt.
78 P
Alle gängigen Kreditkarten

SÜDLICHES HOCHLAND

AREQUIPA

DER BESONDERE TIPP

CASA ANDINA PRIVATE COLLECTION– AREQUIPA
$$$$$
CALLE UGARTE 403
TEL. 054/226907
FAX 054/226908
E-MAIL: INFORMATION@CASA-ANDINA.COM
www.casa-andina.com
Dieses Herrenhaus aus dem 18. Jahrhundert wurde restauriert und 2008 als Arequipas elegantestes Hotel eröffnet. Das Kolonialgebäude hat einen dicht mit Blumen bewachsenen, öffentlichen Innenhof, der von der Hotelrezeption, dem Gourmetrestaurant, einer Bar und einem kleinen Museum umrahmt wird. Die übrigen Räume des Hauses wurden in sechs Suiten umgewandelt. Von der Dachterrasse genießt man einen schönen Blick auf das Kloster und die umliegenden Berge. In einem Anbau werden Standardzimmer vermietet, auch sie sind im Kolonialstil eingerichtet.
41 Alle gängigen Kreditkarten

HOTEL SONESTA POSADAS DEL INCA-AREQUIPA
$$$$
PORTAL DE FLORES 116
TEL. 054/215530
FAX 054/234374
E-MAIL: RESERVASAREQUIPA@SONESTAPERU.COM
www.sonesta.com/Arequipa
Zu dem traumhaft an der Plaza de Armas gelegenen, modernen Hotel gehört das Inkafé Restaurant mit Balkonen – Arequipas Restaurant mit dem besten Blick auf den Platz. Die Zimmerpreise schließen ein Frühstücksbüfett mit ein. Ein kleines Dachschwimmbad wird von einer Sonnenterrasse eingerahmt und bietet Blick auf die schneebedeckten Berge. Wer unbedingt mit Blick auf die Plaza wohnen möchte, muss rechtzeitig buchen: Es gibt nur sieben solcher Zimmer.
58 AE, DC

LA GRUTA HOTEL
$$$
LA GRUTA 304
SELVA ALEGRE
TEL. 054/224631
E-MAIL: LAGRUTA@LAGRUTAHOTEL.COM
www.lagrutahotel.com
Die unterschiedlichen Zimmer haben allesamt große Fenster, schauen in einen ruhigen Vorortgarten und vermitteln eine Art eleganter B&B-Atmosphäre. Einige Zimmer haben einen eigenen Zugang zum Garten oder einen Kamin. Die hilfsbereiten, Englisch sprechenden Angestellten bieten den Transfer von oder zum Flughafen und organisieren auf Wunsch Ausflüge. Auch ein Wäsche- und Zimmerservice wird angeboten, das kontinentale Frühstück ist im Preis inbegriffen.
15
Alle gängigen Kreditkarten

LA CASA DE MELGAR
$$
CALLE MELGAR 108
TEL. 054/222459
E-MAIL: LACASADEMELGAR@TERRA.COM.PE
www.lacasademelgar.com
Das hübsche Gebäude aus dem 18. Jahrhundert verfügt über drei Patios und einen Garten. Jedes Zimmer ist anders eingerichtet und begeistert mit weißen Tuffsteinwänden oder Gewölbedecken aus roten Ziegeln. Die lauten Zimmer zur Straße hin sollte man meiden.
31 V

LA CASA DE MI ABUELA
$$
CALLE JERUSALÉN 606
TEL. 054/241206
FAX 054/242761
E-MAIL: LACASA@TERRA.COM.PE
www.lacasademiabuela.com
„Das Haus meiner Großmutter" war jahrzehntelang eine Institution in Rucksacktouristenkreisen. Seine Sicherheit, die bequemen Betten und der baumbestandene Garten sicherten den Erfolg des Hauses. Mittlerweile wurden fast alle Zimmer modernisiert und dadurch noch aufgewertet.
57 MC, V

RESTAURANT ZIG ZAG
$$$$
ZELA 210
TEL. 054/206020
E-MAIL: INFO@ZIGZAGRESTAURANT.COM
www.zigzagrestaurant.com
Das zweistöckige Kolonialhaus mit einer schmiedeeisernen Wendeltreppe, die von Gustave Eiffel entworfen wurde, ist heute ein Restaurant, in dem eine Mischung aus Schweizer und peruanischer Küche mit dem klangvollen Namen *Alpandino* zubereitet wird. Wer auf seinen Cholesterinspiegel achten muss, kann Strauß- oder Alpakafleischgerichte bestellen, daneben gibt es aber auch Meeresfrüchte, Rind und Fondue.
70 Alle gängigen Kreditkarten

CHE CARLITOS/ EL MONTONERO
$$$–$$$$
ALAMEDA PARDO 123
TEL. 054/202080
www.consorciobongourmet.com
Die Lokale mit Blick auf den Fluss liegen an der Bolognesi-Brücke und servieren authentische Arequipa- und argentinische Gerichte. Im Garten versammeln sich mittags viele Einheimische, die die Qual der Wahl von einer umfangreichen Karte mit traditionellen Gerichten haben. Im oberen Stockwerk ist ein gehobenes Steak-

haus eingerichtet. Für die Kinder gibt es einen großzügigen Spielbereich mit Betreuung.
300 Alle gängigen Kreditkarten

SOL DE MAYO
$$$
JERUSALÉN 207, YANAHUARA
TEL. 054/254148 ODER 054/270391
E-MAIL: RESERVAS@RESTAURANTSOLDEMAYO.COM
www.restaurantsoldemayo.com

Das ruhig in einem Vorort gelegene Sol de Mayo war über ein Jahrhundert lang die „Grande Dame" der Restaurants von Arequipa. Vor allem mittags strömen die Einheimischen in den blumenüberfüllten Garten und die umliegenden Patios, um hier traditionelle Gerichte zu genießen. An den Wochenenden empfiehlt sich eine Reservierung. Ungewöhnlich schmecken das *ocopa*, bei dem der Schwerpunkt eher auf dem gebackenen Käse als auf den Kartoffeln liegt, und die hausgemachte Milch-Zimt-Eiscreme, die köstlich auf der Zunge zergeht.
300 Geschl. So Alle gängigen Kreditkarten

ARY QUEPAY
$$
JERUSALÉN 502
TEL. 054/204583
E-MAIL: RESTAURANT@ARYQUEPAY.COM
www.aryquepay.com

Das Lokal ist bei Touristen beliebt – wen wundert's? Hier bekommen sie landestypische Gerichte von mehrsprachigen Speisekarten, abends spielen Musikgruppen auf, die Gäste sitzen zwischen Blumen und Bambussträuchern, und die Bedienung ist sehr aufmerksam. Hier kann man am besten das Hochlandgericht *cuy* (Meerschweinchen) probieren, daneben auch weitere typische regionale Gerichte wie *rocoto relleno* und *adobo*.
150 DC, MC, V

CRÊPERIE ZIG ZAG
$$
SANTA CATALINA 210
TEL. 054/206620

Das Lokal ist mit rund hundert Crêpe-Variationen, Büchern, Brettspielen, einem offenen Kamin, Balkon, hervorragendem Kaffee und einer schönen Lage beim Monasterio de Santa Catalina eine Topadresse. Die Crêpes bekommen durch Alpaka und Quinoa-Getreide ihre peruanische Note, es gibt sie aber auch mit Fleisch oder rein vegetarisch sowie als Dessertvariante.
60 Keine

EL TURKO II ART RESTAURANT
$$
SAN FRANCISCO 315
TEL. 054/215729
E-MAIL: INFO@ELTURKO.COM.PE
www.elturko.com.pe

Hier läuft einem angesichts der türkischen, nahöstlichen, italienischen und peruanischen Gerichte das Wasser im Mund zusammen! Dazu kommt noch eine Auswahl an internationalen Frühstücksvarianten. Die Gäste sitzen in romantischen Räumen mit hohen Gewölbebogen und Tuffsteinmauern, an denen wechselnde lokale Kunst gezeigt wird. Das Lokal hat einen sehr netten Service und ist das beste von insgesamt fünf Filialen. Durch ein großes Fenster lassen sich von der Straße die guten Geister in der Küche beobachten.
40 MC, V

CHIVAY

CASA ANDINA
$$$
HUAYNA CÁPAC S/N
TEL. 054/531020
FAX 054/531098
E-MAIL: INFO@CASA-ANDINA.COM
www.casa-andina.com

Das gut geführte Haus verfügt über Steinbungalows, die teilweise Strohdächer haben und in einem Garten mit Blick auf die schneebedeckten Berge stehen. Im Restaurant spielen in der Hauptsaison häufig Folkloremusiker. Das angeschlossene Maria-Reiche-Planetarium zeigt um 18.30 Uhr (Spanisch) und 19.30 Uhr (Englisch) für sechs US-Dollar (4,20 Euro) eine Vorführung.
52 Alle gängigen Kreditkarten

WASI KOLPING HOSTEL
$$
SIGLO XX S/N
TEL./FAX 054/531076
E-MAIL: COLCAWASIKOLPING@HOTMAIL.COM
www.hoteleskolping.net

Das kleine, ruhige Hotel am Dorfrand bietet rustikale Hütten, das Frühstück ist im Preis enthalten.
12 MC, V

HOSTAL ANITA
$
PLAZA DE ARMAS 606
TEL. 054/531114

Rund um einen kleinen Garten gruppieren sich die kleinen, sauberen Zimmer des günstigen *hostal*, das zwischen den Läden an der Nordseite der Plaza de Armas liegt.
10 Keine

COLCA CANYON

DER BESONDERE TIPP

LAS CASITAS DEL COLCA
$$$$$
PARQUE CURIÑA S/N
YANQUE
TEL. 01/6108300
E-MAIL: COLCA@PERUORIENTEXPRESS.COM.PE
www.lascasitasdelcolca.com

Die luxuriösen casitas („kleine Häuser") liegen über das Gelände verstreut; das Doppelzimmer kostet hier tausend US-Dollar (700 Euro). Jedes Häuschen hat einen beheizten Außenpool, eine private Terrasse, einen Kamin, Fußbodenheizung und ein Fenster über der Badewanne, durch das man die Sterne betrachten kann. Die Zimmerpreise beinhalten Vollpension, alkoholische Getränke und Aktivitäten wie geführte Wanderungen und Ausritte, Kochkurse und Unterricht im Fliegenfischen. Auf dem Hotelgelände liegen ein Gemüsegarten, ein Bauernhof und ein Spa.

20 Alle gängigen Kreditkarten

COLCA LODGE
$$$$
FUNDO PUYE-YANQUE
TEL. 054/531191
FAX 054/531056
RESERVIERUNGEN IN AREQUIPA:
TEL. 054/202587
FAX 054/220407
E-MAIL:
INFO@COLCA-LODGE.COM
www.colca-lodge.com

Das rustikale, reetgedeckte Hotel, aus Adobe und Stein erbaut, ist für die besten heißen Quellen der Region *(geschl. Feb.–März)* bekannt. Nichthotelgäste dürfen hier baden, wenn sie auch ein Essen einnehmen. Für die Gäste werden Ausritte, Radtouren und Wanderungen angeboten, Angelausrüstung und Schlauchboote stehen ebenfalls zur Verfügung. Die Zimmer haben keinen Fernseher, dafür aber Terrassen mit schönem Blick über das Tal.

48 Alle gängigen Kreditkarten

LA CASA DE MAMA YACCHI
$$$
PUEBLO DE COPORAQUE
RESERVIERUNGEN IN AREQUIPA:
TEL. 054/241206
FAX 054/242761
E-MAIL: RESERVAS@LACASADEMAMAYACCHI.COM
www.lacasademamayacchi.com

Mit seinen Steinmauern, Holzbalken und Reetdächern verströmt das Hotel den Charme des südlichen Hochlands. Auf Wunsch können Ausritte, Radtouren und Wanderungen organisiert werden. Im Preis ist das Frühstücksbüfett, das im Restaurant mit Blick auf das Colca-Tal eingenommen wird, enthalten. Die Lobby ist vor allem abends ein beliebter Treffpunkt.

28 MC, V

JULIACA

SUITES DON CARLOS JULIACA
$$$
MANUEL PRADO 335
TEL. 051/321571
FAX 051/322635
E-MAIL: RESERVATIONS@HOTELESDONCARLOS.COM
www.hotelesdoncarlos.com

Das Hotel in einer ruhigen Straße, einige Blocks vom Zentrum entfernt, bietet gut geschnittene Zimmer mit Heizung, die in dieser Höhe sehr angenehm ist. Auf Wunsch wird Flughafentransfer, Internet und Zimmerservice geboten. Das Hotel ist die beste Adresse in Juliaca.

45 MC, V

LAMPA

HOSTAL LA CASONA
$$$
PLAZA DE ARMAS
TEL. 051/832325
E-MAIL: LACASONALAMPA@YAHOO.COM
http://espanol.geocities.com/lacasonalampa

Mit seinem Ziegeldach, lachsfarbenen Wänden, weißen Gewölbebogen, dem gefliesten Hof und den Holzböden blickt das malerische Herrenhaus auf das 19. Jahrhundert zurück. Liebevoll restauriert, bietet es einen Wohnbereich mit Kamin, Bibliothek, Bar und schönem Blick auf den zentralen Platz.

6 Keine

PUNO

HOTEL LIBERTADOR LAGO TITICACA
$$$$–$$$$$
ISLA ESTEVES S/N
LAGO TITICACA
TEL. 051/367780
FAX 051/367879
E-MAIL:
RESERVAS@LIBERTADOR.COM.PE
www.libertador.com.pe

Von dem hübsch auf einer eigenen Insel gelegenen Hotel geht es über einen Damm ins acht Kilometer entfernte Zentrum. Das strahlend weiße Hotel bietet elf Suiten und viele Zimmer mit Seeblick. Die Möblierung ist elegant, wenn auch etwas langweilig. Herden von Alpakas streifen auf dem zwölf Hektar großen Gelände umher; im Preis ist das Frühstück eingeschlossen.

123 Alle gängigen Kreditkarten

SONESTA POSADA DEL INCA – LAGO TITICACA
$$$$
SESQUICENTENARIO 610
SECTOR HUAJE
TEL. 051/364111
FAX 051/363672
E-MAIL: RESERVASPUNO@SONESTAPERU.COM
www.sonesta.com

Das Hotel liegt am Ufer des Titicacasees, fünf Kilometer vom Zentrum Punos entfernt, und bietet viele Ausflugsfahrten auf dem See an. Der Dampfer „Yavari" (siehe S. #113) liegt hier vor Anker. Zuggäste, die auf der Strecke Cusco–Puno unterwegs sind, können an der hoteleigenen Bahnstation aussteigen. Die Hälfte der schalldichten, farbenfroh möblierten Zimmer bietet Seeblick. Im Preis ist ein reichhaltiges Frühstücksbüfett im Restaurant mit Seeblick inbegriffen.

62
Alle gängigen Kreditkarten

PLAZA MAYOR HOSTAL
$$$
DEUSTUA 342
TEL. 051/366089
E-MAIL: RESERVAS@PLAZAMAYORHOSTAL.COM
www.plazamayorhostal.com
Das gemütliche Hotel hat eine große Lobby mit Kamin, nettes Personal, beheizte Zimmer, Bäder mit Badewanne, Dusche und Föhn und eine großartige Lage, einen halben Block von der Plaza de Armas entfernt.
34 Alle gängigen Kreditkarten

HOSTAL PUKARA
$$
LIBERTAD 328
TEL. 051/368448
FAX 051/365232
E-MAIL: PUKARA@TERRA.COM.PE
www.pukaratitikaka.com
Das Hotel bietet mit Zimmern, die ordentlich beheizt werden, heißen Duschen, Fernsehern auf den Zimmern, einem Frühstück, der zentralen Lage und kostenlosem Flughafen- oder Busbahnhoftransfer ein gutes Preis-Leistungs-Verhältnis.
14 P AE, MC, V

HOSTAL LOS PINOS INN
$
TARAPACÁ 182
TEL. 051/367398
E-MAIL: HOSTALPINOS@HOTMAIL.COM
Das günstige und deshalb bei Reisenden beliebte *hostal* bietet einfache, aber saubere und große Zimmer mit warmen Duschen und hat freundliche Angestellte.
16 Keine

APU SALKANTAY
$$–$$$
LIMA 425
TEL. 051/363955
E-MAIL: APUSALKANTAY@HOTMAIL.COM
Eines der beliebtesten Lokale im Zentrum mit einem Kamin und einer umfangreichen Speisekarte, die lokale und internationale Gerichte führt. In der Hauptsaison spielen jeden Abend Folkloregruppen.
80 DC, MC, V

INCABAR
$$–$$$
LIMA 348
TEL. 051/368031
Regionale Spezialitäten wie Alpaka oder Titicacasee-Forelle werden mit einem internationalen Einschlag serviert. Die Saucen sind mal cremig, mal stark gewürzt, mal ziemlich bunt. Das Restaurant hat zu allen Mahlzeiten geöffnet und zusätzlich im hinteren Bereich eine Couchbar.
100 Alle gängigen Kreditkarten

RESTAURANTE MUSEO LA CASONA
$$–$$$
LIMA 517
TEL. 051/351108
Das einem Museum ähnliche Restaurant mit mehreren Räumen zeigt Sammlungen von Kolonialkunst und antiken Bügeleisen. Auf der Karte findet sich neben Standardgerichten auch eine gute Auswahl an regionalen Fischgerichten, Alpaka, *cuy* (Meerschweinchen) und Rinderherz.
120 DC, MC, V

EL BUHO PIZZERÍA
$–$$
LIMA 346
TEL. 051/363955
Die gut besuchte Pizzeria (mit Holzofen) und abendlich auftretenden Gruppen von Folklórico-Musikern ist ein beliebter Treffpunkt im Ort.
60 Geschl. M DC, V

LA CASA DEL CORREGIDOR
$
DEUSTUA 576
TEL. 051/351921
Hervorragender einheimischer Kaffee und eine kleine Auswahl an kreativen Salaten und Sandwiches bietet dieses Café in einem Gebäude aus dem 17. Jahrhundert, das zugleich als Kulturzentrum genutzt wird.
24 Geschl. Mo Keine

RICOS PAN
$
MOQUEGUA 326 ODER LIMA 424 ODER AREQUIPA 332
Die kleine lokale Bäckereikette begann ihre Erfolgsstory in der Moquegua 326 und hat mittlerweile zwei weitere Filialen eröffnet. Die Gäste können drinnen essen oder die leckersten Backwaren in die Stadt mitnehmen. Hervorragend sind der Kaffee und die Pisco Sours am Abend. Für Picknicks und Ausflüge werden Lunchpakete angeboten.
Geschl. So Keine

PUNO AREA

DER BESONDERE TIPP

CASA ANDINA PRIVATE COLLECTION – ISLA SUASI
$$$$$
LAGO TITICACA
TEL. 800/442-5042 (USA)
MOBIL 051/951310070
RESERVIERUNG IN LIMA: TEL. 01/2139739
E-MAIL: INFORMATION@CASA-ANDINA.COM
www.casa-andina.com/suasi
(Siehe Isla Suasi S. 117) Das Casa Andina ist das bequemste und abgelegenste Hotel am Titicacasee. Es wurde aus in der Nähe gebrochenem Stein, Adobe und Totora-Schilf erbaut; die Zimmer bieten Seeblick, die privaten Cottages mit zwei Zimmern sogar einen Butlerservice. Im Restaurant werden hervorragende Speisen der *Novoandina*-Küche und internationale Gerichte zubereitet. Im Preis sind die Mahlzeiten und der Wein inbegriffen. Die Angestellten sind durch-

weg freundlich und aufmerksam. Das Casa Andina führt drei weitere Hotels in Puno.
25 Alle gängigen Kreditkarten

REGION CUSCO

AGUAS CALIENTES

MACHU PICCHU HOTEL
$$$$$
BÜRO IN LIMA: ANDALUCÍA 174, MIRAFLORES
TEL. 01/6100400
FAX 01/4224701
E-MAIL:
CENTRAL@INKATERRA.COM
www.inkaterra.com/en/machu-picchu
Die Cottages liegen versteckt im Nebelwald und einem Garten voller Orchideen – nur einen kurzen Weg vom Zentrum entfernt. Das Hotel ist das luxuriöseste der Umgebung und hat eine eigene Zugstation. Die großzügig geschnittenen Räume sind gefliest und haben Holzbalken an den Decken, Alpakadecken und Kamin; dazu kommen ein Gourmetrestaurant, ein Spa, traditionelle Zeremonien und geführte naturkundliche Wanderungen. Die Cottages sind allerdings nur über viele Treppen zu erreichen.
85 Alle gängigen Kreditkarten

INTI INN
$$$$
PACHACUTEC, CUADRA 4
TEL. 084/211137
E-MAIL:
HOTELES@GRUPOINTI.COM
www.grupointi.com
Das rustikal aussehende Hotel offeriert kleine, bequeme Zimmer mit schönen Möbeln. Im Zimmerpreis ist das Frühstück enthalten.
30 AE, MC, V

MACHU PICCHU INN
$$$$
PACHACUTEC 109
TEL. 084/211011
FAX 084/211056
E-MAIL: RESERVAS@KEYHOLDINGPERU.COM
www.keyholdingperu.com
Das moderne Hotel in zentraler Lage unweit der Plaza bietet große und komfortable, aber auch etwas langweilig möblierte Zimmer mit Frühstück.
48 MC, V

GRINGO BILL'S
$$$–$$$$
COLLA RAYMI 104, HAUPTPLATZ
TEL. 084/211046
MOBIL 084/984 820715
BÜRO IN CUSCO: EL SOL 520
TEL. 084/223663
E-MAIL:
GRINGOBILLS@YAHOO.COM
www.gringobills.com
Das 1979 eröffnete Hotel ist eine der alten Rucksacktouristen-Unterkünfte, die inzwischen zu besseren Hotels umgebaut wurden. Die weitläufigen Räume stehen voller schöner Holzmöbel, die Wände wurden von einem Künstler aus Cusco gestaltet. Zimmer mit Frühstück.
16 AE, MC, V

HOSTAL LA CABAÑA
$$$
PACHACUTEC M20-3
TEL. 084/211048
FAX 084/211269
E-MAIL: LACABANA_MAPI@HOTMAIL.COM, **http://lacabanamachupicchu.com**
Das hübsche Hotel aus Holz, einige Blocks den Pachacutec-Hügel hinauf gelegen, bietet einige Zimmer mit grandiosem Ausblick. Die hilfsbereiten Gastgeber sind ein Grund mehr, sich hier einzuquartieren. Das Frühstück ist im Preis inbegriffen.
20 DC, MC, V

CUSCO

Hotels

DER BESONDERE TIPP

HOTEL MONASTERIO
$$$$$
PALACIOS 136
TEL. 084/241777
FAX 084/237111
E-MAIL: INFO@PERUORIENT-EXPRESS.COM.PE
www.monasterio.orient-express.com
Dank der mächtigen kolonialen Eingangstüren aus Holz und den mit Antiquitäten möblierten öffentlichen Räumen, die sich zu einem Hof mit einem jahrhundertealten Brunnen öffnen, herrscht hier eine ganz besondere Atmosphäre. Das Hotel ist ein sorgfältig erhaltenes Kloster aus dem 16. Jahrhundert mit einer wunderschönen Kirche, kolonialzeitlichen Kolonnaden und Stilmöbeln. Doch auch die Annehmlichkeiten des 21. Jahrhunderts fehlen nicht, bleiben aber unauffällig. Das Hotel bietet Spa-Anwendungen, einen Bad-Butler und einige mit Sauerstoff angereicherte Zimmer, um der Höhenkrankheit *soroche* entgegenzuwirken. Das Restaurant ist sehr gut.
126 Alle gängigen Kreditkarten

LIBERTADOR PALACIO DEL INKA
$$$$–$$$$$
PLAZOLETA SANTO DOMINGO 259
TEL. 084/231961
FAX 084/233152
E-MAIL:
CUSCO@LIBERTADOR.COM.PE
www.libertador.com.pe
Gleich neben dem Qoricancha und nur vier Blocks von der Plaza de Armas entfernt, bietet das hervorragende Hotel einen außergewöhnlich guten Service. Es befindet sich in einem der ältesten Gebäude der Stadt, das auf Inkamauern errichtet wurde. Sie sind teilweise noch in der großzügig geschnittenen Lobby und der eleganten Bar zu sehen. Das gesamte Hotel wurde in Anlehnung an die Kolonialarchitektur geplant: Die Zimmer sind großzügig bemessen und

mit Stilmöbeln, Bädern mit Wanne und vielen Balkonen mit traditionellen blauen Fensterläden ausgestattet.
254 Alle gängigen Kreditkarten

CASA ANDINA PRIVATE COLLECTION – CUSCO
$$$$

PLAZOLETA DE LIMACPAMPA CHICO 473
TEL. 084/232610
FAX 084/232629
E-MAIL: TRAVEL@CASA-ANDINA.COM
www.casa-andina.com

Das beste unter dem halben Dutzend Casa-Andina-Hotels in Cusco und dem „Heiligen Tal". Das Kolonialherrenhaus aus dem 17. Jahrhundert hat große, bequeme Zimmer, die sich zu einem Innenhof hin öffnen. Dort verkaufen manchmal einheimische Weber ihre Waren. Das Restaurant zählt zu den besten der Stadt; die Angestellten sind sehr hilfsbereit.
94 Alle gängigen Kreditkarten

ECO INN
$$$$

AVE. DEL SOL 1010
TEL. 084/581270
FAX 084/581271
E-MAIL: RESERVASCUSCO@ECOINNHOTELS.COM
www.ecoinnhotels.com

Das moderne Hotel verfügt über einen erholsamen gefliesten Hof mit einem Wasserfall und einem Baum. Die großzügig geschnittenen Räume sind in Pastellfarben gehalten und haben einen Flachbildschirmfernseher. Vom Hotel ist man in 15 Minuten an der Plaza de Armas. Sehr angenehm fällt auf, dass hier einmal keine Anlehnung an die Kolonial- oder Inkazeit erfolgt. Im Spa werden allerdings auch die traditionellen Behandlungsmethoden angeboten.
167 P
Alle gängigen Kreditkarten

CASA SAN BLAS
$$$–$$$$

TOCUYEROS 566
TEL. 084/237900
FAX 084/251563
E-MAIL: INFO@PEBHL.COM
www.casasanblas.com

Die beste Unterkunft im Künstlerviertel rund um die Plaza San Blas. Man findet das kleine Casa San Blas, das viel Wert auf persönlichen Service legt, zurückversetzt in einer hübschen Kopfsteinpflastergasse, drei Blocks von der Plaza de Armas entfernt. Die Suiten im oberen Stock haben Küchenzeilen und eröffnen einen tollen Blick über die Stadt. Die Standardzimmer bieten extralange Betten und sind nach den Webstoffen benannt, die die Wände schmücken.
41 AE, MC, V

HOTEL RUMI PUNKU
$$$

CHOQUECHACA 339
TEL. 084/221102
FAX 084/242741
E-MAIL: INFO@RUMIPUNKU.COM
www.rumipunku.com

Der Quechua-Name bedeutet übersetzt „steinerne Eingangstür" und bezieht sich auf den Inka-Eingang des Kolonialgebäudes, das sich um zwei Höfe erstreckt. In einem Hof ist noch eine Mauer aus der Zeit der Inka zu sehen. Eine Lounge bietet Kamin, Spiele und Internetanschluss, die Dachterrasse schöne Blicke über die Stadt. Die luftigen Zimmer haben Hartholzböden, Heizung und warme Bettdecken. Im Zimmerpreis ist das Frühstücksbüfett enthalten, die Nutzung des Fitnessbereichs mit Sauna und Whirlpool muss extra bezahlt werden.
30 P
Alle gängigen Kreditkarten

ROYAL INKA I
$$$

PLAZA REGOCIJO 299

Siehe Royal Inka II (nächster Eintrag).

ROYAL INKA II
$$$

SANTA TERESA 335
TEL. 084/222284
E-MAIL: ROYALINKA@SPEEDY.COM.PE
www.royalinkahotel.com

Die beiden Häuser sind gute Mittelklassehotels und liegen zwei beziehungsweise drei Blocks von der Plaza de Armas entfernt. Das Royal Inka I ist in einem 300 Jahre alten Gebäude mit einem hübschen Hof eingerichtet, das neuere Inka II hat eine Sauna, die die Gäste beider Häuser nutzen dürfen. Auch die hoteleigenen Restaurants sind gut.
53 (Royal Inka I) 45 (Royal Inka II)
Alle gängigen Kreditkarten

HOSTAL PASCANA
$$

AHUACPINTA 539
TEL. 084/225771
E-MAIL: RESERVAS@HOSTALPASCANA.COM
www.hostalpascana.com

Das freundliche kleine Hotel hat helle Räume, teilweise mit Blick auf den Qoricancha. Das Hostal bietet einen Büchertausch, Wäscheservice, Internetanschluss, ein im Preis eingeschlossenes kontinentales Frühstück und Zimmerservice.
160 Alle gängigen Kreditkarten

LOS ATICOS
$$

PASAJE HURTADO-ALVAREZ QUERA 253
TEL. 084/231710
E-MAIL: INFO@MILLATURISMO.COM
www.losaticos.com

Das am Ende einer ruhigen Allee gelegene Los Aticos serviert den Gästen das Frühstück in der Gemeinschaftsküche, die die Gäste auch selbst benutzen dürfen. Es gibt kostenlosen Internetzugang, eine Waschmaschine und einen Büchertausch. Die besten Zimmer sind die Apartments mit Küchenzeile

und Wohnraum – vor allem für Langzeitaufenthalte empfehlenswert. Ein Spa und eine Sauna befinden sich angenehmerweise gleich nebenan.
13 Keine

AMARU HOSTAL
$–$$
CUESTA DE SAN BLAS 541
TEL. 084/225933
E-MAIL: AMARUHOSTAL@SPEEDY.COM.PE
www.cusco.net/amaru
Einige Zimmer bieten einen herrlichen Blick über die Stadt und ein eigenes Bad, andere haben nur Gemeinschaftsbäder. Die Angestellten sind sehr freundlich. Für alle Gäste gibt es ein Fernsehzimmer, einen Büchertausch und einen sonnigen Hof. Das Frühstück ist im Preis enthalten.
27 MC, V

Restaurants

EL TRUCO
$$$$$
PLAZA REGOCIJO 261
TEL. 084/235295
www.cuscoperu.com/eltruco
Das in einer Münze aus dem 17. Jahrhundert eingerichtete Hotel – einst wurden hier Gold- und Silbermünzen geprägt – ist nach dem Glückspiel benannt, das hier in der frühen Kolonialzeit gern gespielt wurde. Abends um 20 Uhr wird eine Show mit Anden- und Küstenmusik sowie Tänzen gezeigt. Die Speisekarte bietet sowohl klassische Landesgerichte als auch internationale Klassiker. In der Hauptsaison sollte man reservieren.
150 Alle gängigen Kreditkarten

MAP CAFÉ
$$$$$
MUSEO DE ARTE PRECOLOMBINO, PLAZA NAZARENAS 231
TEL. 084/242476
www.cuscorestaurants.com
Das Lokal in einem futuristischen, verglasten Bereich des Hofes, der zum Museo de Arte Precolombino gehört, serviert die besten peruanischen Gerichte in der Stadt. Tagsüber wird eine Auswahl an günstigen Sandwiches und leichten Gerichten angeboten, abends (unbedingt reservieren) begeistern die Küchenchefs mit einer exquisiten *Novoandina*-Küche. Auch ein Festpreis-Abendmenü wird angeboten.
48 Keine

RESTAURANTE TUNUPA
$$$$$
PORTAL DE CONFITURIA 233
1. STOCK, PLAZA DE ARMAS
TEL. 084/252936
www.tunupa.com.pe
Jeden Abend um 19.30 Uhr findet hier eine Show statt, bei der vor allem Musiker und Tänzer aus dem Hochland die Massen anziehen. Die Abendgäste haben die Wahl, vor der Bühne oder an Tischen auf den Balkonen mit Blick auf die Plaza zu sitzen. Zur Auswahl stehen Gerichte von der Karte oder das umfangreiche Büfett mit traditionellen und Gerichten der *Novoandina*-Küche. In der Hauptsaison sollte man die Plätze reservieren.
150 Alle gängigen Kreditkarten

INKA GRILL
$$$–$$$$$
PORTAL DE PANES 115
PLAZA DE ARMAS
TEL. 084/262992
E-MAIL: INFO@INKAGRILLCUSCO.COM
www.inkagrillcusco.com
Einige wenige Tische bieten den Blick auf die Plaza. Das hervorragende Grillrestaurant serviert kreative *Novoandina*-Gerichte, darunter Alpaka und *cuy* (Meerschweinchen). Auf der Karte finden sich aber auch Pastagerichte und eine Auswahl an vegetarischen Speisen; die Desserts zählen zu den besten der Stadt. Eine Reservierung wird empfohlen.
130 Alle gängigen Kreditkarten

CICCIOLINA
$$$–$$$$
TRIUNFO 393, 1. STOCK,
TEL. 084/239510
E-MAIL: CICCIOLINACUZCO@YAHOO.COM
www.cicciolinacuzco.com
Zu dem immer gut besuchten Restaurant geht es durch eine lange Tapasbar. Im eleganten Speisesaal mit tiefroten Wänden und schweren, geschnitzten Stühlen wird eine Verschmelzung mediterraner, asiatischer und peruanischer Küche serviert; die Weinkarte kann sich sehen lassen.
80 Alle gängigen Kreditkarten

INCANTO RISTORANTE
$$$–$$$$
SANTA CATALINA ANGOSTA 135
TEL. 084/254753
E-MAIL: INCANTO@CUSCORESTAURANTS.COM
www.cuscorestaurants.com
Einst ein Inkapalast, findet sich heute hier ein fabelhaftes italienisches Lokal, das mehr als 80 Gerichte anbietet. Wem der Sinn nach Pasta, Grillgerichten und feinen Weinen steht, sollte das Incanto besuchen. Wer will, kann auch von der Karte des Greens (siehe S. 288) bestellen.
140 Alle gängigen Kreditkarten

BACO
$$$
RUINAS 465
TEL. 084/242808
E-MAIL: BACORESTAURANTE@YAHOO.COM
Die hippe Weinbar (probieren sollte man die drei vom Sommelier empfohlenen Weine) ist ebenso für ihre Gourmetpizzen und die ausgefallenen Bargerichte bekannt. Doch auch Steaks, Salate und Pastagerichte können bestellt werden.
60 Geschl. So Alle gängigen Kreditkarten

PACHA PAPA

$$$

PLAZOLETA SAN BLAS 120
TEL. 084/241318
E-MAIL: PACHAPAPA@CUSCO RESTAURANTS.COM
www.cuscorestaurants.com

Das Restaurant hat Tische drinnen wie draußen stehen. Die Köche bereiten peruanische Gerichte mit alten Techniken, wie *pachamanca* („unter der Erde gegart"), in Holzöfen und Lehmtöpfen. Auf der Karte finden sich auch verschiedene Pizzen und Alpaka.

45 Alle gängigen Kreditkarten

GREENS ORGANIC

$$–$$$

SANTA CATALINA ANGOSTA 135, 1. STOCK,
TEL. 084/243379
E-MAIL: GREENS@CUSCO RESTAURANTS.COM
www.cuscorestaurants.com

Das halbvegetarische Greens ist auf Biogemüse spezialisiert und führt seine Räumlichkeiten eine Etage über dem Incanto. Eine Auswahl an Huhn-, Lamm- und Forellengerichten gibt es für die Nichtvegetarier, doch eigentlich sollte man hier die Gerichte mit rein pflanzlichen Zutaten probieren.

85 Alle gängigen Kreditkarten

KUSIKUY

$$

SUECIA 339
TEL. 084/262870

Hier wird eine hervorragende Auswahl an typischen Hochlandgerichten serviert. Das Kusikuy zählt zu den besten Adressen, *cuy* (Meerschweinchen) zu probieren, das eine Stunde vorher bestellt werden sollte.

60 Geschl. So M Keine

PUCARA

$$

PLATEROS 309
TEL. 084/222027

Das unweit der Plaza de Armas liegende Gebäude wurde auf Inka-Fundamenten errichtet. Das Restaurant mit Holztischen, weißen Wänden und Kunst archäologischer Inhalte bietet eine Karte mit peruanischen, asiatischen und internationalen Gerichten.

50 Geschl. So Keine

CROSS KEYS

$$

TRIUNFO 350, 1. STOCK,
TEL. 084/229227
www.cross-keys-pub-cusco-peru.com/

Cuscos originelles englisches Pub zog Ende 2008 von der Plaza de Armas zu dieser neuen Adresse um. Es serviert den ganzen Tag über ein englisches Frühstück sowie Pubgerichte und indische Currys. Dartscheiben, WLAN, ein großer Flachbildschirmfernseher und die Pubatmosphäre ziehen vor allem heimwehkranke Auswanderer an.

60 Keine

GRANJA HEIDI

$–$$

CUESTA SAN BLAS 525, 1. STOCK,
TEL. 084/238383

Das deutsche Café ist für seine riesigen und abwechslungsreichen Frühstücksangebote, aber auch die guten Mittagsgerichte bekannt. Hier werden nur die eigenen Molkereierzeugnisse verwendet.

40 Geschl. So Keine

JACK'S CAFÉ BAR

$–$$

CHOQUECHACA BEI DER CUESTA SAN BLAS
TEL. 084/254606

Das äußerst beliebte und zudem noch künstlerisch angehauchte Café serviert den ganzen Tag über sein hervorragendes Frühstück, bietet Gourmetsandwiches und Salate und hat eine Karte mit internationalen Bistrogerichten. Vor allem abends warten die Gäste oft vor der Tür auf einen frei werdenden Tisch.

44 Keine

I DUE MONDI

$

SANTA CATALINA ANCHA 366
TEL. 084/247677

Das italienische Café macht die beste Eiscreme der Stadt.

24 Keine

KINTARO

$

HELADEROS 149
TEL. 084/226181
www.kintaro-cusco.com

Das kleine Restaurant serviert authentische japanische und vegetarische Gerichte zu einem sehr fairen Preis. Wer sich auf den Besuch vorbereiten will, kann auf der Website eine kleine Einführung über die gesundheitsfördernden Bestandteile der japanischen Küche lesen.

25 Geschl. So Keine

QUINTA ZÁRATE

$

TOTORA PACCHA 769
TEL. 084/245114

Eine *quinta* ist ein Landhaus, das eine kleine Speisekarte mit traditionellen Andengerichten führt. Dieses Haus ist allerdings schwierig zu finden, denn es liegt an einer Piste hoch über San Blas. Der mühselige Weg dorthin lohnt sich schon allein wegen der Gartentische mit tollem Blick auf den Gipfel des Ausangate. Bei schlechtem Wetter kann man in die Innenräume ausweichen.

100 Geschl. A Keine

MACHU PICCHU

MACHU PICCHU SANCTUARY LODGE

$$$$$

MACHU PICCHU ARCHÄOLOGISCHE STÄTTE
MOBIL 084/984 816953 (LODGE)
RESERVIERUNG IN LIMA:
TEL. 01/6108300
RESERVIERUNG IN CUSCO:

FAX 084/211053
E-MAIL: RES-MAPI@PERU
ORIENT-EXPRESS.COM.PE
http://machupicchu.orient-express.com
Wer im einzigen Hotel in Machu Picchu übernachten will, muss für diese Toplage tief in die Tasche greifen. Die komfortablen Zimmer mit Bergblick kosten über tausend US-Dollar (700 Euro), die Zimmer ohne Blick sind nur unwesentlich billiger. Angeboten werden Massagen und Privatführer. Während der Hauptsaison ist das Hotel durch Gruppen (die Ermäßigungen aushandeln können) gut belegt. Im Zimmerpreis sind Mahlzeiten und Getränke enthalten. Tagesbesucher können sich am Mittagsbüfett bedienen ($$$$$).
31 Alle gängigen Kreditkarten

OLLANTAYTAMBO

PAKARITAMPU
$$$$
AVE. FERROCARRIL S/N
TEL. 084/204020
E-MAIL: PIRAMIDE@
PAKARITAMPU.COM
www.pakaritampu.com
In einem Blumengarten mit Berg- und Machu-Picchu-Blick gelegen, ist dieses Hotel komfortabel und gastfreundlich. Von hier aus können Ausflüge und Outdoor-Aktivitäten geplant werden. Die große, luftige Lobby hat einen Kamin, Kabel-TV und ein Restaurant, in dem Gerichte der *Novoandina*-Küche serviert werden. In den Zimmerpreisen ist ein Frühstück enthalten, auf Wunsch wird ein Lunchpaket zusammengestellt.
38 P Alle gängigen Kreditkarte

EL ALBERGUE B&B
$$$
BAHNSTATION OLLANTAYTAMBO
TEL. 084/204014
E-MAIL: RESERVATIONS@
ELALBERGUE.COM
www.elalbergue.com
Wer im B&B übernachtet, wird den Zug nicht verpassen! Der Künstler Weeks besitzt das geschmackvoll eingerichtete Haus seit über 30 Jahren und kennt die Gegend sehr gut. Das B&B bietet für Gäste eine rustikale Sauna.
8 V

MAYUPATA
$$
CONVENCIÓN S/N
TEL. 084/204009
Das Restaurant mit Kamin im Innern sowie einem Garten mit Blick auf den Fluss serviert Pizzen, landestypische Gerichte, Sandwiches und einige internationale Gerichte.
40 P Keine

HEARTS CAFÉ
$–$$
PLAZA DE ARMAS
TEL. 084/204078
E-MAIL:
HEARTS.CAFE@HOTMAIL.COM
www.heartscafe.org
Das Café mit Tischen drinnen wie draußen serviert alle Mahlzeiten mit selbst gebackenem Brot und Gebäck. Es gibt Quinoa-Brei, Sandwiches, Salate, Suppen, Snacks, Lunchboxen und vegane Gerichte. Der Gewinn geht an lokale Projekte der Kinderhilfe, freiwillige Mitarbeiter sind herzlich willkommen.
47 P Keine

REGION URUBAMBA-YUCAY-CALCA

SOL Y LUNA LODGE
$$$$
HUICHO, URUBAMBA
TEL. 084/201620
FAX 084/201184
E-MAIL:
INFO@HOTELSOLYLUNA.COM
www.hotelsolyluna.com
Malerische runde Bungalows mit Privatterrassen liegen über den Blumengarten verstreut. Die Lodge bietet Ausritte mit Pferden aus dem eigenen Stall an, außerdem Bergtouren, Wanderungen, Drachenfliegen und andere Outdoor-Abenteuer. Daneben gibt es ein voll ausgestattetes Spa und einen Tennisplatz. Das Restaurant *Killa Wasi* („Haus des Mondes") serviert manchmal Mittagsbüfetts (Di, Do, So); auf der Karte finden sich außerdem *Novoandina*-Gerichte. Beliebt sind die Pizza-Nächte und die *pachamancas* (Erdtopfgerichte).
28 P Alle gängigen Kreditkarten

SONESTA POSADA DEL INCA
$$$–$$$$
PLAZA MANCO II DE YUCAY, 123
TEL. 084/201107
FAX 084/201345
E-MAIL: RESERVASYUCAY@
SONESTAPERU.COM
www.sonesta.com/Sacred Valley
Das Hotel – ursprünglich ein Klosterbau aus dem 18. Jahrhundert – bietet attraktive Bungalows im neokolonialen Stil, die dorfähnlich in einem Garten mit Steinwegen, Brunnen und einer Kapelle stehen. Einige Zimmer sind im knarrenden Originalgebäude, in dem sich auch die Lobby, Souvenirshops und ein Privatmuseum befinden, untergebracht. Das Frühstücksbüfett ist im Zimmerpreis inbegriffen.
84 P Alle gängigen Kreditkarten

URUBAMBA BOUTIQUE LODGE
$$$–$$$$
HUARÁN, CALCA
TEL. 084/237900
FAX 084/254852
MOBIL 084/9705676
BÜRO CUSCO: TEL. 084/251563
E-MAIL: INFO@URUBAMBA
BOUTIQUELODGE.COM
www.urubambaboutique lodge.com
Die Lodge, in einem mit Rasen und vielen Blumen bepflanzten Garten gelegen, findet sich in der Nähe des Startpunktes der Trekkingroute nach Lares.

Die Bäder haben große Badewannen, dekoriert wurde mit präkolumbischen und kolonialen Motiven, und die oberen Räume haben sogar eigene Balkone. Das zum Haotel gehörige Restaurant *Mayu Fuzion* (*Mayu* ist das Quechua-Wort für „Fluss") serviert lokale und Biogerichte mit internationalem Einschlag. Die Englisch sprechenden, freundlichen Angestellten organisieren auf Wunsch Ausflüge und beantworten auch sonst gern die Fragen ihrer Gäste.
22 P AE, MC, V

DAS ZENTRALE HOCHLAND

AYACUCHO

PLAZA HOTEL
$$$
9 DE DICIEMBRE 184
TEL. 066/312202
FAX 066/312314
E-MAIL:
HPLAZA@DERRAMAJAE.ORG.PE
Das beste und größte Hotel von Ayacucho liegt zentral, nahe der Plaza de Armas. Von außen ist es mit seiner Kolonialarchitektur und einem in seiner Mitte liegenden Hof sehr schön, aber die Zimmer sind doch sehr nüchtern eingerichtet, auch wenn manche einen Balkon haben und einige wenige Blick auf den Platz bieten.
80 P Alle gängigen Kreditkarten

HOTEL SANTA MARIA
$$
AREQUIPA 320
TEL. 066/314988
E-MAIL: SANTAMARIAHOTEL2@HOTMAIL.COM
Komfortable, geräumige und moderne Zimmer mit Fernseher und zudem ein schöner Blick von der Dachterrasse. Das Frühstück ist im Preis für die Übernachtung enthalten.
18 P Keine

HOTEL SANTA ROSA
$$
LIMA 166
TEL. 066/314614
ODER 066/312083
E-MAIL: HOTEL_SANTA_ROSA@YAHOO.ES
www.hotel-santarosa.com
Das stimmungsvolle Herrenhaus aus dem 17. Jahrhundert hat große Zimmer mit eigenem Bad, die sich um zwei Höfe gruppieren. Die Angestellten sind sehr freundlich.
14 P MC, V

HOSTAL EL MARQUÉS DE VALDELIRIOS
$
BOLOGNESI 720
TEL. 066/318944
FAX 066/314014
In einem wunderschönen Kolonialgebäude eingerichtet, liegt das Hotel in einem ruhigen Viertel, sieben Blocks vom Zentrum Ayacuchos entfernt. Es hat eine schöne Terrasse, Stilmöbel und einige Zimmer mit Balkon. Das Frühstück ist im Preis inbegriffen.
14 Keine

LA CASONA
$–$$
BELLIDO 463
TEL. 066/812733
Hier werden große Portionen peruanischer Gerichte serviert – entweder im hellen Speisesaal oder in einem blumengeschmückten Patio, der sowohl Einheimische wie auch Besucher anzieht.
90 MC, V

URPICHA
$–$$
LONDRES 272
TEL. 066/313905
Rustikale Tische stehen rund um einen mit Blumen und Kakteen dicht bepflanzten Garten. Den Schwerpunkt der Küche bilden fleischhaltige regionale Gerichte wie *puca picante* (Eintopf mit Schweinefleisch) oder *patachi* (siehe S. 162), auf der Karte finden sich aber auch *cuy* (Meerschweinchen), Schwein, Huhn und Forelle.
48 Keine

WALLPA SUA
$–$$
GARCILASO DE LA VEGA 240
TEL. 066/312006
Das Restaurant serviert die besten Brathühnchen, die über dem offenen Feuer gegrillt werden. Die Einheimischen kommen jeden Abend, um sich mit Hähnchen und Chips den Bauch zu füllen, es finden sich aber auch Steaks und Suppen auf der Karte. An den Wochenenden schauen Musiker im Lokal vorbei.
58 Geschl. Mo & M
Keine

HUANCAVELICA

HOTEL PRESIDENTE
$–$$$
PLAZA DE ARMAS S/N
TEL. 067/452760
E-MAIL: PRESIDENTEHVCA@SPEEDY.COM.PE
www.hoteles-del-centro.com/chcen13.htm
Das einzige Hotel in Huancavelica ist in einem schönen alten Gebäude an der Plaza untergebracht. Die Zimmer sind eher spartanisch eingerichtet, doch die Betten sind bequem. Zudem werden einige günstige Zimmer mit Gemeinschaftsbad angeboten.
45 Alle gängigen Kreditkarten

HUANCAYO

HOTEL TURISMO
$$$
ANCASH 729
TEL. 064/231072
FAX 064/235611
E-MAIL:
HOTELHYO@SPEEDY.COM.PE
www.hoteles-del-centro.com/chcen11.htm
Das elegante, aus den frühen 1920er Jahren stammende

Gebäude blickt über das Stadtzentrum und beherbergt das beste Hotel in Huancayo. Die Zimmer variieren hinsichtlich der Größe und dem Preis, haben aber allesamt solide Betten, Heizung und Kabel-TV.
60 Alle gängigen Kreditkartens

HOSTAL EL MARQUEZ
$$
PUNO 294
TEL. 064/219026
E-MAIL: RESERVAS@ELMARQUEZHUANCAYO.COM
www.elmarquezhuancayo.com
Das moderne El Marquez liegt zentral hinter der Kathedrale, bietet bequeme Zimmer mit Teppichboden und hat hilfsbereite Angestellte. Im Preis ist das kontinentale Frühstück inbegriffen, ein Zimmerservice ist auf Wunsch möglich, drei Suiten sind zudem mit Whirlpool ausgestattet.
28 Alle gängigen Kreditkarten

HOTEL CONFORT
$
ANCASH 237
TEL. 064/233601
Die einfachen, aber großen Zimmer sind ihren Preis wert, wenn man vor allem auf ein ordentliches Bett, eine heiße Dusche und eine zentrale Lage Wert legt. Die Angestellten sind freundlich. Wer kann, sollte die lauten Zimmer zur Straße hin meiden.
100 Keine

LA ESTANCIA
$$
M CASTILLA 2815
TEL. 064/223279
Einige Kilometer nordwestlich des Zentrums ist das La Estancia eine gute Adresse für eine typische *pachamanca:* Verschiedene Fleischsorten, Kartoffeln und Bohnen werden, in Bananenblätter gewickelt, in einem Erdloch gekocht.
100 Keine

LA CABAÑA
$–$$
GIRÁLDEZ 652
TEL. 064/223303
Das Lokal ist bei Touristen und Einheimischen wegen seiner Pizzen und *calientitos* (einem Grog ähnlichen Heißgetränk) berühmt, man bekommt aber auch Sandwiches, Pasta- und Grillgerichte sowie Snacks. Musiker sorgen von Donnerstag bis Samstag für Stimmung, oft gibt es dann auch Tanz. Im hinteren Bereich, im El Otro Lado, geht es ruhiger zu.
80 Keine

PANADERÍA KOKY
$
PUNO 298
TEL. 064/234707
Die helle, moderne Bäckerei serviert guten Kaffee, Snacks, Sandwiches und Gebäck, und zwar den ganzen Tag über. Ein Feinkostladen verkauft Zubehör für ein Picknick.
48 Keine

HUÁNUCO

EL GRAND HOTEL HUÁNUCO
$$$
D BERAÚN 775
TEL. 062/514222
E-MAIL: RESERVAS@INKACOMFORTHOTELES.COM
www.grandhotelhuanuco.com
Das elegante alte Hotel an der Plaza de Armas zeigt Charakter und Charme. Es ist das beste Haus in Huánuco und bietet Holzfußböden, hohe Decken, Whirlpool, einen Billardraum, Internetzugang und eines der besten Restaurants der Stadt.
34 Alle gängigen Kreditkarten

TARMA

LOS PORTALES
$$$
CASTILLA 512
TEL. 064/321411
FAX 064/321410
E-MAIL: RESERVASTARMA@LOSPORTALES.COM.PE
www.hotelportalestarma.com
Tarmas bestes Hotel liegt abgeschieden rund 1,6 Kilometer außerhalb des Zentrums, am Westende der Stadt. Im Preis sind Frühstück und ein Willkommensdrink inbegriffen. Das Hotel hat ein Lokal (Brathähnchen) und ein eher formelles Restaurant.
29 MC, V

HACIENDA LA FLORIDA
$–$$$
KM 6, CARRETERA TARMA-ACOBAMBA
TEL. 064/341041
RERSERVIERUNG IN LIMA:
TEL. 01/3441358
E-MAIL: RESERVAS@HACIENDALAFLORIDA.COM
www.haciendalaflorida.com
Die Hacienda, die von einem peruanisch-deutschen Paar geführt wird, gibt den Gästen die Möglichkeit, Hühner und Milchkühe zu füttern, Gemüse zu ernten, auf einem Traktor zu fahren, Kaninchen zu streicheln und im laufenden Betrieb dort mitzuhelfen, wo man gebraucht wird. Im Preis ist das Frühstück enthalten, die weiteren Mahlzeiten sind auf Anfrage möglich. Hier kann auch gezeltet werden.
12 Keine

HUARAZ & HOCHANDEN

CARAZ

O'PAL SIERRA RESORT
$$
3 KM SÜDLICH VON CARAZ
TEL. 043/391015
E-MAIL: RESERVAS@OPALSIERRARESORT.COM
www.opalsierraresort.com
Im Garten des Resorts stehen verschiedene Bungalows: mit Wohneinheiten vom Doppelzimmer bis hin zu zwei Schlaf-

zimmern für Familien mit Kindern. Die meisten Bungalows haben eine eingerichtete Küchenzeile, ein Wohnzimmer und einen Kamin. Drei Zimmer sind ausschließlich Schlafzimmer. Sehr gutes Preis-Leistungs-Verhältnis.
12 MC, V

GRAND HOSTAL CARAZ DULZURA
$
SAENZ PEÑA 212
TEL. 043/391523
E-MAIL: INFO@HOSTALCARAZ DULZURA.COM
www.hostalcarazdulzura.com
Am äußersten Ende des Callejón de Huaylas gelegen, bietet Caraz eine ganze Reihe von guten, günstigen Hotels. Dieses Hotel, rund zehn Blocks vom Zentrum entfernt, verfügt über saubere und luftige Zimmer, die sich rund um einen Patio gruppieren; die hilfsbereiten Angestellten lagern auch Gepäck für Trekker und organisieren *arrieros* (Träger für schwere Tourenausrüstung, auch mit Tragtieren).
11 Keine

PERLA DE LOS ANDES
$
DANIEL VILLAR 179
TEL. 043/392007
E-MAIL:
PERLADELOSANDES@YAHOO.ES
www.huaraz.com/perladelos andes/
Das an der Plaza de Armas gelegene Hotel hat behagliche Zimmer mit Kabel-TV, teilweise auch mit Balkon und Blick auf die Plaza.
47 Keine

CAFÉ DE RAT
$–$$
SUCRE 1266
TEL. 043/391642
Einer der Tische in dem gemütlichen, kleinen Restaurant schaut auf die Plaza de Armas. Die Gäste können hier frühstücken oder Pizzen, Sandwiches, Pastagerichte und Kaffees bestellen. An der Wand hängen Karten – schon allein deshalb ist das Café ein guter Ort, um Trekkingtouren zu planen. Dazu kommen noch ein Kamin, die Möglichkeit zum Büchertausch und eine Dartscheibe.
28 Keine

LA PUNTA GRANDE
$–$$
DANIEL VILLAR 595
TEL 043/392101
DANIEL VILLAR 595
TEL. 043/392101
Am Rand der Kleinstadt zu finden, liegt das La Punta Grande an einem Garten mit Spielplatz und serviert herzhafte peruanische Landküche: Suppen, Spanferkel, *cuy* (im Ganzen gebratenes Meerschweinchen), Tamales-Teigtaschen, Forellen und Gegrilltes. Vor allem zu Mittag ist es sehr beliebt.
75 Keine

CARHUAZ

HOSTAL EL ABUELO
$$
TEL. 043/394456
E-MAIL: INFORMES@ELABUELO HOSTAL.COM
WWW.ELABUELOHOSTAL.COM
Die Zimmerpreise schließen ein Frühstück mit Grundprodukten aus dem eigenen Garten und von den Obstbäumen mit ein. Die Zimmer sind peinlich sauber, haben einen Föhn und bieten Blick in den Garten. Von der Terrasse schaut man auf die Cordillera Negra.
8 MC, V

CHAVÍN DE HUÁNTAR

HOTEL INCA
$
WIRACOCCHA 170
TEL. 044/754021
www.huaraz.com/hotelinca
Weiß getünchte Wände und ein rotes Ziegeldach rahmen den zentralen Hof des freundlichen, familiengeführten Hotels ein.
16 Keine

CHIQUIAN

GRAN HOTEL HUAYHUASH
$
FIGUEREDO AMADEO 216
TEL. 044/747049
Das moderne Hotel bietet von einigen Zimmern einen schönen Blick auf die Cordillera Huayhuash. Nach Anfrage wird heißes Wasser bereitet. Zum Hotel gehört das beste Restaurant der Stadt *($)*.
12 Keine

HOTEL LOS NOGALES
$
COMERCIO 1301
TEL. 043/447121
E-MAIL: HOTEL_NOGALES_ CHIQUIAN@YAHOO.COM
Das attraktive, rustikale Hotel mit einem Hof voller aus Europa eingeführter *nogales* (Walnussbäume) bietet Zimmer mit Fernseher. Das Restaurant serviert auf Wunsch zu jeder Tageszeit eine Mahlzeit.
10 Keine

HUARAZ

ANDINO CLUB HOTEL
$$$$
PEDRO COCHACHÍN 357
TEL. 043/421662
FAX 043/422830
E-MAIL:
ANDINO@HOTELANDINO.COM
www.hotelandino.com
Das gepflegte, von Schweizern geleitete Hotel – das beste in Huaraz – ist seit Jahrzehnten die Unterkunft von Bergsteigern, Wanderern und Trekkern. Die Zimmer bieten Garten- oder Bergblick, ausreichend heißes Wasser und in einigen Räumen auch eine eigene Sauna. Die Gäste genießen es, einen Internetzugang zu haben, und bestellen im hoteleigenen Chalet Suisse Restaurant *($$$$; auch für Nichthotelgäste)* Schweizer und peruanische Gerichte.
60 Alle gängigen Kreditkarten

HOSTAL COLOMBA
$$$

FRANCISCO DE ZELA 210
TEL. 043/421501
E-MAIL: COLOMBA@INFO NEGOCIO.NET.PE
www.huarazhotel.com

Das ruhig in einer umgebauten Hacienda nördlich des Río Quilcay eingerichtete Colomba liegt nur zehn Minuten zu Fuß vom Zentrum entfernt. Im Garten mit Rasenflächen stehen mehrere Bungalows. Dazu gesellen sich ein Spielplatz, ein kleiner Fitnessraum, eine Kapelle aus dem 19. Jahrhundert, ein Spielezimmer und Internetanschluss für die Gäste.

20 P Alle gängigen Kreditkarten

LAZY DOG INN
$$$

8 KM ÖSTLICH VON HUARAZ
TEL. 043/943789330
E-MAIL: INFO@THELAZYDOG INN.COM
www.thelazydoginn.com

Die hübsche Ökolodge wurde aus lokalen Baumaterialien errichtet und verfügt über vier Hütten sowie zwei Zimmer in der Hauptlodge. Einige Wohneinheiten haben einen Kamin, ein Sonnendeck oder einen privaten Balkon, alle eröffnen einen grandiosen Bergblick. Im Preis sind Frühstück und Abendessen inbegriffen. Die Lodge bietet Pferde, Räder, eine Sauna, Möglichkeiten zum Klettern und weitere Outdoor-Aktivitäten. Die Besitzer engagieren sich in örtlichen Gemeinschaftsprojekten.

6 P Keine

MORALES GUEST HOUSE
$$

PASAJE UCANAN 232
JOSÉ OLAYA
TEL. 043/425105
E-MAIL: RESERVA@MORALES GUESTHOUSE.COM
www.peruvianandes.com

Das dreistöckige Gästehaus mit einer Speiseterrasse auf dem Dach (mit Bergblick) und einer bequemen Lounge auf jedem Stockwerk wird von einer einheimischen Familie geleitet. Sie ist für ihre große Erfahrung im Trekking- und Bergsteigerbereich bekannt. Die Zimmerpreise schließen Frühstück und die Abholung am Busbahnhof mit ein. Auf Wunsch gibt es Mahlzeiten, Reise-Rückbestätigungen, Internetanschluss und die Organisation von Trekkingtouren und Bergbesteigungen.

8 P Keine

OLAZA'S GUEST HOUSE
$$

JULIO ARGUEDAS 1242
TEL. 043/422529
E-MAIL: INFO@ANDEAN EXPLORER.COM
www.olazas.com

Die Preise des kleinen, charmanten Hotels schließen freie Internetnutzung und ein kontinentales Frühstück, das auf der Dachterrasse mit einem der schönsten Bergblicke von Huaraz serviert wird, mit ein. Die Besitzer haben sich auf die Organisation von Radtouren und Wanderungen spezialisiert und holen ihre Gäste am Busbahnhof ab.

60 P MC, V

HOSTAL CHURUP
$–$$

AMADEO FIGUEROA 1257
TEL. 043/424200
E-MAIL: INFO@CHURUP.COM
www.churup.com

Das von einer Familie geführte Rucksacktouristen-*hostal* hat Zimmer und günstigere Schlafsäle mit jeweils eigenem Bad. Die Kamine in der Lobby und im Restaurant auf dem Dach mit Bergblick ziehen vor allem Trekker an. Die Gäste können eine Küche benutzen; Touren werden auf Wunsch organisiert.

16 P V

MONTE ROSA
$$$

JOSÉ DE LA MAR 691
TEL. 043/721447
www.huaraz.com/monterosa

Das von Schweizern geleitete Lokal mit einer gemütlichen, pubähnlichen Atmosphäre hat eine große Karte, auf der sich Pastagerichte, Pizzen, Schweizer Spezialitäten und peruanische Klassiker finden. Die Weinkarte ist – auch wenn sie bescheiden ausfällt – die beste der Stadt.

30 Keine

ENCUENTRO
$$–$$$

GAMARRA 790
PARQUE PERIODISTA
LUZURIAGA CUADRA 6
TEL. 043/427971 ODER 043/426865

Sorgfältig zubereitete peruanische Grillgerichte (einschließlich Cuy), Pastavarianten, Forellen und Suppen sind die gefragtesten Gerichte der beiden beliebten Restaurants. Das Lokal Parque Periodista stellt auch Tische auf den Bürgersteig und zieht viele Reisende an. Das Lokal wird vor allem von Einheimischen besucht.

50 MC, V

SIAM DE LOS ANDES
$$–$$$

GAMARRA 560
TEL. 043/428006

Das Siam zählt zu Perus besten Thailändern und hat eine große Auswahl an vegetarischen Gerichten, einen Kamin und sehr herzliche Angestellte.

48 MC, V

BISTRO DE LOS ANDES
$$

MORALES 823
TEL. 043/426249

Das von einem Franzosen und einer Peruanerin geleitete Restaurant präsentiert eine feine, international ausgerichtete Karte, auf der sich indische Currys und italienische Pastagerichte ebenso wie heimische Forelle oder vegetarische Gerichte finden. Zusätzlich wird eine Büchertauschbörse und

ein schöner Blick auf die Plaza de Armas geboten.
60 MC, V

CAFÉ ANDINO
$
LUCAR Y TORRE 530
2. STOCK
TEL. 043/721203
E-MAIL:
CAFEANDINO@HOTMAIL.COM
www.cafeandino.com
Es nennt sich humorvoll das „drittbeste Café in Huaraz!" ... und bietet selbst gerösteten Kaffee, kreative Sandwichvariationen und leichte Mahlzeiten, dazu Bier, Piscos, die beste Bibliothek Nordperus, Karten, Informationen, einen großen Kamin, einen Patio, großartige Ausblicke, Sofas, Brettspiele, gute Musik und supergutes Personal.
60 MC, V

MONTERREY

EL PATIO DE MONTERREY
$$$
CARRETERA HUARAZ-CARAZ S/N
TEL. 043/424965
FAX 043/426967
E-MAIL: ELPATIO@TERRA.COM.PE
www.elpatio.com.pe
Es liegt gerade weit genug von der Schnellstraße entfernt, so dass der Lärm relativ gering ist – und es ist das beste Hotel des Ortes. Von hier aus sind es nur wenige Minuten bis zu den heißen Quellen (siehe S. 181). Vier Hütten mit Kamin und 25 hübsch eingerichtete Zimmer mit Steinwänden und Holzdecken, einige auch mit Balkon, gruppieren sich um einen schönen Patio und Garten.
29 Alle gängigen Kreditkarten

NORDKÜSTE

CASMA

HOTEL EL FAROL
$$
TÚPAC AMARU 350
TEL. 044/771064
Eine einfache, aber ansprechende Übernachtungsmöglichkeit – vermutlich sogar die beste der Stadt. Das El Farol hat einen Garten zum Entspannen und eine Lobby, deren Wände voller Karten und Fotos von Fundstätten hängen und zur Planung archäologischer Ausflüge einladen.
24 MC, V

CHICLAYO

GRAN HOTEL CHICLAYO
$$$$
FEDERICO VILLAREAL 115
TEL. 074/234911
FAX 074/223961
E-MAIL: RESERVAS@GRAN HOTELCHICLAYO.COM.PE
www.granhotelchiclayo.com.pe
Das größte Hotel der Stadt ist die richtige Wahl für Geschäftsleute und gehobene Reisegruppen. Es hat ein sehr gutes Restaurant, einen Pizza-/Coffeeshop, ein Kasino und eine Bar. In den Preisen sind der Flughafentransfer, ein Willkommensdrink, das Frühstücksbüfett und freier Internetzugang eingeschlossen. Ein Reisebüro und ein Friseur stehen ebenfalls zur Verfügung.
129 Alle gängigen Kreditkarten

COSTA DEL SOL
$$$–$$$$
BALTA 399
TEL. 074/227272
FAX 074/209342
E-MAIL: VENTASCHICLAYO@ COSTADELSOLPERU.COM
www.costadelsolperu.com
Ein modernes, komfortables, zentral gelegenes Hotel mit viel peruanischer Kunst in der Lobby, einem Kasino und Ausblick auf die Stadt von der schattigen Dachterrasse (mit Pool und Whirlpool) – kurzum: das beste Hotel im Zentrum. Die großzügig geschnittenen Räume haben Lärmschutzfenster, einige zusätzlich eine Badewanne und eine Sitzecke. Im Preis ist das Frühstücksbüfett inbegriffen.
48 Alle gängigen Kreditkarten

LAS MUSAS
$$$
LOS FAIQUES 101, URBANIZACIÓN SANTA VICTORIA
TEL. 074/239884
FAX 074/273450
E-MAIL:
LASMUSAS@TERRA.COM.PE
www.lasmusashotel.com.pe
Das Hotel mit Blick auf den Paseo de las Musas liegt in einem Wohngebiet, das rund zehn Minuten zu Fuß vom Zentrum entfernt ist. Die Zimmer sind gut geschnitten, im sechsten Stock befindet sich ein angenehmes Restaurant mit Blick über den Park. Außerdem wird Internetzugang, Kasino und eine Bar mit Karaoke geboten; Hotelgäste können auch ein Schwimmbad auf der anderen Straßenseite nutzen. Im Preis ist das kontinentale Frühstück enthalten.
46 Alle gängigen Kreditkarten

HOTELES PARAISO
$–$$
PEDRO RUIZ 1064
TEL. 074/228161
FAX 074/222070
E-MAIL: RESERVASCIX@ HOTELESPARAISO.COM.PE
www.hotelesparaiso.com.pe
Das Hotel hat einfache, aber saubere Zimmer mit Ventilatoren. Die teureren Zimmer sind größer und mit Internetzugang ausgestattet, für alle anderen gibt es aber Zugang über den Computer in der Lobby.
70 Alle gängigen Kreditkarten

RESTAURANT TÍPICO LA FIESTA
$$$
SALAVERRY 1820
URBANIZACIÓN 3 DE OCTUBRE
TEL. 074/201970

Ein Ort für Eingeweihte – ohne Schild, deshalb einfach am großen Haus anklopfen. Bei gutem Wetter kann man im Patio sitzen. Spezialität des Hauses sind Meeresfrüchte und regionale Gerichte, auch deshalb ist es eines der besten Restaurants in Chiclayo.
120 P Alle gängigen Kreditkarten

RESTAURANT HEBRON
$$

BALTA 605
TEL. 074/222709

Das beliebte, luftige und gut beleuchtete Restaurant serviert die besten Grillhähnchen der Stadt und offeriert zusätzlich gute Sandwiches und regionale Gerichte. Der obere, verglaste Essbereich ist lichter und hübscher. Geöffnet von 19 bis 24 Uhr.
220 P MC, V

LA PARRA
$$

MANUEL MARÍA IZAGA 752
TEL. 074/227471

Das Restaurant besteht eigentlich aus zwei Lokalen: einem etwas merkwürdigen chinesischen Bereich mit durch rote Vorhänge abgetrennten „Separees" sowie einem einen Stock höher gelegenen Grilllokal. Beide Speisekarten liegen in beiden Restaurants aus, die Gerichte stammen aus einer Gemeinschaftsküche. Hier ist immer viel los, die Karten sind umfangreich, die Portionen groß und die Preise fair.
200 Alle gängigen Kreditkarten

RESTAURANT ROMANA
$$

BALTA 512
TEL. 074/223598

Lange war das Romana bei den Einheimischen wegen der peruanischen Frühstücksangebote, Sandwiches und Mahlzeiten beliebt. Probieren sollte man den *chirimpoco* (Eintopf mit Ziegenkutteln), ein typisches einheimisches Frühstück. Das Lokal erstreckt sich über drei Stockwerke, im obersten Stock gibt ein Balkon den Blick auf die Straße frei.
30 Keine

HUANCHACO

BRACAMONTE HOTEL
$$$

LOS OLIVOS 503
TEL. 044/461162
FAX 044/461266
E-MAIL: RESERVAS.HOTEL BRACAMONTE@GMAIL.COM
www.hotelbracamonte.com.pe

Die sauberen, gemütlichen Zimmer mit WLAN und Kabel-TV öffnen sich zu einem Freiluftkorridor, der zu einem kleinen Spielbereich für Kinder führt. In einem weiteren Spielzimmer findet man Billardtische, eine Tischtennisplatte, Tischfußball und Brettspiele. Das sichere, auf Familien zugeschnittene Hotel liegt fünf Minuten vom Meer entfernt und hat einen relativ großen Pool.
33 P Alle gängigen Kreditkarten

HUANCHACO INTERNATIONAL
$$$

AVE. LA MARINA 466
PLAYA AZUL
TEL. 044/461754
E-MAIL: HOTEL@HUANCHACO INTERNATIONAL.COM
www.huanchacointernational.com

Das Hotel liegt in Richtung Trujillo, rund 1,6 Kilometer von Huanchaco entfernt, unweit eines menschenleeren Strandes. Es bietet Zimmer und Bungalows mit Meer- oder Gartenblick. Die peruanisch-belgischen Besitzer sprechen mehrere Sprachen. Das Frühstück ist im Preis inbegriffen.
24 P Keine

HOSTAL CABALLITO DE TOTORA
$$–$$$

LA RIVERA 219
TEL. 044/461004
E-MAIL: TOTORA@TERRA.COM.PE
www.caballitodetotora.com

Die kleinen, günstigen Zimmer öffnen sich nach hinten zu einem Garten und einem kleinen Plantschbecken. Die Suiten nach vorn heraus haben private Patios und Meerblick und sind ihren Aufpreis wert. Das Hotel liegt unweit des Stadtzentrums.
18 170 P MC, V

RESTAURANT BIG BEN
$$$

LARCO 836, URBANIZACIÓN EL BOQUERÓN
TEL. 044/461378
E-MAIL: RESERVAS@BIGBEN HUANCHACO.COM
www.bigbenhuanchaco.com

Das dreistöckige Restaurant mit Panoramafenstern bietet Meerblick vom Nordende Huanchacos. Es ist das teuerste Restaurant der Stadt und hat eine umfangreiche Speisekarte mit den frischesten Meeresfrüchten.
300 P Geschl. A Alle gängigen Kreditkarten

CLUB COLONIAL
$$

LA RIVERA 171
TEL. 044/461015
E-MAIL: CCOLONIAL@HOTMAIL.COM

Das Restaurant wirkt durch seine Ziegelböden und Antiquitäten etwas altmodisch. Vom Patio schaut man aufs Meer; interessant ist auch die Glas-Stahl-Wand auf der Rückseite des Gebäudes. Die kleine Karte bietet Meeresfrüchte und internationale Gerichte.
90 P Alle gängigen Kreditkarten

OTRA COSA
$

VICTOR LARCO 921, URBANIZACIÓN EL BOQUERÓN
TEL. 044/461346
E-MAIL: INFO@OTRACOSA.INFO
www.otracosa.info

Das vegetarische Restaurant verwendet lokale Grundprodukte und serviert sie in einem Patio mit Blick auf den Pazifik oder vor einem Kamin. Teile des Gewinns werden für gute Zwecke gespendet; wer will, kann sich über Freiwilligenarbeit oder alternative Tourismusprojekte informieren.
60 P Geschl. Mo–Di

LAMBAYEQUE

DER BESONDERE TIPP

LOS HORCONES DE TÚCUME

$$$

30 KM VON CHICLAYO ENTFERNT, ANTIGUA PANAMERICANA NORTE
RESERVIERUNGEN IN LIMA:
TEL. 01/2243367
FAX 01/2243401
E-MAIL: LOSHORCONES@VIABCP.COM
www.loshorconesdetucume.com

Die ländliche Lodge liegt in einem Johannisbrotbaum-Hain am Rand der archäologischen Ausgrabungsstätte Túcume. Die dicken, kühlenden Mauern und die Inneneinrichtung – mit der das Hotel kürzlich einen Preis bei einem Architekturwettbewerb gewonnen hat – erinnern an präinkaische Friese. Don Victor Bravo, ein bekannter *curandero* aus einem benachbarten Dorf, kann für traditionelle Heilzeremonien engagiert werden. Ausritte und Jeeptouren zu verschiedenen archäologischen Stätten sind ebenfalls möglich. Die Zimmerpreise schließen Frühstück mit ein, alle weiteren Mahlzeiten sind auf Wunsch erhältlich.
12 P MC, V

EL CÁNTARO

$$

DOS DE MAYO 174
TEL. 074/282196
E-MAIL: JUANA@RESTAURANTELCANTARO.COM
www.restaurantelcantaro.com

Das mit einem riesigen irdenen Krug dekorierte Lokal (daher auch der Name) ist ein rustikales Restaurant mit einer Karte, auf der sich gut zubereitete regionale Spezialitäten finden. Es ist bei den Besuchern des Lambayeque-Museums als Frühstücks- und Mittagslokal beliebt.
200 P Geschl. A
MC, V

MÁNCORA

LAS ARENAS

$$$$

KM 1213, PANAMERICANA ANTIGUA NORTE
TEL. 073/258240
FAX 073/258029
E-MAIL: RESERVAS@LASARENASDEMANCORA.COM
www.lasarenasdemancora.com

Fünf Kilometer südlich von Máncora gelegen, ist das Hotel eine der wenigen besseren Unterkünfte in der Region. Die Zimmer bieten private Patios, Hängematten und Meerblick. Vor allem hat das Haus aber einen hervorragenden Service. Im Preis ist ein amerikanisches Frühstück eingeschlossen.
19 P Alle gängigen Kreditkarten

MÁNCORA BEACH BUNGALOWS

$$$

KM 1215, PANAMERICANA ANTIGUA NORTE
TEL. 073/258125
RESERVIERUNG IN LIMA:
TEL. 01/2416116
FAX 01/2416115
E-MAIL: RESERVAS@MANCORA-BEACH.COM
www.mancora-beach.com

Drei Kilometer südlich von Máncora finden sich diese Bungalows für zwei oder mehr Personen. Der eine der beiden voneinander getrennten Pools mit Blick aufs Meer ist ausschließlich für Erwachsene (mit Bar und Whirlpool), der andere für Familien (Wasserrutsche und Wasserfall) gedacht. Die Zimmer bieten Patios und Meerblick. Zudem stehen den Gästen Hängematten, ein Spielezimmer, ein Spielbereich für Kinder und ein Beachvolleyball-Feld zur Verfügung. Auf Wunsch werden Ausflüge organisiert; das kontinentale Frühstück ist im Preis inbegriffen.
32 P MC, V

DEL WAWA

$$

PIURA S/N
TEL. 073/258427
E-MAIL: DELWAWA@HOTMAIL.COM
www.delwawa.com

Das Hotel ist etwas für Wassersportfans: surfen direkt vor der Haustür, Surfboardverleih, Touren zu den besten Surfstränden der Nordküste, Verleih von Ausrüstung und Kurse im Kite- und Windsurfen, Hochseeangeltrips ... Der Besitzer ist ein peruanischer Surfchampion, der weiß, wie man die anspruchsvolle Surfergemeinde zufriedenstellt.
20 P MC, V

HOSTAL SOL Y MAR

$

PIURA S/N
TEL. 073/258106 ODER 073/258088
E-MAIL: HSOLYMAR@HOTMAIL.COM
www.vivamancora.com/solymar

Das *hostal* ist beliebt bei Surfern, Rucksackreisenden aus aller Welt und peruanischen Familien. Es war eine der ersten Unterkünfte, die Máncora zu dem Dorado des Wassersports gemacht haben, das es heute ist. Die nahe bei den Surfwellen gelegene Bar leert sich oft schlagartig, wenn die guten Wellen anrollen. Die laute nächtliche Musik ist nur etwas für partyfreudige Reisende. Vom Einzel- bis zum Sechsbettzimmer ist alles vorhanden; Qualität und Komfort sind sehr unterschiedlich.
67 P Keine

EL ESPADA
$$$
PIURA 501
TEL. 073/258304
www.vivamancora.com/espada
Máncora hat viele günstige Plätze, um Meeresfrüchte zu essen, aber dieses weniger touristische, preisgekrönte Meeresfrüchte-Restaurant (*espada* heißt übersetzt „Schwertfisch") zieht mit seinen hervorragend zubereiteten Gerichten und dem guten Service die Leute an.
180 Alle gängigen Kreditkarten

ANGELA'S PLACE
$
PIURA 396
TEL. 073/258603
E-MAIL: CAFETERIADEANGELA@YAHOO.COM
www.vivamancora.com/donir.htm#deangela
In einem Land der Meeresfrüchte serviert die Österreicherin Angela vegetarische Mahlzeiten, herzhafte europäische Backwaren und ein Gulasch.
40 Keine

PIURA

LOS PORTALES
$$$$
LIBERTAD 875
TEL. 073/321161
E-MAIL: LOSPORTALESRESERVAS@LOSPORTALES.COM.PE
www.hotelportalespiura.com
Das Portales ist Piuras bestes Hotel, auch dank seiner Lage an der Plaza de Armas. Die zitronenfarbenen Wände mit weißen Akzenten und das Gitterwerk aus unbeschichtetem Eisen erinnern an das koloniale Erbe. Das Gebäude wurde renoviert und hat nun Hartholzböden, hohe Decken, WLAN in jedem Zimmer, ein elegantes Restaurant, ein Café und ein Kasino. In der Bar wird am Wochenende Unterhaltungsprogramm geboten.
42 Alle gängigen Kreditkarten

COSTA DEL SOL
$$$–$$$$
LORETO 649
TEL. 073/302864
FAX 073/307056
E-MAIL: VENTASPIURA@COSTADELSOLPERU.COM
www.costadelsolperu.com
Das kühle, weiße, moderne Gebäude verfügt über eine luftige Lobby und bequeme Zimmer. Das Restaurant zählt zu den besten Piuras, das Kasino zieht vor allem die lokale Bevölkerung an.
40 Alle gängigen Kreditkarten

HOSTAL LOS JARDÍNES
$
LOS COCOS 436, URBANIZACIÓN CLUB GRAU
TEL. 073/326590
Sauber, sicher, ruhig und zentral gelegen – was will man mehr? Die Besitzer sind freundlich, es gibt einen kleinen Garten, Wäscheservice und große Zimmer mit Ventilator und Satelliten-TV.
18 Keine

TRUJILLO

HOTEL LIBERTADOR
$$$$–$$$$$
INDEPENDENCIA 485
TEL. 044/232741
FAX 044/235641
E-MAIL: TRUJILLO@LIBERTADOR.COM.PE
ww.libertador.com.pe
Das im traditionellen Baustil errichtete Hotel zeichnet sich durch eine großartige Lage an der Plaza de Armas aus. Von den Zimmern – einige haben Balkon – hat man einen schönen Blick über Palmen und den Pool. Gäste finden hier eine klassische Bar mit Holzeinrichtung, ein hervorragendes Restaurant, 24-Stunden-Service und Saunen.
78 Alle gängigen Kreditkarten

LOS CONQUISTADORES HOTEL
$$$
ALMAGRO 586
TEL. 044/203350
FAX 044/235917
E-MAIL: RESERVAS@LOSCONQUISTADORESHOTEL.COM
www.losconquistadoreshotel.com
Ein feines, modernes und zentral gelegenes Hotel mit freundlichem, hilfsbereitem Personal. Die Gäste werden auf Wunsch vom Flugplatz abgeholt oder hingebracht, im Preis ist das Frühstücksbüfett enthalten. Die Zimmer mit Teppichboden sind großzügig geschnitten, vor allem die zwölf Suiten mit Whirlpool. Zum Hotel gehören ein gutes Restaurant und eine Bar.
52 Alle gängigen Kreditkarten

HOSTAL COLONIAL
$$
INDEPENDENCIA 618
TEL. 044/258261
FAX 044/233410
E-MAIL: RESERVAS@HOSTALCOLONIAL.COM.PE
www.hostalcolonial.com.pe
Die Zimmer des einfachen, aber günstigen Colonial verteilen sich auf drei Stockwerke. Die Zimmer haben mit Gitterwerk verkleidete Fenster und liegen rund um einen kleinen Hof. Die Zimmerpreise sind die niedrigsten im günstigen Segment. Die geräumigen Zimmer sind mit heißer Dusche, Ventilator und Schreibtisch ausgestattet.
53 Keine

CANANA
$$$
SAN MARTÍN 791
TEL. 044/232503
Rustikale, krumme Holzmöbel und ein Dschungel aus Hängepflanzen entführen die Gäste aus der Wüste in das Steakhaus mit angeschlossenem Nachtclub. Es hat nur am Abend geöffnet, um 23 Uhr beginnt die

Musik zu spielen, dann wird ein Eintritt von vier US-Dollar (2,80 Euro) verlangt. Die Bands spielen Salsa, Meringue, *folklórico* und Rockmusik; oft gibt es auch eine Tanzshow, ehe die Gäste sich selbst ins Vergnügen stürzen dürfen.
250 Geschl. M & So–Di Alle gängigen Kreditkarten

EL MOCHICA

$$

BOLÍVAR 462
TEL. 044/293441
E-MAIL: ELMOCHICA@TERRA.COM.PE
www.elmochica.com.pe

Das Lokal hat mehrere Bereiche: Im größten wird an den Wochenenden bis vier Uhr früh Livemusik gespielt und getanzt; in den anderen geht es ruhiger zu. Die *platos criollos* zählen zu den besten in Trujillo, sehr zu empfehlen sind aber auch Ziege, Yucca, *tacu tacu,* gebratene Bananen, Meerschweinchen, Bries und *ceviche.* Ebenso stehen schnörkellos zubereitete Fleisch-, Huhn- und Fischgerichte auf der Karte.
550 Alle gängigen Kreditkarten

CAFÉ BAR MUSEO DEL JUGUETE

$

INDEPENDENCIA 701
TEL. 044/297200

In einem restaurierten Kolonialhaus begeistert dieses altmodische Café mit einer Bar, polierten Holzmöbeln, einer antiken Registrierkasse und Wänden voller Fotos von peruanischen Prominenten und Intellektuellen. Elegant, aber unprätentiös, ist die Cafébar eine gute Adresse für einen Kaffee, einen Snack, ein Dessert oder einen Cocktail.
50 Keine

SALÓN DE TÉ BUENOS AIRES

$

PIZARRO 332
TEL. 044/205255

Das kleine Lokal bei der Plaza de Armas ist für Generationen von Einheimischen die Adresse für ein typisches *Criollo*-Frühstück. Auf der Karte finden sich Schweinefleisch-Tamales, Mais-*humitas* und Schweine- oder Truthahnfleischsandwiches mit frischem Baguette.
68 Keine

TUMBES

COSTA DEL SOL

$$$–$$$$

SAN MARTÍN 275
TEL. 72/523991
FAX 72/525862
E-MAIL: VENTASTUMBES@COSTADELSOLPERU.COM
www.costadelsolperu.com

Das einzige gute Hotel in Tumbes hat ein annehmbares Restaurant, eine Terrassenbar, ein Kasino, eine Sauna, zwei Pools (einen für Kinder) sowie einen Spielbereich für Kinder.
54 Alle gängigen Kreditkarten

NÖRDLICHES HOCHLAND

CAJAMARCA

COSTA DEL SOL

$$$$

CRUZ DE LA PIEDRA 707
TEL. 076/343434
FAX 076/340826
E-MAIL: VENTASCAJAMARCA@COSTADELSOLPERU.COM
www.costadelsolperu.com

Direkt bei der Kathedrale an der Plaza gelegen, ist dieses Hotel das modernste und eleganteste in Cajamarca. In einer riesigen Empfangshalle findet man neben der Rezeption auch einen Frisör, ein Reisebüro und ein Businesscenter. Die großzügigen Zimmer sind mit archäologischen Motiven geschmückt und haben Lärmschutzfenster, einige Bäder auch eine Wanne. In der Bar wird Karaoke gesungen, getanzt und Billard gespielt. Auch Wellnessanwendungen sind möglich.
71 Alle gängigen Kreditkarten

HOTEL & SPA LAGUNA SECA

$$$$

MANCO CÁPAC 1098
BAÑOS DEL INCA
TEL. 076/584300
FAX 076/584311
E-MAIL: HOTEL@LAGUNASECA.COM.PE
www.lagunaseca.com.pe

Das Resort im Haciendastil ist das den Inka-Bädern nächstgelegene Hotel und bezieht sein eigenes Thermalwasser, das bis in die Gästezimmer gepumpt wird. Die Gäste können sich auf zwei Restaurants, zwei Pools, Pferde, Räder, einen Spielbereich für Kinder, eine Farm, verschiedene Spa-Anwendungen, großzügig geschnittene Räume und große Wannen in den Bädern freuen. In den Preisen sind das Frühstücksbüfett und der Flughafentransfer enthalten.
42 Alle gängigen Kreditkarten

POSADA DEL PURUAY

$$$$

CARRETERA A PORCÓN
HUALGAYOC, 4,5 KM
TEL. 076/367028
FAX 076/367928
E-MAIL: INFORMES@POSADAPURUAY.COM.PE
www.posadapuruay.com.pe

Das 1822 fünf Kilometer außerhalb von Cajamarca auf dem Land errichtete Hotel wurde hervorragend restauriert und bietet gemütliche Zimmer. Diese sind groß, mit Antiquitäten möbliert und haben großzügig bemessene Bäder. Auf dem weitläufigen Gelände können die Gäste wandern, ausreiten und die Kinder ausgiebig spielen. Das Gourmetrestaurant zieht an den Wochenenden auch viele Einheimische an. Kostenloser

Flughafentransfer und der Besuch der Inka-Bäder finden sich ebenso im Angebot.
14 Alle gängigen Kreditkarten

EL PORTAL DEL MARQUÉS
$$$
DEL COMERCIO 644
TEL. 076/368464
E-MAIL: HOTEL@PORTALDELMARQUES.COM
www.portaldelmarques.com
Das in einem renovierten Kolonialgebäude eingerichtete Hotel bietet unterschiedlich große Zimmer mit Teppichboden, WLAN und lokalen Kunstwerken. Das Restaurant zählt zu den besten der Stadt. Auch Internetanschluss in gesonderten Kabinen, ein Kasino und eine Bar mit einer Happy Hour sind vorhanden.
33 MC, V

EL CABILDO HOSTAL
$$
JUNÍN 1062
TEL. 076/827025
E-MAIL: CABILDOH@LATINMAILCOM
Das malerische Kolonialgebäude, nur einen langen Block von der Plaza de Armas entfernt, hat einen hübschen, großen Hof mit Pflastersteinen, Fliesen und einem Brunnen. Die Zimmer variieren in der Größe, einige haben ein Loft, alle ein modernes Bad mit altmodischem Dekor. Das Frühstück ist im Preis inbegriffen.
24 Alle gängigen Kreditkarten

HOSTAL SANTA APOLONIA
$$
AMALIA PUGA 649
TEL. 076/367207
FAX 076/368574
E-MAIL: HOSTALSANTAPOLONIA@HOTMAIL.COM
Das an der Plaza de Armas (zwei Zimmerhaben Blick auf den Platz) gelegene *hostal* ist ein hübsches Haus, dessen Wände mit Kunst gespickt sind und das in einer Sitzecke auch einen Internetanschluss bietet. Die Zimmer, mit Teppichboden, Kabel-TV, Minibar, Telefon und Safe ausgestattet, sind ihren Preis wert.
18 Keine

LOS PINOS INN
$$
LA MAR 521
TEL. 076/365991
FAX 076/365992
E-MAIL: PINOSHOSTAL@YAHOO.COM
www.lospinosinn.com
Das Kolonialhaus hat einen allgemein zugänglichen Bereich mit schönen antiken Möbeln, Fliesen aus der damaligen Zeit, eleganten Kronleuchtern und einem Marmorkamin. Die Zimmer variieren in Größe und Stil, einige sind moderner als andere, einige wenige haben einen eigenen Kamin. Das Frühstück ist im Preis inbegriffen.
22 AE, V

PASKANA
$$–$$$
AVE. ATAHUALPA KM 2
CARRETERA A BAÑOS DEL INCA
TEL. 076/344217
www.paskana.com
Das Paskana ist sicher das beste Steakhaus der Region, ein Taxi bringt einen sicher dorthin. Auf der Karte finden sich auch Meeresfrüchte- und andere Gerichte.
100 Alle gängigen Kreditkarten

EL BATÁN
$$
DEL BATÁN 369
TEL. 076/826025
E-MAIL: ELBATANRESTAURANT@YAHOO.COM.MX
Das Lokal mit kolonialem Ambiente und lokaler Kunst ist bekannt für gut zubereitete internationale und peruanische Gerichte. Selbstverständlich finden sich Steaks und *cuy* (Meerschweinchen) auf der Speisekarte. Freitags und samstags beginnt gegen 22 Uhr eine traditionelle Musikshow.
200 DC, MC, V

QUERUBINO
$$
AMALIA PUGA 589
TEL. 076/830900
E-MAIL: ELQUERUBINO@YAHOO.COM
Hell, elegant und klassisch: In das Lokal, einen halben Block von der Plaza de Armas entfernt, geht man, um gesehen zu werden. Die Küche, fleischlastig wie immer in Cajamarca, bereichert die gastronomische Szene mit interessanten und spannenden Gerichten. Die Livemusik am Wochenende zieht vor allem Einheimische an.
50 DC, MC, V

RESTAURANT SALAS
$–$$
AMALIA PUGA 637
TEL. 076/362867
E-MAIL: RESTAURANTSALAS@YAHOO.ES
Seit Generationen lockt das Lokal an der Plaza de Armas mit seinen Fleischgerichten die Einheimischen an. Das 1940 eröffnete Lokal bietet alles, von großen Huhn – und Rindfleischplatten bis hin zu regionalen Gerichten wie das *omelette de sesos* (Rinderhirn-Omelette), *cuy* und Tamales.
120 MC, V

DE BUENA LAYA
$
2 DE MAYO 343
TEL. 076/342789
In dem alten Haus rund um einen bepflanzten Hof wird die Küche von Cajamarca serviert. Versuchen sollte man *caldo verde* („grüne Suppe"), die mit Kartoffeln, Frischkäse, Eiern und einem halben Dutzend heimischer Kräuter zubereitet wird. *Patas* (Schweinefüße), *cecina* (luftgetrocknetes Schweinefleisch), *humitas* (gedünstete

Maiskuchen), *cuy* (Meerschweinchen), Forelle und Spanferkel wird angeboten. Dazu auch Standardgerichte.
100 V

HELADERIA HOLANDA
$
AMALIA PUGA 657
TEL. 076/340113
E-MAIL: HELADOSHOLANDA@HOTMAIL.COM
Hier werden etwa 20 hervorragende hausgemachte Eissorten verkauft, außerdem Kuchen und Kaffee. Die Angestellten stammen bewusst aus sozialen Randgruppen.
30 Keine

SANGUCHON.COM
$
JUNÍN 1137
TEL. 076/343066
Die Bar ist von 18 Uhr bis spätnachts geöffnet, zur Auswahl stehen ein Dutzend Burgervarianten und Sandwiches (zwei vegetarische Varianten), entsprechend viel Jungvolk tummelt sich hier.
28 Geschl. So
Alle gängigen Kreditkarten

CELENDÍN

HOSTAL CELENDÍN
$
UNIÓN 305
TEL. 076/555041
FAX 076/555239
www.hostalcelendin.pe.nu
Das Celendín ist die beste Unterkunft der Stadt und liegt an der Plaza de Armas. Entsprechend bieten einige Zimmer Blick auf den Platz, jedes Gästezimmer hat eine eigene Dusche, allerdings fließt heißes Wasser nur unzuverlässig.
23 Keine

CHACHAPOYAS

CASA VIEJA
$$
CHINCHA ALTA 569
TEL. 041/477353
E-MAIL: RESERVAS@CASAVIEJAPERU.COM
www.casaviejaperu.com
Das Haus aus dem späten 19. Jahrhundert wurde in ein hübsches Hotel mit individuell eingerichteten und zugeschnittenen Zimmern umgewandelt (eines hat einen eigenen Kamin). Im Preis sind Frühstück und Internetzugang inbegriffen. Die Standardausflüge in die Region können arrangiert werden.
12 MC, V

HOTEL GRAN VILAYA
$$
AYACUCHO 755
TEL. 041/477664
FAX 041/478154
E-MAIL: HOTELVILAYA@VIABCP.COM
www.hotelvilaya.com
Ein modernes, vierstöckiges Haus mit Standardzimmern mit Teppichboden. Vom Patio schaut man in den Garten mit Rasen. Das Hotel arbeitet mit dem Reisebüro Vilaya Tours zusammen.
23 P MC, V

LA CASONA MONSANTE
$$
AMAZONAS 746
TEL. 041/477702
E-MAIL: INFO@LACASONAMONSANTE.COM
www.lacasonamonsante.com
Das Institut für nationale Kultur hat das Gebäude aus dem 19. Jahrhundert mit seinen großzügigen Zimmern rund um einen mit Pflanzen gefüllten Patio zur nationalen Kulturstätte erklärt. Orchideen und Kolibris können von den Zimmern aus bewundert werden.
9 V

REVASH HOSTAL
$–$$
GRAU 517
TEL. 041/477391
E-MAIL: REVASHHOTEL@HOTMAIL.COM
www.chachapoyaskuelap.com.pe
In einem Gebäude aus dem 18. Jahrhundert an der Plaza de Armas bieten die rustikalen Zimmer Blick auf einen mit Bäumen bepflanzten Hof, einige schauen auch auf den Platz. Im Preis ist das Frühstück eingeschlossen. Ein Reisebüro bietet günstige Ausflüge in die Umgebung an.
14 Keine

LA TUSHPA
$–$$
ORTIZ ARRIETA 753
MOBIL 041/803634
Zwar etwas gesichtslos, bietet das La Tushpa dennoch die besten Steaks und Grillgerichte der Stadt und ist bei den Einheimischen beliebt.
52 MC, V

MATALACHA
$–$$
AYACUCHO 616
TEL. 041/778325
Das helle Restaurant serviert große Portionen der Hochlandklassiker, einschließlich Meerschweinchen. Dazu kommen aber auch Gerichte, die von der Küche der Amazonasregion beeinflusst sind, wie *juanes* (gedämpfter Reis mit Huhn oder Fisch, in Bananenblätter eingewickelt).
60 MC, V

KUÉLAP AREA

HOSTAL ESTANCIA CHILLO
$$$
KM 46, CHACHAPOYAS-CAJAMARCA CARRERA
TEL. 041/832140
FAX 041/832174
E-MAIL: ESTANCIACHILLO@HOTMAIL.COM
www.estanciachillo.com
Die Zimmerpreise auf dieser Hacienda schließen Vollpension mit ein. Die rustikalen Zimmer haben auf Wunsch heißes Wasser, der kenntnisreiche, Spanisch sprechende Besitzer kann alle Ausflüge in der Regi-

on organisieren.
17 P Keine

MARVELOUS SPATULETAIL LODGE AT CHOCTAMÁL
$$
CHOCTAMÁL, AMAZONAS
TEL. 041/478838
E-MAIL: LOSTAMBOS@HOTMAIL.COM
www.marvelousspatuletail.com
Die Wundersylphe *(Loddigesia mirabilis)* ist ein wunderschöner Kolibri – entsprechend beliebt ist die kleine, nachhaltig wirtschaftende Lodge bei Vogelliebhabern. Von den Balkonen der Zimmer lassen sich diese Vögel gut beobachten. Die Lodge ist die komfortabelste Unterkunft in der Nähe von Kuélap (40 Minuten mit dem Auto) und der Region Gran Vilaya.
7 P MC, V

LEVANTO

MARVELOUS SPATULETAIL LODGE AT LEVANTO
$
LEVANTO, AMAZONAS
TEL. 041/478838
E-MAIL: LOSTAMBOS@HOTMAIL.COM
www.marvelousspatuletail.net
Die kleine Lodge bietet im kreisrunden Chachapoya-Stil gebaute Zimmer mit zwei Gemeinschaftsbädern mit heißem Wasser. Die Lodge wurde errichtet, um den Einheimischen ein Einkommen zu verschaffen, und ist eine komfortable Unterkunft in Levanto.
4 P MC, V

LEYMEBAMBA

LA CASONA
$
AMAZONAS 223
TEL. 041/830106
FAX 041/830105
Das La Casona, die beste Unterkunft der Stadt, verfügt über Zimmer mit Balkon, ein Ziegeldach, weiß getünchte Wände und einen Hof, der Besucher anzieht. Die Angestellten können Ausflüge in die Umgebung, Führer und Maultiere organisieren.
14 P Keine

LA PETACA
$
AMAZONAS 461
TEL. 041/830140
Ein nettes, einfaches *hostal* an der Plaza de Armas; einige Zimmer geben den Blick auf den Platz frei.
7 Keine

AMAZONIEN

Die Lodges, die außerhalb der Städte und größeren Ortschaften liegen, sind oft sehr abgeschieden und bieten entsprechend wenige Annehmlichkeiten wie Spültoilette, Telefonanschluss und heiße Duschen. Die genannten Telefonnummern und Adressen sind die der Büros, nicht der Lodges selbst. Vorab sollte man sich nach den jeweiligen Gegebenheiten erkundigen. In den genannten Preisen sind die Transfers vor Ort und über die Flüsse, Vollpension und geführte Ausflüge in den Regenwald enthalten.

CHANCHAMAYO

HOTEL EL REFUGIO
$$
EJÉRCITO 490
SAN RAMÓN
TEL. 064/331002 ODER 064/331082
E-MAIL: HOTELELREFUGIO@HOTMAIL.COM
www.hotelelrefugio.com.pe
Das beste Hotel der Region bietet Zimmer und Bungalows für zwei bis sechs Personen. Im botanischen Garten auf dem Gelände tummeln sich Vögel und Schmetterlinge. Im Preis ist das Frühstück inbegriffen.
30 P Keine

IQUITOS

HOTEL EL DORADO PLAZA
$$$$–$$$$$
NAPO 252
TEL. 065/222555
FAX 065/224304
E-MAIL: RESERVAS@ELDORADOPLAZAHOTEL.COM
www.eldoradoplazahotel.com
Das prächtigste Hotel der Stadt liegt natürlich an der Plaza de Armas und bietet seinen Gästen einen Whirlpool, eine Sauna, ein Kasino, zwei Restaurants und großzügig geschnittene Zimmer mit Blick über den Pool oder die Plaza de Armas. Im Preis sind der Flughafentransfer und das Frühstücksbüfett inbegriffen.
65 Alle gängigen Kreditkarten

VICTORIA REGIA HOTEL & SUITES
$$$
RICARDO PALMA 252
TEL. 065/231983
E-MAIL: INFO@VICTORIAREGIAHOTEL.COM
www.victoriaregiahotel.com
Das wahrscheinlich zweitbeste Hotel der Stadt liegt an einer ruhigen Straße, vier Blocks vom Stadtzentrum entfernt. Die geräumigen Zimmer schauen auf das hoteleigene Hallenbad, im Preis sind Frühstück und Flughafentransfer inbegriffen. WLAN ist ebenfalls vorhanden.
45 AE, MC, V

HOSTAL AMBASSADOR
$$
PEVAS 260
TEL. 065/233110
E-MAIL: HOSTAL_AMBASSADOR@HOTMAIL.COM
www.paseosamazonicos.com/hotel_ambassador.htm
Die Zimmer sind einfach, aber dank Klimaanlage und kontinentalem Frühstück ihren Preis auf jeden Fall wert. Das Ambassador arbeitet mit einer Reiseagentur, die Ausflüge in

den Regenwald anbietet, zusammen.
24 AE, MC, V

HOSPEDAJE LA PASCANA
$
PEVAS 133
TEL. 065/231418
FAX 065/233466
E-MAIL: PASCANA@TSI.COM.PE
www.pascana.com
Einfache Zimmer mit eigenem Bad (kaltes Wasser) und Ventilatoren liegen rund um einen Patio, in dem auch das Frühstück eingenommen wird. Die freundlichen Angestellten und die ruhige Lage sind zusätzliche Pluspunkte.
18 Keine

GRAN MALOCA
$$–$$$
SARGENTO LORES 170
TEL. 065/233126
Es ist eines der wenigen Restaurants mit Klimaanlage in der Stadt und in einem Gebäude aus der Kautschuk-Ära eingerichtet. Auf der Karte finden sich internationale und Gerichte aus dem Amazonasgebiet, darunter Wild, heimischer Fisch und Palmherzensalat. Die Weinkarte ist überdurchschnittlich gut.
80 MC, V

EL MESÓN
$–$$
MALÉCON MALDONADO 153
TEL. 065/231857
E-MAIL:
REST_ELMESON@YAHOO.COM
www.restaurantelmeson.com
Das am Ufer gelegene Restaurant serviert eine hervorragende Auswahl an Wild aus dem Amazonasgebiet, darunter Alligator, Pekari und Hirsch. Auch Schildkröten werden angeboten, die sollte man aber nicht nehmen, da einige Arten im Bestand gefährdet sind.
90 MC, V

FITZCARRALDO
$–$$
NAPO 100
TEL. 065/243434
E-MAIL: FITZCARRALDO_
VIAGOURMET@YAHOO.ES
In einem am Ufer gelegenen, älteren Gebäude mit Patio untergebracht, ist das Restaurant an den Wochenendabenden ein guter Ort, um Leute zu beobachten. Die Küche ist gut und abwechslungsreich: Es gibt Pasta, Pizzen, peruanische Gerichte und Salate.
72 MC, V

HUASAI
$
FITZCARRALD 131
TEL. 065/242222
Das zentral gelegene Lokal zieht mit seinen regionalen Gerichten, den Mittags- und vegetarischen Speisen und seinen Grillgerichten vor allem die Einheimischen an.
60 Keine

LODGES IN DER REGION IQUITOS

AMAZON YARAPA RIVER LODGE
$$$$$
130 KM FLUSSAUFWÄRTS AUF DEM RÍO YARAPA
BÜRO IN IQUITOS:
LA MARINA 124
MOBIL 065/9931172
TEL. 315/952-6771 (USA)
E-MAIL:
RESERVATIONS@YARAPA.COM
www.yarapa.com
Die architektonisch eindrucksvolle Lodge arbeitet mit der Cornell University zusammen; zur Lodge gehört auch eine Forschungsstation. Die umweltfreundliche Lodge verfügt über eine eigene Kompostierungsanlage, Solarheizung und eine kontrollierte Abfallentsorgung. Auf dem Gelände stehen große Bungalows mit eigenem Bad, daneben gibt es Zimmer mit Gemeinschaftsbädern. Die Küche ist hervorragend; die Führer sind gut ausgebildet und Experten auf ihrem Gebiet.
24 AE, MC, V

CEIBA TOPS
$$$$$
40 KM FLUSSABWÄRTS AUF DEM AMAZONAS
BÜRO IN IQUITOS:
LA MARINA 340
TEL. 065/252530
FAX 065/252533
E-MAIL:
AMAZON@EXPLORAMA.COM
www.explorama.com
Eine von fünf Unterkünften unter der Leitung von Explorama. Das Ceiba Tops ist die luxuriöseste Unterkunft am Amazonas. Alle Zimmer und die fünf Suiten haben heiße Duschen, Patios und freien Internetzugang (WLAN). Der Landschaftsgarten bietet eine Wasserrutsche und Hängematten, lokale Musiker spielen abends in der Bar. Zudem werden Ausflüge mit Baumkronentour angeboten.
75 AE, MC, V

PACAYA-SAMIRIA AMAZON LODGE
$$$$$
190 KM FLUSSAUFWÄRTS AUF DEM RÍO MARAÑÓN
BÜRO IN LIMA: JOSÉ PARDO 601, BÜRO 602, MIRAFLORES
TEL. 01/4462739
FAX 01/4465776
BÜRO: TEL. 065/225769
E-MAIL: RESERVAS@PACAYA
SAMIRIA.COM.PE
www.pacayasamiria.com.pe
Die einzeln stehenden, strohgedeckten Bungalows haben eigene geflieste Duschen und abends auch Strom. Hartgesottene können im nahe gelegenen Schutzgebiet Pacaya-Samiria begleitete Zeltübernachtungen vereinbaren.
8 V

TAHUAYO LODGE
$$$$$
145 KM FLUSSABWÄRTS AUF DEM RÍO TAHUAYO
BÜRO IN DEN USA: 10305 RIVERBURN DR., TAMPA, FL 33647
TEL. 001-800-262-9669 (USA)
TEL./FAX 001-813-907-8475 (USA)

E-MAIL: AMAZONIA.
EXPEDITIONS@VERIZON.NET
www.perujungle.com
Die einzige Lodge in der Área de Conservacion Regional Comunal de Tamshiyacu-Tahuayo bietet ihren Gästen viele Führer. Die individuellen Wanderungen reichen von Regenwald-Überlebenskursen bis hin zu Hochzeitsreisetouren, Vogelbeobachtungen und Schamanismus-Expeditionen. Die Schlafzimmer werden mit Kerosinlampen beleuchtet, die meisten Zimmer haben eine eigene Solardusche. Ein großes, rundes und mit Hängematten ausgestattetes Haus lädt zur Entspannung und dem Plausch mit anderen Gästen ein.
15 MC, V

MUYUNA JUNGLE LODGE
$$$$–$$$$$

140 KM FLUSSAUFWÄRTS AUF DEM RÍO YANAYACU
BÜRO IN IQUITOS: PUTUMAYO 163
RESERVIERUNG IN IQUITOS: TEL. 065/242858
MOBIL 065/9334424
E-MAIL:
RESERVAS@MUYUNA.COM
www.muyuna.com
Die Gäste lieben die Zimmer in den auf Pfählen errichteten Bungalows mit Strohdach, Balkon zum Fluss hin und Hängematten. Die Zimmer verfügen über eigenes Bad, Moskitoschutz und Kerosinlampen. Wenn der Fluss Hochwasser führt, können die Gäste von ihren Zimmern aus angeln. Die freundlichen Angestellten sind einheimische Dorfbewohner; die Führer sprechen Englisch.
17 MC, V

EXPLORAMA LODGE
$

80 KM FLUSSABWÄRTS AUF DEM AMAZONAS
BÜRO IN IQUITOS:
AVE. LA MARINA 340
TEL. 065/252530
FAX 065/252533
E-MAIL:
AMAZON@EXPLORAMA.COM
www.explorama.com
Die erste Amazonas-Lodge von Explorama wurde 1964 errichtet und kürzlich renoviert. Kerosinlampen sorgen für eine romantische Beleuchtung der strohgedeckten, aus Holz errichteten Zimmer. Moskitonetze schützen die Betten, die Bäder haben Solarduschen und Spültoiletten. Überdachte Gänge führen zu den Zimmern; verschiedene Ausflüge werden von der Lodge aus angeboten.
55 Keine

EXPLORNAPO LODGE
$

157 KM FLUSSABWÄRTS AUF DEM RÍO NAPO
BÜRO IN IQUITOS: LA MARINA 340
TEL. 065/252530
FAX 065/252533
E-MAIL:
AMAZON@EXPLORAMA.COM
www.explorama.com
Die abgelegene, rustikale Lodge, einen halbstündigen Fußmarsch von der Baumkronentour (siehe S. #248) entfernt, bietet Zugang zu noch einsameren Regenwaldgebieten. Die Zimmer haben Gemeinschaftsbäder. Unterwegs liegt eine Feldstation – wer möchte, kann zwei Stunden von der Lodge entfernt auf offenen Schlafplattformen übernachten. Die ExplorNapo Lodge liegt in der Nähe eines ethnobotanischen Gartens, der von einem Schamanen gepflegt wird. Naturkundliche Ausflüge bieten einen guten Einblick in die Geheimnisse des Regenwaldes.
30 Keine

MANÚ

Geführte Touren kommen teilweise auf dem Landweg von Cusco über die Anden ins Tiefland, anschließend geht es mit dem Boot weiter. Alternativ fliegt man mit einem Leichtflugzeug von Cusco zur Landebahn Boca Manú und setzt die Reise mit dem Boot fort. Bei der Anreise auf dem Landweg schließen die Preise den Transport und die Übernachtung in einer Nebelwaldlodge mit ein. Manche Anbieter ermöglichen auch eine Übernachtung in auf Plattformen errichteten Zelten im Park. Die Salzlecken in der Region ziehen zwischen März und Juni weniger Vögel als während des restlichen Jahres an.

MANÚ LODGE
$$$$$

COCHA JUAREZ
MANÚ NATIONAL PARK
BÜRO IN CUSCO: MANÚ CAFÉ, PARDO 1046
TEL. 084/252721
FAX 084/234793
E-MAIL: INFO@MANUNATURETOURS.COM
www.manuperu.com
Die einzige Lodge im Nationalpark bietet bequeme Betten in abgeschirmten Zimmern und gute Mahlzeiten. Die Gäste teilen sich allerdings die Gemeinschaftsbäder mit kalten Duschen. In der Nähe erstreckt sich ein Netz an Wegen; oft besuchen Riesenotter den Cocha Juarez, ein Altwasser, 600 Meter vom Río Manú entfernt. Zur Lodge gehört auch die Manú Cloud Forest Lodge mit sechs Zimmern.
12 MC, V

MANÚ WILDLIFE CENTER
$$$$$

RÍO MADRE DE DIOS
BÜRO IN CUSCO: CALLE HUMBERTO VIDAL UNDA G-5, URBANIZACIÓN MAGISTERIAL, SEGUNDA ETAPA
TEL. 084/239974
FAX 084/236706
E-MAIL: MANUEXPEDITION@TERRA.COM.PE
www.manuwildlifecenter.com
Die individuell gestalteten Bungalows mit großen Fenstern mit Vorhängen schauen über einen Amazonasgarten, die Betten haben Moskitonetze, auf Wunsch gibt es auch private warme Duschen. Die

Salzlecke Blanquillo liegt etwa 25 Bootsminuten entfernt und zieht riesige Scharen von Papageien an. In der Nähe befindet sich an einer Salzlecke für Säugetiere ein Nachtansitz. Nahe der Lodge wurden in diesem Gebiet, das eine der Regionen mit der höchsten Biodiversität ist, zwei Baumkronenplattformen errichtet. Manú Expeditions bietet Ausflüge in den Nationalpark Manú an und nutzt die von Ureinwohnern geführte Lodge auf der anderen Parkseite.
22 AE, MC, V

COCK-OF-THE-ROCK LODGE
$$$$$
BÜRO IN CUSCO: RICARDO PALMA J1, URBANIZACIÓN SANTA MONICA
TEL. 084/255255
FAX 084/245973
E-MAIL: RESERVASCUS@INKANATURA.COM.PE
www.inkanatura.com

Die Nebelwaldlodge liegt auf 1600 Meter Höhe, rund 176 Kilometer nordwestlich von Cusco. Sie ist ein Eldorado für Hobbyornithologen, die hier vor allem nach dem *cock-of-the-rock*, dem Andenklippenvogel *(Rupicola rupicola)*, Ausschau halten. Die Lodge liegt am Rand der Pufferzone des Nationalpark Manú, von hier aus werden oft Ausflüge in den Regenwald unternommen. Die Zimmer haben eigene Bäder und Balkone.
124 Alle gängigen Kreditkarten

PANTIACOLLA LODGE
$$$$–$$$$$
BÜRO IN CUSCO: CALLE SAPHY 554
TEL. 084/238323
FAX 084/252696
E-MAIL: PANTIAC@TERRA.COM.PE
www.pantiacolla.com

Die unweit von Shintuya, kurz vor dem Ende der Straße von Cusco nach Manú gelegene Lodge bietet Zimmer mit Gemeinschaftsbad in einem privaten Schutzgebiet. Es liegt in den Gebirgsausläufern am Rand des Nationalparks Manú. Man kann auf dem Landweg oder mit dem Boot anreisen.
14 P Alle gängigen Kreditkarten

PUCALLPA

HOTEL SOL DEL ORIENTE
$$$–$$$$
SAN MARTÍN 552
MOBIL 061/575154
FAX 061/575510
E-MAIL: PUCALLPA@SOLDELORIENTEHOTELES.COM
www.soldelorientehoteles.com

Mit bequemen Zimmern und Suiten mit Whirlpool ist dies Pucallpas bestes Hotel, das ein gutes Restaurant, geräumige, beschattete öffentliche Bereiche und einen Garten bietet. Die Angestellten organisieren Ausflüge und Übernachtungen in einer Lodge am Yarinacocha.
42 P Alle gängigen Kreditkarten

PUERTO MALDONADO

WASAI ECO LODGE MALDONADO
$$–$$$
BILLINGHURST S/N
TEL. 082/572290
FAX 082/571355
BÜRO IN LIMA: TEL. 01/4368792
E-MAIL: WASAI@WASAI.COM
www.wasai.com

Das strohgedeckte Hotel bietet Dschungelatmosphäre und Ausblick auf den Río Madre de Dios – und liegt nur einen Block von der Plaza de Armas entfernt. Die Zimmer haben Kühlschrank, heiße Duschen, Fernseher, Klimaanlage und Ventilatoren. Das Restaurant ist das beste der Stadt.
18 Alle gängigen Kreditkarten

ANACONDA LODGE
$–$$$
CARRETERA AL AEROPUERTO
MOBIL 082/982611039 ODER 082/982728518
E-MAIL: INFO@ANACONDAJUNGLELODGE.COM
www.anacondajunglelodge.com

Vier große Bungalows – einige sogar über zwei Stockwerke – für bis zu fünf Personen liegen in einem tropischen Garten. Daneben gibt es noch drei kleinere Bungalows mit Gemeinschaftsbad sowie einen Zeltplatz. Das Restaurant bietet neben der peruanischen auch thailändische Küche und sehr freundliches Personal.
7 MC, V

EL CALIFA
$
PIURA 266
TEL. 082/571119

Das tropische Lokal in einem maroden Gebäude westlich des Zentrums zieht vor allem die lokale Bevölkerung an. Zu den Spezialitäten zählen *juanes* (Reis mit Huhn oder Fisch und Oliven, in Bananenblättern gedämpft), Hirsch, gebratene Bananen und *ceviche*.
50 Keine

LODGES IN DER REGION PUERTO MALDONADO

EXPLORER'S INN
$$$$$
58 KM FLUSSAUFWÄRTS AUF DEM RÍO TAMBOPATA
BÜRO IN LIMA: ALCANFORES 459 MIRAFLORES
TEL. 01/4478888
FAX 01/2418427
E-MAIL: MGUNTHER@EXPLORERSINN.COM
www.explorersinn.com

Die älteste Lodge am Tambopata bietet sieben strohgedeckte Hütten, die jeweils über mehrere Räume mit Vorhängen und ein eigenes Bad verfügen. Vor Ort leben und arbeiten internationale Forscher und Studenten, die auf Wunsch auch Führungen veranstalten. Vogelbeobachtungen und Wanderungen sind

hier die Hauptaktivitäten.
30 AE, MC, V

HEATH RIVER WILDLIFE CENTER
$$$$$
4 STUNDEN FLUSSABWÄRTS AUF DEM RÍO HEATH
BÜRO IN CUSCO: RICARDO PALMA J1, SANTA MONICA
TEL. 084/255255
FAX 084/245973
E-MAIL: RESERVASCUS@INKANATURA.COM.PE
www.inkanatura.com
Der Río Heath liegt südlich des Madre de Dios an der peruanisch-bolivianischen Grenze in einem abgeschiedenen Gebiet, in dem sich Regenwald und tropisches Grasland erstreckt. In der Nähe befindet sich eine der größten Salzlecken Perus und das Dorf der Eseíeje. Von hier aus kann man die Sandoval Lake Lodge besuchen.
10 AE, MC, V

RESERVA AMAZONICA
$$$$$
15 KM FLUSSABWÄRTS AUF DEM RÍO MADRE DE DIOS
TEL. 082/572283
BÜRO IN LIMA: ANDALUCÍA 174
TEL. 01/6100400
FAX 01/4224701
E-MAIL: CENTRAL@INKATERRA.COM
www.inkaterra.com
Eine Bootsfahrt bringt die Besucher zur besten Unterkunft der Region mit Zimmern und Suiten, die ein eigenes Bad mit heißer Dusche, Ventilatoren, Strom, Moskitonetze, überdeckte Patios und Hängematten bieten. Zum Angebot gehören Spa-Behandlungen, Flitterwochenarrangements und Zugang zum 457 Meter langen Baumkronenweg, der 30 Meter über dem Boden verläuft.
30 Alle gängigen Kreditkarten

SANDOVAL LAKE LODGE
$$$$$
30 KM FLUSSABWÄRTS AUF DEM RÍO MADRE DE DIOS
BÜRO IN CUSCO: R. PALMA J1, URBANIZACIÓN SANTA MONICA
TEL. 084/255255
FAX 084/245973
E-MAIL: RESERVASCUS@INKANATURA.COM.PE
www.inkanatura.com
Ein drei Kilometer langer Weg durch den Regenwald auf einem Plankenweg und anschließend eine Kanufahrt in einem handgeschnitzten Kanu durch eine wunderschöne, palmengesäumte Lagune bringt die Gäste zu dieser eindrucksvoll auf einem Hügel liegenden Lodge. Jedes Zimmer hat Strom, Ventilatoren und eine eigene heiße Dusche. Die Lodge ist eine der komfortabelsten der gesamten Region.
25 Alle gängigen Kreditkarten

TAMBOPATA RESEARCH CENTER
$$$$–$$$$$
8 STUNDEN FLUSSAUFWÄRTS AUF DEM RÍO TAMBOPATA
BÜRO IN LIMA: ARAMBURU 166, BÜRO 4B, MIRAFLORES
TEL. 01/4218347
FAX 01/4218183
BÜRO IN CUSCO: PORTAL DE CARNES 236, PLAZA DE ARMAS
TEL. 084/246243
E-MAIL: SALES@PERUNATURE.COM
www.perunature.com
Die entlegene, rustikale Lodge mit 18 Zimmern und acht Gemeinschaftsbädern liegt am weitesten von Puerto Maldonado entfernt, dafür aber nächsten zur größten Salzlecke der Region. Die von der preisgekrönten Firma Rainforest Expeditions geleitete Lodge arbeitet mit der lokalen Bevölkerung zusammen, um ihnen ein sicheres Einkommen zu verschaffen. Aufgrund der langen Anfahrt ist eine Zwischenübernachtung in einer ihrer beiden näher gelegenen Lodges am Tambopata – der Posada Amazonas (30 Zimmer mit eigenem Bad) oder dem Refugio Amazonas (24 Zimmer mit eigenem Bad) – notwendig. Die Zimmer der letztgenannten Lodges haben eine offene Wand zum Regenwald hin.
25 V

TARAPOTO

PUERTO PALMERAS
$$$$
CARRETERA BELAÚNDE TERRY KM 614
TEL. 042/524100
E-MAIL: RESERVAS@PUERTOPALMERAS.COM.PE
www.puertopalmeras.com.pe
Das sechs Kilometer außerhalb der Stadt gelegene Hotel ist das komfortabelste in der Region Moyobamba-Tarapoto-Yurimaguas und das beste einer kleinen Kette (siehe Website). Einige Zimmer haben Ventilatoren, andere Klimaanlage. Die Preise schließen den Transfer vom Zentrum und das kontinentale Frühstück ein. Für die Gäste stehen Pferde, Mountainbikes, Kajaks, ein Spielbereich für Kinder und ein Spielezimmer zur Verfügung. Touren (in Spanisch) können arrangiert werden.
48 P MC, V

YURIMAGUAS

HOSTAL EL NARANJO
$–$$
ARICA 318
TEL. 065/352650
www.hostalelnaranjo.com.pe
Einige Zimmer haben Ventilatoren statt Klimaanlage, doch jedes ist sauber und hat eine eigene Dusche. Die freundlichen Besitzer und die zentrale Lage machen das *hostal* zu einem guten Übernachtungsort für all jene, die am nächsten Tag mit dem Boot nach Iquitos fahren wollen.
40 P Geschl. So Keine

Unterhaltung

Perus reiche Tradition an *peñas* (lokalen Musikclubs) und Fiestas, den beliebtesten Formen der nationalen Unterhaltung, begeistert auch alle auswärtigen Besucher. Daneben gibt es aber auch Kinos, die die neuesten internationalen Blockbuster zeigen, und moderne Nachtclubs (von den Einheimischen *discotecas* genannt) mit einem jungen Publikum. Theater, Symphoniekonzerte und Ballett stoßen auf deutlich weniger Begeisterung.

In den *peñas* wird in der Regel *música folklórica* oder *música criolla* gespielt. Unter der erstgenannten Musikrichtung versteht man andine Musik, während die *música criolla* einen Stil bezeichnet, der sich musikalisch in Richtung Küste orientiert. Innerhalb beider Stilrichtungen gibt es viele Variationen, auch Mischformen beider Stile bringen überraschend schöne Ergebnisse. Die Musik wird oft von Tanz begleitet, manchmal werden die Zuschauer miteinbezogen, manchmal bleiben sie auch reine Zuschauer. Generell wird ein kleiner Eintritt verlangt; meist wird es sehr spät – bis in die frühen Morgenstunden. Am lebhaftesten geht es von Donnerstag bis Sonntagnacht zu.

Die Anden-Folkloremusik basiert auf jahrhundertealten Traditionen, typisch ist der melancholische Klang der *zampoñas* (Bambus-Panflöte), *quenas* (Holz- oder Bambusflöten), *ocarinas* (kleine, ovale Flöten aus Ton) und der *tambóres* (Trommeln), der sich wohl nicht wesentlich von der Musik der präkolumbischen Zeit unterscheiden dürfte. Die spanischen Eroberer führten Streich- und Blechinstrumente ein. In einer Mischung indigener und spanischer Einflüsse entstand das schmale, zehnsaitige *charango*, dessen Klangkörper ursprünglich aus einem Gürteltierpanzer gefertigt wurde und das ein wesentliches Musikinstrument jeder Folkloregruppe ist.

Andine Musik wurde 1970 international bekannt, als Simon & Garfunkel den Klassiker „El Cóndor Pasa" aufnahmen. Noch heute wird das Stück in allen Peñas gespielt, in denen sich ausländische Besucher treffen. In touristischen Orten wie Cusco, Arequipa und Puno kommt die Peña-Musik oft auch zu den auswärtigen Besuchern – in Gestalt mit Ponchos bekleideter Musiker, die von Restaurant zu Restaurant ziehen, einige Stücke spielen und den Hut herumgehen lassen. Einige Lokale bieten auch eine Dinnershow (siehe Kapitel Hotels & Restaurants).

Die *Criolla*-Musik ist noch nicht so alt; sie zeigt sich vor allem von spanischen und afrikanischen Musikstilen beeinflusst. Die von den Europäern nach Südamerika versklavten, schließlich befreiten Afrikaner lebten später als kleine Gemeinschaften an der Küste; am bekanntesten ist jene in der Provinz Chincha (siehe S. 76ff). Auch karibische Einflüsse sind unüberhörbar – in der Musik wie im Tanz, zum Beispiel im Salsa.

Der Nationaltanz der Peruaner ist der Küstentanz *marinera* – mit romantischem Taschentuchflattern, Machoposen und wirbelnden weiten Röcken. Beim größten Tanzwettbewerb tanzen in Trujillo 1500 Tänzer während der alljährlichen Fiesta de la Marinera, die in der letzten Januarwoche stattfindet. Trujillo ist auch für sein Festival Internacional de la Primavera (Internationales Frühlingsfest) in der letzten Septemberwoche bekannt, wenn Marinera, Caballos de Paso (Schreitpferde), Gastronomie, Schönheits- und Surfwettbewerbe, Paraden und Tänze Peruaner wie Touristen begeistern.

Im Hochland sind die Fiestas durch die Kultur der Inka geprägt: Die Bevölkerung freut sich jedes Jahr auf die rituellen Jahreszeitenfeste, bei denen riesige Mengen *chicha* (Maisbier) getrunken und viel gegessen wird. Im ganzen Hochland, vor allem aber im südlichen Hochland (siehe Fiestas im südlichen Hochland, S. 103) finden viele und spektakuläre Feste statt, bei denen die Teilnehmer teure, aufwendige Kostüme tragen und Paraden mit Tänzern und Musikern durch die Straßen ziehen.

Bekannte peruanische Peñas

Diese Peñas sind zu empfehlen:

La Estación de Barranco
San Pedro de Osma 112
Barranco, Lima
Tel. 01/2470344
Criolla-Musikshows.

La Quinta & La Troica
Jerusalén 522
Arequipa
Tel. 054/200964
Benachbarte Peñas mit vielfältigsten Liveshows.

Las Brisas del Titicaca
Wakulski 168, Plaza Bolognesi
Lima
Tel. 01/3321901 oder 01/3321881
www.brisasdeltiticaca.com
Spektakuläre Folkloretanz- und Musikshows; vor allem bei den Hauptstädtern beliebt.

Las Quenas
Santa Catalina 302, Arequipa
Tel. 054/281115
Vor allem Folkloremusik.

Usha-Usha
Puga 142,
Cajamarca
Die winzige, versteckt-unscheinbare Bar ist wegen der improvisierten musikalischen Abende des Gitarre spielenden Besitzers beliebt.

Outdoor-Aktivitäten

Perus vielfältige Möglichkeiten an Aktivitäten beruhen auf der abwechslungsreichen Naturlandschaft – je nach dem eigenen Interesse, der sportlichen Fitness und dem Geldbeutel findet hier jeder das Passende. Das Spektrum reicht von archäologischen Abenteuern, Tierbeobachtungen, Surfen, Wildwasserrafting und Mountainbiking bis hin zu Bergbesteigungen und mehrtägigen Trekkingtouren.

In den meisten Kapiteln werden in Kästen die schönsten Outdoor-Aktivitäten der Region in Kurzform vorgestellt. Im Folgenden werden die wichtigsten Veranstalter und Agenturen genannt, die bei der Durchführung der Aktivitäten helfen können. Sie sind nach Regionen, innerhalb dieser alphabetisch sortiert aufgeführt. In den einzelnen Regionalkapiteln werden nur sehr spezialisierte Agenturen und Veranstalter mit einem Steckbrief ihrer Dienstleistungen genannt. Viele Hotels bieten mittlerweile ebenfalls Ausflüge und Sportangebote an; siehe Kapitel Hotels & Restaurants.

SÜDLICHES TIEFLAND

Hotels in Nazca, Ica, Huacachina, Paracas und Pisco bieten unter anderem Jeeptouren in die Wüste, Sandboarding, Flüge über die Wüste und Wildbeobachtungen vom Boot aus an. Spezialanbieter werden unter Huacachina im Text genannt (siehe S. 87f).

SÜDLICHES HOCHLAND

Die folgenden Veranstalter sind auf Touren in der Region rund um Arequipa und den Cañon del Colca spezialisiert:

Carlos Zárate Aventuras
Santa Catalina 204, Büro 3,
Arequipa, Tel. 054/202461
E-Mail:
carlos@zarateadventures.com
www.zarateadventures.com
Spezialist für Bergtouren.

Colca Trek
Jerusalén 401-B
Arequipa
Tel. 054/206217
E-Mail: colcatrek@gmail.com
www.colcatrek.com.pe
Der Beste in Bezug auf Karten, Leihausrüstung, Trekking- und Bergtouren, Rafting, Mountainbiking. Die Mitarbeiter sprechen Englisch.

Cusipata
Jerusalén 408
Arequipa
Tel. 054/203966
E-Mail: cusipata@gmail.com
www.cusipata.com
Bietet Kajakfahrten und Raftingtouren an.

Die folgenden Agenturen sind auf Touren in die Schlucht Cañon del Colca – meist mit dem Bus inklusive Hotelübernachtung – spezialisiert:

Giardino Tours
Jerusalén 604-A
Arequipa
Tel. 054/221345
E-Mail: info@giardinotours.com
www.giardinotours.com

Illary Tours
Santa Catalina 205
Arequipa
Tel. 054/220844
E-Mail: info@illarytour.com
www.illarytour.com

Pablo Tours
Jerusalen 400-AB-1
Arequipa
Tel. 054/203737
E-Mail: pablotour@hotmail.com
www.pablotour.com

Santa Catalina Tours
Santa Catalina 219
Arequipa
Tel. 054/284292 oder 054/287631
E-Mail: santacatalina@lared.net.pe
www.santacatalinatours.com

Wer zum Titicacasee reisen möchte, sollte sich mit folgenden Agenturen in Verbindung setzen (siehe auch S. 114):

All Ways Travel
Deustua 576
Puno
Tel. 051/353979
E-Mail:
allwaystravel@titicacaperu.com
www.titicacaperu.com

Edgar Adventures
Lima 328
Puno
Tel. 051/353444
E-Mail:
manager@edgaradventures.com
www.edgaradventures.com

Nayra Travel
Lima 419
Puno
Tel. 051/364774 oder 051/337934
E-Mail: reservas@nayratravel.com
www.nayratravel.com

CUSCO

Durch den nahe gelegenen Inka-Pfad und die vielen Wandermöglichkeiten hat Cusco die größte Dichte an Veranstaltern aller Städte landesweit. Die im Folgenden genannten zählen zu den besten des Landes. Ein Hinweis: Die in Cusco stationierten Agenturen, die sich auf Fahrten in die südliche Amazonasregion spezialisiert haben, werden im Abschnitt Amazonien genannt (siehe S. 311).

Amazonas Explorer
Ave. Collasuyo 910
Urbanización Miravalle
Cusco
Tel. 084/252846
E-Mail:
info@amazonas-explorer.com
www.amazonas-explorer.com
Die Agentur veranstaltet hochklassige Flussfahrten und bietet auch Trekking- und Radtouren, Ausritte und andere Aktivitäten an.

Aventours/EcoInka
Limacpampa Grande 512
Oficina 4, Cusco
Tel. 084/224050 oder
Arequipa 4799
Miraflores, Lima
Tel. 01/4449060
Fax 01/4441067
E-Mail: reservas@ecoinka.com
www.ecoinka.com
Sehr erfahrener Anbieter für hervorragende Lama-Trekkingtouren, unterhält ein privates Camp am Inka-Pfad und bietet Trekkingtouren in der Region Cusco sowie kulturelle Ausflüge an.

Cloud Walker Paragliding
Richard Pethigal (keine Adresse)
Mobil 084/984937333
E-Mail: belezapura98@hotmail.com
Tandemgleitschirmflüge über das „Heilige Tal" von Mai bis September.

Ecotrek Peru
Canchipata 560 (vorher anrufen)
San Blas, Cusco
Tel. 084/247286
E-Mail: info@ecotrekperu.com
www.ecotrekperu.com
Ein- bis fünftägige Rad- und Trekkingtouren sowie kulturelle Ausflüge zu moderaten Preisen.

Enigma
Jr. Clorinda Matto de Turner 100,
Urbanización Magisterial,
Primera Etapa, Cusco
Tel./Fax 084/222155
E-Mail: info@enigmaperu.com
www.enigmaperu.com
Bietet Trekkingtouren für kleine Gruppen mit individuellen Wünschen an, außerdem finden Radtouren, kulturelle Ausflüge und Bergbesteigungen statt.

Explorandes
Garcilazo 316-A
Cusco
Tel. 084/238380
Fax 084/233784
E-Mail:
postmaster@explorandes.com
www.explorandes.com
Der Pionier unter Perus Anbietern mit vielen Luxustouren.

Globos de los Andes
Ave. de la Cultura 220,
Office 36, Cusco
Tel. 084/232352
E-Mail: info@globosperu.com
www.globosperu.com
Veranstaltet Heißluftballonfahrten über das „Heilige Tal".

Liz's Explorer
Calle del Medio 114
Cusco
Tel. 084/246619
Mobil 084/984310203
E-Mail: info@lizexplorer.com
www.lizexplorer.com
Ein kleiner Trekkinganbieter mit guten Preisen und einem landesweit guten Ruf.

Manú Expeditions Birding Tours
Calle Humberto Vidal Unda G-5,
Urbanización Magisterial, Segunda Etapa, Cusco
Tel. 084/239974
Fax 084/236706
E-Mail:
birding@manuexpeditions.com
www.birding-in-peru.com
Arbeitet mit dem Amazonas-Veranstalter Manú Expeditions zusammen; was die Regenwald-Ornithologie betrifft, die beste Adresse für Vogelbeobachtungen in Peru.

Mayuc
Portal Confiturias 211
Plaza de Armas, Cusco
Tel. 084/242824
Fax 084/232666
E-Mail: info@mayuc.com
www.mayuc.com
Bietet zu moderaten Preisen ein- und zweitägige Raftingtouren auf dem Urubamba mit Übernachtung im eigenen Camp an.

Milla Turismo
Pardo 689
Cusco
Tel. 084/231710
Fax 084/231388
E-Mail: info@millaturismo.com
www.millaturismo.com
Planetarium, spirituelle Touren und traditioneller Tourismus.

ZENTRALES HOCHLAND

Wer sich für die indigene Bevölkerung und ihre Lebensgewohnheiten interessiert, traditionelles Kunsthandwerk, Kochen im Hochlandstil oder Quechua erlernen möchte, findet auf S. 169 Informationen.

Darguitours
Ancash 367
Huancayo, Junín
Tel. 064/238100 oder 064/233705
E-Mail:
receptivo@darguitours.com
www.darguitours.com
Traditioneller Tourismus.

Incas del Peru
Giráldez 652
Huancayo, Junín
Tel. 064/223303
Fax 064/222395
E-Mail: incasdelperu@gmail.com
www.incasdelperu.org
Bergtouren, Ausflüge in den Dschungel, Radtouren, Kurse zur

Kultur des Landes und kulturelle Ausflüge, lokale Informationen und Englisch sprechende Mitarbeiter.

Peru Andino

Pasaje San Antonio 113
Huancayo, Junín
Tel. 064/223956
E-Mail: peruandino_1@yahoo.com
www.geocities.com/peruandino_1
Spanischkurse, kulturelle Aktivitäten und Fahrradverleih.

Warpa Picchu Eco Aventura

Km 5, Carretera al Cusco
Ayacucho
Tel. 066/319483
Mobil 066/9901941
E-Mail: tour@warpapicchu.com.pe
www.warpapicchu.com.pe
Allradwagen-, Archäologie- und Geschichtstouren. Die Mitarbeiter sprechen Englisch.

Warpa Picchu Eco Aventura

KM 5, Carretera al Cusco
Ayacucho
Tel 066/319483
Cell 066/9901941
E-mail tour@warpapicchu.com.pe
www.warpapicchu.com.pe
4WD, archäologische und geschichtliche Exkursionen. Die Tourenleiter sprechen Englisch.

HUARAZ & HOCHANDEN

Die folgenden Ausrüster organisieren Touren:

Andean Kingdom

San Martín 613, 1. Stock
Huaraz, Ancash
Tel. 043/425555
E-Mail: info@andeankingdom.com
www.andeankingdom.com
Leihausrüstung, Kletterwand, Kletterinfos und Trekkingtouren.

Explorandes

Centenario 489
Huaraz, Ancash
Tel. 043/421960
E-Mail:
postmaster@explorandes.com
www.explorandes.com
Das Büro in Huaraz eines renommierten, landesweit operierenden Ausrüsters.

Galaxia Expeditions

Parque del Periodista 1
Huaraz, Ancash
Tel. 043/425355
www.galaxia-expeditions.com
Hat eine Kletterwand sowie Infos über Kletterrouten und bietet Trekkingtouren an.

Lazy Dog Inn

8 km östlich von Huaraz
Tel. 043/943789330
E-Mail: info@thelazydoginn.com
www.thelazydoginn.com
Hat die besten Pferde in der Umgebung von Huaraz.

Montañero

Parque Ginebra 30-B,
Huaraz, Ancash
Tel. 043/426386
E-Mail: andeway@terra.com.pe
www.trekkingperu.com
Die Firma wird vom mehrsprachigen Gründer der Casa de Guías geleitet.

Monttrek Viajes y Aventura

Luzuriaga 646, 1. Stock
Huaraz, Ancash
Tel. 043/421124
E-Mail: monttrek@terra.com.pe
www.monttrekperu.com
Bietet Raftingtouren auf dem Río Santa sowie Kletter-, Trekking- und Bergtouren an.

Mountain Bike Adventures

Julio Arguedas 1246
Lucar y Torre 530, Huaraz, Ancash
Tel. 043/424259
E-Mail: julio.olaza@terra.com.pe
www.chakinaniperu.com
Die beste Mountainbiking-Firma, organisiert auch Trekkingtouren.

MountClimb

Mariscal Cáceres 421
Huaraz, Ancash
Tel. 043/434322
www.mountclimb.com.pe
Umfangreiche Leihausrüstung, organisiert einige Trekkingtouren und Bergbesteigungen.

Peruvian Andes Adventures

José Olaya 532
Huaraz, Ancash
Tel. 043/421864
E-Mail: info@peruvianandes.com
www.peruvianandes.com
Bietet Akklimatisierungswanderungen für Expeditionen an.

Pony's Expedition

Sucre 1266
Caraz, Ancash
Tel. 043/391642
E-Mail: info@ponyexpeditions.com
www.ponyexpeditions.com
Trekkingtouren, Klettern und Mountainbiketouren.

Skyline Adventures

Pasaje Industrial 137,
Cascapampa
Huaraz, Ancash
Tel. 043/427097
E-Mail: info@skyline-adventures.com
www.skyline-adventures.com
Bergexpeditionen und Kurse.

Die folgenden Agenturen organisieren Tagesausflüge, unter anderem nach Chavín de Huántar, zum Llanganuco und zu weiteren Seen sowie zum Pastoruri und zu den seltenen *Puya raimondii*:

Huaraz Chavín Tours

Luzuriaga 502
Huaraz, Ancash
Tel. 043/721578

Pablo Tours

Luzuriaga 501, Huaraz, Ancash
Tel. 043/421145
E-Mail: info@pablotours.com
www.pablotours.com

Sechín Tours
Morales 602
Huaraz, Ancash
Tel. 043/421419

NORDKÜSTE

Die im Folgenden genannten Agenturen sind auf Touren zum Thema Archäologie und Lokales spezialisiert:

Consorcio Turístico del Norte
Pizarro 478
Trujillo
Tel. 044/200412
E-Mail: rfreire@contunor.com.pe

Guía Tours
Independencia 580
Trujillo
Tel. 044/234856

Michael White & Clara Bravo
Cahuide 495, Urbanización Santa Maria, Trujillo
Tel. 044/243347
E-Mail: microbewhite@yahoo.com
www.xanga.com/trujilloperu
Individuelle Touren in Privatwagen oder mit öffentlichen Verkehrsmitteln in die Umgebung. Die Mitarbeiter sprechen Englisch.

Moche Tours
7 de Enero 638
Tel. 074/224637
E-Mail: mochetours_chiclayo@hotmail.com

Sipán Tours
7 de Enero 772
Chiclayo
Tel. 074/229053
oder 074/223026
E-Mail: sipantours@hotmail.com
www.sipantours.com

Trujillo Tours
Diego de Almagro 301
Trujillo
Tel. 044/233091

Diese Firmen sind auf Ausritte spezialisiert:

Asociación Nacionale de Criadores y Propietarios de Caballo de Paso
Ugarte 310, Trujillo (Information)
Vía de Evitamiento Km 569,
Victor Larco, Trujillo (Ställe)
Tel. 044/223498

Casa Hacienda El Palmar
Pizarro 428, Trujillo (Information)
Vía de Evitamiento Km 565
Victor Larco, Trujillo (Ställe)
Tel. 044/245401
E-Mail: jeganoza@hotmail.com

Criadero Doble A
Victor Larco s/n, Trujillo
Tel. 044/207175

Weitere hilfreiche Anbieter verschiedener Interessensrichtungen entlang der Nordküste:

Los Mochicas Surf School
Bolognesi 473b
Huanchaco, La Libertad
Tel. 044/462054
Mobil 044/949577170
E-Mail: unlugarsurfschool@hotmail.com
Verleiht Boards, bietet Kurse und Surftrips an.

Otra Cosa
Las Camelias 431
Huanchaco, La Libertad
Tel. 044/461302
E-Mail: otracosavoluntario@gmail.com
www.otracosa.nl
Vermittelt Freiwilligenarbeit mit Kindern, die Mitarbeit in der Los Mochicas Surf School und im Restaurant Otra Cosa.

Tumbes Tours
Tumbes 341
Tumbes
Tel. 72/526086
Fax 72/524837
E-Mail: tumbes@tumbestours.com
www.tumbestours.com
Naturwissenschaftliche Ausflüge in das Biosphärenreservat Reserva de Biósfera del Noroeste.

The Wave International
Victor Larco 525
Huanchaco, La Libertad
Tel. 044/587005
E-Mail: thewaveinhuanchaco@hotmail.com
Verleih von Boards; Surfkurse

NÖRDLICHES HOCHLAND

Cajamarca Tours
2 de Mayo 311
Cajamarca
Tel. 076/365674
Der alteingesessenste lokale Tourveranstalter in Cajamarca.

Chachapoyas Tours
Santo Domingo 432
Chachapoyas, Amazonas
Tel. 041/478078
E-Mail: kuelap@msn.com
www.kuelapperu.com
Bietet ein- und mehrtägige Touren nach Kuélap und Nordperu an; außerdem Vermittlung von Freiwilligenarbeit und nachhaltig wirtschaftenden Lodges. Hier arbeiten peruanische Biologen, die Mitarbeiter sprechen Englisch.

Kajachos Trek
2 de Mayo 569
Cajamarca
Tel. 076/345350
Mobil 076/976660712
E-Mail: kajachostrek@hotmail.com
http://kajachostrekperu.blogspot.com; Alle Cajamarca-Touren; private, Englisch sprechende Führer auf Anfrage.

Socio Tours
Cajamarca
Tel. 076/341118
(siehe Stove Trek Tour, S. 231)

Turismo Explorer
Grau 509
Chachapoyas, Amazonas
Tel. 041/478162
E-Mail:
contacto@turismoexplorerperu.com
www.turismoexplorerperu.com
Tagesausflüge nach Kuélap und Gocta.

Vilaya Tours
Grau 624
Chachapoyas, Amazonas
Tel. 041/477506
E-Mail: info@vilayatours.com
www.vilayatours.com
First-Class-Trekkingtouren, Ausritte, archäologische und ornithologische Fahrten; Tagesprogramm nach Kundenwünschen. Englisch sprechende Mitarbeiter.

AMAZONIEN

Im Kapitel Hotels & Restaurants werden einige Lodges genannt – ein dortiger Aufenthalt, weit entfernt von jeglicher Zivilisation, ist für sich genommen schon ein Abenteuer, zusätzlich werden aber aufregende Touren und Bootsfahrten unternommen.

Dawn on the Amazon
Malecon Maldonado 185
Iquitos
Tel. 065/223730
E-Mail:
bill@dawnontheamazon.com
www.dawnontheamazon.com
Angeltouren und Flussfahrten auf dem Amazonas.

Explorama
La Marina 340
Iquitos
Tel. 065/252530
Fax 065/252533
E-Mail:
amazon@explorama.com
www.explorama.com
Bietet Lodges und Camps im Amazonasgebiet sowie die beliebten Baumkronentouren.

Gilber Reategui Sangama
Boot „**La Normita**", Yarinacocha, Pucallpa, Ucayali
Mobil 061/961627607
E-Mail: junglesecrets@yahoo.com
www.sacredheritage.com/normita
Kleine Boots- und Dschungelcamping-Ausflüge.

Green Tracks Amazon Cruises
www.amazontours.com
Bietet komfortable kleine Kreuzfahrten auf dem Amazonas an.

Inkanatura
Manuel Bañon 461
San Isidro, Lima
Tel. 01/4402022
Fax 01/4229225
E-Mail:
postmaster@inkanatura.com.pe
www.inkanatura.com
Bietet Camps im Nationalpark Manú und Lodges im südlichen Amazonasgebiet an.

La Patarashca
Lamas 261
Tarapoto, San Martín
Tel. 042/528810 oder 042/527554
E-Mail: reservas@lapatarashca.com
www.lapatarashca.com
Tourismusangebote und Trekkingtouren in Nordperu.

Los Chancas Expeditions
Rioja 357
Tarapoto, San Martín
Tel. 042/522616
E-Mail: Maya_arce@hotmail.com
Veranstaltet Flussfahrten auf dem unteren Río Huallaga und dem Río Mayo.

Manú Expeditions
Calle Humberto Vidal Unda G-5, Urbanización Magisterial, Segunda Etapa, Cusco
Tel. 084/239974
Fax 084/236706
www.manuexpeditions.com
E-Mail:
manuexpedition@terra.com.pe
Veranstaltet Expeditionen zur Machichengua Native Lodge, ins Manú Wildife Center und Wanderritte nach Choquequirao.

Manú Nature Tours
Pardo 1046
Cusco
Tel. 084/252721
Fax 084/234793
E-Mail:
info@manunaturetours.com
www.manuperu.com
Bietet Touren zur Manú Lodge im Nationalpark Manú und zur Manú Cloud Forest Lodge.

Pantiacolla Tours
Saphy 554
Cusco
Tel. 084/238323
Fax 084/252696
E-Mail: pantiac@terra.com.pe
www.pantiacolla.com
Ausflüge in den Nebelwald sowie zu den Regenwald-Lodges und -Camps im Nationalpark Manú.

Quiquiriqui Tours
Jimenez Pimente 309, Tarapoto, San Martín
Tel. 042/527863
Fax 042/524016
E-Mail: administracion@quiquiriquitours.com
www.quiquiriquitours.com
Reisebüro, das alle Touren in die Region Tarapoto anbietet.

Rainforest Expeditions
Aramburu 166, 4B, Lima
Tel. 01/4218347
Fax 01/4218183
E-Mail: sales@perunature.com
www.perunature.com
Unterhält drei hervorragende Lodges am Río Tambopata.

REGISTER

Seitenzahlen in **Fettdruck** verweisen auf Abbildungen, GROSSBUCHSTABEN auf übergeordnete Themen.

N

DANKSAGUNG

National Geographic dankt PromPeru für die Hilfestellungen bei der Vorbereitung dieses Bandes, insbesondere Michelle Szejer, Marco Peña, Nancy Ferradas und Sandra Araujo Urrunag. Ein besonderer Dank gilt Vladimír Kocerha, dem ehemaligen Pressesprecher der Peruanischen Botschaft in Washington.

ABBILDUNGSNACHWEIS

Alle Fotos in diesem Buch stammen von Vance Jacobs mit folgenden Ausnahmen:

12, Magalí del Solar/PromPeru; 20-21, mit freundlicher Genehmigung der Presidencia De La Republica De Peru; 37, Wikipedia; 39, Library of Congress; 42, Hiriam Bingham; 100, Stephen L. Alvarez; 154, Alejandro Balaguer/PromPeru; 184, Rob Rachowiecki; 192, Rob Rachowiecki; 212, Magalí del Solar/PromPeru; 213, Daniel Silva/PromPeru; 234, Beatrice Velarde/PromPeru; 235, Beatrice Velarde/PromPeru; 249, Michael Tweddle/PromPeru; 250, Heinz Plenge/PromPeru; 258, Alejandro Balaguer/PromPeru; 262, Heinz Plenge/PromPeru.

In der Reihe NATIONAL GEOGRAPHIC TRAVELER sind bisher folgende Titel erschienen:

ÄGYPTEN
ALASKA
AMSTERDAM
AUSTRALIEN
BARCELONA
BERLIN
BOSTON UND UMGEBUNG
CHINA
COSTA RICA
DEUTSCHE NATIONALPARKS
DOMINIKANISCHE REPUBLIK
FLORENZ UND TOSKANA
FLORIDA
FRANKREICH
GRIECHENLAND
GROSSBRITANNIEN
HAWAII
HONGKONG
INDIEN
IRLAND
ITALIEN
JAPAN
KALIFORNIEN
KANADA
KARIBIK
KRETA
KUBA
LONDON
MADRID
MEXIKO
MIAMI UND DIE FLORIDA KEYS
NEAPEL UND SÜDITALIEN
NEUSEELAND
NEW YORK
PANAMA
PARIS
PEKING
PERU
PIEMONT UND NORDWEST-ITALIEN MIT TURIN UND DEN ALPEN
PORTUGAL
PRAG UND TSCHECHIEN
PROVENCE UND CÔTE D'AZUR
ROM
RUMÄNIEN
SAN FRANCISCO
SANKT PETERSBURG
SHANGHAI
SIZILIEN
SPANIEN
STATE PARKS – AMERIKAS »KLEINE NATIONALPARKS«
SÜDAFRIKA
SYDNEY
TAIWAN
THAILAND
USA NATIONALPARKS
VENEDIG
VIETNAM
WASHINGTON, D.C.

Weitere Titel in Vorbereitung

Deutsche Ausgabe veröffentlicht von National Geographic Deutschland (G+J/RBA GmbH & Co KG), Hamburg 2009

Deutsche Übersetzung: Mayela Gerhardt, Marion Gieseke, Dr. Martin Goch, Christiane Gsänger, Raphaela Moczynski, Christiane Radünz, Jutta Ressel, Cristoforo Schweeger, Renate Weinberger
Gesamtproducing: CLP Carlo Lauer & Partner
Satz: CDN MEDIA, Klaus Numberger
Druck und Verarbeitung: Offizin Andersen Nexö Leipzig GmbH

Printed in Germany
ISBN 978-3-86690-128-5

Titel der amerikanischen Originalausgabe:
National Geographic Traveler Peru

Alle Angaben in diesem Buch wurden zum Zeitpunkt der Erarbeitung sorgfältig geprüft. Dennoch können sich natürlich Details ändern, und der Verlag kann für solche Änderungen, eventuelle Fehler oder Auslassungen keine Verantwortung oder Haftung übernehmen. Bewertungen von Hotels, Restaurants oder Sehenswürdigkeiten geben die Sicht der Autoren wieder.

Die National Geographic Society, eine der größten gemeinnützigen wissenschaftlichen Vereinigungen der Welt, wurde 1888 gegründet, um »die geographischen Kenntnisse zu mehren und zu verbreiten«. Sie unterstützt die Erforschung und Erhaltung von Lebensräumen sowie Forschungs- und Bildungsprogramme. Ihre weltweit mehr als neun Millionen Mitglieder erhalten monatlich das NATIONAL GEOGRAPHIC-Magazin, in dem die besten Fotografen der Welt berichten. Ihr Ziel: inspiring people to care about the planet, Menschen zu inspirieren, sich für ihren Planeten einzusetzen.

Die National Geographic Society informiert nicht nur durch das Magazin, sondern auch durch Bücher, Fernsehprogramme und DVDs.

Falls Sie mehr über National Geographic wissen wollen, besuchen Sie unsere Website unter www.nationalgeographic.de

Entdecken
Sie Chile neu!
www.espiritu-de-chile.com
ESPIRITU
DE CHILE
2008
CABERNET
SAUVIGNON
D.O. Valle Central
Embotellado en Chile
ESPIRITU
DE CHILE
Die ganze Kraft Chiles.
Sonne und Terroir eines beeindruckenden Landes
sowie ein modernes und passioniertes Winemaking
geben den Weinen von ESPIRITU DE CHILE
ihren unverwechselbaren Charakter.